“十四五”时期国家重点出版物出版专项规划项目
千米级斜拉桥现代化运营养护技术丛书
苏通长江公路大桥运营养护技术丛书

千米级斜拉桥钢桥面铺装养护维修技术

姚　波◎编著

人民交通出版社
北京

内 容 提 要

本书系统阐述了钢桥面铺装养护维修技术，也是多年来在苏通长江公路大桥钢桥面铺装养护维修方面开展科研、咨询和工程应用所得成果的全面总结，主要内容包括钢桥面铺装抗疲劳设计理论与方法，钢桥面铺装服役状态感知，钢桥面铺装病害、技术状况评价与养护策略以及钢桥面铺装日常养护技术、预防养护技术和修复养护技术的研究与工程实践。

本书可供桥梁和道路领域从事科研、设计、施工、管理工作的工程技术人员使用，亦可作为高等院校相关专业师生的教学和学习参考书。

图书在版编目(CIP)数据

千米级斜拉桥钢桥面铺装养护维修技术 / 姚波编著.
北京 ：人民交通出版社股份有限公司，2024.9.
ISBN 978-7-114-19673-7

Ⅰ. U448.36

中国国家版本馆 CIP 数据核字第 2024JM9343 号

Qianmiji Xielaqiao Gangqiaomian Puzhuang Yanghu Weixiu Jishu

书　　名： 千米级斜拉桥钢桥面铺装养护维修技术
著 作 者： 姚　波
责任编辑： 郭红蕊　单籽跃
责任校对： 龙　雪
责任印制： 张　凯
出版发行： 人民交通出版社
地　　址： (100011)北京市朝阳区安定门外外馆斜街 3 号
网　　址： http://www.ccpcl.com.cn
销售电话： (010)85285857
总 经 销： 人民交通出版社发行部
经　　销： 各地新华书店
印　　刷： 北京市密东印刷有限公司
开　　本： 787 × 1092　1/16
印　　张： 18.5
字　　数： 393 千
版　　次： 2024 年 9 月　第 1 版
印　　次： 2024 年 9 月　第 1 次印刷
书　　号： ISBN 978-7-114-19673-7
定　　价： 98.00 元

编 委 会

总 序

习近平总书记明确提出“江苏要在科技创新上率先取得新突破，打造全国重要的产业科技创新高地，使高质量发展更多依靠创新驱动的内涵型增长”。[1] 桥梁建设助力释放经济发展潜能，产生更大的社会发展效益。回首半个多世纪，400多千米长江江苏段上架起一道道现代化桥梁。截至2023年11月，江苏已建成18座过江通道，到2035年将建成44座。每一座穿江巨龙，都推动着中国桥梁建设技术快步前行，加速长江经济带一体化和扬子江城市群融合发展的进程。在“交通强国”“桥梁强国”的历史重任下，江苏交通控股有限公司始终以“苏式养护”品牌建设为重要抓手，初步形成了一整套长大桥梁精细化养护技术体系，有效推动长大桥建管养高品质、可持续发展。

斜拉桥最大跨径不能超过900m，曾是国际桥梁学界的共识。2008年6月30日，拥有当时世界第一跨径(1088m)的苏通长江公路大桥正式通车，一段历史就此诞生，一块长三角一体化战略板块的重要拼图就此夯实。苏通长江公路大桥是当时我国桥梁史上工程规模最大、综合建设条件最复杂的特大型桥梁工程，建设期间攻克了10项世界级关键技术难题，其斜拉桥主跨跨径、主塔高度、斜拉索长度、群桩基础规模均列世界第一。苏通长江公路大桥运营养护团队在江苏交通控股有限公司领导下，传承苏通长江公路大桥建设期创新文化，不忘使命，立足“跨江大桥养护品质平安百年”，始终坚持“科学养护、管养并举”的现代化养护管理方针，面对千米级斜

---

[1] 出自《人民日报》2023年07月08日01版。

拉桥超长斜拉索振动、钢箱梁疲劳开裂、钢桥面铺装病害等世界性技术难题，开展了长期的探索实践和科研攻坚，形成多项成套技术和养护工程解决方案。

当前，桥梁科技创新发展已由“建设为主”向“建管养运”全面协调发展转变。苏通长江公路大桥运营养护团队把准发展方向，依托苏通长江公路大桥通车15周年和世界同类型桥梁的运营管理经验，联合多家单位组织编写了“千米级斜拉桥现代化运营养护技术丛书”。该丛书共分3册，系统总结了千米级斜拉桥在超长斜拉索减振控制、钢箱梁疲劳裂纹处治、钢桥面铺装等方面取得的创新性成果、实践经验和教训，加强“苏式养护”技术积累和品牌基础建设，有效推动桥梁管养研发方向系统化、桥梁管养技术成果转化明确化。苏通长江公路大桥运营养护团队再次以“领跑者”的身份，向中国乃至世界展示千米级斜拉桥管养成就，值得同行们在运营养护工作中借鉴。

“桥何名欤？曰奋斗。”面临未来跨江大桥管养的技术挑战和管理难度，江苏交通控股有限公司将更好地肩负起“交通强省、富民强企”的时代使命，持续夯实“苏式养护”技术积累与品质基础，聚力实现拳头科技产品自主可控、创新平台量质齐升，在品质管养、智慧桥梁、低碳施工等关键领域，取得一批原创性、引领性、标志性的重大创新成果，全面实现长大桥精准养护、精细养护、科学养护，真正把科技创新这个关键变量转化为引领交通行业高质量发展的最大增量。

江苏交通控股有限公司

党委书记、董事长

2023年11月

序　一

苏通长江公路大桥首次实现了斜拉桥的千米跨越，是世界建桥史上的里程碑工程。大桥通车15年来，面对超大交通流、高比例重载车辆、大幅度温变带来的钢桥面铺装加速劣化、钢箱梁疲劳开裂和恶劣风环境下斜拉索复杂振动等难题，苏通长江公路大桥运营养护团队通过精心组织、深入研究、验证实践、不断改进，解决了一系列千米级斜拉桥养护技术难题，形成了“科学养护、管养并举”这一极具代表性与先进性的现代化养护管理经验。

“千米级斜拉桥现代化运营养护技术丛书”共分3册，系统总结了千米级斜拉桥在超长斜拉索减振控制、钢箱梁疲劳裂纹处治、钢桥面铺装等方面取得的创新性成果和实践经验，在多个方面均达到国际领先水平，部分填补了国内外空白，具有重要的参考价值。该丛书也是一套引领桥梁养护科技创新发展的高水平技术著作，对于推动形成千米级斜拉桥科学管养核心技术体系、促使我国乃至世界特大型桥梁工程现代化管养水平的大幅提升，具有重要借鉴意义和推广价值。希望本书的出版能为从事桥梁设计、科研、施工、养护管理等工作的人员提供有益参考，助力我国桥梁技术不断取得新的进步。

中国工程院院士
全国工程勘察设计大师

2023年11月

序　二

过去三十多年,我国开展了一场全球最大规模的桥梁建设,使中国桥梁技术实现了跨越式发展,中国桥梁已成为闪亮的中国名片。目前,中国已经成为一个桥梁建设大国,并正在稳步向桥梁强国迈进。随着特大型桥梁数量的不断增加,我国桥梁科技创新发展正由过去的"建设为主"逐渐向"建养并重"转变。在这一战略导向下,桥梁运营管理体系构建及工程养护技术的重要性日益凸显。

2008年6月30日,苏通长江公路大桥建成通车。苏通长江公路大桥是世界上首座实现"千米跨越"的钢箱梁斜拉桥,代表了当时世界桥梁建设的最高水平。通车15年来,大桥面临国内罕见的超大流量重载交通、大温域变化、超强台风频繁等恶劣条件的考验,其钢箱梁疲劳开裂、斜拉索振动、铺装劣化等问题日益凸显。大桥养护运营团队深知养好"百年大桥"之不易,以"大桥百年运营"为己任,以"功成不必在我"的胸怀,组织精锐科研力量共同开展关键技术科技攻关,逐步实现了从局部养护向全面养护、从粗放型养护向精细化养护、从被动养护向预防养护、从常规养护向科学养护、从零散型养护向数字化养护的转变,形成了一批自主可控、可复制、可推广的创新成果。

在苏通长江公路大桥通车15周年之际,大桥运营养护团队编撰了"千米级斜拉桥现代化运营养护技术丛书"。该丛书全面回顾了大桥15年来在斜拉索减振控制、钢箱梁疲劳开裂、钢桥面铺装等方面的养护历程,系统总结了千米级斜拉桥运营养护的先进理念、成功经验和科技创新成果。本丛书是一套引领桥梁养护科技创新发展的高水平技术丛书，对于推动形成千米级斜拉桥科学管养核心技术体系、促使我国乃至世界特大型桥梁工程现代化管养水平的大幅提升，具有重要借鉴意义和推广价值。

继往开来，百年大桥的养护面临着更大的挑战和困难。希望苏通长江公路大桥养护团队在已经取得的显著成绩和成效的基础上，坚持“不忘初心，艰苦奋斗”，持续攻坚克难，并着力桥梁养护技术与装备的数字化和智能化，引领千米级斜拉桥的养护技术发展，支撑加快建设交通强国。

中国工程院院士
工程力学专家

2023 年 11 月

前　　言

钢桥面铺装作为桥梁建设的重点和难点工程，一直是世界性的工程技术难题。自20世纪90年代中期以来，结合数十座大跨径钢桥的建设，我国先后投入了大量的技术力量与研发经费，持续不断地对钢桥面铺装设计、建造技术进行研究，形成了“双层环氧”“浇注＋SMA”等较为成熟的钢桥面铺装结构体系。

截至2024年底，我国建成的跨越江河、岛屿、海湾、峡谷的大跨径钢桥已逾百座。这些桥梁通车后，钢桥面铺装在车辆荷载、自然环境及桥梁振动等因素的综合影响下，其使用性能和结构性能逐渐下降，各类病害逐步显现，钢桥面铺装养护维修技术成为一项新的挑战，其难度不亚于新建的铺装工程。我国早期修建的大跨径钢桥面铺装已相继接近服役寿命末期，进入全面维养阶段。随着国内桥梁发展阶段由“建设为主”转向“建养并重”，养护维修的规模逐年增加，桥梁管养单位将面临较大的资金压力和社会压力。先进的钢桥面铺装养护维修技术，能够提高钢桥面铺装的使用性能和服务水平、延长使用寿命、降低长期维护成本，取得良好的经济和社会效益。

苏通长江公路大桥为世界首座跨径超千米的斜拉桥，采用“双层环氧”钢桥面铺装体系，目前已通车运营15年，经历了一轮完整的寿命周期。苏通大桥是国内大跨径钢桥面铺装建设与养护工程的典型代表，具有重载交通大且多、高温多雨、疲劳性能要求高、养护维修难度大等显著特点。

围绕钢桥面铺装长寿命、高质量服役的核心目标，自2008年通车以来，江苏苏通大桥有限责任公司组织东南大学、南京理工大学、中路交科科技股份有限公司等高校和科研机构开展了钢桥面铺装长期性能跟踪监测以及耐久、高效、绿色、低碳养护维修技术的科研攻关,收集了与钢桥面铺装相关的交通、环境、结构等数据和技术资料,总结了多年来积累的钢桥面铺装养护实践经验,形成了丰富的理论研究与工程应用价值。

本书在多年科学研究与工程实践经验的基础上,基于长寿命设计方法、高质量养护维修、精细化施工控制等关键技术的研究与应用成果,结合"双层环氧"铺装结构特点,全面总结了钢桥面铺装抗疲劳设计理论与方法、铺装服役状态智能感知、典型病害及机理、日常养护、预防养护、修复养护等技术成果,提出了全寿命周期"双层环氧"铺装科学养护的成套技术,为长寿命钢桥面铺装工程提供解决方案与示范参考。全书共分为8章,第1章概述了钢桥面铺装国内外技术研究与应用现状、千米级斜拉桥长寿命钢桥面铺装关键技术;第2章提出了钢桥面铺装抗疲劳设计理论与方法;第3章介绍了钢桥面铺装服役状态感知技术;第4章论述了钢桥面铺装病害、技术状况评价与养护策略;第5~7章分别介绍了钢桥面铺装日常养护、预防养护和修复养护的研究与工程实践;第8章总结了苏通大桥钢桥面铺装养护实践中新材料、新技术、新工艺、新装备的应用,并展望了下一轮铺装寿命周期的探索方向和研究重点。

本书原始资料主要来自东南大学、南京理工大学、中路交科科技股份有限公司近20年的科研项目、实体工程实施以及硕/博士学位论文的研究成果。本书科研工作得到了国家自然科学基金(51208103)、中央高校基本科研业务费专项资金(2023102004)、苏通长江公路大桥"桥梁医生"联合实验室基金(STDQ2023-FW-058-01)、河南省交通运输厅科技项目(2021-2-5)等项目的资助。感谢东南大学程刚教授等对本书的指导和帮助,以及参与本书绘图工作的黄金生、王耀、孙鼎、王焱、姜大虎、麻朝杰、郑抑凡等南京理工大学的研究生,并向为本书编写和出版提供帮助的同行专家致以诚挚的谢意。

希望本书的出版能够对大跨径钢桥面铺装的养护维修有所裨益。限于作者水平,书中疏漏和不足之处在所难免,恳请读者不吝批评指正,以便及时修改和完善。

作　者

2023年11月于南京

目录

第 1 章

绪　　论

随着社会经济的发展和科学技术的进步,我国桥梁建设迅猛发展,跨越江河、岛屿、海湾、峡谷的各式桥梁不断涌现。特别是近30年来,我国修建了数十座大跨径钢桥,其中绝大多数均采用正交异性钢桥面板,如西陵长江大桥、虎门大桥、江阴长江公路大桥、南京八卦洲长江大桥、苏通长江公路大桥、西堠门大桥、坝陵河大桥、泰州大桥、沪苏通公铁大桥等,钢桥面普遍采用改性沥青混凝土铺装。钢桥面铺装是铺筑在钢桥面板上的单层或多层承重构造物,各结构层由黏结材料结合为整体,起到保护钢板、满足车辆安全快速行驶要求的作用。钢桥面铺装在行车荷载、温度变化及桥梁振动等因素的综合影响下,受力和变形复杂,各类病害频繁出现,使用寿命常远低于设计寿命。

大跨径钢桥面铺装是一个世界性的工程技术难题,我国特殊的交通、气候条件也导致钢桥面铺装问题尤为突出,铺装病害和频繁维修严重影响了大跨径桥梁的交通功能。为解决铺装问题,我国的工程科技人员不断开展课题攻关,推动了钢桥面铺装技术研究的深化和创新,在铺装结构设计、材料开发应用、施工技术与装备、施工质量控制、养护维修等方面取得了显著的成果,有效提高了钢桥面铺装的使用性能和使用寿命。本章对钢桥面铺装技术特点与要求、常用的铺装材料与结构进行总结,在回顾国内外钢桥面铺装研究与工程应用现状的基础上,提出了长寿命钢桥面铺装建养关键技术。

1.1 钢桥面铺装技术概述

1.1.1 正交异性钢桥面板

正交异性板钢桥起源于欧洲。第二次世界大战结束后,为了应对战后的物资短缺,德国工程师Cornelis创造性地发明了正交异性板钢桥。目前所知的最早的正交异性板钢桥是德国曼海姆内卡河上的库法尔茨大桥(Kurpfalz Bridge),通车于1950年;而第一个使用正交异性板的悬索桥是莱茵河上的米尔海姆桥(Mülheim Bridge),建成于1951年。由于正交异性板钢桥具有质量小、运输与架设方便、施工周期短、造价低、结构性能优良等特点,故适用于建造大跨径桥梁、开启桥以及进行旧桥面板的更新。现在世界范围内的正交异性板钢桥已有数千座,主要分布在中国、日本、美国、加拿大、英国和德国。

正交异性钢桥面板由顶板及其下纵向加劲肋、纵隔板和横隔板组成。横隔板焊接在顶板上,间隔为2~6m。由于正交的纵、横向加劲肋构造不同,因此钢桥面板在两个正交方向上的弹性属性也不相同,故称正交异性板。正交异性板构成了桥梁主梁的上翼缘。纵向加劲肋既可以是开口肋,也可以是闭口肋,其基本构造如图 1-1 所示。开口加劲肋截面主要形式有工字钢、槽钢、圆头钢等,闭口加劲肋截面主要形式有梯形、矩形、V 形、U 形等。由于闭口加劲肋能提供较大的抗扭劲度和抗弯刚度,改善整个钢桥面板的受力状态,减小钢板的应力,因此成为现代正交异性钢桥面板首选的加劲肋截面形式,目前最常用的截面形式是闭口梯形截面加劲肋。自 1996 年西陵长江大桥开始,我国的特大跨径桥梁主梁几乎都采用了全焊薄壁钢箱梁结构,并且其桥面板也多采用由纵向 U 形肋与横隔板分别在纵、横向进行加劲的正交异性面板。

图 1-1　正交异性钢桥面板

1.1.2 钢桥面铺装技术特点与要求

钢桥面铺装是铺设在正交异性钢桥面板上、保护钢板并保障汽车安全行驶的多功能薄层结构,一般由防腐层、防水黏结层、铺装层等构成,厚度为 35 ~ 80mm。钢桥面铺装是桥梁行车系的重要组成部分,它的好坏直接影响到行车的安全性、舒适性、桥梁耐久性及投资效益和社会效益,已成为评价桥梁工程质量的重要指标之一,也是大跨径桥梁建设的关键技术难题之一。

钢桥面铺装直接铺设在正交异性钢桥面板上,在车辆荷载、温度变化、风载及桥梁结构变形等综合因素的共同影响下,其受力和变形较公路路面或机场道面更为复杂。因此,钢桥面铺装具有以下普通路面所不具备的特点:

①钢桥面铺装不具备类似水泥混凝土桥面或组合式桥面(如钢桁梁与水泥混凝土桥面板构成)的刚性底板支撑,也不具备普通路面或机场道面的路基与基层结构支撑。大跨径钢桥多为跨越江河或海湾的缆索支承桥梁,桥梁结构及正交异性钢桥面板柔度大,其变形、位移、振动等都直接影响钢桥面铺装的工作状态。

②正交异性钢桥面铺装的受力模式与普通路面不同。在车辆荷载作用下,各纵、横向加

劲肋与桥面板焊接处出现明显的应力集中，表面产生负弯矩，这些位置的铺装最大拉应力/拉应变均出现在表面，应力/应变水平远大于普通路面。因此，对于钢桥面铺装，疲劳裂缝是从铺装层表面向底部扩展；而对于普通路面，最大拉应力/拉应变出现在面层或基层底面，疲劳裂缝是从底面向上扩展。

③钢桥面铺装分散车辆荷载，并与钢桥面板组成复合结构协同工作，因而铺装与钢桥面板界面会产生较大的剪应力。同时，由于钢板表面光滑且夏季温度高，铺装与钢桥面板界面容易在剪应力的作用下被破坏，并导致铺装出现滑移、推挤等病害。因此，钢桥面铺装结构与钢板的黏结要求高。

④除铺装层自身的温度变化之外，钢桥结构经受的每日昼夜温差和季节性温度变化都显著影响铺装的温度场。因为钢的导热系数要比其他工程材料大得多，所以钢桥面铺装的工作温度较普通路面更易受自然环境的影响，特别是恶劣的高温条件，最高工作温度可达70℃以上。

⑤正交异性钢桥面板常用于大跨径钢桥，为了获得较大的跨越能力，对主梁恒载有一定限制，对铺装厚度和质量同样也有较严格的要求。钢桥面铺装厚度通常不大于80mm，远小于普通路面，因此对铺装材料性能要求更高。

⑥大跨径钢桥一般都建于大江、大河、海湾、峡谷之上，强风、狂风、台风及其他各种环境因素会对其产生较强的振动作用，动力效应显著，这是在普通路面上遭遇不到的。同时，由于恶劣天气频发，车辆行驶的安全性受到挑战，对路面的抗滑性能提出了更高的要求。

⑦钢桥面板易受水、冰、雪的侵蚀而生锈，因此钢桥面铺装的一个重要技术要求是密实性好、不透水，应杜绝水、湿气和其他有害物质腐蚀钢桥面板，这在年降水量大和海洋性气候的地区尤为重要。

⑧通车一段时间后的正交异性钢桥面板、钢箱梁、钢桁梁结构常因重载交通、焊接缺陷等原因而产生局部疲劳断裂，失去了良好结构支撑条件的钢桥面铺装很难具有较长的使用寿命。

⑨大跨径钢桥一般都是重要交通网络的枢纽，或者是某一地区过江跨海的主通道，它的畅通与否直接影响到整个路网交通能否正常运行。钢桥面铺装虽然不是桥梁的主体结构，但却直接影响桥梁的通行服务功能，人们常将铺装状况的好坏作为桥梁整体健康状况的评价指标。桥面铺装一旦发生破坏，对交通的影响和危害要远大于普通公路，而且维修更加困难，并将产生较大的经济和社会影响。

基于上述特点，钢桥面铺装除了要满足普通路面的基本要求外，还必须具有与正交异性钢桥面板的结构特点及使用条件相适应的技术性能，具体表现在：

①均衡的强度、刚度与变形能力。

为有效抵抗车辆荷载的作用并分散荷载，铺装层应具备足够的强度和刚度。然而，在铺装材料设计时，强度和刚度非常大的材料往往因变形能力不足而易导致开裂，同时刚度过大也会导致铺装结构分担的应力过大，加速铺装层的破坏。因此，钢桥面铺装材料应具有良好的韧性和变形协调能力，在强度、刚度和变形能力之间取得平衡。

②优良的高温稳定性。

钢桥面铺装的工作状况受温度条件的影响很大。夏季高温期，在相同的天气条件下，钢桥面铺装的温度显著高于普通路面，例如我国长江流域夏季钢桥面铺装极端工作温度高达70℃且高温持续时间可达数月，因此对钢桥面铺装材料的高温稳定性和抗塑性变形能力要求更高。从国内外钢桥面铺装的破坏情况看，因钢桥面铺装材料高温稳定性不足而导致车辙、推挤、拥包等病害的现象较多，这表明钢桥面铺装设计与研究过程中必须高度重视铺装材料的高温稳定性。

③优良的抗裂性能。

在车辆荷载作用下，荷载作用区域纵向加劲肋肋顶的桥面铺装表面将出现最大横向拉应力，邻近的横隔板顶部的铺装表面出现最大纵向拉应力，当应力超过材料抗拉强度时易产生开裂；同时，当环境温度较低或快速降温时，如果钢板的温度收缩系数与铺装材料的收缩系数相差较大，也容易导致铺装层的开裂，因此钢桥面铺装必须具有良好的抗荷载开裂与抗温缩开裂的能力。

④优良的抗疲劳性能。

钢桥面铺装的设计使用寿命一般为16年，在设计使用期内，数以亿计的车辆的荷载作用于钢桥面铺装上。为抵抗车辆荷载所引起的反复弯曲作用，钢桥面铺装应具备良好的抗疲劳性能。因考虑到养护维修的困难，对钢桥面铺装结构疲劳寿命的要求也较普通路面高。

⑤优良的层间黏结性能。

钢板与防水黏结层之间、防水黏结层与铺装层之间以及铺装各层之间都必须具有良好的黏结力，从而能够形成牢固的整体，以保证铺装层与正交异性钢桥面板在承受荷载或温度变化时能够协同工作，有效地减小铺装层、钢桥面板、加劲肋和焊缝等处的疲劳应力。铺装与钢板牢固地黏结也是保证铺装变形追从性的必要条件。为增大铺装层与钢板之间的黏结力，应选用常温或高温条件下与钢板或防腐涂装之间黏结力较强的黏结材料。

⑥优良的变形追从性。

在车辆荷载、风载、温度变化的作用下，大跨径钢桥的主梁总体变形较大，且局部应力与变形复杂。为适应这种复杂的应力与变形状况，铺装层应具备优良的变形追从性。如铺装层对钢板的变形追从性欠佳，将可能产生两种类型的破坏：一是铺装层与钢板界面因变形不协调而产生相互错动的剪切破坏；二是因变形不协调导致铺装结构不能协同受力而造成的铺装层开裂破坏。

⑦优良的水稳定性与防水性能。

保护钢桥面板不被腐蚀，是保证钢结构桥梁使用寿命的首要问题之一。因此，钢桥面铺

装材料应具有高度的密水性和抗水损能力,而铺装结构则应具有完善的防水、排水体系。

⑧适当的结构厚度。

为减轻桥梁的恒载以及改善铺装层的变形追从性,铺装层不宜过厚;同时,为了保证钢桥面铺装结构具有足够的刚度、荷载分散能力与抗疲劳性能,铺装结构的厚度又不宜过小。在实际工程中,铺装层厚度的确定还需要考虑经济因素与施工技术要求,包括摊铺与碾压的效果等。

⑨提供安全、舒适行车所需的抗滑性和平整性。

大跨径钢桥一般都建于大江、大河、海湾、峡谷之上,鉴于桥高风急以及降雨多发的环境,如果铺装抗滑性能不足,容易导致车辆打滑、漂移。因此,钢桥面铺装表面应具有良好的构造深度与摩擦因数,以提高铺装的抗滑能力和行车安全性。同时,铺装表面还应具有良好的平整性,以减少车辆振动对铺装结构的冲击,提高行车的舒适性。

⑩良好的抵抗汽油、柴油侵蚀及用于除冰的化学物质的腐蚀能力。

钢桥面铺装材料应具备良好的抵抗汽油、柴油侵蚀的能力。在冬季气温较低、多雨雪的地区,钢桥面铺装还应具备较强的抵抗除冰化学物质的腐蚀能力,以保护钢桥面板不被腐蚀。

上述技术要求,在钢桥面铺装结构方案、原材料和混合料类型的选择、混合料和复合铺装结构设计以及施工等各个阶段都必须予以充分的重视。

1.2 国内外钢桥面铺装技术研究与应用

世界范围内钢桥面铺装的研究已有70余年历史,德国最早开展钢桥面铺装研究和实践,浇注式沥青混合料与沥青玛瑞脂(SMA)两种铺装材料均由德国首先研制。继德国之后,英国、荷兰、美国和日本等国家相继开展了钢桥面铺装的研究工作。我国虽然起步较晚,但在引进、吸收国外钢桥面铺装技术的基础上,不断探索符合本国国情的设计理论与方法、新材料与新技术,也取得了丰硕的成果。

1.2.1 常用钢桥面铺装材料与结构

由于沥青混合料具有重量小、变形协调性好、与桥面板黏附性能强、易于维修以及行车舒适等优点,大多数正交异性钢桥面板均采用沥青混合料铺装。国内外对钢桥面沥青混合料铺装的研究已投入大量的人力和物力,取得了丰硕的成果。目前在国内广泛应用的铺装材料主要为环氧沥青混合料、浇注式沥青混合料和改性沥青 SMA 混合料,大跨径钢桥面铺装工程基本围绕这 3 种材料选用不同的黏结材料和结构组合,主要采用的防水黏结材料包括环氧沥青、环氧树脂、改性沥青及溶剂型橡胶沥青等。

1)铺装材料

(1)环氧沥青混合料

①环氧沥青及环氧沥青混合料性能特点。

环氧沥青是将环氧树脂加入基质沥青,通过与固化剂在特定的温度和时间条件下发生化学反应而形成的热固性材料。环氧沥青是一种两相化学体系,其中连续相是热固性(非熔融)环氧聚合物,不连续相是沥青材料的混合物。环氧沥青从根本上改变了传统沥青的热塑性性质,具有优异的物理力学性能。

环氧沥青与高质量的专用级配矿料在特定的温度和时间条件下混合,形成一种强度高、韧性好的聚合物混合料,称为环氧沥青混合料。环氧沥青混合料是一种热固性材料,即高温时不会熔化,因此其抗塑性变形能力很强,即使在 70℃的环境温度条件下也不会产生车辙或推挤病害,这是它的一个显著优势。由于具有良好的抗塑性变形能力,环氧沥青混合料可以设计成具有低空隙率(<3%)的密级配混合料,从而大幅提升铺装的水稳定性、抗疲劳性和耐久性。同时,环氧沥青混合料具有很高的抵抗化学物质侵蚀的能力,包括车辆燃油和化学溶剂等。

由于需要进行不可逆的化学反应,环氧沥青混合料性能受施工温度、时间等因素的影响很大,对施工质量控制的要求较高,并且在摊铺后必须保证有适当的养护期以确保环氧沥青混合料能够完成固化。根据环氧沥青种类和环境温度的不同,养护时间可能会长达数天至 1 个月。

环氧沥青目前有热拌与温拌两类。热拌环氧沥青通常为 3 组分,其中 A 组分为环氧树脂,B 组分为固化剂,C 组分为基质沥青(或改性沥青),拌和温度一般为 170~190℃。各组分混合后,开始阶段黏度增长较为缓慢,通常有 2h 左右的施工容留时间,施工结束后所需要的养护时间相对较短(4~7d)。温拌环氧沥青通常为 2 组分,其中 A 组分为环氧树脂,B 组分为沥青与固化剂、各类助剂的混合物,拌和温度一般为 110~121℃。2 组分混合后,施工容留时间仅需 1h 左右,施工结束后所需养护时间相对较长(7~30d)。由于热拌环氧沥青及其混合料施工条件更为宽裕且养护时间短,因此近年来逐渐成为主流。

在应用于复杂环境与力学条件的钢桥面铺装工程时,环氧沥青混合料具有以下突出优势:

A. 抗车辙。由于环氧沥青是一种通过化学反应形成的热固性材料(与基质沥青、SBS 改性沥青、橡胶改性沥青等热塑性沥青不同),即使在钢桥面铺装服役的最高温度(约 70℃),环氧沥青混合料的动稳定度也高达 10000 次/mm 以上,具有优异的高温稳定性。60 余年的工程实践表明,环氧沥青混合料不会产生车辙病害。

B. 疲劳寿命长。与普通聚合物改性沥青混合料相比,环氧沥青混合料抵抗疲劳循环荷载的能力提高了3~4个数量级。优异的抗疲劳性能使环氧沥青混合料能够在正交异性钢桥面板上保持较长的使用寿命,即使在数千万次车辆荷载作用后也不会产生疲劳开裂。与柔性铺装材料不同,环氧沥青混合料强度和刚度较大,它与正交异性钢桥面板的复合作用可以减少钢桥面板的挠度和应变,从而增加钢桥面板和铺装结构的疲劳寿命。

C. 抗老化性能强。与普通聚合物改性沥青相比,环氧沥青具有更低的老化率和弹性损失。用环氧沥青混合料铺筑的铺装,不会随着时间的推移变得更硬(更脆),国际交通论坛进行的几项研究也证实了这一特性。

D. 防腐蚀性能好。除了钢板表面的防腐涂层外,环氧沥青混合料由于其空隙率低于3%,且存在的空隙并不相互连通,因此还为钢桥面板提供了一层防腐层。不透水的环氧沥青混合料铺装与钢板黏结牢固,对水和氯离子的渗透具有优异的抵抗能力。

环氧沥青混合料的不足之处也较为明显:

A. 环氧沥青的原材料成本高,配方、成分等均属于商业机密,因此市场价格较高,提高了工程的初始造价。

B. 环氧沥青混合料应用于钢桥面铺装工程时,对集料的岩性、形态、级配以及其他物理、力学性能要求较高,常采用品质与价格均较高的钢桥面铺装专用集料。

C. 环氧沥青混合料对施工温度、时间,特别是施工时的水分有着严苛的要求。

D. 环氧沥青混合料在施工结束后,必须保证有适当的养护期以确保完成固化,然后才能开放交通。

②环氧沥青研究与工程应用。

环氧沥青起源于20世纪50年代末,壳牌石油公司为了提高机场跑道沥青路面抵御飞机燃油和高温喷气破坏的能力,采用环氧树脂对基质沥青进行改性研究,开发出第一代环氧沥青。

1967年,美国横跨旧金山湾的圣马特奥-海沃德大桥(San Mateo-Hayward Bridge)首次采用环氧沥青混合料作为钢桥面铺装材料,经过近35年使用后,2002年开始出现裂缝。2015年,圣马特奥-海沃德大桥日均交通量已达10.3万辆,同年5月进行了整体大修,该桥环氧沥青铺装使用寿命最终达48年。由于良好的使用效果,环氧沥青混合料广泛应用于受力状况复杂的钢桥面铺装工程,如美国加利福尼亚州的圣迭戈-科罗纳多大桥(San Diego-Coronado Bridge)、金门大桥(Golden Gate Bridge),加拿大狮门大桥(Lions Gate Bridge)等。其中,金门大桥的混凝土桥面板在1986年更换为正交异性钢桥面板,钢桥面铺装采用温拌型环氧沥青混凝土;2008年该桥钢桥面铺装已有较多开裂,局部严重网裂,但仍能保持正常通行;2012年该桥钢桥面铺装开裂病害进一步发展,维护人员对部分较严重的裂缝进行了灌缝处理。截至2022年,金门大桥钢桥面铺装已服役36年,日均交通量约10万辆。

近60年来，环氧沥青混合料在美国、加拿大、巴西、韩国和越南等国家得到较多应用，表1-1列出了国外采用环氧沥青混合料作为桥面铺装材料的部分工程。

国外环氧沥青钢桥面铺装的部分工程 表1-1

桥名	建成年份	地点	桥梁结构类型	主梁及桥面板类型	铺装厚度(mm)
San Mateo-Hayward Bridge	1967	美国圣马特奥	梁桥	钢箱梁/正交异性	50
San Diego-Coronado Bridge	1969	美国圣迭戈	梁桥	钢箱梁/正交异性	40
A. Murray MacKay Bridge	1970	加拿大哈利法克斯	悬索桥	钢桁梁/正交异性	50
Queensway Twin Bridges	1970	美国长滩	梁桥	钢箱梁/正交异性	50
Fremont Bridge	1973	美国波特兰	拱桥	钢桁梁/正交异性	64
Rio-Niterói Bridge	1974	巴西里约热内卢	梁桥	钢箱梁/正交异性	60
Lions Gate Bridge	1975	加拿大温哥华	悬索桥	钢桁梁/正交异性	38
Hale Boggs Memorial Bridge	1983	美国圣查尔斯教区	斜拉桥	钢箱梁/正交异性	50
Benjamin Franklin Bridge	1986	美国费城	悬索桥	钢桁梁/正交异性	32
Golden Gate Bridge	1986	美国旧金山	悬索桥	钢桁梁/正交异性	40
Champlain Bridge	1993	加拿大蒙特利尔	拱桥	钢桁梁/正交异性	40
Thuận Phu' ó' c Bridge	2009	越南岘港	悬索桥	钢箱梁/正交异性	50
Fremont Bridge	2012	美国波特兰	拱桥	钢桁梁/正交异性	50
San Francisco-Oakland Bay Bridge	2013	美国旧金山	悬索桥	钢桁梁/正交异性	50
Ulsan Bridge	2014	韩国蔚山	悬索桥	钢箱梁/正交异性	50
Dandeung Bridge	2015	韩国全罗北道	悬索桥	钢箱梁/正交异性	50
Cheonsa Bridge	2019	韩国锡南	悬索桥	钢箱梁/正交异性	50

1997年，我国自南京八卦洲长江大桥起开始研究钢桥面环氧沥青混凝土铺装技术。东南大学经过近3年的努力，采用进口环氧沥青半成品，开发了钢桥面环氧沥青混凝土铺装设计与施工成套技术，并在南京八卦洲长江大桥铺装工程中成功应用。该项技术相继在润扬长江公路大桥试验桥(冻青桥)、江阴长江公路大桥修复试验段、舟山桃夭门大桥、润扬长江公路大桥、天津大沽桥、南京大胜关长江大桥、湛江海湾大桥、天津直沽桥、苏通长江公路大桥、杭州湾跨海大桥、武汉阳逻大桥、西堠门大桥、金塘大桥、济南黄河三桥、郑州桃花峪黄河大桥等20多座钢桥中得到应用并不断完善。

我国对环氧沥青材料的研究虽起步较晚，但取得了丰富的研究成果。自1998年开始，东南大学黄卫院士带领桥面铺装课题组围绕南京八卦洲长江大桥开展了环氧沥青及其混合料、钢桥面铺装技术的系统研究工作，逐步形成了环氧沥青混凝土钢桥面铺装设计与施工成套技术，并于2000年将研究成果成功应用于南京八卦洲长江大桥铺装工程中。之后，东南大学不断深入开展环氧沥青材料理论与应用技术研究，显著提高了我国环氧沥青原材料及

混合料的技术性能,促进了环氧沥青的国产化生产,也推动了我国环氧沥青混合料施工设备与技术的发展。

现阶段我国环氧沥青在道路工程中的应用主要集中于桥面铺装工程,并且在工程应用技术方面处于世界领先地位。工程实践表明,环氧沥青混合料是一种综合性能优良的路用铺装材料,如能严格按照设计要求控制施工,环氧沥青混合料完全可以满足桥面铺装、机场道面、隧道铺装和重载高速公路等复杂环境条件下的路面结构使用要求。南京八卦洲长江大桥、苏通长江公路大桥、西堠门大桥等大跨径钢桥通车运营后,环氧沥青桥面铺装经受了16 年以上重载交通、高温酷热、低温严寒、雨雪侵蚀等恶劣环境的考验,服役性能优良,为我国环氧沥青混合料应用树立了成功范例。表 1-2 列出了国内采用环氧沥青混合料作为桥面铺装材料的部分实体工程。

国内环氧沥青钢桥面铺装的部分工程　　表 1-2

桥名	建成年份	地点	桥梁结构类型	主梁及桥面板类型	铺装厚度(mm)
南京八卦洲长江大桥	2001	南京	斜拉桥	钢箱梁/正交异性	50
舟山桃夭门大桥	2003	舟山	斜拉桥	钢箱梁/正交异性	50
润扬长江公路大桥南汊桥	2004	镇江	悬索桥	钢箱梁/正交异性	55
润扬长江公路大桥北汊桥	2004	镇江	斜拉桥	钢箱梁/正交异性	55
天津大沽桥	2004	天津	拱桥	钢箱梁/正交异性	50
南京大胜关长江大桥	2005	南京	斜拉桥	钢箱梁/正交异性	50
湛江海湾大桥	2006	湛江	斜拉桥	钢箱梁/正交异性	50
佛山平胜大桥	2006	佛山	悬索桥	钢箱梁/正交异性	50
苏通长江公路大桥	2007	苏州/南通	斜拉桥	钢箱梁/正交异性	55
杭州湾跨海大桥南航道桥	2007	宁波/嘉兴	斜拉桥	钢箱梁/正交异性	50
杭州湾跨海大桥北航道桥	2007	宁波/嘉兴	斜拉桥	钢箱梁/正交异性	50
阳逻大桥	2007	武汉	悬索桥	钢箱梁/正交异性	60
黄埔大桥南汊桥	2008	广州	悬索桥	钢箱梁/正交异性	60
黄埔大桥北汊桥	2008	广州	斜拉桥	钢箱梁/正交异性	60
西堠门大桥	2008	舟山	悬索桥	钢桁梁/正交异性	55
金塘大桥	2008	舟山	斜拉桥	钢箱梁/正交异性	55
济南黄河三桥	2008	济南	斜拉桥	钢箱梁/正交异性	50
坝陵河大桥	2009	安顺	悬索桥	钢桁梁/正交异性	55
武汉天兴洲长江大桥	2009	武汉	斜拉桥	钢箱梁/正交异性	60
上海长江大桥	2009	上海	斜拉桥	钢箱梁/正交异性	55
上海闵浦大桥	2009	上海	斜拉桥	钢桁梁/正交异性	55
胶州湾大桥	2009	青岛	斜拉桥	钢箱梁/正交异性	50
上海闵浦二桥	2010	上海	斜拉桥	钢桁梁/正交异性	55

续上表

桥名	建成年份	地点	桥梁结构类型	主梁及桥面板类型	铺装厚度(mm)
鄂东长江大桥	2010	黄石/黄冈	斜拉桥	钢箱梁/正交异性	55
荆岳大桥	2010	荆州/岳阳	斜拉桥	钢箱梁/正交异性	55
崇启大桥	2011	上海/启东	梁桥	钢箱梁/正交异性	55
泰州大桥	2012	泰州	悬索桥	钢箱梁/正交异性	25(下层浇注厚35)
九江二桥	2013	九江	斜拉桥	钢箱梁/正交异性	55
桃花峪黄河大桥	2013	郑州/焦作	悬索桥	钢箱梁/正交异性	55
黄冈长江大桥	2014	黄冈/鄂州	斜拉桥	钢桁梁/正交异性	60
新世纪大桥	2016	通辽	斜拉桥	钢箱梁/正交异性	50
南沙大桥	2019	广州	悬索桥	钢箱梁/正交异性	65
五峰山大桥	2020	镇江	悬索桥	钢桁梁/正交异性	35(下层浇注厚35)
沪苏通长江公铁大桥	2020	苏州/南通	斜拉桥	钢桁梁/正交异性	25(上层SMA厚35)

从我国钢桥面环氧沥青混合料铺装的使用情况看,成功和失败的案例都有。成功案例证明,在正确的铺装结构与材料设计的前提下,只要施工技术先进、组织合理,并配以严密有效的质量控制,环氧沥青混合料完全可以适应钢桥面铺装复杂的使用环境。但由于施工环节较多、条件也较为苛刻,施工中对环氧沥青混合料质量控制的难度较大,施工质量控制不严是造成环氧沥青混合料铺装失败的主要原因。

近年来,环氧沥青混凝土开始向机场、隧道和普通高速公路推广应用。中国民用航空局于2019年发布了《机场环氧沥青道面设计与施工技术规范》(MH/T 5041—2019),为环氧沥青混凝土在机场的应用提供了技术基础。可见,未来环氧沥青混凝土在长寿命铺装工程中的应用将愈发广泛。

(2)浇注式沥青混合料

①浇注式沥青混合料性能特点。

浇注式沥青混合料是一种黏稠且有很好流动性的沥青混合料,20世纪起源于德国,并在英国、丹麦等欧洲国家及日本得到广泛应用。它是指在高温(190~240℃)下拌和,依靠混合料自身的流动性摊铺成型、无须碾压的一种高沥青含量与高矿粉含量、空隙率小于1%的沥青混合料。德国沥青混合料设计规范将其命名为“Guss Asphalt”(GA),为“流态的沥青”之意。日本在引进该混合料时也沿用了《Guss Asphalt》的命名,而英国则称之为沥青玛瑞脂(Mastic Asphalt,MA)。

传统的浇注式沥青结合料通常由湖沥青与石油沥青按一定比例掺配而成,随着沥青改性技术的发展,聚合物改性沥青以及由聚合物改性沥青与湖沥青共混而成的沥青结合料在浇注式沥青混合料中也逐渐得到应用。湖沥青一般指特立尼达和多巴哥湖沥青(TLA),它由一种半固体、乳化状天然沥青精炼而成。TLA 的主要成分是 53% ~55% 的地沥青可溶分、36% ~37% 的矿物质、9% ~10% 的水化物以及挥发性物质等。特立尼达和多巴哥湖沥青有限公司的研究认为,TLA 是一种凝胶结构而非溶胶结构,具有相对较高的表面张力,其特有的胶体结构使其很容易与普通石油沥青混合,降低普通石油沥青的温度敏感性。由于浇注式沥青混合料具有较好的防水性能以及对钢桥面板优良的追从性,其在国外被广泛应用于桥面铺装。

浇注式沥青混合料由于其材料、制作过程、摊铺流程的特殊性而具有迥异于其他沥青混合料的使用性能。浇注式沥青混合料近乎为零的空隙率提供了很好的密水性,隔绝了与空气、水等易老化因素接触的途径,降低了因老化所引起的性能衰变;高沥青含量提供了很好的随从变形性能;由于冷却后具有一定的强度,避免了碾压病害的产生。

②浇注式沥青混合料研究与工程应用。

德国于 1917 年开始研发浇注式沥青混合料,并将其应用于建筑物防水层和铺装工程及 Oberkasseler、Mulheim、Zoo 等钢桥中。德国一般采用针入度为 20 ~50(0.1mm)的直馏沥青作为浇注式沥青混合料的结合料,掺配 15% ~35% 的 TLA,而对集料无特别的技术要求。从级配来看,德国浇注式沥青混合料分为三级[0/5、0/8、0/11(s)],细级配常应用于室内防水层或屋顶防水层,中间级配多应用于室外停车场,粗级配则应用于磨耗层或其他表面要求较粗糙的地方,因此其应用范围非常广泛。

英国自 20 世纪 50 年代初期开始对钢桥面铺装进行研究,1952 年英国道路研究试验室进行了大规模试验后认为,为减轻自重,桥面浇注式沥青混合料铺装厚度 38mm 为最佳。1964 年竣工的福斯公路桥(Forth Road Bridge)首次采用厚 38mm 的单层浇注式沥青混合料铺装结构,在随后修建的大跨径钢桥如塞汶桥(Severn Bridge)、亨伯桥(Humber Bridge)中均采用了这种结构,不过结合料中湖沥青的比例有所增加。1988 年英国颁布了《道路、人行道和建筑铺面用浇注式沥青(石灰石细集料)规范》(BS 1447:1988),对浇注式沥青混合料的材料组成与相应技术指标进行了较为详细的规定,该规范强调浇注式沥青混合料属“H”级,适用于繁重荷载区域的铺装。

英国与德国钢桥面铺装结构的主要区别是,前者通常采用单层铺装,厚度较小;而后者一般采用厚度较大的双层铺装。虽然中文都翻译为浇注式沥青混合料,但是英国 MA 与德国 GA 还是有所不同,两者的主要区别在于生产工艺。MA 需要在拌和机内按一定的顺序逐步添加细集料和沥青,这个添加、拌和过程需要 5 ~6h,生成的混合物称为沥青玛瑞脂(NE,沥青、矿粉及 3mm 以下细集料),然后将沥青玛瑞脂加入专用的搅拌运输车(Cookr 车)中,加热的粗集料也按比例加入 Cookr 车二次拌和产生 MA,其级配带有断级配特征,施工效率较低。而 GA 没有生产沥青玛瑞脂的过程,是在大型拌和楼内直接完成所有材料的添加生成 GA,但也需要在 Cookr 车中完成二次拌和与运输。两种浇注式沥青混合料均具有良好的流动性,可自流成型,但级配、油石比范围、检测方法、性能要求等有一定的差异。

1956 年日本从德国引进相应的技术后,对德国浇注式沥青混合料的材料组成及相应的技术标准作了较大的调整,逐步形成了符合日本国情的一整套技术,并且在 1961 年沥青铺装纲要中公布了相关的技术规范。日本的研究认为,浇注式沥青混合料材料组成中的"两高一低"(高细集料含量、高沥青含量和低粗集料含量)使得它的空隙率几乎接近于零,整个混合料具有较强的变形协调能力与良好的密水性。因此,日本将浇注式沥青混合料作为钢桥面铺装下层的首选材料。

表 1-3 列出了国外采用浇注式沥青混合料作为铺装主材的部分大跨径钢桥。由表 1-3 可见,英国通常采用单层的浇注式沥青混合料,而德国及日本等则通常将其应用于桥面铺装的下层。

国外浇注式沥青混合料铺装的部分工程　　表 1-3

桥名	建成年份	地点	桥梁结构类型	主跨(m)	主梁及桥面板类型	铺装结构
明石海峡大桥(Akashi Kaikyō Bridge)	1998	日本兵库县	悬索桥	1991	钢桁梁/正交异性	35mm 浇注式混合料 + 30mm 改性密级配混合料
大贝尔特桥(Storebæltsbroen)	1998	丹麦西兰岛/菲英岛	悬索桥	1624	钢箱梁/正交异性	浇注式沥青混合料
亨伯桥(Humber Bridge)	1981	英国赫斯尔/巴顿	悬索桥	1410	钢箱梁/正交异性	38mm 浇注式沥青混合料
高海岸桥(High Coast Bridge)	1997	瑞典北部	悬索桥	1210	钢箱梁/正交异性	浇注式沥青混合料 + SMA 混合料
南备赞濑户大桥(Minami Bisan-Seto Bridge)	1988	日本香川县	悬索桥	1100	钢桁梁/正交异性	浇注式沥青混合料 + 改性密级配沥青混合料
福斯公路桥(Forth Road Bridge)	1964	苏格兰爱丁堡	悬索桥	1006	钢箱梁/正交异性	38mm 浇注式沥青混合料
塞汶桥(Severn Bridge)	1966	英格兰塞文河	悬索桥	988	钢箱梁/正交异性	38mm 浇注式沥青混合料
多多罗大桥(Tatara Bridge)	1999	日本广岛县	斜拉桥	890.9	钢箱梁/正交异性	35mm 浇注式混合料 + 30mm 改性密级配混合料
诺曼底大桥(Pont de Normandie)	1995	法国诺曼底	斜拉桥	856	钢箱梁/正交异性	60mm 浇注式沥青混合料

日本悬索桥的主梁结构大多采用桁架式加劲梁，桥面铺装则采用浇注式沥青混合料作为双层结构的下层，主要考虑到浇注式沥青混合料具有良好的密封防水性能以及良好的抗震能力。由于浇注式沥青混合料的抗变形能力及抗滑能力不够理想，日本在双层铺装结构的上层仍采用改性沥青密级配混合料，以确保桥面铺装具有足够的强度、抗车辙能力和抗滑能力。

日本认为过多的湖沥青会增加混合料搅拌和施工的困难，并且使混合沥青的脆性变大，因此主张降低结合料中湖沥青的比例，同时为防止混合沥青的针入度过大，建议采用标号较低的20～40号直馏石油沥青。在级配方面，日本认为过细的级配会使混合料的流动性过大，不利于其高温抗车辙。

继德国、英国、日本之后，法国、丹麦、瑞典、挪威等欧洲国家也对浇注式沥青混合料进行了研究，并相继在本国的大桥上付诸实施。从这些桥梁的铺装情况看，浇注式沥青混合料表现出较好的耐久性。

我国自20世纪90年代从英国和日本引进浇注式沥青混合料后，陆续开展相应的试验研究。浇注式沥青混合料先后在我国香港的青马大桥(1997年)、江苏的江阴长江公路大桥(1999年)以及台湾的高屏溪大桥(2008年)等钢桥上得到应用。

我国台湾省于1997年引进日本的“下层浇注式沥青混合料+上层改性密级配沥青混合料”铺装结构方案，并完成了新东大桥和高屏溪大桥两座钢桥的桥面铺装工程。随后台湾“中央大学”、台湾“中华大学”以及成功大学的科研人员在借鉴、吸收国外尤其是日本的技术与经验基础上，通过室内试验研究与室外试验段验证，设计出适合我国台湾省夏季持续高温、湿润多雨的季节性气候条件下的浇注式沥青混合料。表1-4为我国台湾省浇注式沥青混合料钢桥面铺装应用情况。

浇注式沥青混合料铺装在我国台湾省的应用情况　　表1-4

项目		崁津大桥	大直桥	高屏溪大桥	新东大桥
铺装类型	上层	改性沥青混合料	改性沥青混合料	改性沥青混合料	改性沥青混合料
	上层厚度(mm)	40	40	40	40
	下层	浇注式沥青混合料	浇注式沥青混合料	浇注式沥青混合料	浇注式沥青混合料
	下层厚度(mm)	40	40	40	40
黏结层材料	上黏结层	橡胶沥青乳剂	橡胶沥青乳剂	橡胶沥青乳剂	橡胶沥青乳剂
	下黏结层	橡胶沥青黏结剂	橡胶沥青黏结剂	橡胶沥青黏结剂	橡胶沥青黏结剂
沥青结合料	基质沥青	中油AR8000	日本20/40	日本20/40	日本20/40
	湖沥青	TLA	TLA	TLA	TLA
	掺配比例(湖沥青：基质沥青)	25：75	25：75	25：75	25：75

香港青马大桥和江阴长江公路大桥的桥面铺装都是引进英国单层浇注式沥青混合料铺装结构方案，由英国 SCOTT 国际咨询公司设计，业主委托国内研究人员进行验证性试验研究，香港 Anderson（安达臣）沥青公司负责施工。江阴长江公路大桥浇注式沥青混合料的结合料由 70% 的 TLA 与 30% SHELL-70 号普通石油沥青组成，混合料中可溶沥青用量为 8.25%，粗、细集料的比例为 46.75：45.00。

2002 年起，交通部重庆公路科学研究所[1]逐渐将浇注式沥青混合料应用到桥面铺装上，并对其沥青胶结料进行改进。2003 年浇注式沥青混合料首次在山东胜利黄河大桥上应用，随后在安庆长江大桥（2004 年）、东海大桥（2010 年）等多座钢和混凝土桥面铺装工程中得到推广应用。目前，浇注式沥青混合料在国内钢桥面铺装工程中常应用于下层。

港珠澳大桥（2018 年）建设时考虑到英国 MA 浇注式沥青混合料铺装具有优良的工程应用案例，表现出较好的路用性能和耐久性，但对于港珠澳大桥钢桥面铺装工程规模，传统的 MA 施工工艺很难满足港珠澳大桥工期要求，因此采用 GA 生产方式生产 MA，以提高生产效率，这种浇注式沥青混合料称为 GMA。

（3）改性沥青 SMA 混合料

①改性沥青 SMA 混合料性能特点。

与浇注式沥青混合料一样，SMA 也起源于德国。SMA 最初是为减少车辙而研制的，后来实践中发现它具有较强的抗水损害及低温抗裂性能，在欧美等国家和地区得到了足够的重视，被大量应用于道路等各种铺装工程。20 世纪 90 年代初期，为解决在重交通荷载下桥面铺装的热稳性问题，日本开始研究并在工程中应用改性沥青 SMA 混合料代替浇注式沥青混合料用于铺装下层，但目前改性沥青 SMA 混合料在国外大跨径钢桥上应用的相关报告较少。

典型的 SMA 是一种热拌式间断密级配混合料，其高温稳定性主要源于粗集料的相互嵌挤作用，沥青玛瑞脂的胶结性能也对此有一定影响。而只有当粗集料形成“stone-on-stone”接触时，它们之间的相互嵌挤作用才最强。美国国家沥青技术中心（NCAT）研究发现，当 4 号筛（4.75mm）的通过率小于 30% 时，集料中才可形成“stone-on-stone”接触。美国国家公路战略研究计划（SHRP）制定了 SUPERPAVE 级配的控制点与相应的禁区范围，并且规定混合料的矿料间隙率（VMA）不小于 17%，沥青饱和度（VFA）根据当量交通量（ESAL’s）确定，但不得超出 65% ~85%。SMA 的低温性能来源于含量较高的沥青玛瑞脂。通常认为，SMA 结构中胶泥含量达到 18% 以上（占混合料总重量）时，即可获得较好的低温性能。各地区采用 SMA 时其沥青用量差别较大：德国为 6.0% ~7.0%；美国相对较低，为 5.7% ~6.5%；国内几座大桥中，SMA 铺装的沥青用量在 6.0% ~6.7% 之间。

[1] 原交通部重庆公路科学研究所现为招商局重庆交通科研设计院有限公司。

SMA 有如下优点:A. 骨架结构提供了很好的高温稳定性;B. 玛瑞脂优良的黏结性能为其提供了很好的低温变形能力;C. 集料表面有较厚的沥青膜,减少了与水、空气的接触,提高了耐久性能;D. 高质量的碎石和间断级配,为 SMA 提供了良好的表面特性。

但 SMA 也有以下不足之处:A. 沥青用量大、集料要求高,使得造价较高;B. 对材料质量的小幅波动很敏感,会引起路面品质的大幅变化;C. 由于材料要求高,导致其对施工水平有较高的要求。

另外,由于 SMA 铺装体系防水能力和高温抗剪能力不足,导致局部产生轻微推移。具体原因是:水浸入铺装的无机富锌漆层,沿无机富锌漆层的微孔渗透产生水剥离作用,导致局部出现脱层,进而产生推移。

②改性沥青 SMA 混合料研究与工程应用。

我国对改性沥青 SMA 铺装材料与结构的研究始于广东省虎门大桥。随后建成的厦门海沧大桥(1999 年)、武汉白沙洲大桥(2000 年)、重庆鹅公岩大桥(2000 年)、武汉军山大桥(2001 年)等都采用了双层改性沥青 SMA 铺装材料与结构。

2)铺装结构

钢桥面铺装具有多种功能,它既是钢桥面系的组成部分参与结构受力,又是行车道路面面层,因此必须具有优良的路用性能和较长的使用寿命。受到复杂多变的自然环境影响以及繁重的交通荷载作用,钢桥面铺装工作条件十分苛刻。合理的铺装结构可有效分散、降低正交异性板的荷载应力,增加桥面板构件及焊缝的疲劳寿命。经过十余年的发展,我国钢桥面铺装结构方案主要经历了由“单层同质”到“双层同质”与“双层异质”结构的发展历程。

由于双层铺装体系能够对不同层位的铺装材料分别进行设计,充分利用和发挥材料与结构特性,最大限度地避免对同种材料矛盾的双向性能(高温稳定性和低温抗裂性)要求,故双层铺装结构能较好地解决高、低温交替变化环境下钢桥面铺装的稳定性问题,该类铺装结构方案在大跨径正交异性钢桥面铺装中应用更为广泛。双层铺装体系各结构层特点如下:

(1)铺装结构上层

铺装结构上层为磨耗层。由于直接与车轮接触,铺装结构上层需要为高速行驶的车辆提供平整、抗滑、耐磨的路面,以满足安全、舒适、快速行车的要求。考虑到正交异性钢桥面板的结构、温度与变形特性,铺装结构上层还应具有优良的抗疲劳性能、高温稳定性、低温抗裂性和水稳定性。

(2)铺装结构下层

铺装结构下层与钢板及铺装结构上层形成整体结构,共同承受车辆荷载的作用,其作为保护层需分散荷载,将钢桥面板不平整部分和焊缝凸起部位加以整平,同时兼具防水和保护钢桥面板的作用。

(3)防水黏结层/黏结层

防水黏结层/黏结层承担钢桥面与铺装以及铺装各结构层间的黏结与应力传递,抵御由车辆荷载和温度变化引发的剪切应力,协调钢桥面与铺装在不同温度条件下的非等量变形,并保护钢桥面板免受水分的侵蚀,在钢桥面铺装体系中具有承上启下的重要作用。

目前,双层铺装体系的主流铺装结构包括“双层环氧”“下层浇注+上层环氧”“下层环氧+上层SMA”“下层浇注+上层SMA”等。通过近20年的研究与工程实践,国内对于钢桥面铺装技术的认识有了进一步的提高,结合中国的气候与交通特点,在工程实践的基础上,不同机构的研究者对这些铺装结构的强度、高低温稳定性、疲劳性能、水稳定性、钢板与铺装层间黏结性能和钢桥面防腐涂装性能等进行了大量的试验研究与性能优化,建立了各自的典型铺装结构,并发展了相应的施工技术与质量控制标准。这些成果的取得,一方面使我国的钢桥面铺装技术得以逐步完善、提高,大大促进了大跨径桥梁的建设与发展;另一方面也使我国的钢桥面铺装技术研究向多元化方向发展,呈现出多样的钢桥面铺装结构与桥面铺装体系。但由于不同工程的铺装方案与使用条件各不相同,使用效果存在较大差异。

目前,我国大跨径桥梁建设方兴未艾,尤其在沿江沿海等经济较发达地区有更多的大跨径钢桥正在建设或者筹建,已建成的大批钢桥面铺装也进入了养护维修期。对比不同铺装结构方案的使用效果,对使用过程中暴露出来的问题进行系统的梳理和总结,探索影响铺装使用品质的规律,引入新材料、新技术、新工艺和新装备,分地区、分环境、分场景深入优化常用铺装结构方案,对于提高钢桥面铺装设计研究水平和工程质量,推动我国钢桥面铺装技术的进步具有极为重要的意义。

1.2.2 国外钢桥面铺装研究与工程应用

1)德国

正交异性钢桥面板首先由德国研制,因此德国是钢桥面铺装研究最早的国家,形成了较为成熟的技术规范。德国钢桥面铺装技术规范名为《钢桥面铺装施工补充技术合同条件和指南》(ZTV-BEL-ST 92),包括《技术交付条件》(TL-BEL-ST)和《技术试验规程》(TP-BEL-ST)。

德国的钢桥面板厚度一般为12mm。铺装层全为双层结构,其中下面层为保护层,多为浇注式沥青混凝土;上面层为磨耗层,可依据实际情况和业主意愿选择浇注式沥青混凝土、SMA或普通沥青混凝土。

在德国等欧洲国家和地区,桥面铺装设计者极为重视防水体系的性能。除了必须选择规范规定的防水体系外,还需要按照规定的检验程序及方法进行检验。德国拥有一套完整的防水体系认证制度,防水材料只有通过德国联邦公路研究所(BASt)下属检验所的检验后,才能出现在许可的产品清单中,进而能够在实际工作中被选用。

在德国,铺装结构通常由业主决定(包括防水体系类型、沥青混凝土所用材料等),然后再由设计单位和施工单位负责设计并实施。但施工单位必须保证若干年的使用期,如果在使用期内桥面铺装发生破损,维修费用必须由施工单位承担。施工单位除施工过程的自检外,还会聘请第三方进行检验,混合料设计单位也会被抽检,因此施工质量得以保证。

2)荷兰

荷兰的钢桥面铺装主要采用沥青玛琋脂。在20世纪70年代前正交异性钢桥面铺装很少出现问题,但是在1970年以后钢桥面铺装病害问题发展很快,出现了大量车辙、开裂、滑移脱层等病害。随后荷兰开始使用其他类型的沥青桥面铺装,如浇注式沥青混合料、改性沥青混合料等。近十年来,荷兰代尔夫特理工大学(Delft University of Technology,TU Delft)对钢桥面铺装材料性能与结构行为进行了深入的研究,他们在室内采用直道足尺试验设备测试了正交异性板与铺装在车辆荷载下的力学响应,并采用适合的力学模型表征铺装层和黏结层,成功地模拟出应变在铺装和钢板中分布的非线性和非连续性,并通过实测数据进行了修正。该方法可以较好地预估出铺装结构的受力状况。代尔夫特理工大学的Molenaar教授和Medani博士提出了正交异性钢桥面铺装设计新思想,他们指出钢桥面铺装设计必须建立在对正交异性板几何尺寸、轴载特征以及铺装材料行为的理解之上,铺装材料的行为受到温度、荷载频率以及应变水平的影响,应变的增长将减少铺装结构的使用寿命。

3)日本

日本钢桥面铺装的研究始于20世纪50年代,1955年建成的东京都竖川桥采用的是双层密级配沥青混凝土铺装结构。之后,日本于1956年引进了德国的浇注式沥青混凝土技术,开始研究并将这种技术应用于钢桥面铺装工程中。1961年,沥青铺装纲要纳入了与钢桥面铺装有关的技术规范及准则。1960年以后,日本大型桥梁所使用的桥面铺装着重于减轻自重,因此在1967年版的铺装纲要中,追加了树脂铺装,同时增加了两点要求:①铺装与钢桥面板的黏附性良好,能够抵抗反复疲劳作用;②改善钢桥面接缝处的铺装平整性,以减少龟裂。随着交通量剧增及重载车辆增加,1978年版铺装纲要还要求钢桥面铺装用沥青混合料具有优越的抗高温变形性能。

在建设本四联络桥时,日本组建了铺装专家技术委员会,于1973—1989年对本四联络桥的钢桥面铺装进行了十余年的调查和研究。根据日本建设省土木研究所在1980—1981年实施的钢桥面铺装全国情况调查(共303座桥梁)结果(表1-5),双层铺装结构所占比例最高,铺装厚度多为6~9cm,其中铺装上层使用密级配沥青混合料、下层使用浇注式沥青混合料的铺装结构占比为41%,且使用情况良好。

日本国内典型钢桥面铺装结构 表 1-5

类型	上层铺装厚度(cm)	下层铺装厚度(cm)	桥梁数	百分比(%)
①	密级配沥青混合料(3~4)	密级配沥青混合料(4~5)	83	27
②	浇注式沥青混合料(3~4)	浇注式沥青混合料(3~4)	71	23
③	密级配沥青混合料(3~4)	浇注式沥青混合料(3~4)	123	41
④	单层密级配沥青混合料(5~7)		23	8
⑤	单层浇注式沥青混合料(5~7)		3	1

铺装专家技术委员会基于各种试验及实际情况的调查,总结制定了《本州四国联络桥桥面铺装标准》。基于这个标准,1988 年版的沥青铺装纲要中公布了一般钢桥面铺装设计、施工的标准。

日本在钢桥面铺装技术的研究与工程实践方面经过数十年的探索,已经形成了适应日本国情的钢桥面铺装结构,其主要结构为下面层采用 30~40mm 浇注式沥青混凝土,磨耗层采用 30~40mm 密级配沥青混凝土,一般不采用单独的防水层,只是在清理后的钢桥面上涂布溶剂型(橡胶沥青)黏结层。

4)美国

美国自 1967 年开始引入正交异性桥面板结构形式,桥面板及桥面铺装设计主要参考德国的相关规范。1973 年,美国公路和交通运输协会桥梁设计规范首次纳入正交异性钢桥面设计条款,但在此规范及后续版本和技术文献中几乎没有关于钢桥面铺装技术要求与设计的相关信息。直至 1994 年,美国《公路桥梁设计规范》(AASHTO LRFD)第 3 版才指出:“桥面铺装应作为正交异性桥面系的一部分”“在研究铺装内力以及铺装与钢板间剪应力时,应考虑极端温度条件下铺装的性能。”规范同时规定桥面顶板厚度不低于 14mm 或不低于加劲肋最大间距的 4%,在此条件下桥面板局部挠度比规定从 1/300 降为约 1/1200。

美国目前有 60 多座正交异性板钢桥,大多采用双层环氧沥青混凝土铺装。另外,有几座钢桥采用浇注式沥青混凝土和聚合物混凝土铺装。采用环氧沥青混凝土铺装的钢桥大多使用情况很好,如圣马特奥-海沃德大桥(San Mateo-Hayward Bridge)环氧沥青铺装使用寿命达 48 年,著名的金门大桥(Golden Gate Bridge)1985 年更换桥面板时采用环氧沥青混凝土铺装,已服役 38 年。

1.2.3 国内钢桥面铺装研究与工程应用

我国从 20 世纪 80 年代开始修建正交异性板钢桥,对钢桥面铺装技术的研究与探索也始于这一时期。最早的工程应用始于广东省肇庆市的马房北江大桥(1985 年),而较系统的

研究工作则始于广东虎门大桥(1996 年),并且随着江阴长江公路大桥(1999 年)、南京八卦洲长江大桥(2001 年)、杭州江东大桥(2008 年)、南京栖霞山长江大桥(2012 年)、杭瑞洞庭大桥(2017 年)等大跨径钢桥的建设,我国的钢桥面铺装研究取得了长足进步。研究重点由早期沿用公路沥青路面结构或借鉴国外的经验,转变为对铺装体系的力学机理和行为特征、铺装新材料、新结构、新技术进行深入的研究。通过不断地摸索与实践,我国在钢桥面铺装方面取得了大量成果和经验。

1) 探索期(1985—2001 年)

我国早期的钢桥面铺装工程基本沿用了公路沥青路面材料和结构的设计经验,只是单纯通过掺加氯丁橡胶改性剂等手段提高沥青混合料的性能,铺装结构难以满足严酷的使用条件要求,因此很快出现各种形式的病害,虽然经过多次维修,病害仍无法消除。这一时期有代表性的钢桥面铺装工程包括马房北江大桥(1985 年)和西陵长江大桥(1996 年)。

自 20 世纪 90 年代中期开始,我国兴起了大跨径缆索支承桥梁的建设热潮,由于钢结构桥梁的突出优点和国外较为成熟的建设与使用经验,流线型扁平钢箱梁成为我国大跨径桥梁的首选结构形式。在钢结构桥梁得到广泛应用的同时,钢桥面铺装问题开始凸显。1996 年,广东虎门大桥对钢桥面铺装技术开展了重点研究,掀起了国内大跨径钢桥面铺装研究热潮的序幕。虎门大桥采用了单层改性沥青 SMA 混合料铺装结构,该结构采用富锌底漆作防腐层、Eliminator 防水胶作防水层、预拌沥青碎石作黏结层、改性沥青 SMA-13 混合料作沥青面层,铺装总厚度为 60mm。然而,由于对改性沥青 SMA 混合料认识不足,对钢桥面铺装温度、荷载等使用条件把握不充分,以及施工质量控制不到位等原因,虎门大桥通车后不久其铺装层就出现了大面积的车辙、推移等热稳定性病害。

此后,结合汕头礐石大桥(1998 年)、厦门海沧大桥(1999 年)、重庆鹅公岩大桥(2000 年)、武汉白沙洲大桥(2000 年)、宜昌长江公路大桥(2000 年)、武汉军山大桥(2001 年)等国内多座大跨径钢桥面铺装工程,交通部重庆公路科学研究所对双层改性沥青 SMA 混合料铺装结构体系(图 1-2)及配套的施工技术进行了深入的研究,研究的重点集中在钢桥面防腐、钢板与铺装之间的黏结、SMA 材料性能改进等方面。双层改性沥青 SMA 混合料铺装也成为我国首个大规模推广的钢桥面铺装体系。然而,这些桥梁的钢桥面铺装大多数在投入使用后不到几年就发生了较为严重的早期病害,病害的主要表现形式为开裂、车辙、滑移和推挤等。值得一提的是,这个时期修建的大跨径钢桥,正交异性桥面板厚度多为 12mm,桥面系刚度较弱,这是导致钢桥面铺装使用寿命不足的重要原因之一。

2) 技术引进期(1997—2012 年)

在国内钢桥面铺装工程没有成功经验可供借鉴以及大跨径缆索支承桥梁建设如火如荼的背景下,国内钢桥面铺装工程开始学习和引进国外的材料和技术,铺装结构设计基本沿用国外的典型结构，研究重点集中于以英国为代表的单层浇注式沥青混合料方案、以美国为代表的双层环氧沥青混合料铺装方案、以日本为代表的下层浇注式沥青混合料 + 上层改性密级配沥青混合料铺装方案。

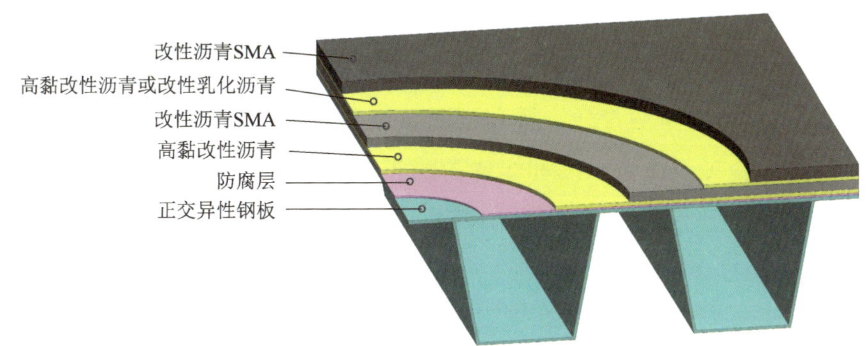

图 1-2 双层改性沥青 SMA 混合料铺装结构

（1）单层浇注式沥青混凝土

香港青马大桥（1997 年）和江阴长江公路大桥（1999 年）采用了英国的沥青玛瑞脂铺装方案，由英国公司总承包施工。青马大桥桥面的沥青玛瑞脂厚度为 37mm，其下层设置 3mm 厚防水层，铺装总厚度为 40mm。江阴长江公路大桥采用一次施工成型的单层 47mm 浇注式沥青混凝土铺装（图 1-3），表面压入最大粒径不超过 14mm 的红砂岩，铺装与钢桥面板之间设置 3mm 的橡胶沥青防水层，其下层为薄层溶剂型黏结剂。

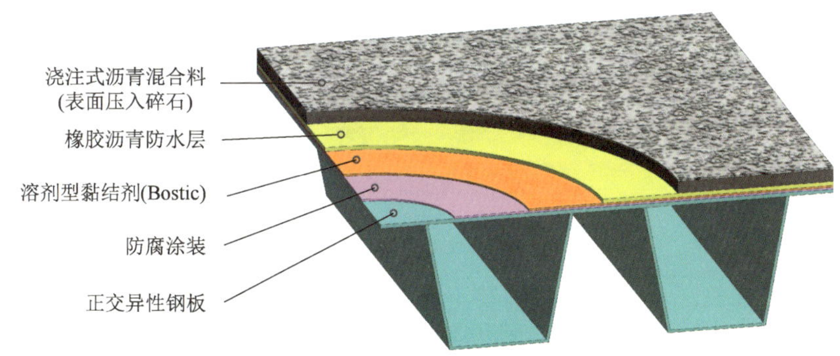

图 1-3 单层浇注式沥青混凝土铺装结构

青马大桥钢桥面铺装使用情况良好，通车 12 年后车辙病害才较为明显，局部段落进行了修复养护。江阴长江公路大桥通车 1 年后出现了车辙和裂缝病害，少数局部区域铺装层产生松散和脱落现象，于 2003 年 7 月对钢桥面铺装进行了修复养护。单层浇注式沥青混合料铺装在两座大桥的使用情况截然不同，其原因主要归结于不同的结构支撑条件和交通条件。青马大桥为公铁两用双层钢悬索桥，上层为公路车道，下层为双线铁路及两条行车道，主梁设计成具有上下两层桥面的箱形截面，箱梁内设置空腹桁架，中部空间可容纳行车道及铁路轨道，大桥上层桥面中部和下层桥面铁路轨道两侧均设有通气空格，形成流线型带有通

气空格的闭合箱型主梁，这种结构有利于降低桥面铺装温度，实测钢桥面温度最高为47℃；同时，钢桥面板厚16mm，有利于改善钢桥面铺装受力状况。而江阴长江公路大桥为封闭式钢箱梁，散热性能较差，铺装最高温度达70℃，正交异性钢桥面板厚12mm，钢桥面铺装的最高温度以及临界应力/应变显著高于青马大桥。同时，青马大桥通行车辆以轿车和大型客车为主；而江阴长江公路大桥是连接京沪、同三国道主干线的重要过江通道，交通量大且重载、超载车辆比例高。青马大桥和江阴长江公路大桥不同的使用效果说明单层浇注式沥青混合料铺装对于环境温度和车辆荷载较为敏感。由于使用效果欠佳，单层浇注式沥青混合料铺装在国内钢桥面铺装工程中已很少使用。

(2)双层环氧沥青混凝土

南京八卦洲长江大桥(2001年)在国内首次采用双层环氧沥青混凝土铺装方案，开启了我国使用环氧沥青混凝土作为桥面铺装材料的先河。双层环氧沥青混凝土铺装结构如图1-4所示，具体为：钢板喷砂除锈并采用环氧富锌漆作防腐层；钢板与铺装下层之间的黏结层采用环氧沥青黏结料，兼具防水层功能；铺装上层和铺装下层均采用环氧沥青混凝土；沥青铺装层之间的黏结层采用环氧沥青黏结料。

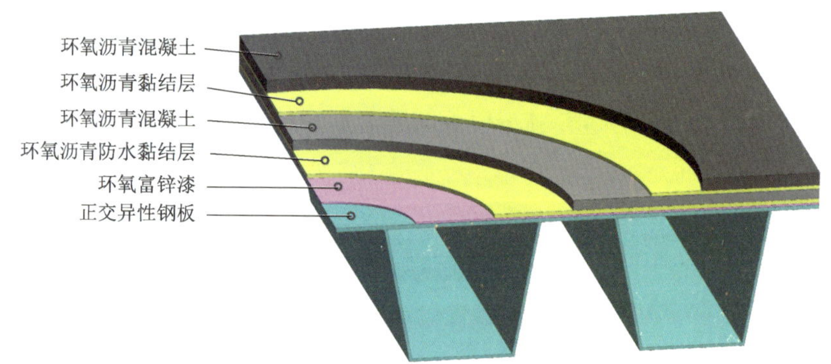

图1-4 双层环氧沥青混凝土铺装结构

结合南京八卦洲长江大桥钢桥面铺装工程，东南大学对美国进口温拌环氧沥青与钢桥面铺装技术进行了深入的系统性研究，通过理论分析、室内试验及试验段铺筑，掌握了环氧沥青原材料、混合料、黏结层、铺装复合结构以及配套的施工技术，对南京八卦洲长江大桥环氧沥青混凝土铺装施工全过程进行了技术指导与质量控制。值得一提的是，东南大学首次提出将正交异性钢桥面板厚度提高到14mm，这项改进措施显著提升了桥面系刚度，改善了钢桥面铺装受力状况，深刻影响了后续正交异性钢桥面板设计和钢桥面铺装的使用寿命。南京八卦洲长江大桥通车20余年来，日均交通量超过7万辆，而铺装使用效果优良，铺装工程质量与使用状况得到国内外专家的普遍好评，是我国钢桥面铺装工程的典范。

在南京八卦洲长江大桥钢桥面铺装工程获得成功的基础上，东南大学在润扬长江公路大桥(2004年)钢桥面铺装技术研究中，完成了改性沥青SMA、浇注式沥青混凝土和环氧沥青混凝土的结构设计与性能研究。在此基础上,他们设计并优选6种铺装结构进行了结构试验研究,通过试验桥实测了钢桥面铺装在3种轴载作用下不同层位的应变与挠度,验证了钢桥面铺装理论计算方法,监控了极端高温与极端低温条件下钢桥面铺装不同层位的温度响应,并进行了长达4年的跟踪观测,为钢桥面铺装力学行为的理论分析积累了宝贵的数据。随后结合南京大胜关长江大桥(2005年)、杭州湾跨海大桥(2008年)、苏通长江公路大桥(2008年)、西堠门大桥(2009年)等多座大跨径钢桥面铺装工程,东南大学进一步完善了环氧沥青混凝土铺装技术,参与开发了多项施工新设备,并在施工现场指导与质量控制方面做了大量工作。

(3)下层浇注式沥青混凝土+上层改性沥青SMA混凝土

鉴于双层改性沥青SMA在大跨径钢桥面铺装工程中应用效果不佳的状况,交通部重庆公路科学研究所借鉴德国和日本的钢桥面铺装材料实践经验,根据铺装层不同的性能要求,结合改性沥青SMA和浇注式沥青混凝土的不同特点,开发了“下层浇注式沥青混凝土+上层改性沥青SMA”的铺装结构(图1-5),具体为:钢板喷砂除锈到规定等级;Eliminator防水层为钢板喷砂除锈后封闭层,同时也是钢板与浇注式沥青混凝土层之间的黏结层;铺装下层采用浇注式沥青混凝土;铺装上层采用改性沥青SMA,两层之间采用改性乳化沥青。

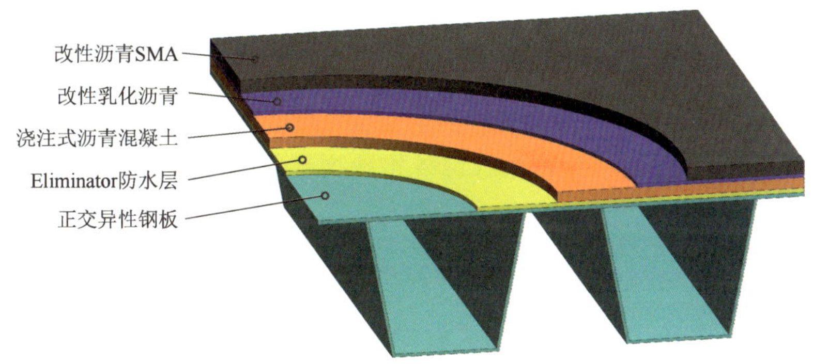

图1-5 下层浇注式沥青混凝土+上层改性沥青SMA混合料铺装结构

安庆长江大桥(2004年)、重庆菜园坝长江大桥(2007年)、贵州北盘江第一桥(2008年)、重庆朝天门长江大桥(2009年)、马鞍山长江大桥(2013年)、琅岐闽江大桥(2014)、港珠澳大桥(2018年)便采用了这种方案。

(4)下层浇注式沥青混凝土+上层改性密级配沥青混凝土

南京栖霞山长江大桥(2012年)借鉴日本钢桥面铺装的成功经验,在国内首次引进了下层浇注式沥青混凝土+上层改性密级配沥青混凝土的钢桥面铺装技术。下层浇注式沥青混凝土+上层改性密级配沥青混凝土是一种柔性铺装,具体为:钢板喷砂除锈到规定等级;防水黏结层采用溶剂型橡胶沥青;铺装下层采用浇注式沥青混凝土,上面撒预拌碎石;铺装上层采用改性密级配沥青混凝土,两层之间采用改性乳化沥青黏结层,如图1-6所示。

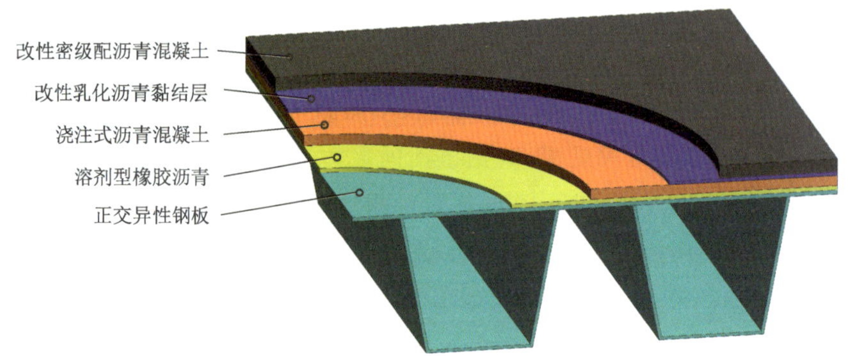

图 1-6　下层浇注式沥青混凝土 + 上层改性密级配沥青混凝土铺装结构

下层浇注式沥青混凝土 + 上层改性密级配沥青混凝土铺装方案引进之初，很多业内人士对该方案的高温稳定性能存在担忧。为此，江苏省交通科学研究院股份有限公司和南京林业大学参照日本浇注式沥青的设计流程、试验方法以及性能评价指标，开展了南京栖霞山长江大桥钢桥面铺装原材料的比选、下层浇注式沥青混合料和上层改性密级配沥青混合料的配合比设计、铺装结构性能以及施工工艺的研究，并成功应用于南京栖霞山长江大桥钢桥面铺装工程。鉴于良好的使用效果，下层浇注式沥青混凝土 + 上层改性密级配沥青混凝土的钢桥面铺装结构方案也应用在南京长江大桥改造工程（2018 年）、南京浦仪公路上坝长江大桥（2020 年）、南京新生圩长江大桥（在建）等大跨径桥梁上。

我国的钢桥面铺装技术是在不断借鉴国外已有经验基础上逐步发展的。在技术引进期的十余年间，我国在引进、消化、吸收国外钢桥面铺装技术方面，有成功也有失败的案例。虽然国外在钢桥面铺装技术研究方面起步早，材料和铺装结构设计相对比较完善，但由于钢桥面铺装对气候条件、交通荷载、桥面板结构刚度等因素非常敏感，而各国的设计方法往往是与其交通、环境等国情紧密结合的经验性方法，适用性存在局限，生搬硬套国外经验势必难以成功。

3）自主创新期（2007 年至今）

经过多年的研究与工程实践，国内学者和工程技术人员对钢桥面铺装技术的认识有了进一步提高。在消化、吸收国外铺装方案技术优点的基础上，结合国内的气候与交通特点，在铺装设计理论、新材料与新结构、养护技术等方面取得了大量创新成果，形成了行业规范《公路钢桥面铺装设计与施工技术规范》（JTG/T 3364-02—2019）（简称《规范》），科研水平和工程实践能力逐渐走到了世界前列。

（1）设计理论与方法

随着研究的深入，国内的钢桥面铺装设计理论与方法也取得了长足的进步，目前已经形成了两种主要的设计方法，即典型结构法和力学理论法。

①典型结构法。

典型结构法主要通过对不同铺装结构和材料实际使用效果的观测，建立铺装结构（结构层组合、厚度和材料性质）、荷载（轴载大小和作用次数）和服役性能三者间的经验关系，并针对使用过程中出现的问题进行改进，最终得到使用性能最优的典型结构。

《规范》是由招商局重庆交通科研设计院有限公司主编的行业推荐性标准，由交通运输部于 2019 年发布实施。它在总结国内外公路钢桥面铺装设计、施工经验的基础上，围绕我国公路钢桥面铺装设计、施工实践过程中遇到的主要技术问题，开展的科学研究与实践验证工作相关成果进行了总结，在编写过程中还参考了东南大学、华南理工大学、长安大学等国内高校和科研单位的研究成果和国外钢桥面铺装相关技术标准，对公路钢桥面铺装的设计、施工、材料、施工质量管理等作出了规定。《规范》的主要内容包括钢桥面铺装结构设计方法、钢桥面铺装材料技术要求、钢桥面铺装沥青混合料技术要求、钢桥面铺装施工工艺要求以及钢桥面铺装施工质量管理要求。

《规范》第 3.1.1 条规定："钢桥面铺装设计应综合考虑桥梁结构特点、交通荷载、环境气候、施工条件、恒载限制等因素，参考类似条件的桥面铺装工程经验进行。"根据不同的铺装材料，《规范》推荐了 5 种典型结构，见表 1-6。

《规范》推荐的钢桥面铺装典型结构　　表 1-6

方案	保护层（下层）	磨耗层（上层）
一	浇注式沥青混合料	改性沥青 SMA 或 AC 混合料
二	环氧沥青混合料	环氧沥青混合料
三	环氧沥青混合料	改性沥青 SMA 或 AC 混合料
四	浇注式沥青混合料	环氧沥青混合料
五	改性沥青 SMA 混合料	改性沥青 SMA 或 AC 混合料

②力学理论法。

力学理论法需要建立铺装体系的力学模型，分析铺装结构对气候和荷载的响应并确定结构的临界状态；在此基础上，结合铺装材料和结构的性能预测模型，对使用性能和寿命进行预估，如不满足要求，则调整铺装材料或结构，直至满足为止。力学理论法的代表作是黄卫院士主编的《大跨径桥梁钢桥面铺装设计理论与方法》（简称《理论与方法》）。

《理论与方法》是黄卫院士在十多年大跨径桥梁钢桥面铺装技术系统研究与实践的基础上总结整理而成的。其内容包括钢桥面铺装的基本使用条件、钢桥面铺装材料的基本要求与设计、钢桥面铺装体系的静荷载响应、钢桥面铺装层动力响应、钢桥面铺装温度应力分析、钢桥面铺装车辙分析、钢桥面铺装材料和铺装结构的疲劳特性、钢板防腐涂装与铺装结构黏结层、钢桥面铺装体系轴载换算方法以及钢桥面铺装体系设计与优化。

《理论与方法》突出的特点是采用结构设计的思想，充分重视铺装材料性能、环境气候条件、荷载条件和正交异性钢桥面的结构支撑条件，建立了考虑静、动载条件与温度条件的钢桥面铺装力学响应模型和铺装材料与结构损坏模型，在此基础上进行铺装结构设计并预估使用寿命。

根据《理论与方法》进行钢桥面铺装设计时，首先分析环境气候条件、交通条件、桥面铺装受力状态和铺装材料特性，然后根据同地区、同类型钢桥的使用经验，初拟钢桥面铺装材料和结构。力学分析将钢桥面板、横隔板、加劲肋、铺装层作为完整的结构体系，建立整体三维有限元分析模型，分析铺装在静荷载和动荷载作用下的力学响应。《理论与方法》中分析了设置纵隔板与不设纵隔板钢桥面铺装体系的受力特性、力学指标及加劲肋局部挠跨比，研究了钢箱梁结构参数对铺装层受力的影响，提出了单层铺装体系和双层铺装体系荷载响应的回归计算公式。

《理论与方法》中重点分析了车辙和疲劳两种钢桥面铺装主要破坏形式。通过有限元蠕变分析和试验，提出了钢桥面热塑性沥青混合料铺装车辙预估模型。此外，分别采用能量法和力学近似法分析桥面铺装的疲劳特性并预测了使用寿命。基于以上研究内容，《理论与方法》提出了基于疲劳等效的钢桥面铺装体系轴载换算方法和基于车辙等效的轴载换算方法。

(2)新材料与新结构

经过20余年的不懈探索和研究，国内对钢桥面铺装技术的认识和理解不断深化，东南大学、交通部重庆公路科学研究所、湖南大学等高校和科研单位在理论分析、试验研究和工程实践的基础上，提出了多种新型解决方案，包括国产环氧沥青、“下层浇注 + 上层环氧”“下层环氧 + 上层 SMA”、钢-超高韧性混凝土轻型组合桥面、改性聚氨酯混合料、高韧环氧树脂混合料等。国内钢桥面铺装技术呈现百花齐放的局面，本书将简要介绍应用范围较广的几种方案。

①国产环氧沥青。

南京八卦洲长江大桥(2001年)是我国首座钢桥面铺装取得成功的大桥，为随后建设的大桥积累了丰富的经验。由于使用效果优异，此后环氧沥青混合料成为我国大多数大跨径桥梁钢桥面铺装的首选材料，如润扬长江公路大桥、南京大胜关长江大桥、湛江海湾大桥、苏通长江公路大桥、杭州湾跨海大桥、武汉阳逻大桥、西堠门大桥等。

然而，上述桥梁桥面铺装所用环氧沥青材料均由美国进口。一方面价格昂贵，另一方面，我国跨江跨海大桥处于不同的地理位置，覆盖高温潮湿与严寒干燥的地区，需要根据不同桥梁所在区域的气候特点，对材料进行性能调配，而进口材料存在性能单一、成品材料难以二次调配的问题，无法满足不同使用工况的要求。

国内相关高校和科研单位的研究人员分别就环氧沥青的配制技术进行了较为深入的研究，取得了多方面的成果。东南大学在深入研究环氧沥青桥面铺装应用技术的同时，始终致力于国产环氧沥青的研究，开发出具有自主知识产权并能满足我国多样化工程建设需求的SE 环氧沥青。

SE 环氧沥青应用于钢桥面铺装工程的结构方案与进口环氧沥青相同，仍为双层环氧沥青混合料，厚度为 55 ~60mm。SE 环氧沥青首个大规模应用工程是天津海河上的富民桥钢桥面铺装，于2007 年完工，截至2023 年4 月调查时，该桥通车已16 年，使用状况仍然保持得很好。SE 环氧沥青后续在我国武汉天兴洲长江大桥(2009 年)、上海长江大桥(2009 年)、上海闵浦大桥(2009 年)以及韩国李舜臣大桥(2013 年)等多座桥梁中得到应用。

②下层浇注式沥青混凝土 + 上层环氧沥青混凝土。

在润扬长江公路大桥钢桥面铺装研究项目中，东南大学针对钢箱梁悬索桥的结构特点，在总结已有钢桥面铺装方案使用情况的基础上，首先提出了“下层浇注式沥青混凝土 + 上层环氧沥青混凝土”的新型铺装结构(图 1-7)，作为润扬长江公路大桥钢桥面铺装的优选方案之一，并于 2002 年在江苏省境内扬瓜公路(省道 221)上的冻青桥开展试验桥研究。根据为期 4 年的跟踪观测，试验桥铺装保持完好，未出现病害。泰州大桥(2012 年)则首次将这种铺装方案应用于大跨径钢桥，截至 2022 年末，铺装状况保持良好。2020 年，五峰山大桥也采用了这种铺装结构。

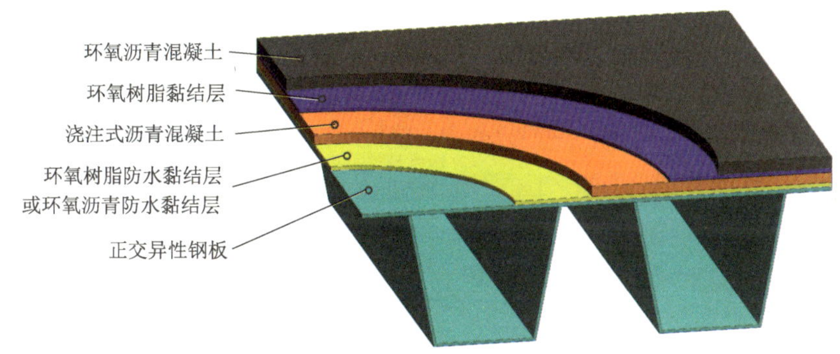

图 1-7 下层浇注式沥青混凝土 + 上层环氧沥青混凝土铺装结构

浇注式沥青混凝土空隙率小于 1%，内部空隙不相连，因而不透水也不吸水，不会出现水损害现象，且对钢板追从性好，能有效分散车辆荷载。此外，浇注式沥青混凝土沥青用量达到 8% 左右，较高的沥青用量使得它在低温下具有良好的抗开裂能力，是良好的下层铺装材料。环氧沥青混凝土具有普通沥青混凝土无法比拟的高强度、抗疲劳性能以及耐腐蚀性能，是钢桥面上层铺装的理想材料。下层浇注式沥青混凝土 + 上层环氧沥青混凝土铺装结构结合了两种铺装材料的优点，具有成为长寿命铺装结构的潜力。

③下层环氧沥青混凝土 + 上层改性沥青 SMA 混凝土。

“下层环氧沥青混凝土(EA) + 上层改性沥青 SMA 混凝土”长寿命铺装结构(图 1-8)解决了钢桥面铺装“一裂到底”和抗滑性能不足等难题。该结构由性能优异的 EA 铺装下层作为防

水保护基层和承重层,为铺装上层提供稳定的铺装基础,由改性沥青 SMA 作为铺装磨耗层,提供舒适、安全的行车环境,沪苏通公铁大桥(2020 年)、武穴大桥(2021 年)即采用此铺装方案。

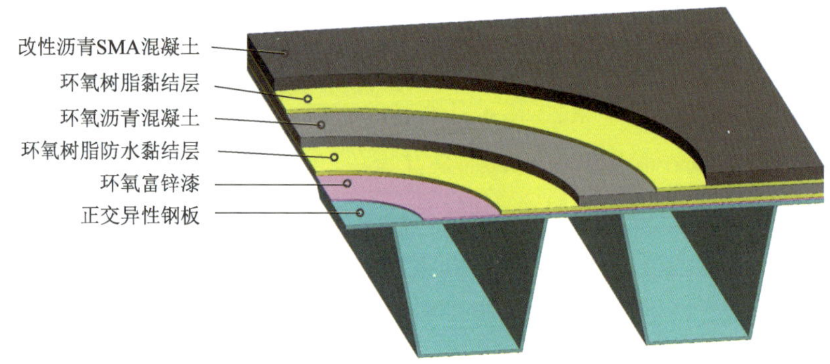

图 1-8　下层环氧沥青混凝土 + 上层改性沥青 SMA 混凝土铺装结构

④ERS 组合式铺装。

针对双层改性沥青 SMA 混凝土铺装结构容易产生高温脱层和滑移现象,国内研究人员用环氧树脂黏结层代替高黏改性沥青,上撒粒径为 3 ~5mm 的碎石,形成热固性防水层,从而提出了 ERS 树脂沥青组合体系钢桥面铺装技术。其中"E"是环氧碎石黏结层的缩写(Epoxy Bonding Chips Layer),主要功能是保证钢板表面的黏结和防水作用,约束铺装层不产生滑动。"R"是冷拌树脂沥青混合料的缩写(Resin Asphalt),主要功能是承担车辆荷载,为 SMA 铺装混合料提供可靠的下层支撑。"S"是 SMA 混合料,为钢桥面铺装提供安全行车的表面功能。ERS 铺装体系的理念认为,钢桥面铺装的核心问题是钢板与铺装材料界面的处理,它首先把钢板表面"改造"成类似混凝土桥面的界面,"改造"成功后,传统改性沥青 SMA 混合料仍可适用于钢桥面铺装。ERS 铺装结构总厚度约 7cm,典型结构如图 1-9 所示。

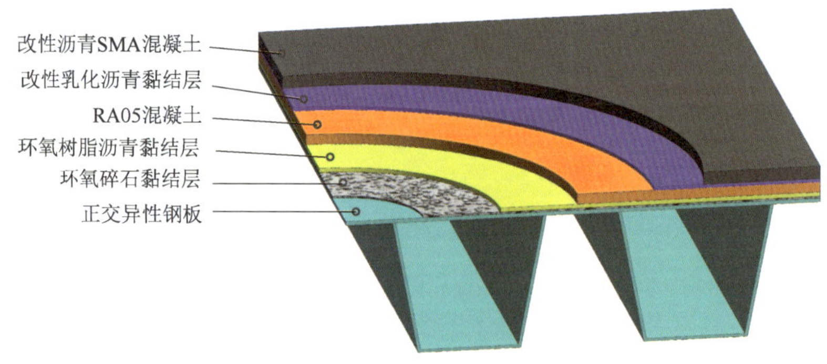

图 1-9　ERS 铺装结构

RA05(冷拌树脂沥青混凝土)由细集料和胶结料拌和制成,石料的最大粒径为 5mm,胶结料包括由环氧树脂、固化剂、增韧剂等构成的 A、B 两组分。RA05 动态模量高,可分散上部荷载保护 EBCL 层(环氧碎石黏结层),减小钢桥产生的局部受力变形;同时优良的抗弯拉性能使其不易过早产生开裂,为上面层 SMA 混合料提供良好的支撑平台。RA05 的控制指标包括指干时间、固化时间、断裂强度及延伸率。

ERS 技术相继在西陵长江大桥大修(2005 年)、杭州湾跨海大桥海中平台匝道桥(2007 年)、宜昌长江公路大桥大修(2007 年)、杭州江东大桥(2008 年)、营口辽河大桥(2010 年)、宁波象山港大桥(2012 年)以及嘉绍大桥(2013 年)得到应用,还形成了《钢桥面铺装冷拌树脂沥青》(JT/T 1131—2017)标准。

⑤钢-超高韧性混凝土轻型组合桥面。

由于正交异性钢桥面板构造复杂,焊缝数量多,容易疲劳开裂,许多国内外桥梁的钢桥面板使用时间不足 20 年便产生开裂病害,特别是钢桥面-纵向加劲肋连接处的疲劳裂纹数量众多,此类疲劳裂缝可穿透钢桥面板,雨水沿裂缝渗入钢梁内部,加速梁体锈蚀,严重威胁桥梁的安全运营和服役寿命。

为此,湖南大学等国内科研机构提出采用钢-超高韧性混凝土(Super Toughness Concrete, STC)轻型组合桥面结构提高桥面的局部抗弯刚度,降低钢桥面板疲劳开裂的风险。STC 是一种专门为正交异性钢桥面而设计的超高性能混凝土(Ultra-High Performance Concrete,UHPC),采用最大堆积密度理论进行设计,与普通混凝土相比不使用粗集料,而是使用硅灰和纤维(钢纤维或复合有机纤维),水泥用量较大,水胶比很低。

该技术首次应用于广东马房大桥维修工程(2011 年),根据现场检测结果,采用 STC 层后钢桥面板应力降低 80% ~92%,并且一段时期后应力降幅稳定,具有降低钢桥面板疲劳开裂风险的作用。随后,湖南大学等国内高校及科研机构继续对钢-STC 轻型组合桥面进行深入研究,探明了轻型组合桥面结构的抗弯、界面抗剪静力和疲劳性能,提出了与薄层组合相适应的多种关键构造,建立了设计计算理论,形成了施工、检验及验收方法。近几年 STC 或 UHPC 在我国钢桥面铺装工程中得到较快的发展,不仅应用于跨径较小的桥梁上,一些跨径较大的桥梁也使用了钢-STC 组合桥面。目前该技术已推广应用于佛山佛陈大桥(2014 年)、天津滨海新区海河大桥(2015 年)、杭瑞洞庭大桥(2017 年)、成都云龙湾大桥(2018 年)等工程。理论分析、模型试验及实桥应用表明,在钢桥面上增设薄层 STC 后,钢桥面各类典型疲劳细节的应力幅均大幅下降。

1.3 长寿命钢桥面铺装关键技术

钢桥面铺装虽然是桥梁的附属部分,但对桥梁使用功能的发挥起着关键作用。正交异性钢桥面板具有受力复杂、变形与储热等特点,因此要求钢桥面铺装必须具备优异的抗变形、抗疲劳及抗老化性能，以及良好的防水性能和变形随从性。钢桥面铺装的服役性能是与铺装结构、材料性能、环境气候、交通荷载、桥梁结构、施工质量、养护管理、养护技术等密切相关的系统工程。通车后钢桥面的使用效果和使用寿命受到各因素的综合作用和影响。目前，虽然我国投入使用的大跨径钢桥面铺装工程数量已较多，但随着交通量、车辆载重和车速的大幅提高，加之严酷的气候条件致使铺装损坏速度加快，部分大跨径桥梁钢桥面铺装早期病害问题突出，养护工作繁重，甚至处于维修不断的状况，严重时影响到地区交通网的通畅和行车安全，造成不利的社会影响和经济损失。钢桥面铺装使用性能不佳和使用寿命不足的问题日益凸显，成为制约大跨径钢桥建设与发展的关键技术之一。

1.3.1 钢桥面铺装使用性能影响要素

根据国内外钢桥面铺装技术研究成果与工程实践经验，钢桥面铺装使用性能影响因素见表1-7。

钢桥面铺装使用性能影响要素　　表1-7

条件	影响要素
结构支撑条件	钢板厚度、纵向加劲肋、纵隔板、桥梁结构形式等
环境气候条件	温度、降雨、极端天气等
交通条件	交通量、重载情况、超载情况等
铺装技术条件	铺装结构、材料性能等
施工条件	施工天气、施工技术、施工设备、工艺水平、质量控制等
养护与管理条件	养护管理、养护技术、防治措施等

1）结构支撑条件

大跨径钢桥桥梁结构特别是正交异性钢桥面板，对铺装层内的应力场分布和临界应力具有重要影响。钢桥面板刚度大，可使铺装始终处于较为有利的受力状态并保持良好的工作状态。从铺装耐久性方面考虑，正交异性钢桥面结构应具有一定的刚度要求，以降低荷载引起的铺装内力，使铺装寿命满足要求。当正交异性板断裂、锈蚀时，其上层的铺装层遭到破坏将难以避免。组成正交异性钢桥面板的构件包括钢桥面板、纵向加劲肋、横隔板、纵隔板等。

（1）桥型

斜拉桥和悬索桥是我国大跨径桥梁的主要形式。从结构上看，大跨径斜拉桥除了利用本身加劲梁提高整体刚度以外,还利用桥塔引出的斜拉索作为主梁的弹性中间支撑,借以降低主梁的截面弯矩、减小梁重、提高跨越能力。悬索桥的悬索是柔性结构,当活载作用时,悬索会改变几何形状,引起主梁结构产生较大的挠曲变形。因此,在相同的主跨条件下,悬索桥的主梁整体刚度比斜拉桥小,因此钢桥面系的动态力学效应更为显著。但由于问题的复杂性,目前在此方面还缺乏定量的分析计算。此外,大量的研究成果表明,由于正交异性钢板的结构特性,荷载的局部效应对钢桥面铺装影响更大,而桥型影响相对较小。

(2)钢桥面板

大量的研究结果表明,钢桥面顶板厚度能够对钢桥面铺装和钢桥面板疲劳细节的应力产生显著的影响。当钢桥面板厚度由 12mm 增大到 16mm 时,铺装层的最大横向拉应力可减少约 40%,铺装与钢板层间最大剪应力减少约 33%。

在我国大跨径钢桥建设早期,钢桥面板厚度通常设计为 12mm。因此钢桥面铺装层受到的拉应力偏大,出现了较多病害。近年来我国设计和建造的钢桥面板厚度逐渐增大,铺装病害问题逐渐减少。

(3)纵向加劲肋

纵向加劲肋的几何特征主要包括厚度、高度、开口宽度等。

已有研究成果表明,铺装表面最大拉应力以及铺装与钢板层间剪应力对纵向加劲肋厚度和高度指标不敏感,变化程度较小。

纵向加劲肋开口宽度的增大对铺装受力有较大的影响。随着开口宽度的增大,正交异性板横桥向刚度减小,在车轮荷载作用下铺装连同钢板产生更大的挠度,当纵肋间距从 500mm 变化到 800mm 时,铺装表面最大拉应力以及铺装与钢板层间剪应力最大可增加 30% 以上。

(4)横隔板

横隔板的几何特征主要包括厚度和间距。钢桥面铺装表面最大拉应力以及铺装与钢板层间剪应力虽然均随着横梁间距的增大而增加,但增幅不大。

(5)纵隔板

钢桁梁和钢箱梁斜拉桥一般会设置纵隔板,纵隔板的几何特征主要包括厚度和位置。纵隔板的竖向刚度较大,在荷载作用下其两侧桥面板将产生较大的下挠,导致纵隔板上方的铺装出现明显的应力集中,容易产生裂缝,这种现象已在国内外的大跨径钢桥上多次发现。由于正交异性板结构的特殊性,钢桥面铺装在行车荷载作用下,具有强烈的局部效应,根据力学计算结果可知,通常当车辆荷载与纵隔板的距离在 0.6m 以上时,这种应力集中现象不再明显,因此纵隔板的位置应避开行车轮迹带。车道线处或车道中部,由于受车辆荷载作用概率小,因此比较适宜纵隔板的设置。

2)环境气候条件

我国地域辽阔,环境气候差异大。南方许多地区常年处于高温条件下,太阳辐射高,紫外线强,铺装平均使用温度偏高;北方地区及高原地区则冬季严寒,低温可达零下十几度以下,极寒冷地区可达零下30℃。目前国内的大跨径钢桥主要分布在长江流域和华南地区,长江流域气候特征是夏季炎热、冬季寒冷,该地区钢桥的铺装工作温度多为-15~+70℃,工作温度变化范围达85℃;华南地区气候特征则是高温持续时间长,该地区钢桥面铺装常年在高温条件下工作。这对铺装材料和结构的高温和低温性能均提出了较高的要求。

除了温度之外,对钢桥面铺装影响较大的另一个因素是降雨。我国版图中年降雨量从南向北依次减少,南方沿海地区可以达到1800mm,长江流域处于1000~1400mm,黄河流域及以北地区基本处于500mm左右。较大的降雨量对铺装质量的影响主要表现在3个方面:①施工时会埋下较多质量缺陷,在运营中受交通等外界条件作用,病害(鼓包、坑槽等)逐渐暴露出来,影响铺装使用性能;②雨水通过裂缝、坑槽等侵入铺装内部,对铺装结构和层间黏结界面产生破坏作用;③大量的降雨给运营期的养护施工带来了较大的难度,特别是在梅雨季节,常因没有合适的雨天养护材料而无法及时进行养护。

3)交通条件

随着国民经济的高速增长,国内公路运输呈现出重载大交通的特点。桥梁实际运营中的交通量普遍大于设计预期,交通组成中载重货车比例较大,并且轴重和胎压均偏大。我国汽车标准胎压为0.707MPa,实际很多货车的胎压可达到1.0MPa甚至更高。当胎压增大时,铺装层的拉应力和拉应变将明显增加。不利的交通荷载状况将加速钢桥面铺装的疲劳损伤,给铺装的使用寿命带来较大影响。

4)铺装技术条件

目前,我国钢桥面铺装材料主要有环氧沥青混合料、浇注式沥青混合料和改性沥青SMA混合料等,围绕这些材料形成了“双层环氧”“下层浇注+上层环氧”“下层环氧+上层SMA”“下层浇注+上层SMA”、ERS组合式等铺装结构。这些铺装结构和材料分别具有不同的特性,应根据地区和使用条件进行优选,高度重视铺装材料的高温稳定性、低温抗裂性、水稳定性、抗疲劳性能和防水性能,形成适应高温、多雨、重载等特点的钢桥面铺装结构体系。

5)施工条件

钢桥面铺装一般采用特殊路用材料,对施工条件和工艺要求远比普通路面工程严格。

钢桥面板抛丸除锈和防水黏结层施工质量,对钢桥面铺装来说至关重要。施工温度、湿度环境不满足要求,防水黏结材料用量控制出现偏差等,会导致防水黏结层局部失效,严重时会造成铺装层脱层乃至钢板锈蚀。

环氧沥青混合料的施工质量控制要求非常严格，对整个施工流程和环境条件要求很高，混合料生产、运输、摊铺、压实、养生等过程中的温度、时间控制都对施工质量有较大影响。

浇注式沥青混合料施工过程中温度过低会导致混合料没有良好的流动性，从而影响铺装层与钢板的黏结效果；而温度过高会引起混合料老化，降低使用性能；钢板上残留的水、油等杂质，也会引起鼓包病害。

改性沥青 SMA 混合料需要注意混合料骨架结构特性和密水性，并应特别重视压实工艺的优化，以控制空隙率。

6）养护与管理条件

及时、高效的日常养护，系统、科学的预防养护是保持钢桥面铺装良好使用性能的重要因素。当铺装产生早期微小病害时，及时分析其原因，选择有效的养护措施进行处治，可以避免病害快速发展。

1.3.2 长寿命钢桥面铺装建养关键技术

钢桥面铺装建设与养护，应在充分了解铺装材料性质的基础上，结合正交异性钢桥面板复杂的构造特点和环境气候条件以及工程应用情况来确定需要控制的破坏形态，并通过材料与结构设计有针对性地避免或延缓病害的产生与发展，以达到长寿命设计的目的。然而，已有的工程实践表明，不同桥梁的环境气候条件、主梁结构、交通荷载状况、施工技术水平、施工质量控制能力、管理养护措施差距较大，几乎所有的铺装结构和材料在服役期内都会出现各类病害，这与我国当前钢桥大规模建设和发展的局面极不相称，不利于钢桥面铺装安全耐久地使用。因此，钢桥面铺装建设与养护技术研究的任务依然艰巨。

从国内外钢桥面铺装的实施情况看，无论采用何种材料与铺装方案，作为直接影响铺装使用寿命与服务水平的重要技术因素，在钢桥面铺装研究与工程实践过程中都必须抓好设计阶段、施工阶段、监检测阶段、养护阶段所涉及的关键技术环节。

1）设计阶段

（1）合理把握钢桥面铺装的使用条件

钢桥面铺装的使用条件包括交通量和交通组成、环境气候条件、桥梁结构特性，这是钢桥面铺装研究的基础和关键。由于钢桥本身在荷载、温度变化和风载作用下变形的复杂性和正交异性钢桥面板结构的特殊性，使铺装层受力情况变得十分复杂。而对交通量和交通组成及轴载的合理估计是确定铺装材料性能指标、评估铺装使用寿命的重要依据。

(2)优选合理的铺装材料与结构体系

合理的铺装材料与铺装结构是钢桥面工程取得成功的关键前提。由于钢桥面铺装使用条件苛刻,必须针对钢桥面铺装的使用特性,在广泛参考国内外类似工程使用经验的基础上,选择合适的铺装材料与铺装结构,通过系统设计的方法,采用合理的试验验证,使得钢桥面铺装材料在高温稳定性与低温抗裂性、抗疲劳能力与极限强度、耐久性与抗滑性等性能之间取得整体平衡,实现"高温不软、低温不脆、疲劳抗裂、耐磨抗滑"的特性,并优化结构组合。

增强铺装层与钢板之间以及铺装层之间的黏结性能和抗剪性能。铺装层能否具有良好的追从性,以适应钢板复杂的变形状态,一方面取决于铺装材料自身的强度与韧性,另一方面还取决于铺装层与钢板之间以及铺装各层界面间的黏结性能与抗剪性能。增强层间黏结性能,可以提高钢桥面系的复合结构作用,优化应力在铺装体系的分布,改善铺装的受力状态。

增强铺装体系的防水、排水与防腐功能。钢桥面铺装除承受车辆荷载的直接作用外,还要充当钢桥面板的保护层。水与潮湿的空气始终是危害钢桥面板的重要因素,因此必须十分重视铺装体系的防水、排水与防腐的技术措施。

2)施工阶段

长寿命钢桥面铺装工程不仅需要科学、系统、全面细致的设计研究,更离不开脚踏实地、精细认真的工程实施。国内外工程实践表明,一些铺装材料和结构在室内试验中表现出良好的性能,但在工程应用中,却因施工技术及施工质量控制等方面的原因使钢桥面铺装远未达到设计指标和预定的使用性能,从而导致工程应用失败。

钢桥面铺装工程能否取得成功在很大程度上取决于施工技术水平,先进齐全的施工机具设备、合理的拌和站点设置、成熟的施工工艺及质量保障体系是保证铺装成功实施的关键。由于是露天施工,工程实施与相关环境条件关系密切,尤其要重视施工环境条件对工程方案选择和质量控制的影响。施工环境条件包括施工季节桥位区的气温、日照时间、风力、大气相对湿度、不利天气状况等,是建立合理的施工质量控制标准的前提。

因此,结合室内试验与试验段的分析结果,加强铺装工程施工技术研究并建立完善的质量控制体系是保证铺装工程成功不可或缺的一个重要环节。

3)检监测阶段

钢桥面铺装投入使用后,随着服役时间的延长,行驶质量、抗滑性能等各项性能指标逐渐下降,同时各种早期病害也频繁出现,铺装损坏状况不断发展。通过形成钢桥面铺装性能检监测机制,建立损坏监测系统、动态称重系统、温度监测系统、力学响应监测系统、路表功能检测系统等，可以获取温度、湿度、应力、应变等数据，能够较为全面地了解钢桥面铺装的平整度、抗滑性能等技术状况，及时发现车辙、裂缝、坑槽、推移等病害，进而揭示钢桥面铺装结构的工作状态与性能之间的关系。通过分析长期性能观测数据，掌握钢桥面铺装性能衰变的规律，可为养护决策提供基础信息和数据，并有利于完善设计标准，辅助铺装养护决策。

4）养护阶段

在使用过程中对钢桥面铺装进行科学合理的养护，尽可能地减轻铺装层局部破损对铺装整体使用寿命的影响，是钢桥面铺装维持良好的工作状况的重要保证。尽管钢桥面铺装养护维修的重要性已经被桥梁管养单位广泛接受，但是关于养护决策（何时养护、怎样养护）、养护技术（技术的适用性、经济性）以及养护质量评估（评估方法、指标体系）等研究尚不充分。

目前钢桥面铺装的养护维修技术还不成熟，亟须在总结常见病害类型的基础上，通过分析病害成因与机理，总结、预测病害发展规律，加强养护新材料、新技术、新设备、新工艺的研究，提高日常养护、预防养护、修复养护的技术水平，不断推动钢桥面铺装养护技术的发展和完善。

1.3.3 苏通长江公路大桥钢桥面铺装技术研究与实践

苏通长江公路大桥于 2008 年建成通车，是世界首座千米级斜拉桥，其主梁采用扁平流线型钢箱梁，是我国沈阳—海口高速公路跨越长江的重要枢纽，也是江苏省公路主骨架网“纵一”——赣榆至吴江高速公路的重要组成部分。自建成以来该桥主梁钢箱梁常年承受大量车辆荷载作用，至 2023 年日均车流量已近 10 万辆，客货比达 6∶4。

苏通长江公路大桥钢桥面铺装采用总厚 5.5cm 的双层环氧沥青混凝土，铺装下层厚 2.5cm，铺装上层厚 3.0cm，钢桥与下层铺装以及双层铺装之间均采用环氧沥青作为黏结材料，铺装总面积为 65273m^2。苏通长江公路大桥主桥总体布置如图 1-10 所示，主桥钢箱梁标准横断面布置图如图 1-11 所示，苏通长江公路大桥钢桥面铺装结构示意图如图 1-12 所示。

苏通长江公路大桥处于国家和江苏省公路交通运输的咽喉地段，承担了繁重的交通任务，过江日交通量近 10 万辆，其中货车占比约 40%。钢桥面铺装服役已超 16 年，行车道和重车道累计轴载次数已达 1 亿次以上，远超过 1200 万累计轴载作用次数的设计使用寿命。作为千米级钢箱梁斜拉桥的代表，苏通长江公路大桥多年的工程实践表明，除了合理的材料与结构设计、高效的施工组织管理、严格的施工质量控制外，科学、有效的养护维修也是钢桥面铺装工程成功必不可少的关键因素。

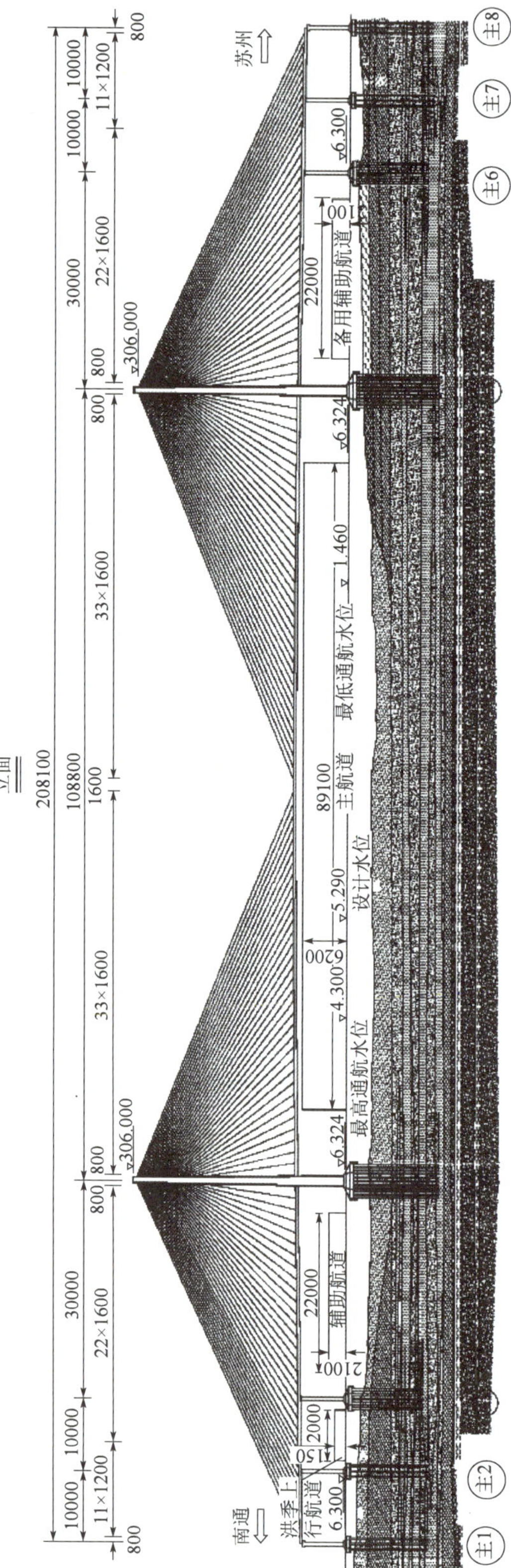

图1-10 主桥总体布置图(尺寸单位:cm)

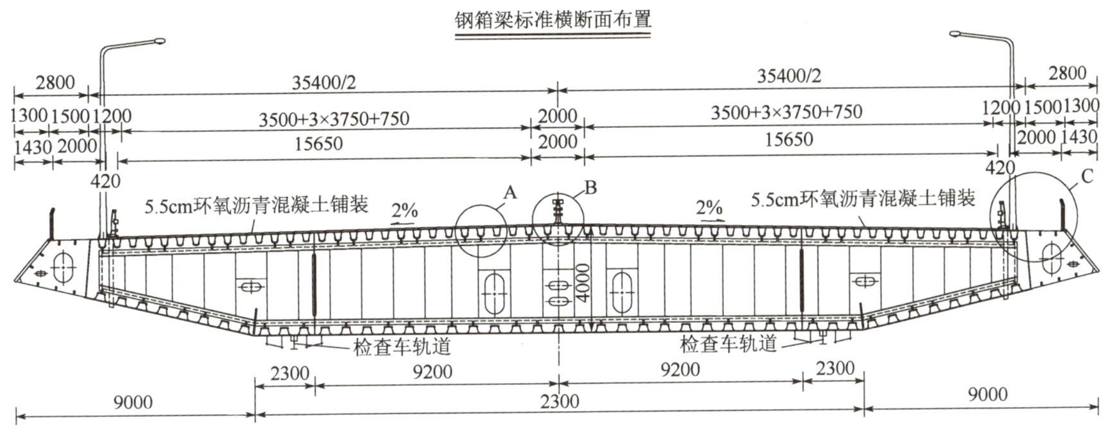

图 1-11 主桥钢箱梁标准横断面布置图(尺寸单位:cm)

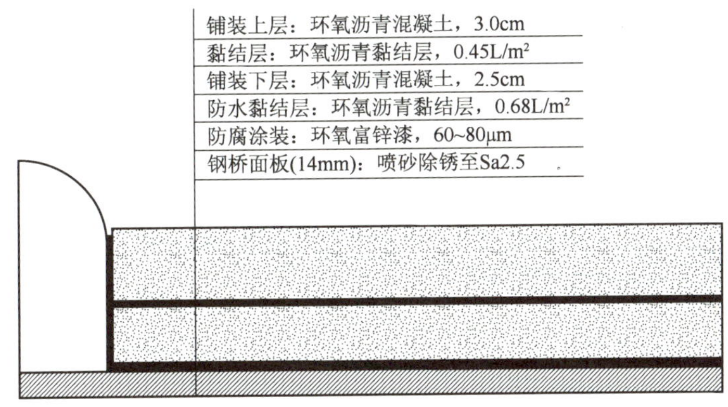

图 1-12 苏通长江公路大桥钢桥面铺装结构示意图

与国内外同类型大跨径钢桥尤其是采用环氧沥青混凝土铺装的大跨径钢桥相比，苏通长江公路大桥钢桥面铺装养护维修对养护方案、养护材料及养护结构的技术要求更高，而工程实施条件更为不利、施工质量控制难度更大，应用的关键技术如下：

(1)提高铺装结构的层间黏结性能

苏通长江公路大桥主桥为长 2088m 的双塔双索面钢箱梁斜拉桥，其跨径布置为：100m + 100m + 300m + 1088m + 300m + 100m + 100m。千米级主跨带来更高的结构柔性，在车辆荷载、风载等活载作用时会产生较大的挠曲变形，增强了正交异性板的整体变形以及动力效应，这对铺装材料与结构的变形追从性和适应性要求更高。因此，苏通长江公路大桥对防水黏结层和黏结层材料的性能要求高于一般钢结构桥梁。

(2)提高铺装结构的抗疲劳性能

苏通长江公路大桥日均交通量接近 10 万辆/天，货车比例高达约 40%，且以满载车辆为主，并存在较为严重的超载现象，这对铺装材料与结构的抗疲劳性能提出了更高的要求。因此，苏通长江公路大桥在建设期即确定以抗疲劳理论作为钢桥面铺装的设计原则，并在运营

期的养护过程中得到进一步完善。双层环氧铺装经受了 1 亿次以上的累计轴载作用，证明了其具备卓越的抗疲劳性能。

(3)研发全天候养护新材料与新技术

苏通长江公路大桥位于长江入海口，空气相对湿度大，且夏秋两季高温、暴雨天气较多，普通对水较为敏感的养护材料实施效果不佳，这对钢桥面铺装建设与养护材料的环境适应性和工作性提出了挑战。特别是在运营期，普通养护材料在梅雨季节潮湿的环境里不能使用，无法及时对钢桥面铺装进行养护，造成更大的破损。为此，苏通长江公路大桥公司联合国内高校和科研单位开发了 PTA 等新型养护材料和配套的施工工艺，以满足钢桥面铺装全天候养护的要求。

(4)研发常温快固养护新材料与新技术

由于苏通长江公路大桥过江流量大，为降低养护作业对交通的影响，日常养护施工时间仅有数小时，给钢桥面铺装日常养护工作的组织与施工造成较大压力，同时对铺装材料提出了更高的要求，在保持高韧性的同时还需要快速固化。为此，苏通长江公路大桥公司联合国内高校和科研单位开发了高韧快固树脂等新型养护材料以及配套的施工装备和工艺，以满足钢桥面铺装日常快速养护的要求。

自 2008 年通车以来，苏通长江公路大桥车流量、载重日益增长，在荷载、温度变化、雨水侵蚀等因素的综合作用和影响下，钢桥面铺装性能也逐步退化，裂缝、坑槽、脱层等各种病害逐渐出现，经历了“零星出现—局部扩展—病害连片”的过程。苏通长江公路大桥在广泛参考国内外已有大跨径钢桥面铺装养护成果和经验的基础上，以钢桥面铺装养护维修中遇到的工程技术问题为导向，联合国内高校和科研机构，围绕典型病害及发展规律、铺装技术状况评价、养护新材料研发、新型养护技术与装备、钢桥面系服役状态感知等领域，开展系统性科技攻关，形成了一批原创性的研究成果，并积累了较为宝贵的工程实践经验。

因此，系统总结苏通长江公路大桥钢桥面铺装服役 16 年的养护维修技术，梳理双层环氧沥青混凝土铺装结构的典型病害类型和发展规律，针对不同病害发展阶段提出有效的养护维修策略与方法，不但能有效提升苏通长江公路大桥铺装使用品质、延长使用寿命，也可为国内同类大跨径钢桥面铺装工程的养护管理提供借鉴。

本章参考文献

[1] 黄卫. 大跨径桥梁钢桥面铺装设计理论与方法[M]. 北京：中国建筑出版社，2006.

[2] TANIGUCHI S, NISHIZAKI I, MORIYOSHI A. A Study of longitudinal cracking in asphalt pavement using ct scanner[J]. Road Materials and Pavement Design, 2008, 9(3): 549-558.

[3] YAO B, CHENG G, WANG X, et al. Linear viscoelastic behaviour of thermosetting epoxy asphalt concrete-experiments and modeling[J]. Construction and Building Materials, 2013, 48: 540-547.

[4] MEDANI T O. Design principles of surfacings on orthotropic steel bridge decks[D]. Delft: Delft University of Technology, 2006.

[5] WALTER R, OLESEN J F, STANG H, et al. Analysis of an orthotropic deck stiffened with a cement-based overlay[J]. Journal of Bridge Engineering, 2007, 12(3): 350-363.

[6] 黄卫,钱振东,程刚,等. 大跨径钢桥面环氧沥青混凝土铺装研究[J]. 科学通报,2002(24):4.

[7] 郝增恒. 大跨径钢桥面铺装典型结构路用性能评价与研究[J]. 公路,2012(6):103-108.

[8] SEIM C. Skid resistance of epoxy asphalt pavements on California Toll Bridges[J]. Astm Special Technical Publications, 1972.

[9] 王民,方明山,张革军,等. 港珠澳大桥钢桥面沥青铺装结构设计[J]. 桥梁建设,2019,49(4):69-74.

[10] LI J. Optimum design of multilayer asphalt surfacing systems for orthotropic steel deck bridges[D]. Delft: Delft University of Technology, 2015.

[11] 章登精. 南京长江第三大桥环氧沥青桥面铺装工程[J]. 公路,2007(9):21-25.

[12] GAUL R, PENCE S, EISENHUT W, et al. Accelerated testing for fatigue crack resistance of pavement systems on orthotropic steel bridge decks[C]//Geo Hunan International Conference. Hunan, China: American Society of Civil Engineers (ASCE), 2011, 35-42.

[13] 陈德荣,徐风云,王武刚,等. 特大跨径桥梁钢桥面铺装结构研究和设计理念的探讨[J]. 公路,2009(1):96-100.

第 2 章

钢桥面铺装抗疲劳设计理论与方法

疲劳开裂是钢桥面铺装在使用过程中所必然面临的结构问题,无论何种铺装材料或结构,都无法完全避免疲劳开裂的出现。通过对国内大跨径钢桥面铺装使用情况的调查可知,约40%的钢桥面铺装在设计年限内产生了疲劳开裂,特别是早期修建的大跨径钢桥,铺装疲劳开裂情况尤为严重。

钢桥面铺装的疲劳开裂不仅危及行车安全,而且为雨水、湿气侵蚀钢桥面板提供了途径,影响桥梁结构的耐久性,失去铺装保护的钢桥面板也大大增加了疲劳开裂的可能性,从而加大了行车危险性。钢桥面铺装病害维修较为困难,对交通的影响和危害远大于普通公路路面,容易造成较大的经济代价和不良的社会影响。因此,提高钢桥面铺装的抗疲劳开裂能力是大跨径钢桥面铺装设计与研究应重点解决的关键技术问题。本章在分析钢桥面铺装疲劳损伤机理的基础上,综合应用力学分析、复合梁理论与试验等手段,开展了钢桥面铺装抗疲劳设计理论与方法研究。

2.1 抗疲劳设计理论

结构抗疲劳设计的目的是保证在一定的可靠度下,整个设计周期内的结构不会因疲劳而失效或破坏。在疲劳验算时要考虑下列因素:

①预测整个设计周期内完整的荷载序列。

②计算荷载作用下的结构响应。

③疲劳细节的几何形状、制造方法和质量控制显著影响着疲劳强度,甚至可能控制结构设计,并极大程度地影响建造成本。

抗疲劳设计方法按照不同的设计思想可以分为无限寿命设计、安全寿命设计、损伤容限设计和通过试验设计4类。

2.1.1 无限寿命设计

无限寿命设计方法的出发点是构件在设计应力下能够长期安全的使用而不会产生疲劳破坏。图2-1是疲劳曲线的示意图,无限寿命设计要求所有的工作应力小于疲劳强度,即落于曲线右侧水平段的下方阴影区A内。当满足这一条件时,可认为该构件有无限疲劳寿命。无限寿命设计的公式可以表达如下:

$$\sigma_{R_{max}} \leqslant [\sigma_R] \tag{2-1}$$

式中：$\sigma_{R_{max}}$——最大工作应力；

$[\sigma_R]$——疲劳强度。

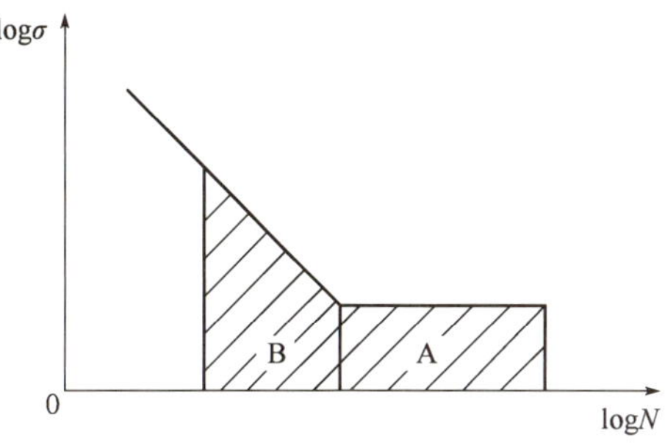

图 2-1 疲劳曲线示意图

logσ-应力值的对数；logN-疲劳寿命的对数；A-区域 A；B-区域 B

2.1.2 安全寿命设计

安全寿命设计方法是保证结构在一定使用期内不发生疲劳破坏，因此允许构件的工作应力超过疲劳强度。

安全寿命设计方法是无限寿命设计方法的直接发展，二者的基本设计参数都是名义应力，其设计思想也大体相似，均为根据疲劳曲线进行设计。不同的是，无限寿命设计方法使用的是曲线的水平部分，即疲劳强度；而安全寿命设计方法使用的是曲线的左支和考虑损伤累积引起疲劳强度的下降，即有限寿命部分。安全寿命设计方法不能像无限寿命设计方法一样只验算最大应力不超过疲劳强度，而需要按照一定的累积损伤理论估算总的疲劳损伤。一般在抗疲劳设计中均采用 Miner 线性积伤准则。

采用安全寿命设计方法的条件是：疲劳强度曲线必须已知，含潜在起裂处构件的制造质量要符合疲劳分级的定义。应用安全寿命设计方法的计算过程是：

①通过调查或分析估计一个设计使用期内荷载序列的上限。

②计算潜在起裂处的应力历程。

③对计算的应力值进行必要的修正，比如应力集中系数、动力放大系数等。

④采用计数法将应力历史变成不同的应力和相应的循环次数，从而得到应力谱。

⑤由细节等级和应力的关系，获得第 i 级应力的使用寿命 N_i。

⑥根据 Miner 线性积伤准则计算总损伤 $D=\sum\frac{n_i}{N_i}$，其中 n_i 为第 i 级应力的作用次数。

⑦如果 $D>1$，即设计不满足要求时，可以重新设计构件，减少应力水平；或改变细节设计，使其具有一个较高的疲劳等级。

对于安全寿命设计，要求根据 Miner 线性积伤准则计算得出的等效应力落于对应设计寿命右侧的曲线下方区域内，即图 2-1 中阴影区的 A 和 B 内。安全寿命设计的公式可以表达如下：

$$\sigma_e \leqslant [\sigma_R] \tag{2-2}$$

式中：σ_e——根据 Miner 线性积伤准则得出的等效应力；

$[\sigma_R]$——相应设计寿命下的最大容许应力。

目前主流规范中抗疲劳设计的思想是无限寿命设计和安全寿命设计两种。

2.1.3 损伤容限设计

由于疲劳试验离散性较大，理论计算的安全寿命可靠性不高，用较大的安全系数又过于保守，并且无法处理可能出现的各种原始缺陷对安全性的影响。因此在 20 世纪 60 年代末，有学者提出了破损安全的概念，并在此基础上发展出了损伤容限设计的思想。损伤容限设计思想的基本内容是：由于生产和使用的现实情况，且裂缝检出概率不可能达到 100%，结构带损伤使用是不可避免的。因此，结构或构件在设计使用期内允许出现疲劳裂纹，甚至允许某个主要受力构件产生破坏，但是这些疲劳损伤或破坏必须局限在一定范围内，而且要求结构仍然有足够的剩余强度，直到下次检修时能发现已有疲劳损伤而不致造成灾难性事故。在压力容器设计中的“破前渗漏”就是这一设计思想的体现。

2.1.4 通过试验设计

如果不具备足够的疲劳强度或裂纹扩展数据，受载历程不是确切已知或构造细节太复杂，就要依据疲劳试验进行设计，通过试验验证构件的疲劳寿命。

2.2 钢桥面铺装疲劳损伤机理与抗疲劳设计方法

2.2.1 钢桥面铺装疲劳现象

钢桥面铺装疲劳病害的表现形式为疲劳裂缝。钢桥面铺装疲劳裂缝（图 2-2）基本平行于桥梁中心线,产生于重车道、行车道的轮迹带附近,其裂缝沿纵向扩展,严重时可形成纵向长达数十米的贯穿长裂缝。疲劳裂缝一般多条同时出现,裂缝间距与正交异性板加劲肋间距基本一致。疲劳裂缝首先出现在铺装层顶面(图2-3),然后逐步向下和四周扩展,开裂的宽度和范围不断扩大,直至完全裂穿。

a)

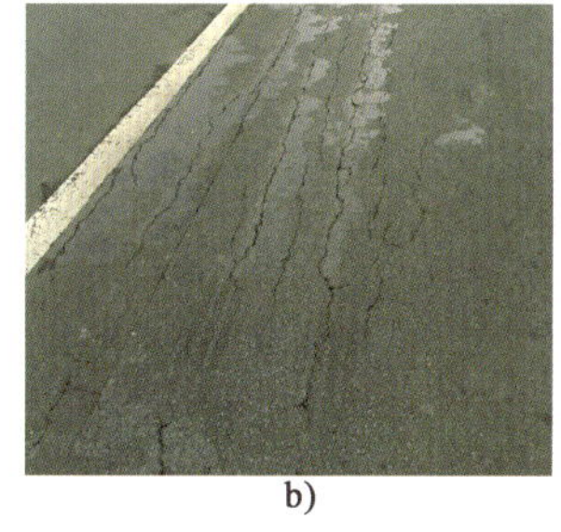
b)

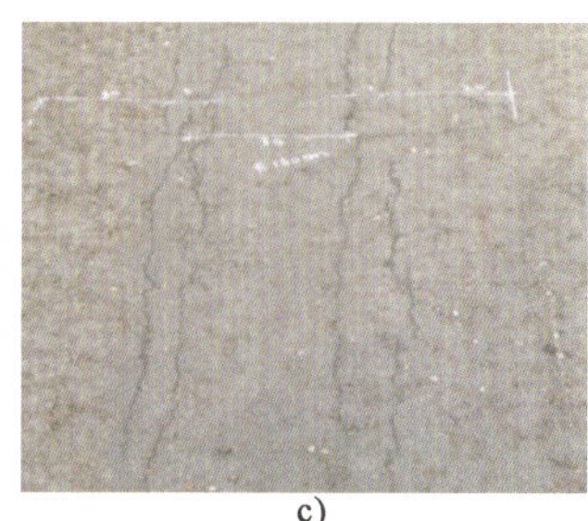
c)

图2-2　钢桥面铺装疲劳裂缝

图2-3　钢桥面铺装疲劳裂缝自上而下扩展

2.2.2　钢桥面铺装疲劳病害形成机理

钢桥面铺装的疲劳裂缝源于车辆荷载的反复作用,使得铺装结构在其承受的拉应力/拉应变未达到极限强度时便发生破坏。在车辆荷载的作用下,由于正交异性板加劲肋间挠度差和局部负弯矩的叠加效应(图2-4),纵向加劲肋、横隔板、纵隔板等构件与钢桥面板焊接处形成高应力区,黏结在钢桥面板上的铺装层随之产生局部变形和拉应力/拉应变。应力/应变水平与荷载、温度、正交异性板局部刚度以及层间黏结状况有关,且远大于普通沥青路面,最大拉应力/拉应变出现在铺装层顶面。由于钢桥面铺装各结构层均是非均质体,铺装材料内部存在微小空隙,在荷载作用下该处产生应力集中现象而出现微裂隙,应力的反复作用促使微裂隙逐步扩展,从而不断减小有效承受应力的面积,最终在荷载反复作用一定次数后导致铺装开裂。宏观疲劳裂缝的产生与扩展受到多方面因素的影响,如荷载作用次数、重

复应力的大小、铺装材料与结构的抗疲劳性能、温度以及正交异性板的结构特性等。我国钢桥面铺装疲劳破坏的主要原因包括：①重载大交通，交通量大且重车比例高，并存在超载现象；②正交异性钢桥面板局部刚度不能满足交通荷载的要求，引起铺装表面拉应力/拉应变过大；③铺装材料和结构抗疲劳性能不足。

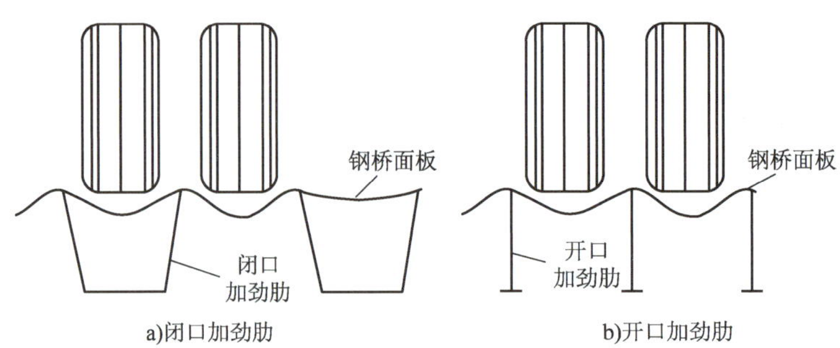

图 2-4　钢桥面系局部弯曲变形

2.2.3　钢桥面铺装抗疲劳设计方法

1) 基本原则

根据国内外钢桥面铺装主要破坏类型的调查与分析结果，在车辆荷载和自然环境因素共同作用下，铺装最容易出现的破坏类型是纵向裂缝，其主要原因是疲劳开裂。疲劳开裂是影响钢桥面铺装层使用寿命的主要因素，因此钢桥面铺装设计应以铺装结构的抗疲劳性能作为主要设计目标，以控制疲劳开裂的产生。此外，由于铺装开裂处位于应力集中的高应力区，加上水分渗入后动水压力侵蚀、分化剥离铺装材料，裂缝扩展速率加快。因此，从结构安全角度考虑，裂缝萌生阶段的寿命即可视为钢桥面铺装的疲劳寿命。

本书提出的钢桥面铺装抗疲劳设计基于以下基本原则：

①钢桥面铺装抗疲劳设计以铺装在设计使用期内不产生疲劳裂缝为设计目标。

②正交异性钢桥面板与铺装应作为整体进行考虑，钢桥面系需满足一定的刚度要求，否则应进行结构修改或优化。

③铺装结构临界应力通过力学方法计算，抗疲劳性能通过室内试验获得。

④铺装材料的高温稳定性和低温抗裂性以及层间黏结性能作为辅助设计目标，通过合理的铺装材料选择与设计以及可靠的施工质量控制可以得到解决。

⑤采用轴载换算方法将实测交通量或预测交通量换算成设计年限内一个车道上标准轴载的累计当量作用次数。

2) 设计指标与标准

钢桥面铺装结构设计指标，应建立在对钢桥面铺装主要破坏类型分析的基础上，目标是控制铺装层的疲劳开裂破坏，以保证钢桥面铺装在设计使用年限内处于良好的工作状态。

根据力学分析的结论，钢桥面铺装主要由车辆荷载作用下的局部弯曲行为导致破坏，临界应力/应变是纵向加劲肋、纵隔板和横隔板上方铺装层表面出现的最大拉应力/拉应变，它是导致铺装层产生疲劳开裂的主要因素。但公路交通组成复杂，既有小客车、大型客车，还有小型货车、中型货车、大型货车与拖挂集装箱车辆，对铺装造成的疲劳损伤也不尽相同，因此铺装结构受到的是变幅应力疲劳。为了量化不同类型车辆造成的疲劳损伤，可以选取一种标准轴载，将其他各种轴载按一定的原则换算成标准轴载，按照 Miner 线性积伤准则计算设计使用年限内设计车道所有轴载之和即为累计标准当量轴次 N，则钢桥面铺装抗疲劳设计标准见式(2-3)。

$$N_f \geqslant N \tag{2-3}$$

式中：N_f——标准轴载作用下铺装结构的疲劳寿命；

N——设计年限内设计车道的累计标准当量轴次。

3) 设计步骤与流程

路面设计一般采用力学-经验法预测沥青路面疲劳性能，它是在一个有代表性的温度和一系列应力或应变水平下进行常应力或常应变疲劳试验，得到临界应力或应变水平下的疲劳寿命。它可以预测开裂时的荷载作用次数，并采用一个综合的转换系数来说明现场和室内试验情况的区别，包括横向分布效应、愈合效应和裂纹扩展效应。对于一种沥青混合料而言，需要经过不同应力或应变水平的重复疲劳试验得到应力/应变与疲劳寿命之间的关系，而力学部分是得到沥青路面结构临界位置的应力或应变，计算结果随路面材料的行为模型而变(因简化而常使用弹性层状体系)。

钢桥面铺装与路面设计相比有一定不同。在大跨径钢桥面铺装设计过程中，首先应在分析钢桥面铺装的环境、交通、结构支撑、工程实施等条件的基础上，对桥面系刚度进行验算，满足相关要求后选择钢桥面铺装结构方案(包括铺装层材料、黏结层材料及其组合)；通过试验获得相关的材料特征参数，然后对钢桥面铺装结构进行分析与设计，确定桥面铺装各层厚度及各项性能参数；通过疲劳试验预测钢桥面铺装层疲劳寿命及使用年限，以控制疲劳裂缝的产生，使得钢桥面铺装达到预期的使用寿命。本书基于《公路钢桥面铺装设计与施工技术规范》(JTG/T 3364-02—2019)和黄卫院士提出的钢桥面铺装设计框架，提出了大跨径钢桥面铺装抗疲劳设计流程，如图 2-5 所示。

钢桥面铺装抗疲劳设计可按如下步骤进行：

①分析钢桥面铺装的基本条件，包括环境气候条件、交通条件、结构支撑条件和工程实施条件。

②验算钢桥面裸板刚度，如不满足要求需优化钢桥面板构造。

③初拟钢桥面铺装方案,制定铺装结构技术标准。

④进行原材料比选与试验、防水黏结层和黏结层设计以及铺装层材料配合比设计。

⑤测试铺装结构各层力学参数。

⑥验算带铺装的钢桥面系结构刚度,如不满足要求须重拟铺装方案。

⑦分析钢桥面铺装体系的受力特性,计算临界应力。

⑧进行轴载换算,分析设计车道累积标准当量轴次。

⑨通过复合结构试验进行钢桥面铺装结构抗疲劳性能评估,如不满足要求须重拟铺装方案。

⑩通过技术、经济比较确定铺装结构方案和材料要求。

协调钢桥面系结构设计
环境气候条件
结构支撑条件
交通条件
工程实施条件
不满足
裸板刚度验算
满足
初拟铺装方案与技术标准
原材料比选与试验
防水黏结层及黏结层设计
铺装层材料配合比设计
铺装结构力学参数测试
不满足
钢桥面铺装刚度检验
满足
钢桥面铺装结构力学分析
轴载换算
不满足
铺装结构疲劳试验
满足
通过技术、经济比较确定铺装结构方案和材料要求

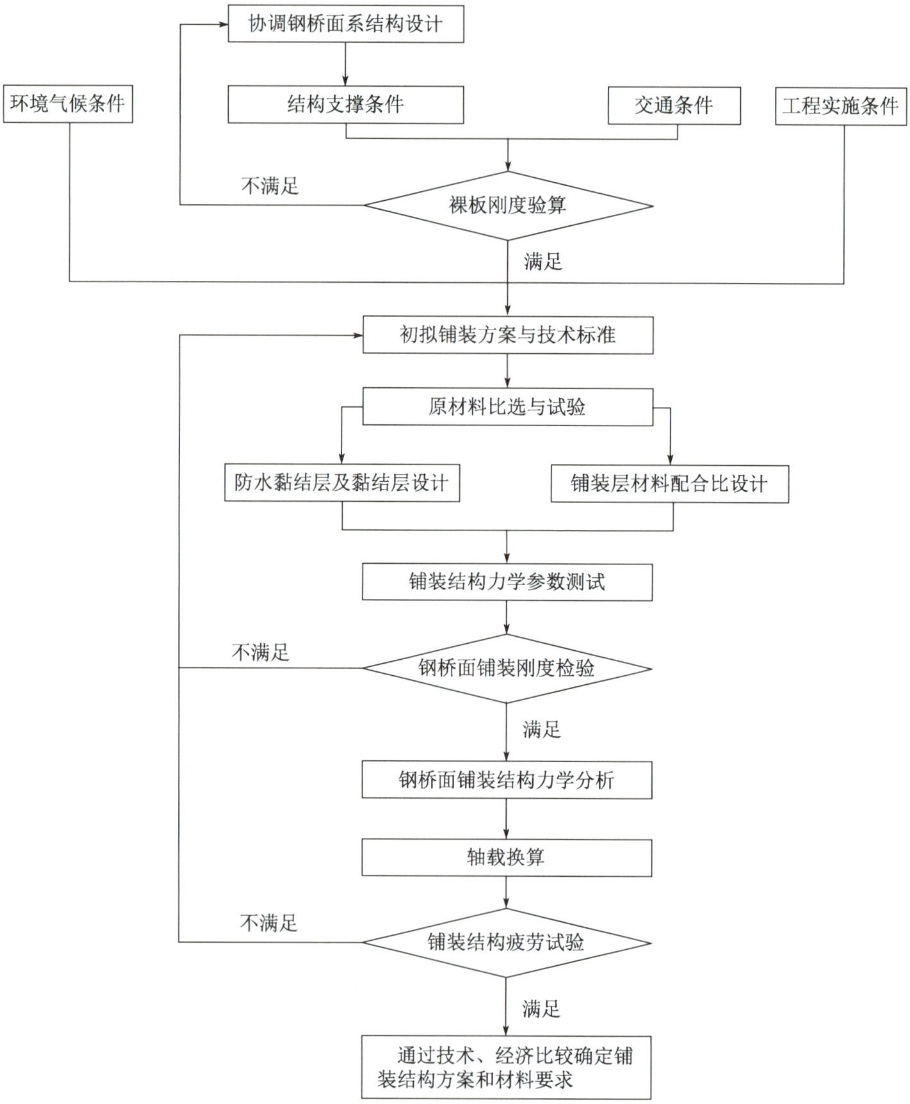

图 2-5　大跨径钢桥面铺装抗疲劳设计流程

2.3　钢桥面铺装结构力学特性

桥面铺装是大跨径钢桥上部结构的重要组成部分,早期关于大跨径钢桥上部结构受力特性的研究,主要集中在钢箱梁及其正交异性钢桥面板。铺装层一般只作为均布荷载作用在正交异性钢桥面板上,并不进行专门的力学分析。实际上,车辆荷载的作用是通过桥面铺装传递到钢桥面板上的。钢桥面铺装不仅起传递和分散车辆荷载的作用,而且还与钢桥面板形成复合结构共同发挥作用,因此需要将桥面铺装和钢桥面板结合起来进行分析,既可得到钢桥面板的应力、应变场,又可以了解桥面铺装结构关键位置的应力、应变值,这样就能为钢桥面铺装体系的结构设计和研究,以及铺装材料的设计提供更为直接的理论依据。将铺装层与正交异性钢桥面板结构作为钢桥面铺装完整体系进行受力分析,是大跨径钢桥面铺装结构设计的重要内容之一。

钢桥面铺装体系是一个复杂结构,铺装层由于钢板加劲肋的作用,在车载作用下,横隔板及纵向加劲肋顶部附近区域产生明显的应力集中现象,用梁、板等传统的解析法处理这样的结构是非常困难的。随着计算机技术的迅猛发展和有限元技术的逐步成熟,以及各种通用有限元软件功能的日益强大,有限元方法已经可以对复杂的钢桥面铺装体系进行较为精确的模拟,并较好揭示钢桥面铺装的受力特性以及应力与变形分布规律,成为目前钢桥面铺装力学分析的主要方法。

2.3.1　钢桥面铺装力学分析的特点与假定

1) 钢桥面铺装结构力学分析的基本特点

钢桥面铺装结构包括钢箱梁结构和铺装层,在车辆荷载作用下,铺装层结构受力十分复杂。但通过对桥梁结构体系的分析,铺装层力学分析应基于以下特点:

①铺装的薄层几何结构。通常铺装层的厚度在40~80mm之间,横桥向宽度为20/30m,顺桥方向的长度达几百米或上千米。

②钢桥面板构造的正交异性。钢桥面板由顶板、纵向加劲肋、横隔板、纵隔板等组成,形成桥面板结构的正交异性特性,在车辆荷载作用下,表现出复杂的受力特征。

③铺装层与钢桥面板的整体性。铺装层通过黏结层与钢桥面板黏结成一体,共同承担

车辆荷载引起的变形与应力，铺装层对钢桥面板有一定的加劲作用，并且铺装层与钢板之间的黏结状况对铺装层的应力有较大的影响。因此在进行铺装层的分析设计时，必须将铺装层与钢桥面板结合起来考虑，进行整体力学分析。

2）铺装层力学分析的基本假定

应用有限元方法对正交异性钢桥面铺装体系进行力学分析，采用如下假设：

①铺装层是连续、完全弹性、均匀、各向同性的。

②正交异性钢板的位移和变形是微小的。

③鉴于黏结层厚度相对于铺装层、桥面板厚度很小，且黏结层材料大多用高分子类材料，有时为了增加铺装层与钢板间咬合力，会预撒碎石，这样黏结层实际已与铺装层形成一个整体，因此有限元计算时能够直接将其并入铺装层。

④正交异性钢板和铺装层的自重不计，通常铺装层是在正交异性钢板完全施工完毕后才铺筑的，因此正交异性钢板自重对铺装层的受力无影响。

2.3.2 钢桥面铺装力学分析模型

1）力学分析模型概述

铺装体系结构分析目前主要采用的是基于有限元方法的数值模拟技术，这种方法通过有限元软件建立包括钢桥面板和铺装的三维有限元模型，采用合适的单元对铺装体系各构件进行模拟，在设置合理的荷载条件和边界条件后对铺装结构的受力与变形特性进行分析。从有限元模型的规模方面可分为基于局部模型的分析和基于整桥模型的分析。

基于局部模型的分析即为选择横向包括数个纵向加劲肋、纵向包含数个横隔板的局部铺装体系复合结构模型进行受力分析，如图 2-6 所示。正交异性钢桥面铺装体系的局部力学模型通常采用不同的材料模型表征钢板和铺装，铺装层与钢板之间按照完全连续处理，边界条件假设为固结或沿切分面对称，车辆荷载简化为单矩形或双矩形，可采用静荷载或动荷载模式。然而，由于模型规模较小，其边界条件与实际桥梁不同，因此导致力学分析结果与实测结果存在一定差异。

基于整桥模型的力学分析是我国学者在钢桥面铺装技术研究中首先提出的，它综合考虑了桥梁的整体结构（第Ⅰ体系），钢箱梁的局部结构（第Ⅱ体系）及有纵、横加劲构件的正交异性板桥面系（第Ⅲ体系）的综合影响，采取整桥模型—节段模型—局部模型的建模策略。首先建立简化的整桥模型（通常是空间杆系模型），然后将整桥模型计算得到的应力和位移条件作为节段模型（通常采用壳单元建模）的边界条件，最后通过局部模型（通常采用实体单元建模）对钢桥面铺装结构进行详细的计算分析。

图 2-6 钢桥面铺装有限元分析局部模型

基于局部模型的分析优点是建模过程相对简单、求解速度快；但其不能反映出钢箱梁整体结构特点对桥面铺装受力状况的影响，且边界条件不够准确。基于整桥模型的分析可以反映出钢箱梁整体结构对铺装的影响，对于边界条件的模拟更加合理；但其缺点是建模过程复杂，求解速度慢，且整桥模型的力学特性影响因素多，精确模拟难度较大。

2）钢箱梁节段三维有限元模型

根据大量的局部模型和整桥模型的对比计算，在静力分析的范畴内，第Ⅰ体系作用对钢桥面铺装的受力影响不大。本书综合考虑计算效率和计算精度，在第Ⅱ体系分析的基础上，提出了钢桥面铺装力学分析的改进节段模型，详述如下。

（1）模型规模

模型规模的选取以及网格划分的尺寸影响着有限元模型的计算效率和精度。在计算能力一定的前提下，应在保证精度的同时尽量选取较小的模型范围以提高计算效率。以常见的全焊接流线型扁平钢箱梁为例，综合考虑模型的合理性和计算的准确性，根据钢桥面铺装的结构特点，本书提出了钢箱梁节段三维有限元模型。

钢箱梁节段三维有限元模型可取两根斜拉索或吊索之间的标准梁段，包括桥面顶板和底板、纵向加劲肋、横隔板、纵隔板以及铺装层等；根据对称原理，横向取半幅钢箱梁，如图 2-7 所示。该模型包括总高度为 4m 的钢箱梁和 55mm 厚的沥青混凝土铺装层。钢箱梁由 14mm 厚的正交异性桥面板、10mm 厚的正交异性桥底板、10mm 厚的横隔板和 24mm 厚的纵隔板等构件组成，其中桥面板和桥底板分别由 8mm 和 6mm 厚的梯形加劲肋进行加劲。沥青混凝土铺装层包括上层 30mm 和下层 25mm 两层铺装。模型纵向取两根吊索之间的节段，共 6 块横隔板。在横桥向，由于钢箱梁相对于桥梁中心线具有几何对称性，因此只考虑了半幅钢箱梁及铺装进行建模，以简化模型规模并提高计算效率。钢箱梁节段三维有限元

模型共 18.75m 长,17.7m 宽。这种建模策略可以较全面地分析钢桥面板与铺装在车辆荷载作用下的力学响应特性及变形分布规律,在保证计算精度的同时又不过多地增加计算时间。在钢箱梁节段三维有限元模型的桥梁中心线横向侧面施加轴对称边界条件,即在 x-z 平面 x 方向的变形 $U_x=0$,沿 y 和 z 轴的转角 $\theta_y=\theta_z=0$。在斜拉索或吊索与钢箱梁联结处施加固结条件,以模拟斜拉索或吊索对钢箱梁的约束作用,并约束钢桥面板和铺装的纵桥向位移。

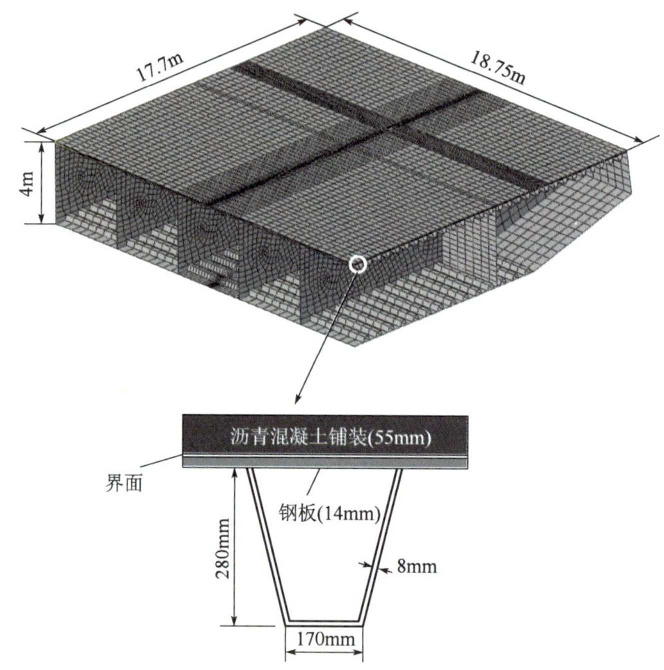

图 2-7　钢箱梁节段三维有限元模型

以往的研究和工程实践证明,两层铺装之间界面的黏结强度高于钢桥面与铺装界面的黏结强度,因此双层铺装之间界面的黏结假设为完全黏结,在有限元模型中通过共用节点实现。

钢箱梁结构参数根据某大跨径钢桥钢箱梁设计文件得到,见表 2-1。

有限元模型参数(单位:mm)　　表 2-1

项目	计算参数	项目	计算参数
钢桥面铺装厚度	55	顶板梯形加劲肋间距	600
钢箱梁顶板厚度	14	顶板梯形加劲肋高度	280
横隔板间距	3750	钢箱梁底板厚度	12
横隔板厚度	10	底板梯形加劲肋厚度	6
纵隔板厚度	10	底板梯形加劲肋上口宽度	400
顶板梯形加劲肋厚度	8	底板梯形加劲肋下口宽度	250
顶板梯形加劲肋上口宽度	300	底板梯形加劲肋间距	400
顶板梯形加劲肋下口宽度	170	底板梯形加劲肋高度	260

(2)单元类型

钢箱梁节段三维有限元模型主要应用了3种单元,钢桥面板和铺装层采用8节点、每个节点具有6个自由度的六面体线性非协调模式单元(C3D8I)进行模拟,共127044个单元;纵隔板、横隔板、纵向加劲肋等钢构件采用4节点四边形有限薄膜应变线性完全积分壳单元(S4)进行模拟,共15623个单元;钢桥面与铺装界面采用8节点内聚界面单元(COH3D8)进行模型,共42348个单元。钢箱梁与桥面铺装整体模型共185015个单元。

由于有限元模型的网格密度对计算精度和效率均有影响,因此需要在不同位置采用不同的网格密度。目标区域应采用足够细密的网格,以捕捉钢桥面铺装的力学响应;而在目标区域以外可采用较粗的网格划分,以减少单元数量并节省计算时间。在本书的建模策略中,荷载作用附近的区域采用了最细的网络,而在离荷载较远处采用了较粗糙的网格,如图2-8所示。由图可见,最细密的单元尺寸为0.8mm×0.8mm,布置在车辆荷载作用处;较大的单元(5.5mm)布置在过渡区域,最大的单元(174~500mm)布置在最外侧区域。

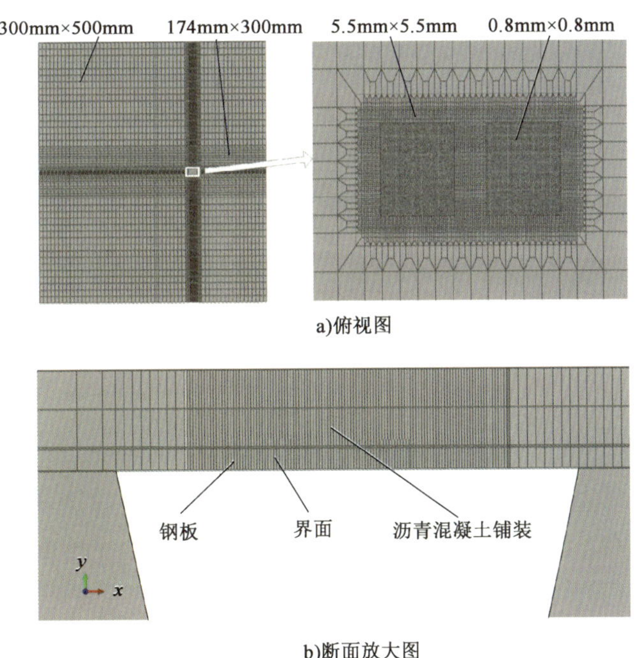

图2-8 钢桥面铺装三维有限元模型网格划分图

除实体单元外,内聚界面单元布置在车辆荷载作用处的钢桥面与铺装界面上。各种单元的布设位置如图2-9所示。实际上,由于内聚界面单元在法向的厚度为零,因此其位置不改变整体模型的尺寸。

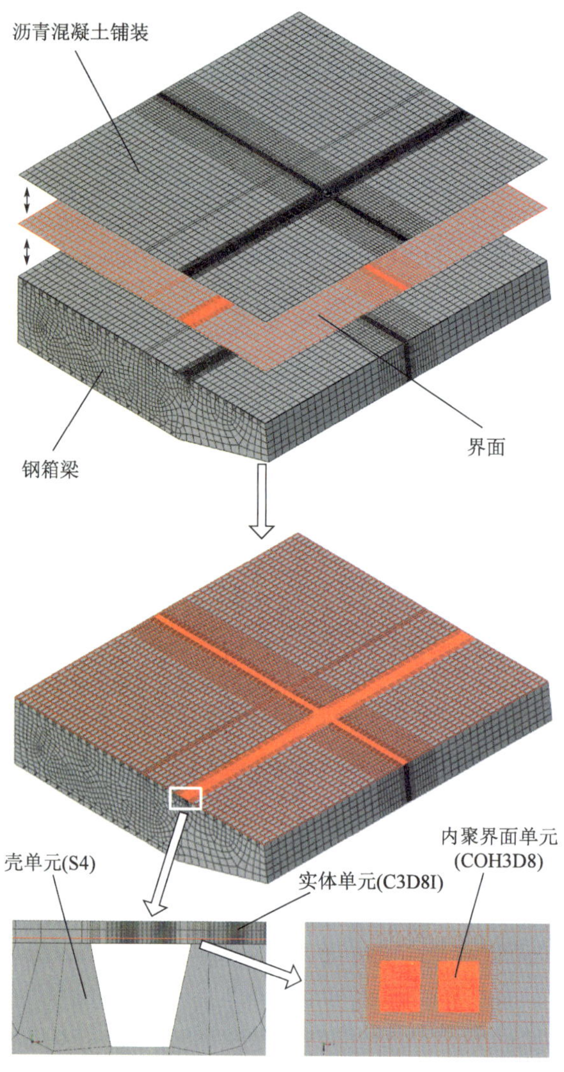

图 2-9　单元设置示意图

内聚界面单元布置之处，即钢桥面与铺装界面可能产生滑移的位置不是三维空间，而是一个平面。由于界面在车辆荷载作用下始终受压，因此法向不会产生Ⅰ型张开型断裂，只会在平行于钢板的平面内产生Ⅱ型滑移型断裂。

(3)材料参数

采用合适的材料模型对于确保有限元分析结果的可靠性较为重要。大跨径钢桥正交异性钢桥面板各构件多采用Q345D钢材，其弹性模量为210000MPa，泊松比为0.3。沥青混凝土是典型的黏弹性材料，性质随温度和频率而变化，其黏弹力学特性需通过试验获取。本书中的材料力学参数见表2-2。

力学参数 表2-2

材料	力学参数	单位	模量值	泊松比
钢	弹性模量	MPa	210000	0.3
铺装			100~3000	0.25
钢桥面板与铺装界面	剪切模量	MPa/mm	0.1~100	—

(4)车辆荷载

轮胎在荷载作用下会产生压缩变形。因此,由车轮传给路面的荷载分布在一定的面积上,这个面积称为车轮与路面的接触面积或轮印面积。轮印面积上轮胎压力的分布随轮胎型号、轮胎充气压力以及路面特性等因素的不同而变化。虽然人们已经能够大致实测出不同轮载和胎压下轮胎真实接地形状、接地压力的三维分布,但对轮载、胎压、轮胎类型、温度、车辆运行状况等接地压力的影响因素研究并不透彻,因此研究钢桥面铺装在车辆荷载作用下的响应,需对轮印面积及轮胎压力的分布进行合理的简化。值得注意的是,国内外对车辆荷载形式的研究和简化各不相同。

AASHTO对车辆轮胎不论是单个轮胎还是双轮组接触面积都简化为一个510mm×250mm的矩形。轮胎压力在接触面上为均匀分布,按照标准车后轴14.5t计算,轮胎接地压强为0.57MPa。BS5400中标准疲劳车的车辆轮胎简化为2个间距为100mm、边长为200mm的正方形。

《公路桥涵设计通用规范》(JTG D60—2015)(简称《桥规》)规定的公路—Ⅰ级车辆荷载的主要技术指标见表2-3,其布置图如图2-10~图2-12所示。

车辆荷载的主要技术指标 表2-3

参数	单位	技术指标	参数	单位	技术指标
车辆重力标准值	kN	550	轮距	m	1.8
前轴重力标准值	kN	30	前轮着地宽度及长度	m	0.3×0.2
中轴重力标准值	kN	2×120	中、后轮着地宽度及长度	m	0.6×0.2
后轴重力标准值	kN	2×140	车辆外形尺寸(长×宽)	m	15×2.5
轴距	m	3+1.4+7+1.4			

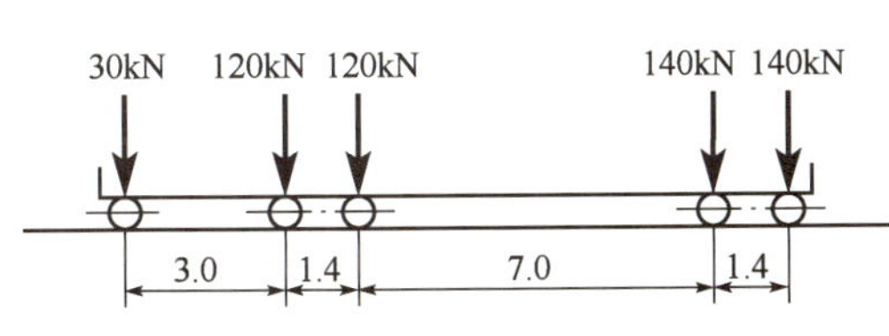

图2-10 《桥规》车辆荷载立面布置图(尺寸单位:m)

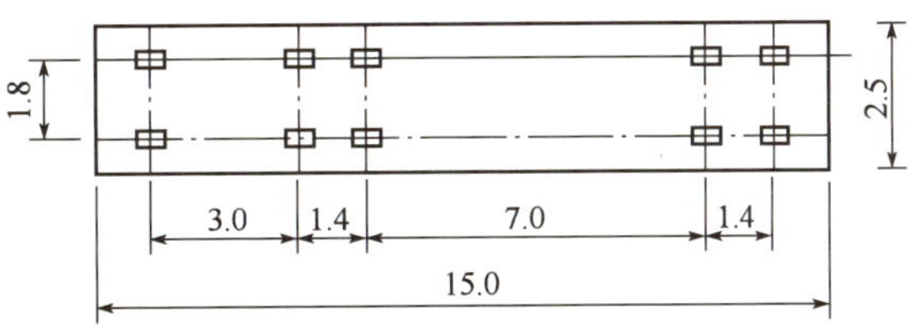

图2-11 《桥规》车辆荷载平面布置图(尺寸单位:m)

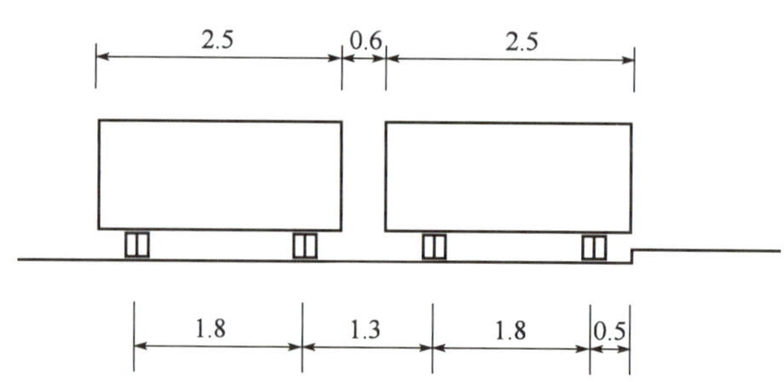

图 2-12 《桥规》车辆荷载横向布置图(尺寸单位:m)

由于轮胎接地面积和压力的复杂性,目前《公路钢桥面铺装设计与施工技术规范》(JTG/T 3364-02—2019)尚未规定钢桥面铺装结构设计的标准荷载形式,研究工作中对车辆荷载都进行了简化处理,考虑到钢桥面系应力对轮胎横向位置的敏感性,大多都将车辆荷载简化为一定间隔的 2 个矩形。

根据多座大桥钢桥面铺装力学分析的经验,本书中标准轴载采用《桥规》中公路—I 级车辆荷载的后轴,轴重取 140kN,选用单轴双轮均布荷载形式,单轮接地面积为 500cm^2,其宽度为 20cm、长度为 25cm,两轮侧间距为 10cm,轮胎接地压力 0.7MPa,考虑 30% 的冲击系数,则加载轮压为 0.91MPa。单轴双轮荷载形式如图 2-13 所示。

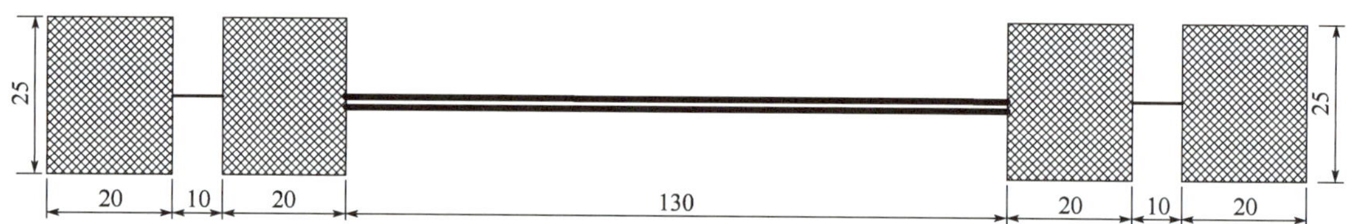

图 2-13 单轴双轮荷载形式(尺寸单位:cm)

2.3.3 钢桥面铺装结构力学特性

根据力学分析结果,钢桥面系在车辆荷载作用下会产生整体变形与局部变形。整体变形是指铺装连同正交异性板整体产生下挠变形(图 2-14),外侧变形小,桥梁中心变形较大,其原因是风嘴附近结构受到斜拉索或吊索的约束,因而变形较小,而跨中位置主要依靠钢箱梁自身的抗弯刚度支撑,变形较大。

局部变形主要来自两方面:①车辆荷载作用下钢板的局部弯曲;②加劲肋附近钢板的挠度差。由于正交异性板的结构特点,荷载作用局部变形较为明显,纵向加劲肋腹板之间的铺装挠度较大,而加劲肋腹板上方铺装由于受到加劲肋的支撑作用,挠度较小,因而铺装产生了较大的相对挠度差,这种现象只存在于荷载作用区域附近。

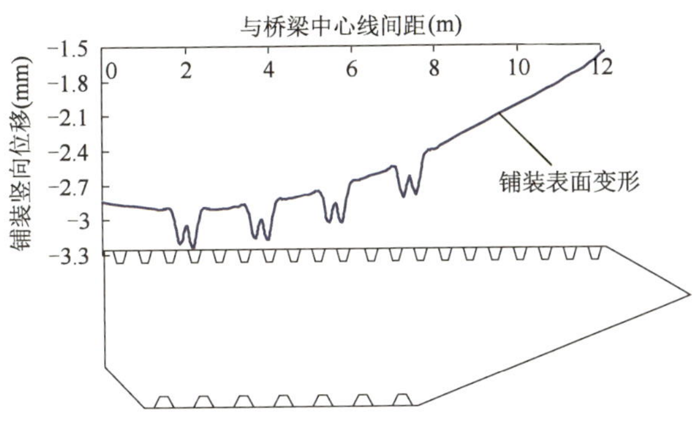

图 2-14　钢桥面铺装变形特性

由变形情况分析可知，钢桥面板主要受到局部的变形和应力作用，这样的局部变形使得黏附于其上层的铺装层产生了较大的应力和应变。因纵向加劲肋和横隔板的存在，钢桥面板表现出较显著的正交异性特性。铺装层表面承受车辆荷载后，纵向加劲肋和横隔板对荷载具有敏感性，荷载附近的纵向加劲肋和横隔板将分摊大部分荷载，影响应力或变形的均匀传递，并在荷载附近形成明显的局部效应。同时这种效应也发生在荷载附近的纵向加劲肋和横隔板上方的铺装层中，形成局部应力集中的现象，铺装最大应力与应变出现在铺装层表面，如图 2-15 所示。计算表明，这种局部效应的影响范围主要表现在 900 ~ 1200mm 区域内。

图 2-15　钢桥面铺装受力特性

钢板与沥青混凝土铺装界面由于剪应力的存在会产生剪切变形，从而影响铺装层内的应力分布。以往在钢桥面铺装结构力学分析中，一般采用铺装层与钢板之间完全连续的假定，没有考虑层间黏结状况对铺装受力的影响，本书分别计算得到基于内聚界面单元的界面和连续界面条件下钢桥面铺装结构的应力响应，见表 2-4。由表可见，采用基于内聚界面单元的界面条件计算得到的铺装表面最大拉应力比连续界面大 11.6%，这是由于

采用连续界面条件即认为钢板与铺装紧密结合为一个整体,应变场在铺装体系内部连续作用,钢板与铺装共同受力,应力传递效率较高,因而整体受力更为合理。但由于没有考虑到两种性质差异较大材料之间的界面存在剪切变形,故而计算结果偏小,对铺装结构寿命预估产生一定影响。与此相反,钢板与铺装层间最大剪应力采用基于内聚界面单元的界面模型后减小了 14.5%,这是由于界面通过剪切变形释放了部分剪应力,并使得铺装承担了更大的拉应力。基于以上分析,本书采用内聚界面单元对界面性质进行模拟,消除了界面连续的不合理假设,使钢桥面铺装力学分析结果更加接近实际情况。

两种界面条件力学计算结果比较　表 2-4

界面类型	表面最大拉应力(MPa)	层间最大剪应力(MPa)
基于内聚界面单元的界面	0.77	0.53
连续界面	0.69	0.62
变化率(%)	+11.6	-14.5

2.4　基于复合梁的钢桥面铺装力学行为与疲劳性能研究

钢桥面铺装体系是由多层材料组成的复合结构,交通荷载、环境气候条件、钢桥面板构造、铺装材料性质与厚度、层间黏结性能等因素都对铺装的受力状况有较大影响,设计者与研究者都需要对铺装结构的受力特性有清楚的认识与了解。

钢桥面铺装是桥梁结构的组成部分,铺装层通过黏结层与正交异性钢桥面板紧密结合在一起,铺装参与桥面受力,分担车辆荷载。在由钢板和铺装组成的复合结构中,钢板可视为线弹性体,而沥青混合料在常温条件下是一种黏弹性体,两者在黏结材料的作用下组成的复合结构将同时具有两种材料的性质特征。沥青混合料的模量受温度、频率、应力水平等因素的影响,因而由钢桥面板与铺装组成的复合体系同样受到这些因素的影响,铺装材料模量的变化将直接影响铺装与钢板复合结构的变形与位移,以及铺装与钢板间的应力分配。因此,钢桥面铺装进行结构分析必须以钢板和铺装层组成的复合结构作为分析对象,并研究各种因素对铺装结构力学行为的影响。

目前,钢桥面铺装力学行为的分析与研究已成为包括正交异性钢箱梁和铺装在内的综合研究体系,研究方法主要包括复合梁理论与试验研究、室内足尺试验研究、试验桥等。其中室内足尺试验研究和试验桥是更加准确的力学响应测试和分析手段,它们可以较为精确地模拟铺装真实的受力状况,揭示铺装力学性能变化规律,可靠度较高。但这两种方法耗时大且费用高,同时受环境气候条件限制较大,无法完全测试各种温度和荷载条件下铺装的受力特性,而复合梁试验研究具有成本较低、荷载和温度状况容易控制、试验数据离散性小等优点,因而被广泛采用。

本书采用三点加载复合梁模型,研究了复合梁受力与变形特性、复合梁应变分布以及复合梁疲劳试验。

2.4.1 复合梁模型理论与试验

在车辆荷载作用下,正交异性钢桥面铺装的特定区域将承受较大的负弯矩,其局部效应较为显著。为了将钢桥面铺装的局部效应转化为可供室内测试的等效模型,国内外许多学者都对由钢板和铺装组成的复合梁进行了理论研究,但各研究者所得到的简化模型不尽相同,根据复合梁的边界条件可将其分为悬臂梁、简支梁、两跨连续梁。多数复合梁模型均采用了“横截面上线性应变分布”与“层间完全连续”等假设,忽略铺装层与钢板之间的黏结性能。少数研究者采用黏结系数来描述层间黏结状况,但该系数缺乏明确的物理意义。由浇注式沥青混凝土铺装体系、改性沥青 SMA 铺装体系与环氧沥青混凝土铺装体系的复合梁测试结果可知,因黏结层的剪切模量有限,在弯曲荷载作用下沥青混凝土铺装层与钢板层间存在微小的剪切变形,而复合梁横截面上应变的分布规律同铺装体系的结构与性能相关。因此,有必要对车辆荷载作用下钢桥面铺装的局部应力与变形响应进行系统研究,对复合梁试件在弯曲荷载作用下的应变分布规律进行更为精确的测试,从而建立合适的复合梁模型。

我国从南京八卦洲长江大桥开始采用复合梁的研究手段,目前国内常用的钢桥面铺装复合梁疲劳试验方法主要有两种:五点加载复合梁疲劳试验和三点加载复合梁疲劳试验。

五点加载复合梁疲劳试验参考了德国《土木工程技术交付条件和技术试验规范》(TL/TPING)中《用于钢桥铺装防水层试验的技术试验规范》(TP BEL-ST),其试验加载模式如图 2-16 所示。五点加载复合梁疲劳试验包括复合结构下部的三点支撑和上部的两点加载,通过反复弯曲试验模式评价铺装各层材料在铺装结构中的配伍性、铺装与钢板的协同变形能力及铺装结构的抗疲劳性能。五点加载复合梁疲劳试验疲劳荷载波形一般为半正矢波,频率为 10Hz,温度一般为 20℃。当混合料出现开裂或混合料与防水黏结层脱层长度达到混合料长度的 50% 时,疲劳试验停止。

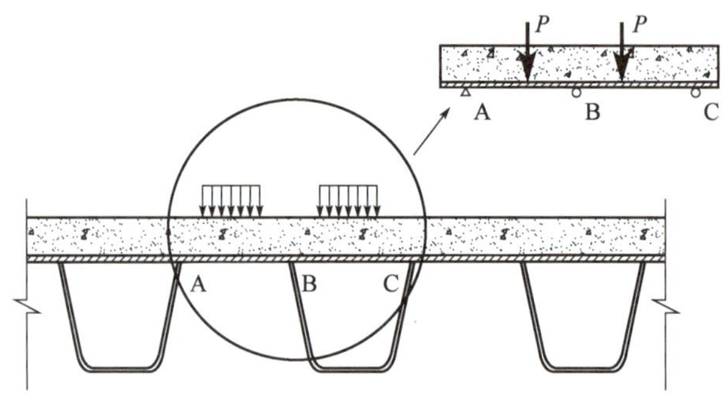

图 2-16　五点加载复合梁疲劳试验加载模式示意图

三点加载复合梁疲劳试验由东南大学首先在国内应用，它以双轮荷载作用下钢桥面铺装最大负弯矩处作为控制应力状态（图 2-17），截取铺装、钢桥面板及下部支承加劲肋腹板作为局部受力单元，可以较好地模拟加劲肋腹板上方铺装层受到的拉应力。三点加载复合梁疲劳试验的疲劳荷载波形一般为半正矢波，频率为 10Hz。值得一提的是，由于三点加载复合梁疲劳试件尺寸较小，可以放入万能材料试验机（如 UTM）的环境箱中，从而可以在不同温度条件下开展试验。当铺装层表面出现开裂，或层间出现滑移时，疲劳试验停止。

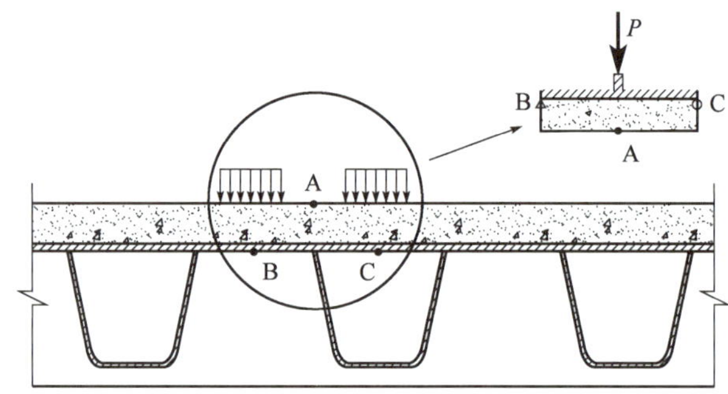

图 2-17　三点加载复合梁疲劳试验加载模式示意图

三点加载复合梁模型尺寸如图 2-18 所示。复合梁长 380mm，宽 100mm，两端采用滚轴支撑，间距 300mm，与大多数正交异性钢板纵向加劲肋开口间距相同，荷载施加在跨中。由于试验在环境箱中进行，可以方便地控制试验温度。三点加载复合梁在南京八卦洲长江大桥、润扬长江公路大桥、南京大胜关长江大桥、苏通长江公路大桥、西堠门大桥等多座大跨径钢桥面铺装研究中得到应用。结果表明，该复合梁试件制作与试验精度高、加载方便，可有效评价铺装的各项力学性能，本书即采用此复合梁模型进行研究。

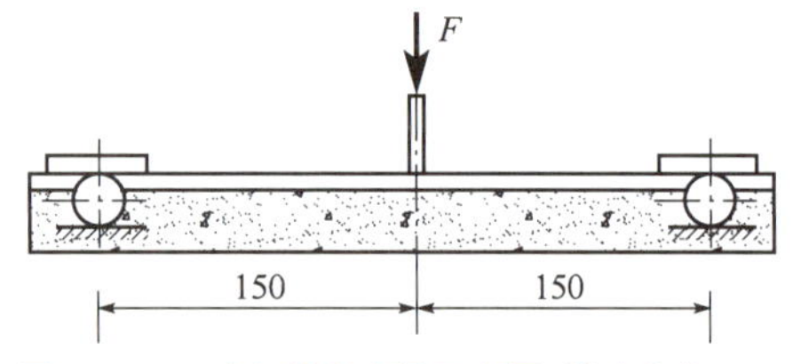

图 2-18　三点加载复合梁示意图（尺寸单位：mm）

2.4.2　复合梁力学特性有限元分析

当受到车辆荷载作用时，钢桥面铺装将产生局部弯曲变形。由于黏结层的黏结作用，荷载将由钢板和铺装层共同承担,钢板与铺装间产生应力分配,铺装所分配的应力大小主要受两种因素的影响:①铺装的模量;②黏结层的剪切模量。由于边界条件发生变化,铺装模量不能直接通过材料试验得到,必须通过复合梁试验获得。本书建立了复合梁有限元模型,并采用此模型研究了复合梁的受力特性。

1)复合梁有限元模型

结构分析模型是由节点、单元及边界条件三要素所构成的。其中,节点是用来确定构件的位置;单元是用分析模型数据表达结构构件的元素,它是由连续的结构构件按有限元划分而成的;边界条件是用来表达所研究的对象结构与相邻结构之间的连接方式。建立钢桥面铺装有限元模型时需要采用合适的单元模拟铺装层、黏结层和钢板3个部分,并分别赋予合适的几何特性和材料参数。

(1)单元

有限元模型单元的选取必须符合材料与结构的力学特性,本书采用三维弹性实体单元模拟钢板和铺装层,用内聚界面单元模拟黏结层。

①钢板与铺装层。

钢板可视为线弹性体,而根据已有的研究成果,铺装层在本书的试验范围内也基本处于线弹性范围内,因此钢板和铺装层均采用三维实体单元进行模拟。本书采用了六面体8节点实体单元中的非协调单元C3D8I(图2-19),它的每个节点均有3个平动自由度UX、UY、UZ,可进行大变形、大应变和塑性分析,并支持进行柱体单元和四面体单元的分析。与另一种六面体8节点实体单元C3D8相比,它可以更好地模拟弯曲变形。

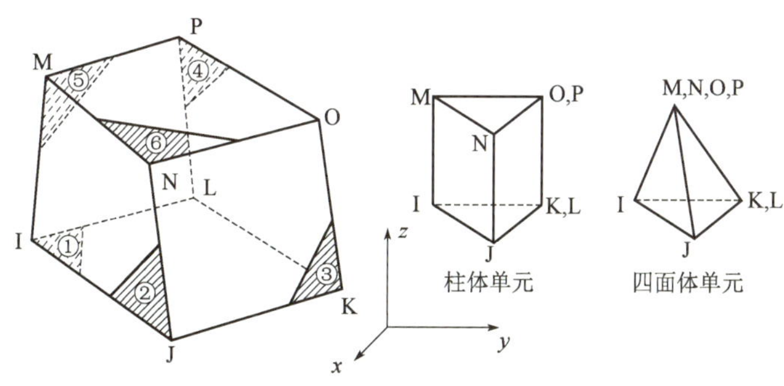

图2-19 三维实体单元示意图

②黏结层。

钢桥面铺装体系中的黏结层类型较多,包括环氧沥青、溶剂型橡胶沥青、环氧树脂等。黏结层的模拟一直是钢桥面铺装有限元分析中的一个难点。由于钢板与铺装层材料性能差异较大,尤其是模量相差多达2~3个数量级,在车辆荷载作用下是否能够同步变形,形成复合作用,关键取决于黏结层。

有限元理论框架内的界面单元已经广泛应用于几何不连续体的建模,如路面、地基和建筑。界面单元是捕捉不连续处位移跃迁的强大工具,最初是由 Goodman 等和 Zienkiewicz 等提出,基于 Mohr-Coulomb 模型和塑性力学描述岩石节点荷载传递。Desai 等采用类似的界面单元和具有软化特征的非线性塑性本构模型研究了土与结构物的相互作用,主要是土与混凝土界面的相互作用。

本书在复合梁有限元模型中采用了内聚界面单元对黏结层进行仿真。内聚界面单元能够模拟连续单元间界面的分层扩展,其在未变形的结构中初始是零厚度的,用节点的相对位移来描述变形,损伤只在内聚界面单元中发生并服从一定的本构关系。图 2-20 所示为三维内聚界面单元,单元有上、下两层,每层各有 4 个节点,每个节点有 3 个自由度:沿内聚界面单元厚度方向的法向相对位移和位于面内的两个切向位移。内聚界面单元任意节点的位移在局部坐标系下表示为:

$$\begin{bmatrix} \underset{\sim}{u}'_1 \\ \underset{\sim}{u}'_2 \\ \underset{\sim}{u}'_3 \end{bmatrix} = [\theta] \begin{bmatrix} \underset{\sim}{u}_1 \\ \underset{\sim}{u}_2 \\ \underset{\sim}{u}_3 \end{bmatrix} \tag{2-4}$$

式中:$[\underset{\sim}{u}'_1, \underset{\sim}{u}'_2, \underset{\sim}{u}'_3]^{\mathrm{T}}$——内聚界面单元节点在局部坐标系下的位移;

$[\underset{\sim}{u}_1, \underset{\sim}{u}_2, \underset{\sim}{u}_3]^{\mathrm{T}}$——内聚界面单元节点在全局坐标下的位移;

$[\theta]$——内聚界面单元局部坐标系与全局坐标系之间的变换矩阵,具体表示式为:

$$[\theta] = \begin{bmatrix} \cos(e_1, x_1) & \cos(e_1, x_2) & \cos(e_1, x_3) \\ \cos(e_2, x_1) & \cos(e_2, x_2) & \cos(e_2, x_3) \\ \cos(e_3, x_1) & \cos(e_3, x_2) & \cos(e_3, x_3) \end{bmatrix} \tag{2-5}$$

式中:x_1、x_2、x_3——整体坐标系下的坐标;

e_1、e_2、e_3——局部坐标系下的坐标。

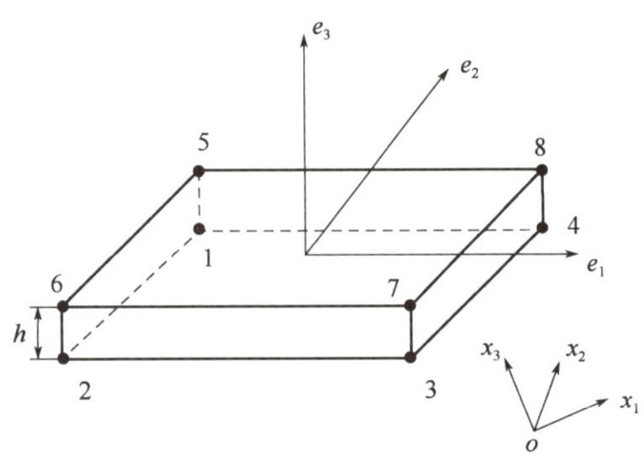

图 2-20 内聚界面单元示意图

在图 2-20 中,节点 1 与节点 5、节点 2 与节点 6、节点 3 与节点 7、节点 4 与节点 8 分别为单元上下层板对应节点。内聚界面单元的应力值通过局部分离位移计算,因此需要获取单元在各方向的位移值。内聚界面单元位移与上下层板对应节点的相对位移有关，即在局部坐标系下，满足如下关系：

$$\begin{bmatrix} \delta_1 \\ \delta_2 \\ \delta_3 \end{bmatrix} = \begin{bmatrix} \underset{\sim}{u}'_1 \\ \underset{\sim}{u}'_2 \\ \underset{\sim}{u}'_3 \end{bmatrix}_+ - \begin{bmatrix} \underset{\sim}{u}'_1 \\ \underset{\sim}{u}'_2 \\ \underset{\sim}{u}'_3 \end{bmatrix}_- \tag{2-6}$$

内聚界面单元上下层板对应节点的相对位移与上、下层板位移的关系式，还可以写成矩阵形式为：

$$\{\delta\} = [B]\{\underset{\sim}{u}\} \tag{2-7}$$

式中：$\{\delta\}$——局部坐标系下，内聚界面单元上下层板对应节点的相对位移；

$\{\underset{\sim}{u}\}$——局部坐标系下，界面的相对位移；

$[B]$——局部坐标系下，将内聚界面单元上下层板的节点位移转换为相对位移的变换矩阵。

界面应力的计算是通过内聚力本构模型（如双线性、指数型或多项式模型）将相对位移映射为界面应力，在弹性阶段满足下式：

$$\{\sigma\} = [K]\{\delta\} \tag{2-8}$$

式中：$\{\sigma\}$——界面应力向量；

$[K]$——界面刚度矩阵。

（2）边界条件

根据复合梁试验的条件，4 个支点承受竖直约束，加载板部分承受均布荷载，并且约束其前后位移，如图 2-21 所示。

（3）有限元模型

根据复合梁的实际尺寸，采用三维实体单元和内聚界面单元建立包括钢板、铺装层和黏结层的三维有限元模型，如图 2-22 所示。

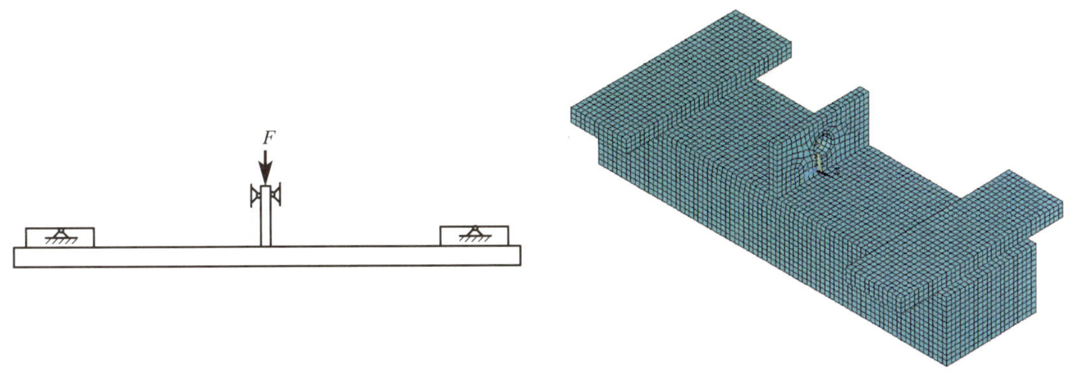

图 2-21　复合梁试验边界条件示意图

图 2-22　复合梁有限元模型

2)复合梁有限元分析

(1)复合梁受力与变形特性

本节研究了复合梁受力与变形特性,分析了复合梁的应变分布特征以及黏结层的剪切变形特征。

①复合梁受力与变形。

复合梁在荷载作用下的受力与变形如图 2-23 所示,铺装层和钢板主要受弯曲应力作用而产生挠曲。钢板既有受压区也有受拉区,即中性轴位于钢板厚度范围内;铺装主要受拉应力作用,跨中(即加载板位置)下部铺装表面附近的拉应变最大。因此,复合梁可以较好地模拟正交异性板钢桥面铺装在车辆荷载作用下加劲肋上方铺装的受力状况。

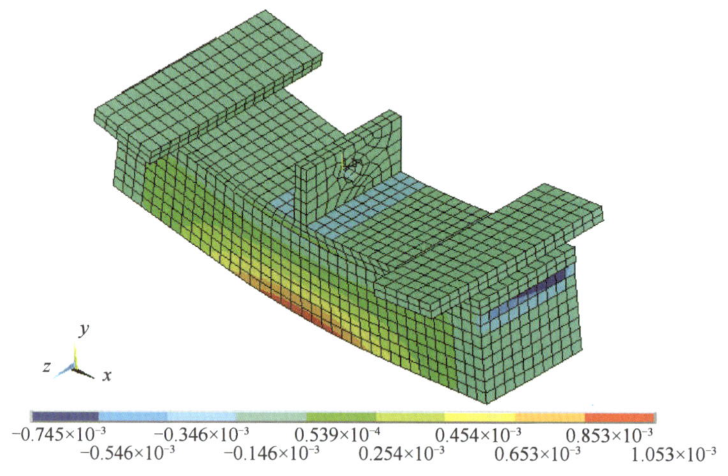

图 2-23 复合梁受力与变形

本书所建立的复合梁有限元模型采用内聚界面单元模拟黏结层,可以反映出黏结层的剪切变形,也可看作两结构层在荷载作用下产生的一定相对位移,因此这种建模策略可以考虑钢板与铺装层间的黏结状况,图 2-24 表现了剪切模量较小时黏结层的剪切变形情况。

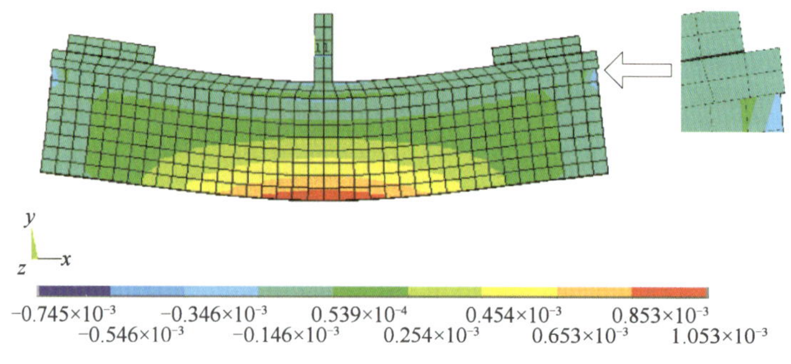

图 2-24 复合梁黏结层的剪切变形

②复合梁应变分布。

研究复合梁的应变分布,对于钢桥面铺装的力学分析具有重要的意义。符合实际情况的应变分布特征是准确评估钢桥面铺装最不利受力状况的前提,也是研究钢桥面铺装体系应变场以及体系内各结构单元应力分布特性的必要条件。

复合梁应变沿竖向的典型分布如图2-25所示。由图可见,在横截面上,应变在钢板与铺装层中高度方向的变化基本为线性;铺装层与钢板界面上的应变分布不连续;铺装层中应变的分布斜率与钢板中的分布斜率并不相同,而是略有差异。

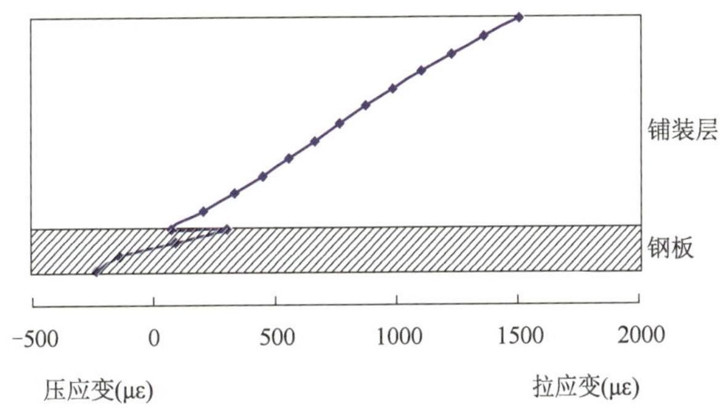

图2-25 有限元模拟复合梁横截面的应变分布状况

应变沿复合梁横截面高度上的线性应变分布表明,铺装层基本处于弹性工作状况,而层间应变分布的不连续则表明黏结层在弯曲荷载作用下产生了一定的剪切变形;钢板与铺装层间应变存在差值,这表明层间黏结效应是不可忽略的。横截面上铺装层中应变分布的斜率略大于钢板中的应变分布斜率,究其原因,在集中荷载作用时,简支复合梁并非处于纯弯曲状态,复合梁侧面存在一定的剪应力,并且该剪应力会影响铺装层的应变分布。通过本书所建立的考虑黏结层剪切模量的复合梁有限元模型可以较好地反映这种差别,可用于描述铺装层与钢板之间的复合作用。

(2)材料参数影响分析

在钢桥面铺装体系中,钢板可视为匀质线弹性材料,其性能较为稳定,而沥青混凝土铺装的性质受温度、荷载等影响。影响钢桥面铺装结构行为的材料参数主要包括铺装的模量和黏结层的剪切模量,它们对复合梁挠度、最大拉应变、最大拉应力以及应变分布均有影响。

复合梁挠度与铺装模量、黏结层剪切模量之间的关系曲线如图2-26所示。由图可见,复合梁挠度随铺装模量增大明显减少,在铺装模量相同的情况下,黏结层剪切模量越大,复合梁动挠度越小。例如当铺装模量为1500MPa,黏结层剪切模量由1MPa/mm增加至100MPa/mm时,复合梁挠度可减小43.3%。黏结层剪切模量增加至一定程度时(如50MPa/mm以上),挠度变化不显著。

复合梁拉应变与铺装模量、黏结层剪切模量之间的关系曲线如图2-27所示,拉应变随铺装模量增大而减小,而黏结层剪切模量的增大也可以减小铺装层拉应变。

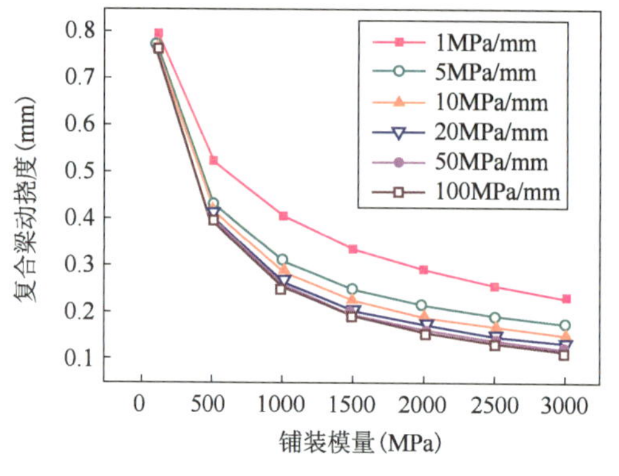

图 2-26 复合梁挠度与铺装模量、黏结层剪切模量之间的关系曲线

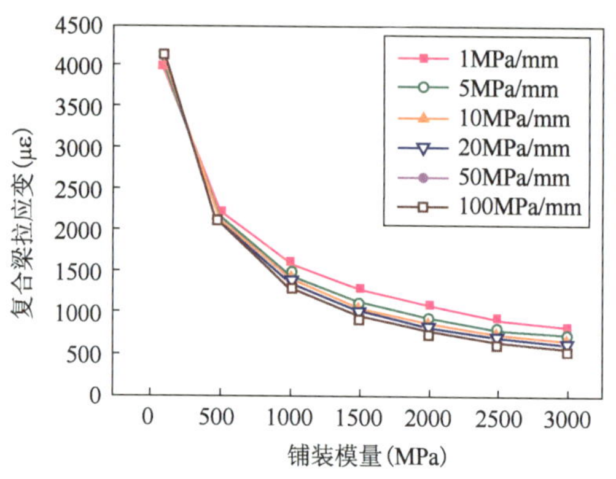

图 2-27 复合梁拉应变与铺装模量、黏结层剪切模量之间的关系曲线

复合梁拉应力与铺装模量、黏结层剪切模量之间的关系曲线如图 2-28 所示,拉应力随铺装模量增加而增大,而黏结层剪切模量的增大可以有效地减小铺装层拉应力。

复合梁应变分布与铺装模量之间的关系曲线如图 2-29 所示。由图可见,随着铺装模量的增大,复合梁中应变分布的斜率变大,最大拉应变变小,但黏结层剪切变形增大,这表明模量大的铺装可以减小铺装体系的整体变形,有利于铺装结构受力状况的改善,但是对黏结层性能的要求更高。随着铺装模量的增大,铺装层的中性轴不断上移,当铺装模量小于 500MPa 时,铺装层全部受拉;而当模量大于 1000MPa 时,铺装体系内同时存在两个中性轴。

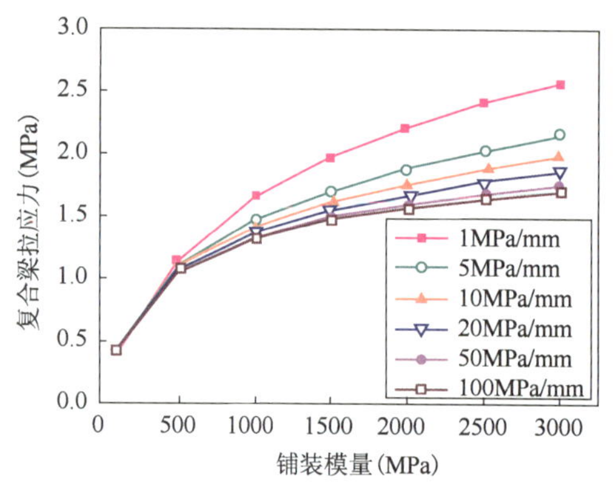

图 2-28 复合梁拉应力与铺装模量、黏结层剪切模量之间的关系曲线

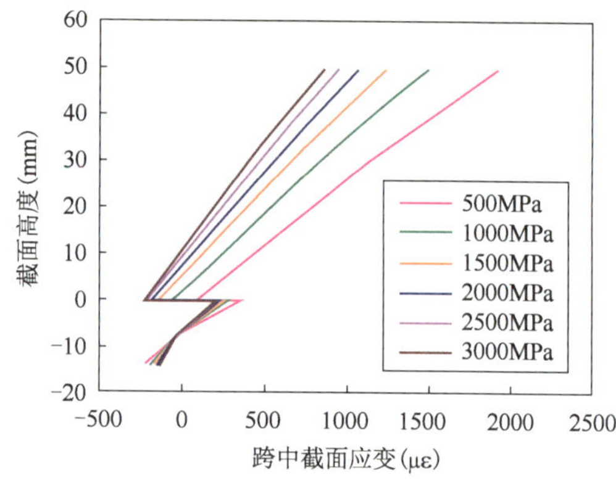

图 2-29 复合梁应变分布与铺装模量的关系曲线

复合梁应变分布与黏结层剪切模量之间的关系曲线如图 2-30 所示。由图可见,随着剪切模量的增大,复合梁中应变分布的斜率变大,最大拉应变略有增加,但增加的幅度较小,而黏结层剪切变形变小。随着剪切模量的增大,铺装层的中性轴逐渐下移,当剪切模量大于 10MPa/mm 时,铺装层全部受拉,而当剪切模量小于 10MPa/mm 时,铺装体系内同时存在两个中性轴。

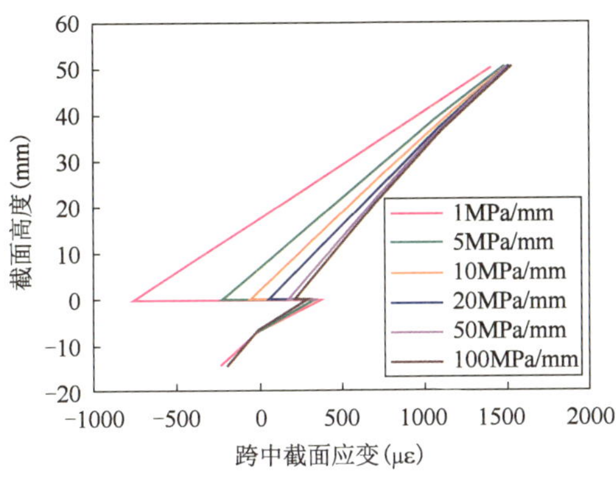

图 2-30　复合梁应变分布与黏结层剪切模量的关系曲线

由上述结果可知，铺装模量和黏结层剪切模量对复合梁挠度、拉应变、拉应力和应变分布均有显著的影响。铺装模量增大时，复合梁整体刚度变大，在荷载作用下的竖向变形和铺装拉应变减小，而铺装承担的应力更大，因而拉应力增加；较大的层间剪切模量可以增强铺装层和钢板的复合作用，吸收荷载，减小复合梁的整体变形和铺装层内的应变和应力。

2.4.3　复合梁疲劳试验

1）铺装方案

复合梁疲劳试验是在一定温度条件下在复合梁上反复施加疲劳荷载，以测试复合结构的疲劳性能。需根据等效原理将实桥铺装的受力状况转化为复合梁试件的力学状态后再确定疲劳荷载。根据已有的研究成果，采用应力等效的方式，将前述钢桥面铺装最大拉应力作为复合梁试件中铺装层的最大拉应力，然后通过建立复合梁的有限元模型并进行反算，得到复合结构的加载力。利用三点加载复合梁，进行了 4 种常见铺装结构方案的疲劳试验，见表 2-5。

用于复合梁疲劳试验的铺装结构方案　　表 2-5

结构方案	总厚度(mm)	下层材料	上层材料
Ⅰ	55	25mm 环氧沥青混合料	30mm 环氧沥青混合料
Ⅱ	60	35mm 浇注式沥青混合料	25mm 环氧沥青混合料
Ⅲ	60	25mm 环氧沥青混合料	35mm SMA-10 混合料
Ⅳ	65	30mm 浇注式沥青混合料	35mm SMA-13 混合料

2）疲劳荷载

疲劳荷载按应力等效原则换算，即复合梁铺装层中产生的最大拉应力等于实际钢桥面铺装层中产生的最大拉应力。根据已有的研究成果，《桥规》中公路—Ⅰ级车辆荷载的后轴

所对应的复合梁试件上的疲劳荷载约为5kN。加载频率和间歇时间的选取应按照标准轴载以设计速度通过铺装时在铺装层中产生的应力/应变响应的时间长度和相邻车辆的荷载间歇时间来确定。应力/应变响应时间长度的大小主要取决于车轮的速度、重量、交通类型和车辆的行驶序列，在一定程度上也取决于路面的性质（材料和厚度）。相邻车辆的荷载间歇时间取决于相邻车辆的车头间距和速度。本书考虑疲劳试验机的加载条件和疲劳试验的耗时等因素，采用无间歇半正矢波的疲劳荷载模式，加载频率为10Hz（图2-31），试验温度为20℃。疲劳试验在MTS-810材料试验机上进行，如图2-32所示。

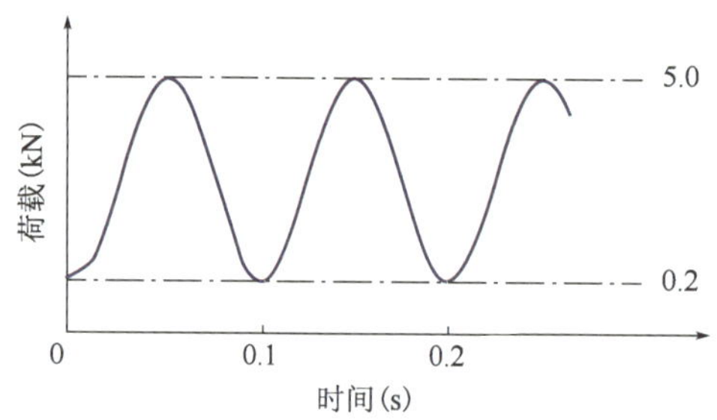

图2-31　疲劳荷载示意图

图2-32　复合梁疲劳试验图

3）疲劳破坏标准

出现以下情况之一或疲劳荷载循环作用次数超过1200万次时，试验停止：

①铺装层表面出现裂缝，如图2-33所示。

图2-33　复合梁疲劳试件跨中开裂（图中白线）

②铺装层与钢板之间或铺装层间出现脱开或滑移。

③总挠度（峰值荷载作用时复合梁的挠度）或挠度差（峰值挠度与谷值挠度之差）开始明显偏离初始值，如图2-34所示。

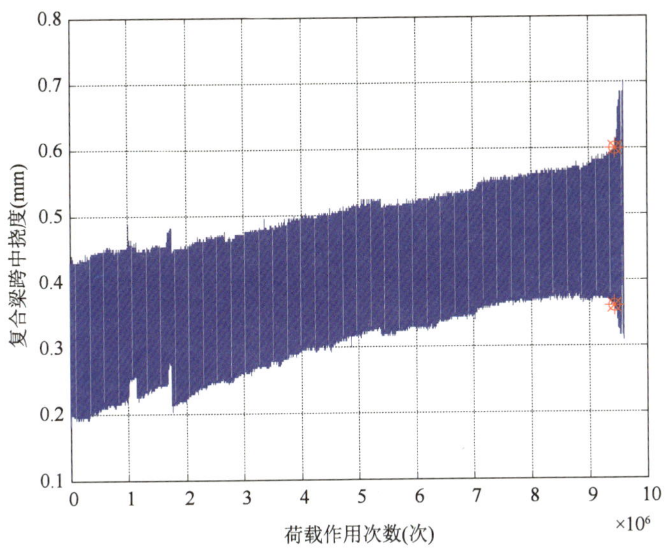

图 2-34 复合梁跨中挠度发生显著变化

4) 复合梁疲劳试验结果

4 种铺装结构复合梁疲劳试验结果见表 2-6。可见,4 种方案中,方案Ⅰ(双层环氧)与方案Ⅱ(下层浇注 + 上层环氧)的加载次数均为 1200 万次时,复合梁试件未破坏,其他铺装方案的试件在该作用次数前均已出现铺装层开裂。

复合梁疲劳试验结果 表 2-6

试件编号	方案	试验温度(℃)	加载次数(万次)	备注
1	Ⅰ	20	1200	复合梁未破坏
2	Ⅰ	20	1200	复合梁未破坏
3	Ⅰ	20	1200	复合梁未破坏
4	Ⅱ	20	1200	复合梁未破坏
5	Ⅱ	20	1200	复合梁未破坏
6	Ⅱ	20	1200	复合梁未破坏
7	Ⅲ	20	609	跨中铺装层开裂
8	Ⅲ	20	961	跨中铺装层开裂
9	Ⅲ	20	722	跨中铺装层开裂
10	Ⅳ	20	308	跨中铺装层开裂
11	Ⅳ	20	321	跨中铺装层开裂
12	Ⅳ	20	505	跨中铺装层开裂

2.5　苏通长江公路大桥钢桥面铺装抗疲劳设计

2.5.1　基本条件分析

1)环境气候条件

苏通长江公路大桥位于江苏省东南部长江口南通江段,桥位地区所处的经纬度为北纬31.5°、东经120.6°,属北亚热带湿润季风气候区,具有气候温和、雨水充沛、寒暑干湿变化显著、四季分明的气候特征。苏通长江公路大桥距南通市与海门市的直线距离均在20km左右,距常熟市约30km,距张家港市约35km。根据这些城市的气温要素,可推算出苏通长江公路大桥桥位所在地区的气温要素特征,见表2-7。

苏通长江公路大桥及附近地区气温要素特征表　　表2-7

气温要素名称	南通	常熟	张家港	海门	苏通长江公路大桥
极端最高气温(℃)	42.2	39.1	38.1	38.0	39.4
极端最低气温(℃)	-12.7	-11.3	-11.3	-9.3	-11.2
年平均气温(℃)	15.2	15.6	15.3	15.2	15.3
最高年平均气温(℃)	16.8	17.0	17.0	16.3	16.8
最低年平均气温(℃)	14.4	14.5	14.5	14.4	14.5
最高月平均气温(℃)	30.0	30.1	30.6	27.3	29.5
最低月平均气温(℃)	-0.2	0.3	-0.1	2.8	0.7
年平均高温日(d)	3.4	6.3	6.1	4.4	5.1
年最多高温日(d)	13	20	19	19	17.8
年最少高温日(d)	0	0	0	0	0

温度是影响钢桥面铺装使用性能最为关键的环境因素之一。根据国内某大跨径钢箱梁桥的实测资料,当气温达到34℃时,铺装表面温度达到65℃以上。表2-8列出了国内几座大桥铺装设计工作温度,可以看出,长江上的各大跨径桥梁,除部分桥梁设计工作温度稍有不同外,大部分桥梁的设计工作温度均在-15~70℃之间。结合苏通长江公路大桥所在地区的环境等因素分析,苏通长江公路大桥钢桥面铺装的设计工作温度范围为-15~70℃。

国内几座大桥铺装设计工作温度　　表2-8

桥梁名称	桥梁所在地经纬度(°)		全年平均气温(℃)	极端最高气温(℃)	极端最低气温(℃)	月均最高气温(℃)	月均最低气温(℃)	铺装设计工作温度(℃)
	北纬	东经						
江阴长江公路大桥	31.6	120.2	15.2	38.1	-14.2	32.0	1.4	-15~70
润扬长江公路大桥	32.1	119.2	15.4	40.9	-12.0	31.8	-2.0	-15~70
南京八卦洲长江大桥	32.1	118.5	15.3	43.0	-14.0	32.5	1.5	-15~70
厦门海沧大桥	24.3	118.0	20.9	28.1	12.4	38.5	1.5	5~70
武汉白沙洲大桥	30.3	114.1	16.6	41.3	-17.3	28.9	3.9	-15~75
武汉军山大桥	30.2	114.1	16.6	41.3	-18.1	28.9	3.9	-22~80
重庆鹅公岩大桥	29	106	22.0	44.0	-4.0	30.0	5.6	-4~75

2)交通条件

交通条件是指大桥建成通车后铺装设计使用年限内的交通量、交通组成和轴载状况。对交通条件的合理估计是确定铺装材料性能指标、评估铺装使用寿命的重要依据。

根据原苏通长江公路大桥建设指挥部提供的交通量预测数据，苏通长江公路大桥建成通车后16年内的预测年平均日交通量见表2-9，苏通长江公路大桥车种比例预测结果见表2-10。

苏通长江公路大桥预测年平均日交通量(单位：辆/d)　　表2-9

年份(年)	小型货车	中型货车	大型货车	小客车	大型客车	拖挂集装箱车	总计
2008	4773	5840	2906	15774	3952	2107	35352
2009	5107	6249	3109	16878	4229	2254	37826
2010	5539	6713	3340	18485	4505	2450	41032
2011	5968	7161	3563	20100	4761	2652	44205
2012	6368	7571	3760	21647	4986	2840	47172
2013	6714	7902	3924	23031	5152	3009	49732
2014	6977	8129	4036	24151	5251	3137	51681
2015	7130	8224	4083	24903	5261	3217	52818
2016	7211	8171	4056	25228	5170	3187	53023
2017	7144	8016	3977	25214	5017	3162	52530
2018	7025	7800	3869	25013	4825	3125	51657
2019	6899	7578	3759	24774	4636	3079	50725
2020	6807	7397	3664	24654	4469	3058	50049
2021	6783	7297	3611	24778	4354	3052	49875
2022	6824	7260	3592	25142	4275	3081	50174
2023	6913	7274	3599	25686	4229	3131	50832

苏通长江公路大桥车种比例预测结果(单位:%) 表 2-10

年份(年)	小型货车	中型货车	大型货车	小客车	大型客车	拖挂集装箱车
2010	13.5	16.4	8.0	45.1	11.0	6.0
2015	13.5	15.5	7.7	47.2	10.0	6.1
2020	13.6	14.8	7.3	49.3	8.9	6.1
2025 及以后	13.6	14.0	7.0	51.3	7.9	6.2

根据以上预测交通量可知,苏通长江公路大桥投入运营前期交通量的年平均增长率为 7%。而随着崇启大桥的建成,苏通长江公路大桥的交通量有较为明显的下降,交通量的年平均增长率为 2.0%。在苏通长江公路大桥的交通构成中,大中型货车与拖挂集装箱车占 27% ~30%。

3)结构支撑条件

苏通长江公路大桥跨江部分总长 8206m,其中主桥为长 2088m 的双塔双索面钢箱梁斜拉桥,其跨径布置为:100m +100m +300m +1088m +300m +100m +100m =2088m,建成时主跨位居同类桥梁世界第一。

苏通长江公路大桥主梁采用扁平流线型钢箱梁。钢箱梁含风嘴全宽 41m,不含风嘴顶板宽 35.4m,底板宽为 9m +23m +9m,中心线处高为 4m,节段标准长度为 16m,边跨尾索区节段标准长度为 12m。根据受力需要,顶板在顺桥向不同区段采用了 14 ~24mm 不同的厚度,横桥向靠近外腹板 2550mm 范围内采用了 20mm 及 24mm 两种厚度,顶板设置了 8 ~10mm 厚的 U 形加劲肋,底板在顺桥向不同区段采用了 12 ~24mm 不同的厚度,底板设置了 6 ~8mm 厚的 U 形加劲肋。

钢箱梁内设置了横隔板,其标准间距为 4m,根据受力需要,竖向支承、索塔附近梁段适当加密;横隔板采用整体式,由上、下两块板组成,上、下板熔透对接;非吊点处横隔板一般为 10mm 厚,拉索吊点处横隔板采用变厚度,即外腹板附近为 16mm 厚、中间为 12mm 厚。

钢箱梁内设置两道纵隔板,除竖向支承区、压重区和索塔附近梁段采用实腹板式外,其余均为桁架式。斜拉索在主梁上的锚固采用锚箱式,锚箱安装在主梁腹板外侧,并与其焊成整体。

4)工程实施条件

钢桥面铺装工程施工期间以晴热天气为主,降雨较少,风力较小,是沥青混凝土铺装理想的施工季节。环氧沥青混凝土铺装经过多年的工程实践,已积累了较为丰富的施工经验,形成了比较成熟的施工技术和施工队伍,开发出多项创新性施工设备,满足了环氧沥青混凝土铺装工程实施方面的技术要求。

2.5.2 力学分析

1) 基本参数

(1)计算参数及有限元模型

综合考虑模型的合理性和计算的准确性,钢桥面铺装体系有限元模型纵向取两根斜拉索之间的标准节段;根据对称原理,横向取半幅钢箱梁,模型尺寸为16.0m×17.7m。计算参数根据钢箱梁设计文件选取,见表2-11。

苏通长江公路大桥钢桥面铺装有限元模型计算参数　　表2-11

项目	计算参数	项目	计算参数
钢箱梁顶板厚度(mm)	14	梯形加劲肋间距(mm)	600
横隔板间距(mm)	4000	梯形加劲肋高度(mm)	300
横隔板厚度(mm)	10	钢材弹性模量(MPa)	210000
纵隔板厚度(mm)	24	钢材泊松比	0.3
顶板梯形加劲肋厚度(mm)	8	沥青铺装层厚度(mm)	55
梯形加劲肋上口宽度(mm)	300	沥青混凝土模量(MPa)	1000
梯形加劲肋下口宽度(mm)	174	沥青混凝土泊松比	0.25

将正交异性钢桥面板体系、铺装层作为整体,采用三维板壳单元、实体单元结合内聚界面单元建立有限元模型。为提高计算精度,离散化过程中对荷载作用区域的单元进行了细化,苏通长江公路大桥钢桥面铺装有限元分析模型如图2-35所示。

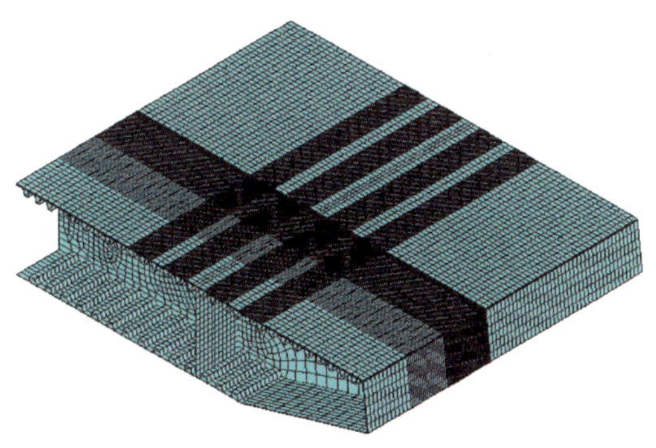

图2-35　苏通长江公路大桥钢桥面铺装有限元分析模型

(2)车辆荷载

根据交通条件分析,采用公路—Ⅰ级车辆荷载的后轴为设计荷载。选用单轴双轮荷载形式,轴重取140kN,单轮载重为35kN,并考虑30%的冲击系数。单轮接地面积为500cm^2,其宽度为20cm、长度为25cm,两轮侧间距为10cm。

(3)作用荷位

由于正交异性钢桥面板结构的特殊性,车辆荷载相对于纵向加劲肋不同横向位置对铺装层的受力有不同影响,已有的研究成果表明,当轮载中心处于U形加劲肋与钢桥面板焊接点时(图2-36),铺装受力较为不利。

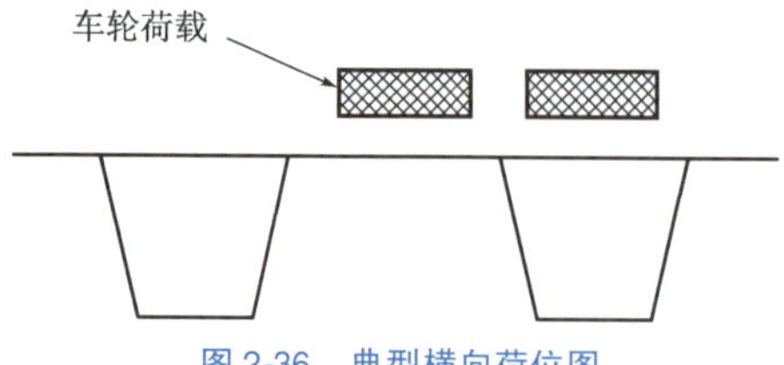

图2-36　典型横向荷位图

按照实桥车道线的划分以及车轮的行驶区域,将横向荷位分为6种情况(图2-37),各荷位在纵桥向上从横隔板顶向跨中移动,共有41个特征点位。因此,本项分析包括6×41=246种荷载工况。分别采用有限元方法对不同工况进行力学计算,得到铺装结构各项力学指标。设计荷载施加后钢桥面铺装结构典型的力学分析模型如图2-38所示。

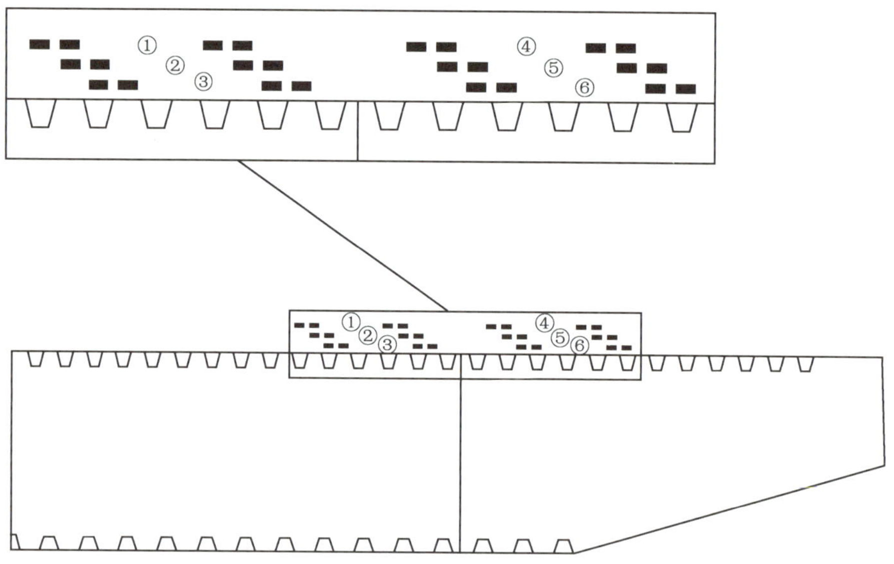

图2-37　荷载横向布置图

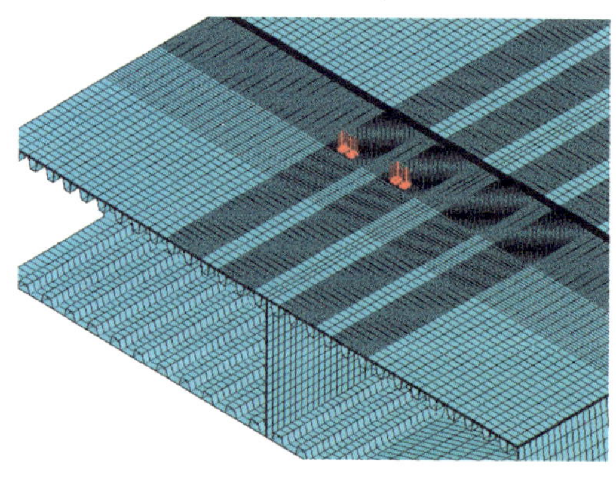

图2-38　荷载施加后钢桥面铺装力学分析模型

2）钢桥面板刚度验算

（1）裸板刚度计算

不考虑铺装与钢板的复合作用，将车辆荷载直接作用于正交异性钢桥面裸板上，通过有限元方法对钢桥面板的局部变形进行计算。正交异性钢桥面板局部刚度计算结果见表 2-12，从表中可以看出，钢桥面裸板的刚度计算结果满足设计使用要求。

未铺装的钢桥面系刚度计算结果　　表 2-12

指标	计算结果	技术要求
曲率半径（m）	16.4～17.1	≥10
肋间相对挠度（mm）	0.331～0.362	≤0.8

（2）带铺装的桥面系刚度计算

在前述的力学计算模型上加设铺装层，通过有限元方法对钢桥面板的局部变形进行计算。正交异性钢桥面板局部刚度计算结果见表 2-13，从表中可以看出，带铺装钢桥面板的刚度计算结果满足设计使用要求。

带铺装的钢桥面系刚度计算结果　　表 2-13

指标	计算结果	技术要求
曲率半径（m）	35.7～37.9	≥20
肋间相对挠度（mm）	0.186～0.210	≤0.4

由表 2-13 可见，铺设沥青混凝土后，钢桥面系不利点的曲率半径约为铺装前的 2 倍，而肋间相对挠度为铺装前的 60%，说明沥青铺装层对钢桥面板有较强的加劲作用。苏通长江公路大桥带铺装的钢桥面系刚度验算结果满足要求。

3）钢桥面铺装应力分析

（1）铺装最大拉应力

铺装层最大拉应力是控制铺装层开裂破坏的重要设计指标，分析其分布变化规律可以了解铺装层开裂破坏的特性，以采取有效的防范措施。铺装层在不同荷位下最大横向拉应力和最大纵向拉应力计算结果如图 2-39、图 2-40 所示。

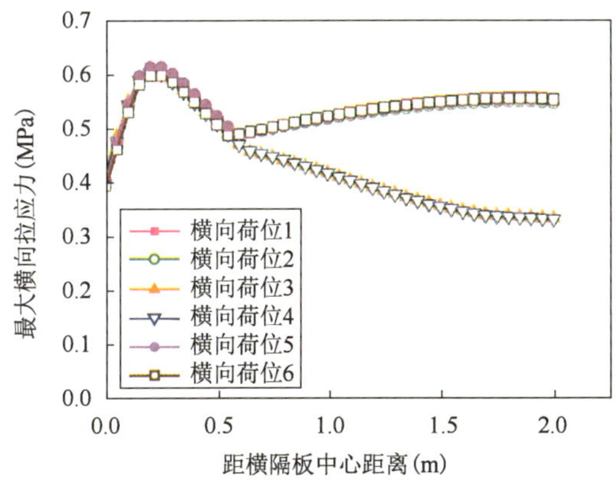

图 2-39　苏通长江公路大桥铺装横向最大拉应力曲线

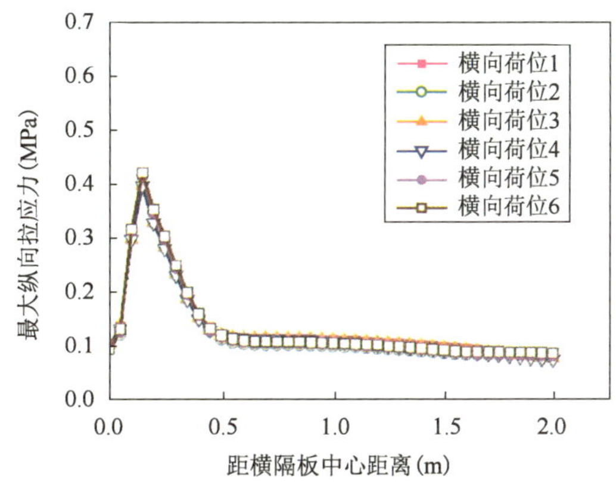

图 2-40　苏通长江公路大桥铺装纵向最大拉应力曲线

由图可以看出，由于选择的横向荷位相对U形加劲肋的位置基本相似，不同荷位铺装受力状况相差不大，所有荷位均是在离横隔板0.2～0.3m处出现峰值。6种横向荷位下铺装层最大纵向拉应力具有相同的变化规律，峰值出现于距横隔板顶部约0.2m处，且随着荷载向跨中移动，力学响应略为减小。铺装层内的横向最大拉应力大于纵向最大拉应力，因此横桥向是铺装拉应力的主要控制方向。

(2)铺装与钢板层间最大剪应力

铺装层与钢板间的黏结破坏是钢桥面铺装破坏的另一类常见破坏类型。黏结破坏直接影响到铺装层与钢板的复合作用，加速铺装层的破坏程度。铺装层与钢桥面板的层间剪应力是控制黏结破坏的主要指标。铺装层在不同荷位下最大剪应力计算结果如图2-41所示。由图可见，荷载沿桥面纵向移动与横向移动时层间剪应力基本维持在0.5MPa，说明剪应力对荷载位置不敏感。

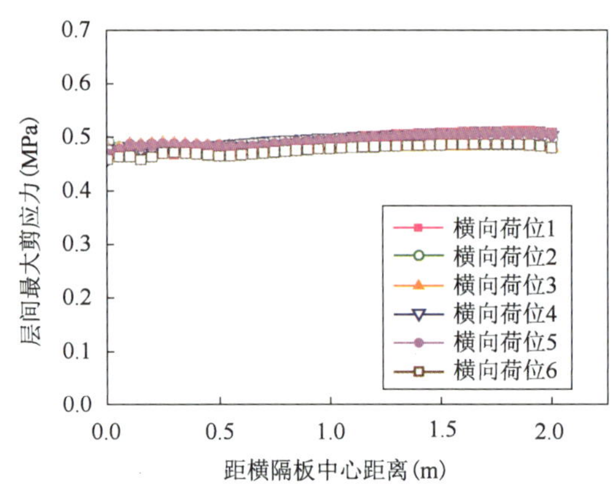

图2-41　苏通长江公路大桥铺装与钢板层间最大剪应力曲线

2.5.3 室内试验研究

1)原材料比选

优质的原材料是保证钢桥面铺装使用性能的先决条件。为满足环境气候条件与交通条件对苏通长江公路大桥钢桥面铺装的性能要求，首先必须做好集料与环氧沥青这两类关键原材料的选择，然后在此基础上优化设计环氧沥青混合料与铺装结构。

(1)集料与矿质填料

集料的品质对钢桥面环氧沥青混合料及铺装工程质量影响较大。为确保铺装工程顺利实施，首先在室内分别测试了金坛花山、句容方山、盱眙瑞丰3个料场玄武岩石料的物理力学指标，其结果见表2-14。

玄武岩石料的基本性能试验结果 表 2-14

技术指标	金坛花山	句容方山	盱眙瑞丰	技术要求
洛杉矶磨耗值(%)	10.6	12.6	9.1	≤18
压碎值(%)	8.6	11.3	13.2	≤12
磨光值(BPN)	52	50	—	≥44
吸水率(%)	1.0	0.9	1.2	≤1.5
表观密度(g/cm^3)	2.995	2.968	2.973	≥2.800
抗压强度(MPa)	138	112	334	≥120

通过现场考察,综合集料的物理力学性能、加工工艺、生产管理水平及业绩等方面的调查结果,苏通长江公路大桥建设指挥部决定采用镇江茅迪公司金坛花山玄武岩料场的产品进行钢桥面铺装的设计与试验工作。集料技术要求与试验结果见表 2-15,各规格矿料的筛分试验结果见表 2-16。

集料技术要求与试验结果 表 2-15

技术指标	试验结果	技术要求	试验方法
洛杉矶磨耗值(%)	10.6	≤18	T 0317
抗压强度(MPa)	138	≥120	T 0221
压碎值(%)	8.6	≤12	T 0316
磨光值(BPN)	52	≥48	T 0321
针片状颗粒含量(%)	粒径 9.5 ~ 13.2mm 时,2.65 粒径 4.75 ~ 9.5mm 时,3.95	≤5	T 0312
与沥青的黏附性(改性沥青)(级)	5	≥5	T 0616
砂当量(%)	83	≥60	T 0334
吸水率(%)	1.0	≤1.5	T 0308
表观密度(g/cm^3)	2.995	≥2.80	T 0308

各规格矿料筛分试验结果 表 2-16

矿料规格	通过下列筛孔(方孔筛,mm)的质量百分率(%)								
	13.2	9.5	4.75	2.36	1.18	0.6	0.3	0.15	0.075
1 号	100.0	0.3	0.0	—	—	—	—	—	—
2 号	—	100.0	1.1	0.0	—	—	—	—	—
3 号	—	—	100.0	20.0	0.0	—	—	—	—
4 号	—	—	—	100.0	51.6	0.0	—	—	—
5 号	—	—	—	—	100.0	86.0	59.8	29.6	11.4
6 号	—	—	—	—	—	—	100.0	99.4	79.1

根据已取得的研究成果及其他工程的使用情况，矿粉应由石灰石磨制而成，其碳酸钙含量应不低于90%。经研究，矿粉选用镇江茅迪公司生产的石灰岩矿粉，矿粉技术要求与试验结果见表2-17。

矿粉技术要求与试验结果　　表2-17

技术指标		技术要求	试验结果	试验方法
视密度(g/cm^3)		≥2.5	2.734	T 0352
亲水系数		≤1	0.45	T 0353
含水率(%)		≤1	0.17	T 0332
加热安定性		不变质	不变质	T 0355
粒度范围(%)	0.3mm	≥90	100	T 0351
	0.15mm	—	100	
	0.075mm	≥80	93.5	

(2)环氧沥青结合料比选试验

南京八卦洲长江大桥、南京大胜关长江大桥等大桥的钢桥面铺装均使用了美国产V型温拌环氧沥青结合料。考虑到苏通长江公路大桥为千米级特大跨径斜拉桥，对铺装结构的柔韧性等综合技术性能的要求更高。因此，通过与相应的材料供应商多次协商交流，由东南大学提供相应的技术指标，材料供应商对环氧沥青结合料的组分B进行了多次改进，得到定型产品$B_{Ⅷ}$，即Ⅷ型环氧沥青。Ⅷ型环氧沥青所用的组分A与V型环氧沥青相同。定型后由东南大学对V型与Ⅷ型的B组分、环氧沥青、环氧沥青混合料、复合结构等进行综合比较与检验，最终推荐苏通长江公路大桥钢桥面铺装采用V型环氧沥青结合料。

①V型与Ⅷ型环氧沥青。

V型与Ⅷ型环氧沥青的A组分相同，不同的是B组分。组分$B_{Ⅴ}$与组分$B_{Ⅷ}$试验结果见表2-18。由表可见，二者的基本技术性能大致相当，而组分$B_{Ⅴ}$在100℃时的旋转黏度仅为组分$B_{Ⅷ}$的60%。在相同的制作工艺和温度条件下，结合料的黏度过大可能会造成混合料不易压实，从而对混合料的空隙率等指标产生不利影响。

组分$B_{Ⅴ}$与$B_{Ⅷ}$的技术性能　　表2-18

技术指标	$B_{Ⅴ}$	$B_{Ⅷ}$	试验方法
酸值(KOH每克)(mg)	56.2	54.3	T 0626
闪点(COC)(℃)	220	225	T 0611
含水率(%)	0.01	0.01	T 0612
黏度(100℃100转/分)(cP)	160	259	T 0625
相对密度(20℃)	1.001	1.001	T 0603
颜色	黑	黑	目视

在进行B组分的试验之后，接下来需对比测试Ⅴ型与Ⅷ型环氧沥青结合料的性能。首先将组分A与组分$B_Ⅴ$及组分$B_Ⅷ$分别按比例混合，然后测试两种结合料在121℃时黏度增加至1000cP的时间以及固化物（即Ⅴ型与Ⅷ型环氧沥青）的抗拉强度与断裂延伸率，试验结果见表2-19。由表可见，Ⅷ型环氧沥青的抗拉强度与断裂延伸率均较Ⅴ型有较大提高。

环氧沥青结合料的技术性能　表2-19

技术指标	Ⅴ型	Ⅷ型	试验方法
A∶B	1∶5.85	1∶6.10	称量法
抗拉强度（23℃）（MPa）	2.17	4.35	GB/T 528
断裂时的延伸率（23℃）（%）	213	291	GB/T 528
黏度增至1000cP（121℃）的时间（min）	57	58	T 0625

②Ⅴ型与Ⅷ型环氧沥青混合料。

采用相同级配与相同油石比，按照相同的击实次数与成型方法分别制作Ⅴ型环氧沥青混合料与Ⅷ型环氧沥青混合料，然后再用相同的条件与方法测试两组固化试件的马歇尔指标，试验结果见表2-20、表2-21。试件固化的条件为湿度121℃，时长4h。

不同油石比的环氧沥青混合料性能比较　表2-20

技术指标	混合料类型	油石比（%）			试验方法
		6.0	6.5	7.0	
表观密度（g/cm^3）	Ⅴ型	2.543	2.556	2.538	T 0709
	Ⅷ型	2.508	2.541	2.549	
空隙率（%）	Ⅴ型	3.8	2.5	1.9	T 0709
	Ⅷ型	5.2	3.5	2.5	
马歇尔稳定度（固化）（kN）	Ⅴ型	53.5	56.8	46.9	T 0709
	Ⅷ型	50.9	53.3	54.7	
流值（固化）（0.1mm）	Ⅴ型	37.0	38.6	40.4	T 0709
	Ⅷ型	24.1	25.6	26.9	

最佳油石比时两种混合料（固化）的性能比较　表2-21

技术指标	Ⅴ型	Ⅷ型	试验方法
表观密度（g/cm^3）	2.556	2.545	T 0709
空隙率（%）	2.5	2.9	T 0709
马歇尔稳定度（kN）	56.8	54.1	T 0709
流值（0.1mm）	38.6	26.3	T 0709

由表2-20、表2-21可见，在沥青用量相同的情况下，Ⅴ型环氧沥青混合料的表观密度与流值均大于Ⅷ型，而空隙率则小于Ⅷ型环氧沥青；油石比在6.0%～7.0%之间时Ⅴ型环氧沥青的马歇尔稳定度存在显著的峰值，Ⅷ型则呈现小幅增长，但二者的差别不大；根据马歇

尔试验结果可确定出Ⅴ型环氧沥青混合料的最佳油石比为6.5%，Ⅷ型环氧沥青的最佳油石比为6.8%。两种混合料的马歇尔试验结果表明，在相同的击实功（压实功）条件下，Ⅴ型环氧沥青混合料更密实。为保证桥面铺装的防水及抗疲劳性能要求，Ⅷ型环氧沥青混合料在实际应用时需增大沥青用量，并增加压实功，但这将影响工程经济性。

③复合结构疲劳寿命。

苏通长江公路大桥正交异性钢桥面板U形加劲肋的开口宽度为300mm，钢桥面板厚度为14mm。复合梁钢板厚14mm，厚度和材质与桥面钢板相同。在送至试验室之前，复合梁钢板已由钢桥面板防腐涂装工程承包商对复合梁钢板的表面进行喷砂除锈与涂装处理，喷砂和涂装工艺与实际施工相同。

按照混合料马歇尔试验得到的最佳油石比分别制作了3根Ⅴ型与Ⅷ型环氧沥青混合料铺装复合梁，沥青铺装层的厚度按55mm控制，然后以相同的荷载对各试件进行疲劳试验，测试环氧沥青混合料复合梁试件的疲劳寿命。疲劳试验的荷载波形为无间歇正弦波，荷载为8kN，频率为10Hz，试验温度为20℃。Ⅴ型与Ⅷ型环氧沥青混合料铺装复合梁疲劳试验结果见表2-22。由表可见，Ⅴ型环氧沥青混合料复合梁疲劳寿命是Ⅷ型环氧沥青混合料复合梁疲劳寿命的2.5倍。

Ⅴ型与Ⅷ型环氧沥青混合料铺装复合梁疲劳试验结果　　表2-22

混合料类型	荷载(kN)	疲劳寿命(万次)	备注
Ⅴ型	8	640	跨中开裂
Ⅷ型	8	258	跨中开裂

④推荐的环氧沥青结合料。

综上所述，通过Ⅴ型与Ⅷ型的B组分技术性能、环氧沥青技术性能、环氧沥青混合料最佳油石比时的性能、复合结构疲劳寿命等综合比较与检验，同时考虑工程经济性与施工工艺等因素，推荐苏通长江公路大桥钢桥面铺装采用Ⅴ型环氧沥青结合料。

（3）环氧沥青黏结料

环氧沥青黏结料采用ID型环氧沥青，环氧沥青组分A的技术要求与试验结果见表2-23，组分B_{ID}的性能与技术要求见表2-24。

组分A技术要求与试验结果　　表2-23

技术指标	试验结果	技术要求	试验方法
黏度(25℃)(cP)	137	100～160	T 0625
环氧当量(含1g环氧基的材料克数)	190	185～192	GB/T 4612
含水率(%)	0.01	≤0.05	T 0612
闪点(COC)(℃)	220	≥200	T 0611
相对密度	1.165	1.16～1.17	T 0603
外观	透明琥珀状	透明琥珀状	目视

环氧沥青黏结料组分 B_{ID} 技术要求与试验结果　　表 2-24

技术指标	试验结果	技术要求	试验方法
酸值(KOH 每克)(mg)	69.8	60～80	T 0626
闪点(COC)(℃)	285	≥250	T 0611
含水率(%)	0.02	≤0.05	T 0612
黏度(100℃,100r/min)(cP)	1165	≥800	T 0625
相对密度(23℃)	1.002	0.98～1.02	T 0603
颜色	黑色	黑色	目视

①拉伸试验。

制作环氧沥青拉伸试件(图 2-42),在拉力试验机上将试件的两端夹住,夹具以(500±5)mm/min 的速度匀速分离,直至将试件拉断。测量试件中间细长段拉伸到断裂时的荷载和延伸值,计算抗拉强度和断裂延伸率。

抗拉强度按式(2-9)进行计算:

$$p = \frac{P}{S} \tag{2-9}$$

式中:p——抗拉强度,MPa;

P——断裂时的荷载,N;

S——试件的截面积,mm^2。

断裂延伸率按式(2-10)进行计算:

$$\varepsilon = \frac{L_1 - L}{L} \tag{2-10}$$

式中:ε——断裂延伸率,%;

L_1——试件断裂时的标距,mm;

L——试件初始标距,mm。

图 2-42　拉伸试验哑铃形试件

室温条件下环氧沥青黏结料拉伸试验结果见表 2-25。

环氧沥青黏结料拉伸试验结果　　表 2-25

技术指标	试验结果	技术要求	试验方法
抗拉强度(23℃)(MPa)	11.91	≥6.89	GB/T 528
断裂时的延伸率(23℃)(%)	220	≥190	

②黏结层拉拔试验。

60℃条件下环氧沥青黏结料的拉拔试验结果见表 2-26。试件的破坏均为拉头与黏结层界面上的黏合破坏,这表明黏结层与钢板之间的实际黏结强度高于试验结果。试验的平均值为 2.40MPa,高于 1.75MPa 的技术要求。

环氧沥青黏结料拉拔试验结果　　表 2-26

材料	拉拔强度(MPa)	破坏界面
ID 型环氧沥青	>2.40	拉头与黏结层界面上的黏合破坏

2)环氧沥青混合料设计

根据已有的研究成果,苏通长江公路大桥环氧沥青混合料的矿料级配应符合表 2-27 的技术要求,所设计的混合料经固化后的技术性能应满足表 2-28 的要求。经多次试配,确定了各级集料以及矿粉的用量与环氧沥青混合料的合成级配,见表 2-27。混合料的马歇尔试验结果相关曲线如图 2-43 所示。

环氧沥青混合料的合成级配　　表 2-27

矿料种类	设计用量	通过下列筛孔(方孔筛,mm)的质量百分率(%)					
		13.2	9.5	4.75	2.36	0.6	0.075
1 号	2.5%	100.0	0.3	0.0			
2 号	23.0%		100.0	1.1	0.0		
3 号	17.0%			100.0	20.0	0.0	
4 号	20.0%				100.0	0.0	
5 号	29.0%				100.0	86.0	11.4
6 号	4.8%					100.0	79.1
矿粉	3.7%					100.0	93.5
级配要求		100	95~100	65~85	50~70	28~40	7~14
计算级配		100	97.4	75.1	61.0	33.4	10.6

环氧沥青混合料的技术要求(固化试件)　　表 2-28

技术指标	技术要求	试验方法
表观密度(g/cm^3)	≥2.500	T 0705
空隙率(%)	≤3.0	T 0705
马歇尔稳定度(kN)	≥40	T 0709
流值(0.1mm)	20~50	T 0709
弯曲应变(-15℃)(με)	≥2000	T 0715

由图 2-43 可见,5 种油石比所对应的马歇尔稳定度、流值、表观密度均满足表 2-28 的相关技术要求。马歇尔稳定度最大值所对应的油石比为 6.5%,因此确定混合料的最佳油石比为 6.5%,此时混合料的空隙率也满足要求。

3)复合结构疲劳试验

为验证所设计的铺装结构方案的疲劳寿命,按“防水黏结层→铺装下层→黏结层→铺装上层”的顺序分别制作双层环氧沥青混合料复合梁试件。以 6kN、8kN 的疲劳荷载对复合梁试件进行疲劳试验,荷载频率为 10Hz,试验温度为 20℃,复合梁疲劳试验结果见表 2-29。

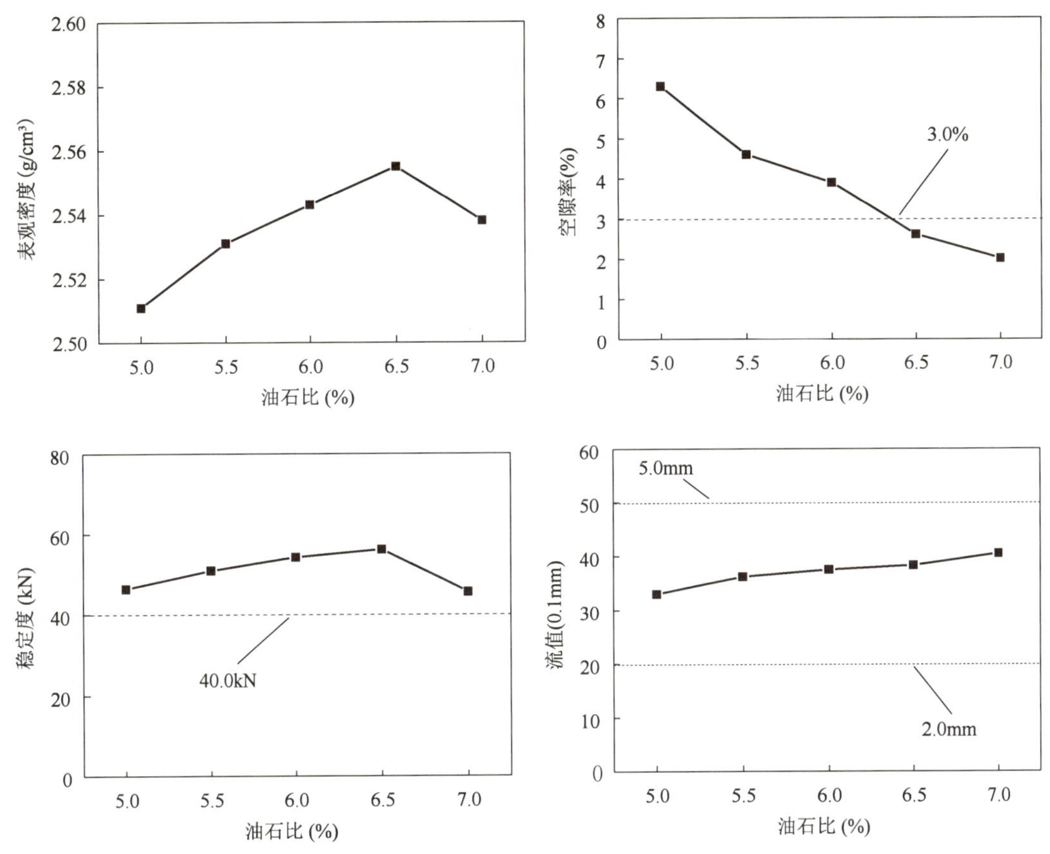

图 2-43　V 型马歇尔试验结果与油石比关系曲线

双层环氧沥青复合梁疲劳试验结果　　表 2-29

荷载(kN)	动挠度(mm)	疲劳寿命(万次)	备注
8	0.29～0.33	640	铺装层开裂
6	0.23～0.26	>2000	未破坏

由表 2-29 可见，6kN 荷载作用下，环氧沥青混凝土铺装层的疲劳寿命超过 2000 万次，表明所设计结构方案的抗疲劳性能满足苏通长江公路大桥的使用要求。

本章参考文献

[1] HUURMAN M, MEDANI T O, MOLENAAR A A A, et al. Apt Testing and 3D Finite Element Analysis of Asphalt Surfacings On Orthotropic Steel Deck Bridges[J]. Accelerated Pavement Testing,2004:1-24.

[2] HOUEL A, ARNAUD L. A five point bending test for asphalt cracking on steel plates[J]. Pavement Cracking: Mechanisms, Modeling, Detection, Testing and Case Histories, 2008:

261-270.

[3] GAUL R, PENCE S, EISENHUT W, et al. Accelerated testing for fatigue crack resistance of pavement systems on orthotropic steel bridge decks[J]//GeoHunan International Conference Hunan, China: American Society of Civil Engineers (ASCE), 2011: 35-42.

[4] SEIM C, INGHAM T. Influence of wearing surfacing on performance of orthotropic steel plate decks[J]. Transportation Research Record: Journal of the Transportation Research Board, 2004(1892): 98-106.

[5] 徐伟,白海涛,张肖宁. 大跨径混凝土斜拉桥桥面铺装力学数值模拟分析[J]. 哈尔滨工业大学学报,2003,(6):750-754.

[6] 张磊. 大跨径桥梁钢桥面铺装动力响应研究[D]. 南京:东南大学,2007.

[7] NAKANISHI N, OKOCHI T, GOTO K. The structural evaluation for an asphalt pavement on a steel plate deck[C]//In:World of Asphalt Pavement. Sydney, Australia:[s. n.],2000:112-123.

[8] DE FREITAS S T, KOLSTEIN H, BIJLAARD F. Importance of interface layer on behaviour and durability of orthotropic steel decks[C]//International Orthotropic Bridge Conference 2008. Sacramento, California, USA: American Society of Civil Engineers(ASCF),2008:426-441.

[9] 罗桑,钱振东,陆庆. 基于动态频率扫描试验的环氧沥青混合料动态模量研究[J]. 石油沥青,2010,24(4):55-58.

[10] 黄卫,刘振清,钱振东,等. 基于疲劳等效的钢桥面铺装体系轴载换算方法[J]. 交通运输工程学报,2005,5(1):14-18.

[11] ARNAUD L, HOUEL A. Fatigue damage of asphalt pavement on an orthotropic bridge deck-mechanical monitoring with ultrasonic wave propagation[J]. Road Materials and Pavement Design, 2007, 8(3): 505-522.

[12] GUENTHER G H, BILD S, SEDLACEK G. Durability of asphaltic pavements on orthotropic decks of steel bridges[J]. Journal of Constructional Steel Research, 1987, 7(2): 85-106.

[13] LIU X, MEDANI T O, SCARPAS A, et al. Experimental and numerical characterization of a membrane material for orthotropic steel deck bridges: Part 2-Development and Implementation of a Nonlinear Constitutive Model[J]. Finite Elements in Analysis and Design, 2008, 44(9-10): 580-594.

[14] POUGET S, SAUZÉAT C, DI B H, et al. Modeling of viscous bituminous wearing course materials on orthotropic steel deck[J]. Materials and Structures, 2012, 45(7): 1115-1125.

第 3 章

钢桥面铺装服役状态感知技术

钢桥面铺装的使用寿命与其服役状态息息相关。对钢桥面铺装服役条件的清晰认识，有助于养护措施的合理决策，并通过养护措施的实施，最终达到改善或恢复铺装使用品质、降低养护资金投入、延长铺装使用寿命的目的。通过对车辆荷载、温度变化和钢桥面系力学响应的动态监测，可以掌握正交异性钢桥面系的使用参数，长期实时地评估钢桥面系服役状态。通过大量的数据研究，可以总结出钢桥面铺装技术状况的衰变规律，为正交异性钢桥面铺装运营管理、养护维修、安全和可靠性评估等提供数据支撑，实现养护管理工作的数字化和智能化，有效降低养护成本并提高铺装耐久性。本章介绍了钢桥面系多维服役状态感知系统，分析了苏通长江公路大桥运营期内车辆荷载、温度变化和力学响应等服役状态特征。

3.1 钢桥面系多维服役状态感知系统

3.1.1 感知系统框架及内容

1）系统设计原则

建设正交异性钢桥面板——铺装体系长期服务状态感知系统，需要考虑系统的技术先进性、长期可靠性和稳定性等。

①先进性：为提高感知系统的信息化、数字化管理水平，要求系统的传感测试仪器等监测设备必须具有国际先进水平。

②精确性：选择传感器时，必须对结构部位的受力进行分析，选择精度满足监测要求的传感测试仪器。

③可靠性：选择的监测仪器设备必须能在恶劣的桥梁自然环境下长期稳定且可靠的运行，同时必须具备防雷击等特点。

④简便性：仪器结构简单，牢固可靠，安装、测读、操作、维修更换方便，使操作人员易于掌握，有利于提高测量的速度和精度。

⑤经济实用性：传感测试仪器及配套仪表须有合理的性价比。

⑥实时性：采用实时监测，以便及时地掌握正交异性钢桥面板——铺装体系的运营状态信息。

⑦可更换性：各传感子系统均采用独立模块设计，单个传感器或数据采集单元的维护、

更换不会影响系统的整体运行。

⑧可扩展性：系统应具有可扩展性。

2)系统框架

硬件系统主要由传感器、数据采集与传输、数据处理与控制3个子系统组成，如图3-1所示。在钢箱梁及桥面铺装内埋制温度传感器，采用无线传输装置与有线传输装置相结合的方式，将测量数据发送至计算机，对桥面温度进行监控。在钢箱梁正交异性板上安装应变及挠度传感器，采用有线传输装置将测量数据发送至计算机，对正交异性板应变及挠度进行监控。同时，通过高速动态称重仪，对车辆荷载进行实时监控，分析车辆轴载、交通量等车辆荷载的数据变化。

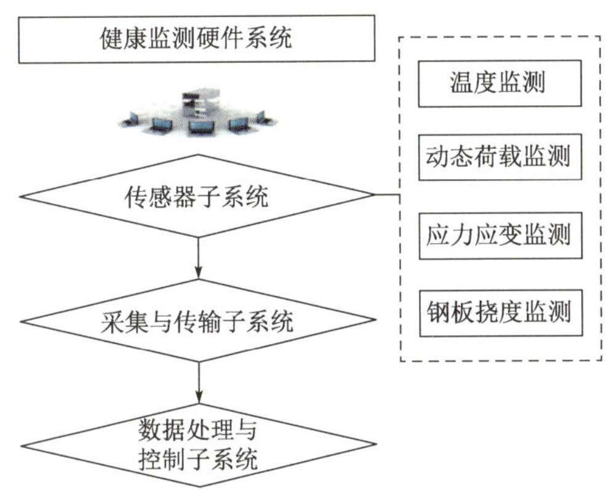

图3-1　监测系统框架结构示意图

(1)传感器子系统

由各类传感器及传输线缆组成。用于正交异性钢桥面板——铺装体系健康监测系统的数据信号输入。

(2)数据采集与传输子系统

由数据采集单元、传输网络设备构成。用于对传感器子系统的信号输入进行采集、预处理、保存并通过网络传输给数据处理与控制子系统。

(3)数据处理与控制子系统

由系统服务器、正交异性钢桥面板——铺装体系健康监测工作站构成。用于对前端采集传输过来的数据进行处理、分析、统计和显示，并对数据进行有效的管理。

3)感知内容

基于桥面系关键指标、关键段落的现场实时监测系统，如交通荷载动态监测、钢桥面系温度监测、正交异性桥面板应变监测及正交异性桥面板挠度监测等，实时掌握桥面系服役状态。通过对桥梁使用条件监测分析，剖析钢箱梁桥面铺装真实受力状态，支撑苏通长江公路

大桥钢桥面铺装养护结构和材料设计:

①正交异性钢桥面板在荷载重复作用下会出现疲劳损伤,为了准确分析由于荷载等作用引起正交异性钢桥面板产生的应变和肋间相对挠度,有必要监测正交异性钢桥面板在荷载作用下的实时应变和肋间相对挠度。

②当外界环境变化时,钢箱梁桥面系温度场的分布非常复杂,以目前的理论分析手段无法进行精确分析,而温度对正交异性钢桥面铺装体系的耐久性影响显著,钢箱梁桥面系温度监测就显得尤为重要。

③动态交通荷载是正交异性钢桥面系承受的主要活载之一,交流流量的大小、流向、轴重、车速等对正交异性钢桥面系的疲劳使用寿命和使用安全性具有较大的影响。通过对某一断面的交通荷载长期监测,统计分析车辆轴重、速度等参数的实际数据,可以对正交异性钢桥面系在车辆荷载作用下的协同作用进行受力分析,研究正交异性钢桥面系的协同作用规律,为理论力学分析模型、室内试验研究、后期养护结构和材料设计提供支撑,同时可为大桥日常运营管理提供决策依据。

钢桥面系多维服役状态感知系统主要用于监测钢桥面系的使用条件和力学响应,所监测的参数包括:①使用条件参数:车辆荷载、铺装层温度、钢箱梁温度;②力学响应参数:钢板应变、钢板挠度、铺装层层间应力。监测参数如图 3-2 所示。

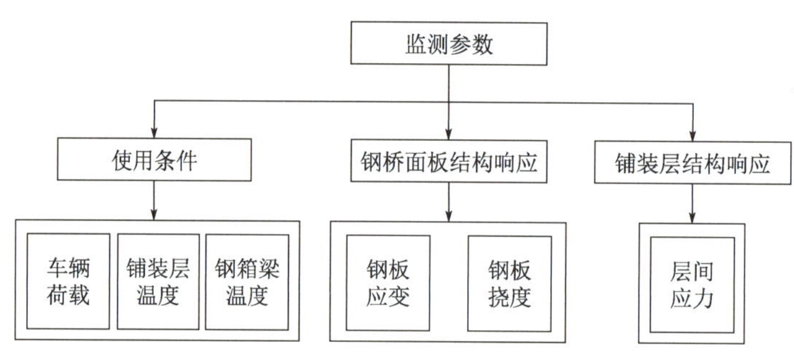

图 3-2　监测参数

3.1.2　传感器子系统

传感器子系统包括动态轴载感知、温度变化感知以及力学响应感知 3 个模块。

1) 动态轴载感知

动态轴载感知系统是一种在不中断交通情况下实时监测交通信息的高速动态监测系统,可实现对各种正常行驶车辆的动态轴载感知功能。通过高速轴载感知和车牌识别有机结合,提供了车辆的重量数据并对车辆车牌进行准确识别。建设动态轴载感知系统,有助于准确掌握钢桥面铺装车道级轴载分布规律，为养护管理提供必要的基础数据支撑。

(1)系统设计

动态轴载感知系统包括高速动态轴载感知模块、车辆视频监视模块和后端统计软件，如图3-3所示。高速动态轴载感知模块是一种在不中断交通情况下的交通信息记录器，该系统在每条车道安装2个压电传感器及1个称重控制器。称重控制器安装在路边机箱内并与道路上传感器连接。称重控制器可监测到车辆通过压电传感器时所产生的电压信号，此信号可以用来计算车辆信息，记录过往车辆的轴重、总重、车型、流量、速度等参数，可保证在交通流量较大或车速较快的路段快速识别超限、超载车辆而不影响正常交通。

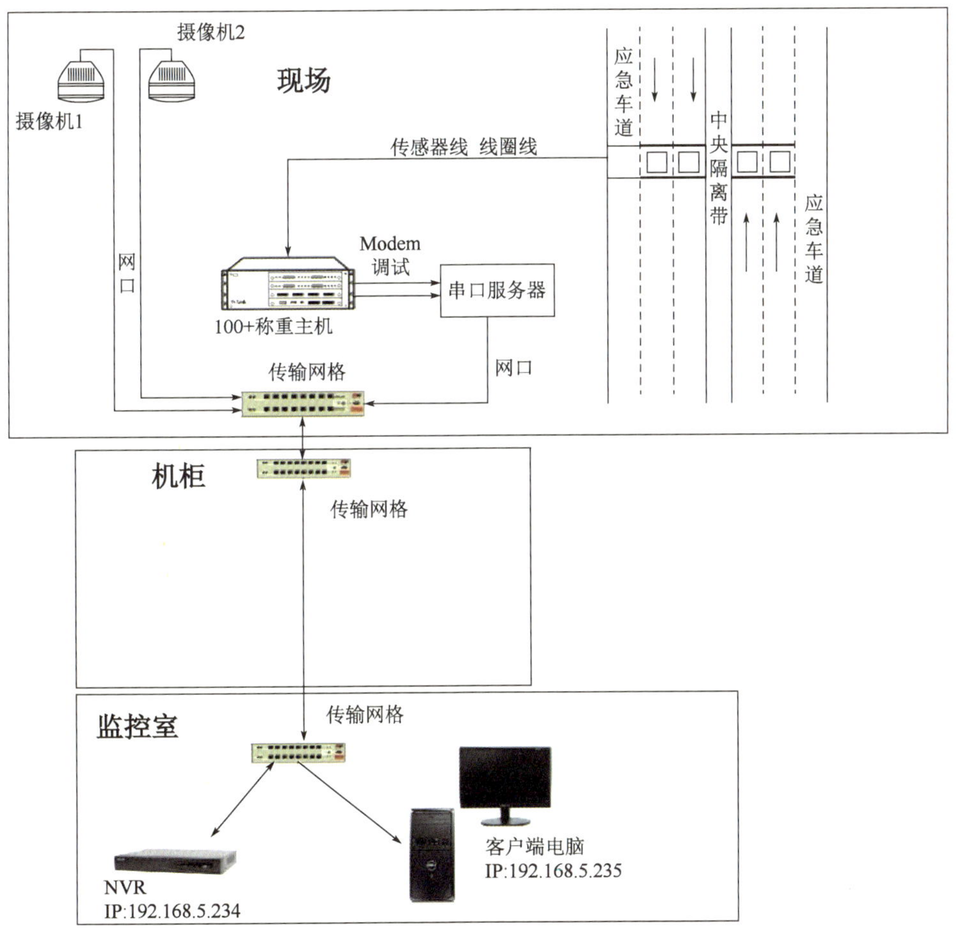

图3-3　动态轴载感知系统设计图

(2)测点布置

①纵断面。

为避免动态称重系统安装过程中对主桥铺装造成开挖破坏，故选择北引桥桥头主伸缩缝附近位置安装，其位置如图3-4所示。

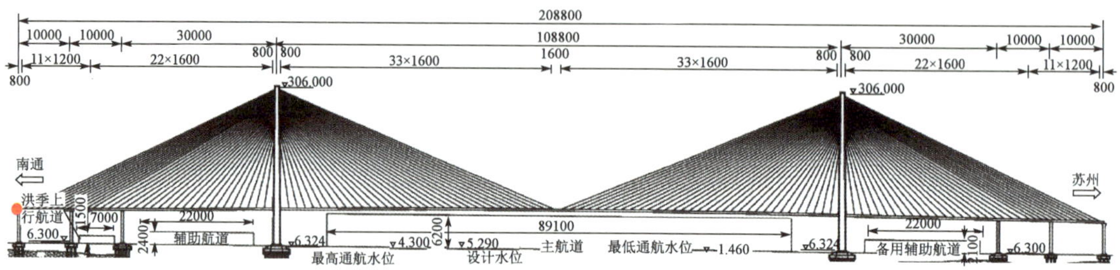

图 3-4 苏通长江公路大桥动态称重系统纵断面位置示意图(尺寸单位:cm;高程单位:m)

②横断面。

为得到全面的动态车辆荷载数据,轴载感知系统选择布置覆盖桥面双向 6 个车道,如图 3-5 所示。

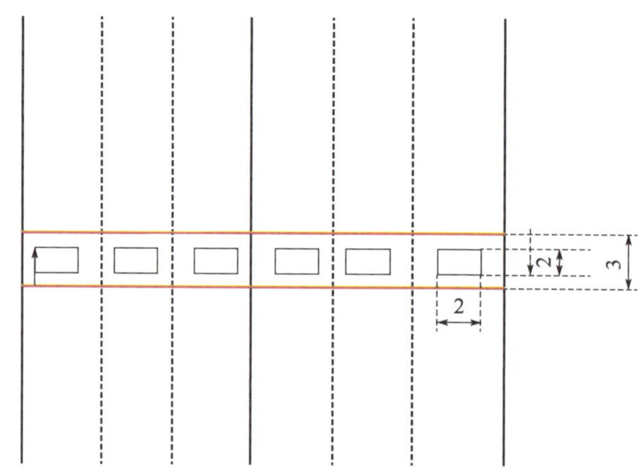

图 3-5 动态称重系统横断面位置示意图(尺寸单位:m)

(3)传感器

动态称重系统传感器用于监测通过车辆的相关数据,评估通过大桥的车辆轴载对正交异性钢桥面板——铺装体系健康状态的影响。动态称重系统可监测获取的数据包括:单轴重、轴数、轴组重、总车重、轴间距、总轴距、车速、车头时距、车流量和行驶方向,见表 3-1。

轴载感知系统监测指标 表 3-1

序号	指标	作用
1	单轴重	监测分析交通荷载大小
2	轴数	
3	轴组重	
4	总车重	
5	轴间距	监测分析荷载作用形式
6	总轴距	

续上表

序号	指标	作用
7	车速	监测分析车速，提供时温特性分析所需的车速数据
8	车头时距	
9	车流量	监测交通量大小，提供车辆荷载作用次数数据，分析疲劳特性
10	行驶方向	

2)温度变化感知

通过对正交异性钢桥面系温度场分布状况的长期监测，获取桥面系使用温度参数，包括高温、低温、温度梯度以及温时分布规律等，为正交异性钢桥面系设计和养护施工提供数据依据；对不同温度状态下正交异性钢桥面系工作状态的变化，如钢板应变变化、肋间相对挠度变化等进行比较和定量分析，对于研究正交异性钢桥面系疲劳损伤规律，以及进一步指导钢桥面系养护方案决策具有积极意义。

(1)测点布置

①纵断面。

苏通长江公路大桥为斜拉桥，其桥面系病害主要分布于1/2跨段落，同时1/4跨位置也出现了不同程度的病害。为了评估钢桥面系服役状态，支撑养护决策，开发长寿命铺装结构技术，纵断面监测段落选择1/2跨和1/4跨共2个断面进行铺装温度状态的监测，如图3-6所示。

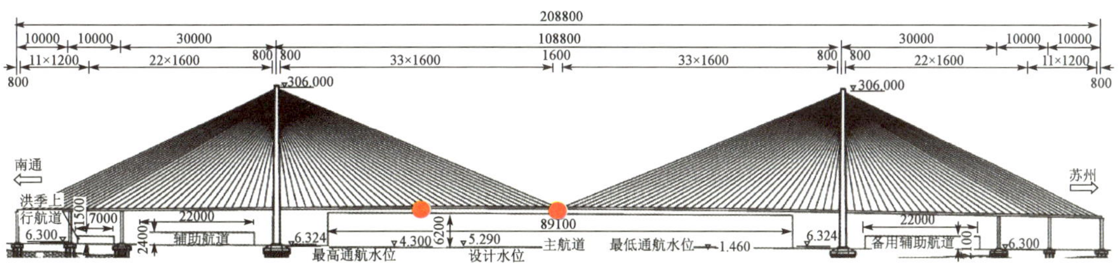

图3-6 苏通长江公路大桥钢桥面系温度监测纵断面位置示意图(尺寸单位:cm;高程单位:m)

②横断面。

钢箱梁内位置：为了充分监测箱梁内温度，选取箱梁顶板、箱梁侧板、横隔板、箱梁底板、顶板纵向加劲肋、箱梁内部空气6个位置分别布置温度传感器，如图3-7所示。

铺装层内位置：铺装层实际温度场是温度监测的重点，为了避免频繁的车辆荷载作用对温度传感器造成的损害，选择应急车道铺装下层层底、铺装下层表面、铺装上层表面3个位置分别布置温度传感器，如图3-8所示。

(2)传感器

考虑到经济性、适用性，以及数据的统一性因素，铺装层及钢箱梁温度监测采用铂电阻

传感器，其具有稳定性好、精度高等优点。测量铺装层温度时，可将温度传感器探头用不锈钢封装，探头和不锈钢之间填充导热性介质用于传热。

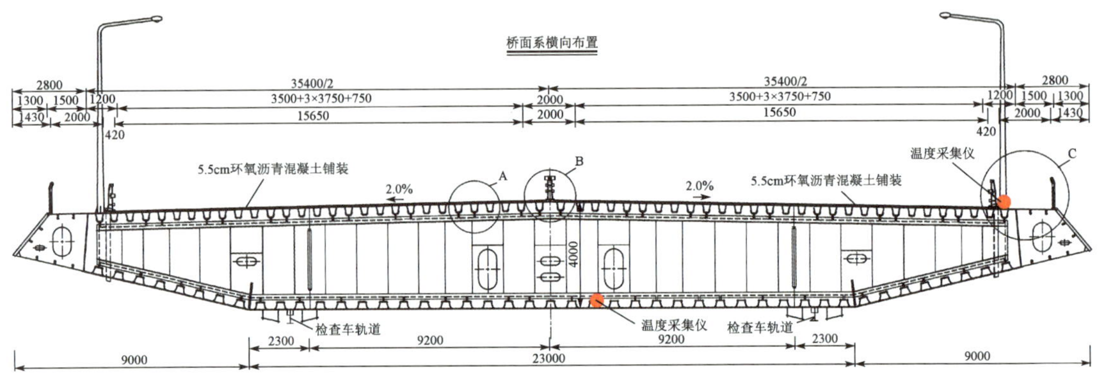

图 3-7　温度传感器布置横断面图(尺寸单位:mm)

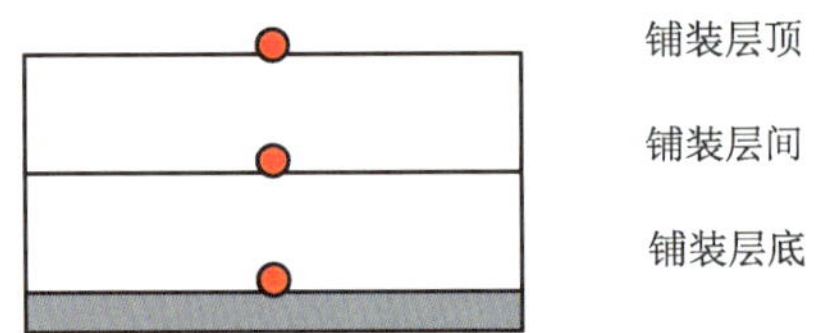

图 3-8　温度传感器布置横断面图(铺装层内 3 处)

3)力学响应感知

通过对桥面系的应力应变实时监测，分析监测数据和铺装体系疲劳性能之间的关系，研究在支撑荷载-温度耦合作用条件下铺装层和桥面板的协同作用特征的一体化问题。正交异性钢桥面板构造复杂，纵横加劲肋交叉多、焊缝多，在车辆荷载作用下容易出现疲劳损伤。随着国内在役钢桥服役时间的不断延长，以及交通量的日益增长，尤其是货车通行比例不断增大，车辆类型日益大型化、重型化，正交异性板应力幅值增大、循环次数增多，桥面铺装及正交异性板疲劳损伤问题日益突出。正交异性板结构体系刚度不足是引起桥面板出现疲劳的主要原因之一。通过对桥面系肋间相对挠度的实时长期监测，分析监测数据和铺装层疲劳性能之间的关系，可研究荷载条件下铺装层和桥面板的协同作用特征，以及正交异性板与铺装的整体刚度、变形随从性的内在规律。

(1)测点布置

①纵断面。

苏通长江公路大桥为斜拉桥，其桥面系病害主要分布于 1/2 跨段落，同时 1/4 位置也出现了不同程度的病害。为了评估大桥钢桥面系服役状态，支撑养护决策，开发长寿命铺装结构技术，纵断面监测段落选择 1/2 跨和 1/4 跨共 2 个断面进行铺装体系服役状态的监测，如图 3-9 所示。

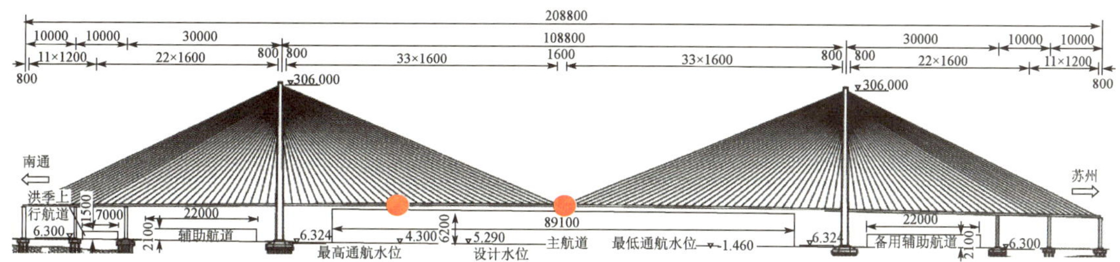

图 3-9　苏通长江公路大桥钢桥面板应变监测纵断面位置示意图(尺寸单位:cm;高程单位:m)

②横断面。

正交异性钢板疲劳损伤容易出现在纵向加劲肋焊缝及横隔板焊缝位置。为了掌握钢桥面板的受力状态,对其进行监测,选择双向 6 车道为监测断面,两个方向对称布置。具体的单向 3 车道测点布置如下:

A. 重车道(16 个)。

两横隔板跨中:轮迹带处纵向加劲肋与顶板焊缝。

横隔板:轮迹带处横隔板与纵向加劲肋焊缝。

B. 行车道(8 个)。

两横隔板跨中:右侧轮迹带处纵向加劲肋与顶板焊缝。

横隔板:右侧轮迹带横隔板与纵向加劲肋焊缝。

C. 超车道(4 个)。

两横隔板跨中:右侧轮迹带处 U 肋与顶板焊缝。

应变传感器布置如图 3-10 和图 3-11 所示。

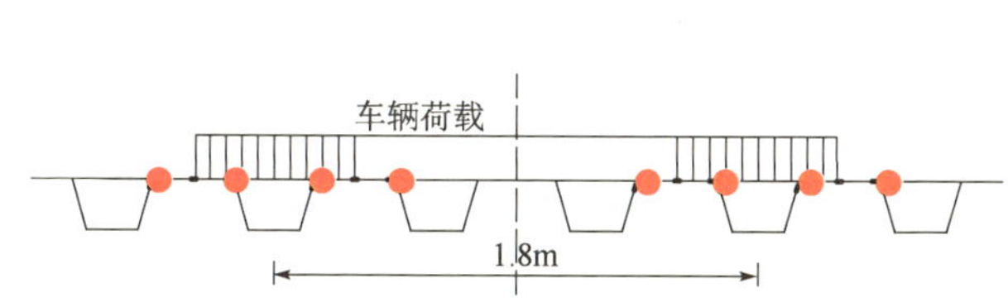

图 3-10　相邻横隔板跨中位置应变传感器布置图示(重车道)

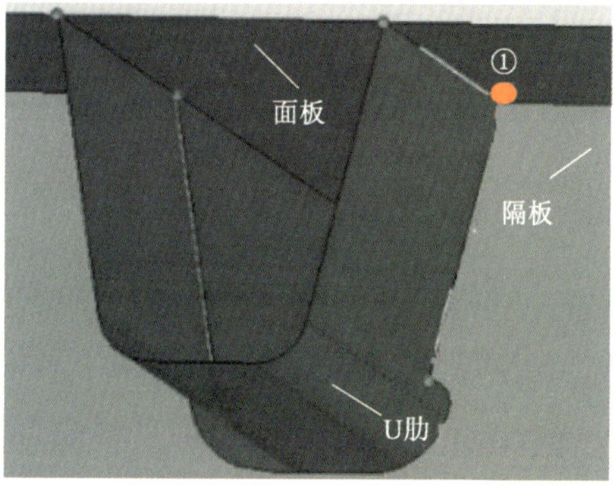

图 3-11　横隔板与 U 肋焊缝应变传感器布置图示(重车道)

注:①指传感器编号。

钢桥面铺装层间黏结及接缝在长期服役过程中,由于紫外照射、雨水侵蚀、荷载等作用下可能发生开裂、脱空现象。根据损伤力学与断裂力学原理可知,裂纹萌生、稳定、扩展直至最后断裂的过程是一个能量累积和快速释放的过程。能量的释放包括表面能、热能、弹性能

等形式，其中的弹性能以应力波的形式释放出来，产生声发射。声发射信号包含了信号源处的有效信息，通过监测分析层间黏结失效及接缝开裂过程中的声发射信号，有助于了解层间及接缝黏结状态发展规律，进而对材料或结构设计养护提供指导。声发射传感器的位置如图3-12所示。

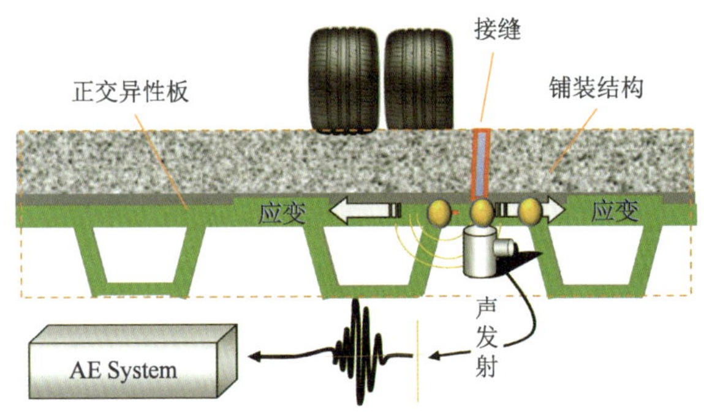

图3-12　铺装层间黏结及接缝服役状态监测横断面位置示意图

(2)传感器

采用应变计监测正交异性板肋间、焊缝位置的应变，并反算应力。电阻式应变计体积小、灵敏高较高。动态响应好，且无须夹具，可用于测量正交异性板U肋焊缝及横隔板与顶板焊缝处的应变。

3.1.3　数据采集与传输系统

数据采集与传输系统主要完成对传感器信号的调制、采集以及将采集到的传感器信号进行初步的预处理，并将初步预处理后的数据传输到后台计算机进行分析与评估。

正交异性钢桥面系服役状态感知系统的数据传输采用光纤传输和无线传输结合的方案，具体包括：

①铺装层温度采集仪与工控机间的DTU无线传输网络系统。

②动态车辆荷载、视频图像采集仪与工控机间的光纤传输网络系统。

③箱梁温度、应变、挠度采集仪与工控机间的光纤传输网络系统。

④工控机与监控中心、数据中心的光纤传输(或无线传输)网络系统。

光纤传输相对稳定，数据传输速度快，可以大批量的实时传输监测数据，并且较为经济；但是光纤传输需要实地布线，对场地条件要求相对较高。工控机与监控中心、数据中心传输部分采用既有有线光纤网络(4芯)进行传输，实现远程客户端计算机远程登录进行数据下载。当场地周围不宜布线或联网不方便时，无线传输是一个可选方案。桥面铺装层温度采集布置于应急车道，数据量相对较小，采用4G无线传输系统。

正交异性板——铺装体系服役状态感知系统会产生大量的原始数据，数据由采集工作站传输到大桥监控中心和南京数据中心需要网络的支持。网络可选无线传输网络或有线传输网络，由于考虑到数据量庞大，选择接入大桥监控中心现有的有线网络，可以节约成本，且传输速度快、受天气影响小。数据传输系统如图3-13所示。

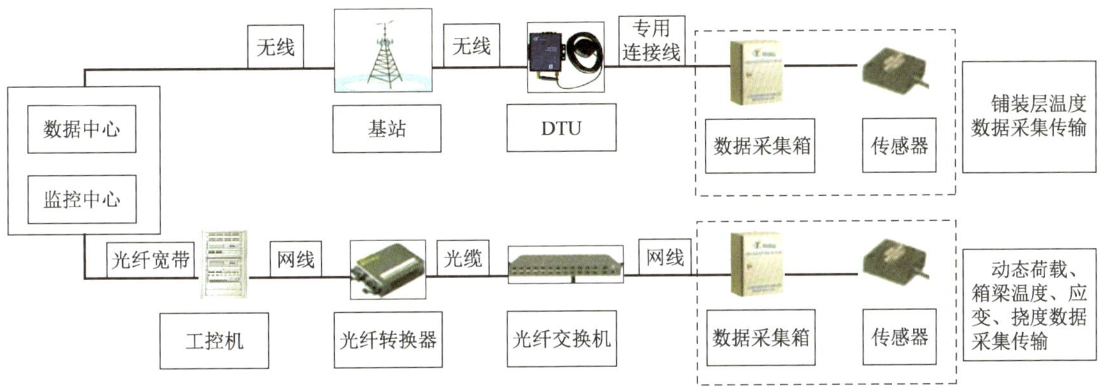

图3-13　数据传输系统

3.1.4 数据处理系统

数据处理是在传感器信号获得后，对信号进行深层次的挖掘工作，是从海量数据中获得有效数据的过程。现场数据的采集仅仅是对桥面系分散信息的获取，对数据进行后续的处理后，才能依托各子系统的不同功能实现对桥面系实时状态的获取，为桥面系协同作用状态评估提供支持。

数据处理系统必须依托一个高效、可靠、安全、运行稳定、易于维护的硬件环境，以支持整个项目的可靠运行，确保数据的安全性。

①可扩展性：硬件必须具有一定的“可扩展性”，为了保持可扩展性，需要在服务器上具备一定的可扩展空间和冗余件（如磁盘阵列架位、PCI和内存条插槽位等）。保证CPU可升级或扩展，系统支持Windows、Linux或UNIX等多种可选主流操作系统，保持前期投资为后期充分利用做准备。

②易使用性：应保证软件系统容易操作，用户导航系统完善，机箱设计人性化，具有恢复功能，有操作系统备份功能。

③稳定性：各硬件需要24h不间断的工作，要求各配件质量过关，硬件冗余，定期在线诊断。

④易管理性：软硬件应具备智能管理系统和自动报警功能，有独立于系统的管理系统、液晶监视器等，保证轻松管理，高效工作。

1)硬件

(1)工控机

集成化数据工控机具有信号接收、信号调理、数据存储、数据通信、数据控制的功能,按照最短布线、同类信息通道集中及适当通道预留的原则进行布设。工控机包括:CPU、硬盘、内存、网络设备及接口等。

①CPU(Central Processing Unit):即中央处理器,用于数据采集与控制,鉴于监测数据量大、工作量大,选用高性能CPU(2.6GHz,16线程)。

②硬盘:用于采集数据的存储,每天温度、荷载、应变、挠度数据量大小约为4G,选用4T硬盘,可连续存储近1000天的数据,并定期备份数据到数据库。

③内存:用于暂时存放CPU中的运算数据,以及与硬盘等外部存储器交换的数据,决定了计算机的稳定运行。苏通长江公路大桥钢桥面系监测系统工作量较大,应采用128G内存条。

④网络设备:用于传输数据,鉴于数据量很大,采用4芯光纤传输数据,保证数据传输完整、快捷。

⑤电源:220kV,用于维持电器设备的正常运行。

⑥UPS(Uninterruptible Power Supply):2400W,不间断电源,可供电24h。

(2)数据处理计算机

计算能力是数据处理硬件水平的一个重要体现。正交异性钢桥面系服役状态感知系统监测数据量大,海量数据处理困难,工作量大,时间和空间的复杂度高,对其硬件处理能力提出了较高的要求。硬件构成包括CPU处理器、内存等。

①CPU:监测系统的数据处理能力在很大程度上由CPU的性能决定,而CPU的性能主要体现在其运行程序的速度上。影响运行速度的性能指标包括CPU的工作频率、缓存容量、指令系统和逻辑结构等参数。鉴于监测数据量大、工作量大,宜选用高性能CPU,多线程、多核心、高主频,提高处理能力,应选用2.6GHz、4核心、4线程以上的CPU。

②内存:内存是数据处理系统重要的部件之一,它是与CPU进行沟通的桥梁。数据处理系统中所有程序的运行都是在内存中进行的,因此内存的性能对数据处理系统的影响非常大。内存的作用是用于暂时存放CPU中的运算数据,以及与硬盘等外部存储器交换的数据。只要数据处理系统在运行中,CPU就会把需要运算的数据调到内存中进行运算,当运算完成后CPU再将结果传送出来。内存的运行也决定了数据处理系统的稳定运行。正交异性钢桥面系服役状态感知系统中数据处理子系统工作量较大,为了提升运算效率,保证系统稳定运行,宜选用容量大、运行频率高、做工精良的内存。

2)软件

(1)力学响应及温度监测软件

力学响应及温度监测软件应能实现实时数据显示、数据预处理、二次预处理和后处理功能，同时还应有数据备份、清除以及故障恢复等功能。数据预处理功能应包括滤波、去噪、去趋势项、截取和异常点处理。二次预处理主要进行基本的统计运算，如设定时段内的最大值、最小值、均值、方差、标准差、偏度等，计算结果作为初级状态识别的依据。后处理应根据数据类型进行专项分析，主要进行监测数据的高级分析，如桥面系力学响应和荷载、温度等环境因素之间的相关性分析、非线性回归分析等。分析数据来自动态数据库和已备份的原始数据库，这部分处理通常需要占用相对较长的计算时间。系统中的应变实时显示模块、肋间相对挠度实时显示模块、温度实时显示模块、力学响应及温度数据处理模块如图3-14～图3-17所示。

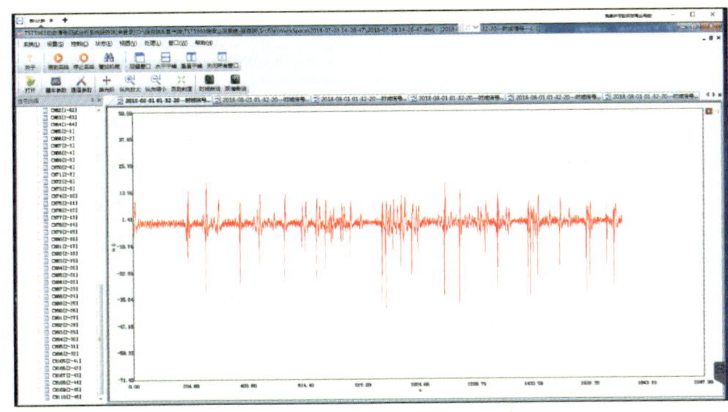

图3-14　应变实时显示模块

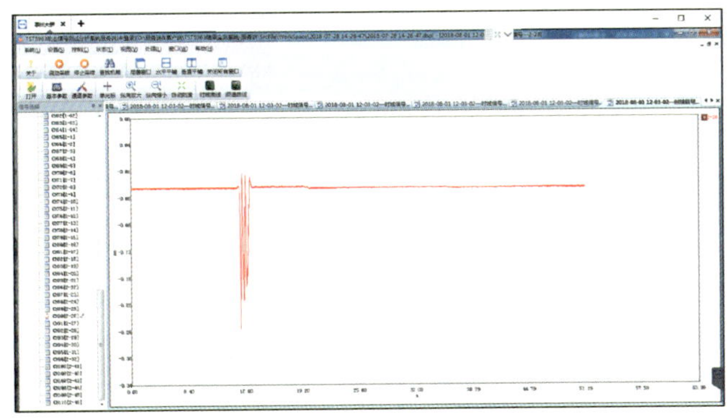

图3-15　肋间相对挠度实时显示模块

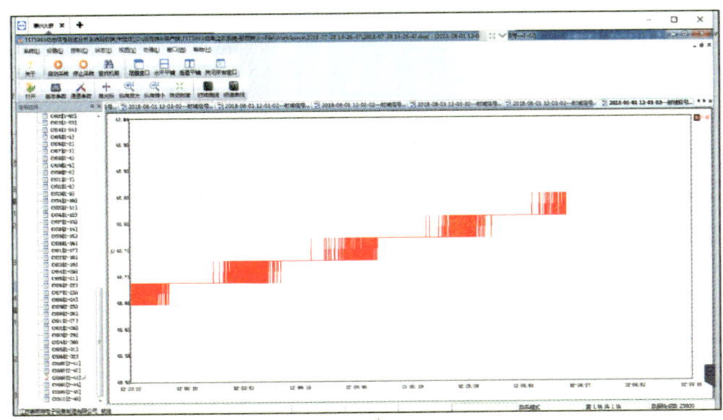

图3-16　温度实时显示模块

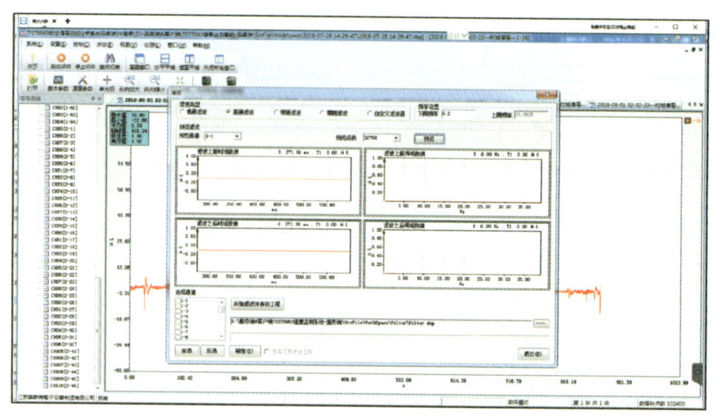

图 3-17 力学响应及温度数据处理模块

(2)交通荷载动态监测软件

交通荷载动态监测软件功能包括实时显示视频及动态称重数据,信息汇总统计分析等。实时显示模块能显示出车辆视频图像及单轴重、轴数、轴组重、总车重、等效单轴负载、轴间距、总轴距、车长、车悬长、车速、车头时距、车流量、车头间距、行驶方向、跨道行驶车辆车道代码、车辆分类、时间和日期动态等。信息汇总统计分析模块可实现简单的数据处理,如交通量通行记录查询、交通量分时段统计、交通量分车型统计、超限车辆统计等。

轴载感知管理系统包含网页版动态轴载感知管理平台和掌上平台,具有实时监测、统计分析、预警推送等功能,能够实现对所有动态轴载感知数据的统一管理。

①实时监测。

融入实时监测数据和视频图像数据,集中展示车辆荷载数据,并对交通状况和超载车辆情况进行统计分析。车辆荷载数据包括:时间、车型、总重、轴重、车速、是否超载等,如图 3-18 所示。

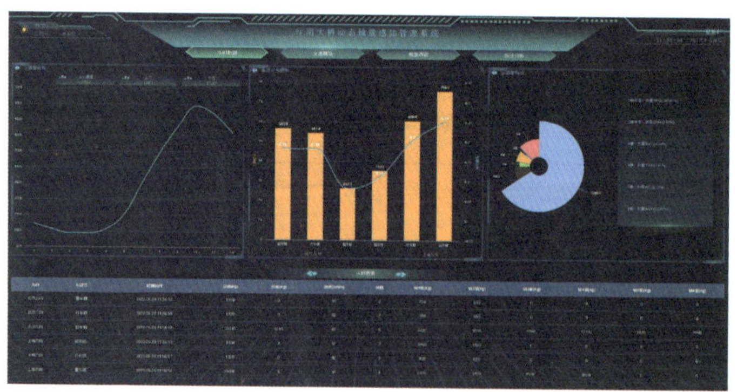

图 3-18 动态轴载感知系统实时监测

②历史查询。

存储历史监测数据和视频图像数据,可供查询选定过往时间段内的记录和数据,并实现导出操作。查询时可按时间段、车道、总重、车型进行分类,如图 3-19 所示。

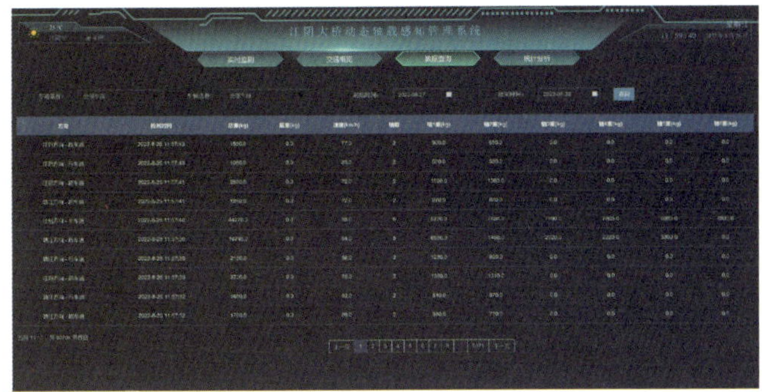

图 3-19　动态轴载感知系统数据查询

③统计分析。

对选定过往时间段内设定范围的数据进行统计分析，包括交通组成、交通量趋势、车道分布、超载统计、轴载谱分析、累计当量轴次分析等，如图 3-20 所示。

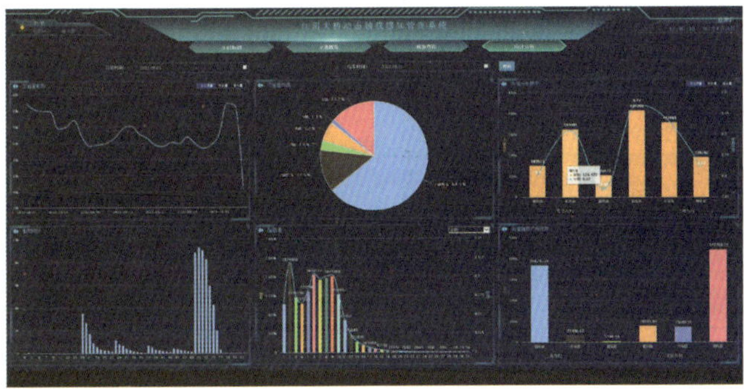

图 3-20　动态轴载感知系统统计分析

3.2　苏通长江公路大桥钢桥面铺装服役状态感知

3.2.1　苏通长江公路大桥多维服役状态感知系统

苏通长江公路大桥交通流量大，夏季高温多雨，钢桥面铺装体系已经出现不同程度的破坏，整个桥面系服役状态相比常规钢桥更加复杂，为大桥钢桥面系养护管理带来更大的挑战。苏通长江公路大桥不同段落的钢桥面板厚度不同、铺装结构的服役寿命也存在差异，为全面长期跟踪观测苏通长江公路大桥钢桥面铺装结构体系服役状态，有必要建设苏通长江

公路大桥钢桥面系一体化服役状态感知系统。为掌握苏通长江公路大桥钢桥面铺装服役环境特征和状态，于2019年在主跨1/4跨、跨中位置建设安装钢桥面板应力应变和肋间相对挠度监测等。2021年在苏通长江公路大桥南通方向不同厚度钢桥面板位置安装了桥面系服役感知系统，经过2年的跟踪观测及性能分析，积累了一些苏通长江公路大桥服役的特征数据。苏通长江公路大桥钢桥面系多维服役状态感知系统如图3-21所示。

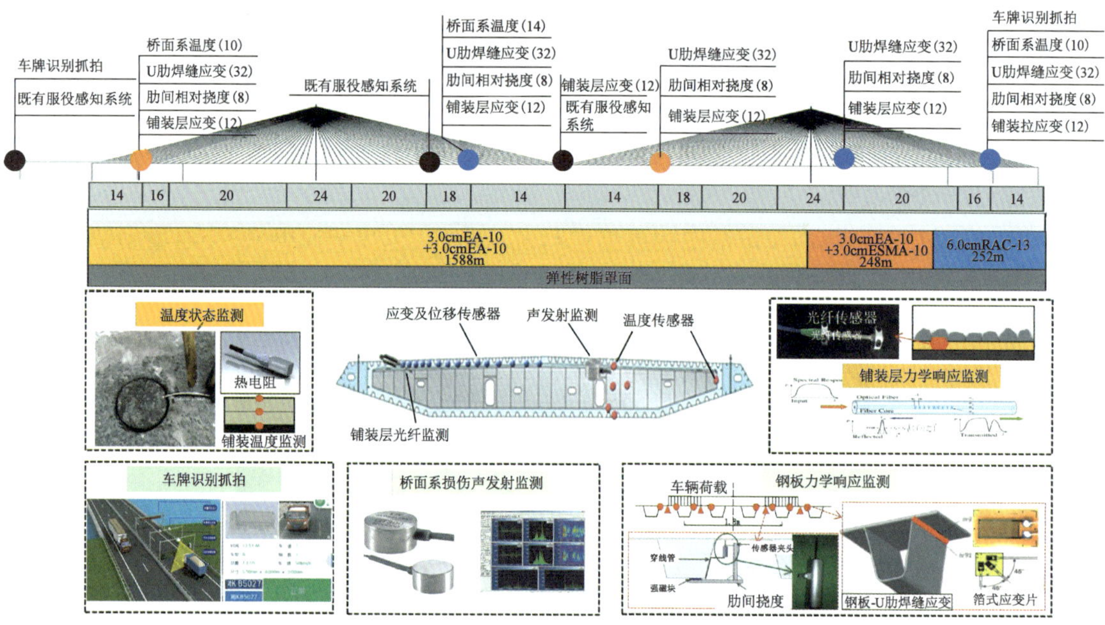

图3-21 苏通长江公路大桥钢桥面系多维服役状态感知系统

根据目标监测参数，钢桥面系服役状态感知系统包括4个子系统：温度监测系统、钢板力学响应（应变、位移）监测系统、铺装层力学响应（层间应力）监测系统、数据处理系统。

主要感知监测系统内容如下：

①车辆荷载：对车辆荷载进行实时监控，分析车辆轴载、交通量等车辆荷载的数据变化。

②温度、应变、位移监测系统：根据对苏通长江公路大桥铺装层结构优化分析，在正交异性钢桥面板——铺装体系安装各类传感器，完成数据采集与传输系统安装，包括在桥梁上安装由微电脑控制的数据采集站及传输设备。

③数据处理系统：用高性能工作站连接桥上数台数据采集站形成一个计算机网络，并通过网络将数据传输到数据监控机房进行实时监测、分析。

3.2.2 车辆荷载

交通荷载与钢桥面铺装层使用寿命直接密切相关，重载更是桥面铺装使用寿命大幅缩短的重要因素。苏通长江公路大桥是跨江桥梁，货车流量相对较大，交通量相比一般高速公路更为集中,存在典型的大交通量、高重载比例的特征。

1) 交通量

苏通长江公路大桥历年日均交通量如图 3-22 所示,图中一并绘出了工可预测日均交通量和实际日均交通量。由图可见,苏通长江公路大桥通车后交通量迅速增长,2012 年即超过工可预测交通量,2019 年实际交通量达到 10 万辆/日。受 2020 年沪苏通长江公路大桥通车及 2020—2022 年疫情影响,苏通长江公路大桥日均交通量略有下降,但 2023 年又恢复到接近 10 万辆/日。16 年间,实际日均交通量发生了约 4 倍的增长,接近预测交通量的 2 倍,总交通量达到 4 亿辆。同时,每年的节假日期间,苏通长江公路大桥高峰日交通量超过 15 万辆/日。统计结果表明,随着区域经济的发展和交通物流需求的提高,苏通长江公路大桥通行负载非常繁重,几近饱和,是国内大跨径钢桥中"大交通流、高重载比"的典型代表之一。

2) 车型分布

苏通长江公路大桥货车在总交通量中的比例情况如图 3-23 所示。由图可见,除苏通长江公路大桥刚通车的前 4 年外,2012 年后货车比例维持在 40% 左右,明显高出一般的大跨径桥梁。

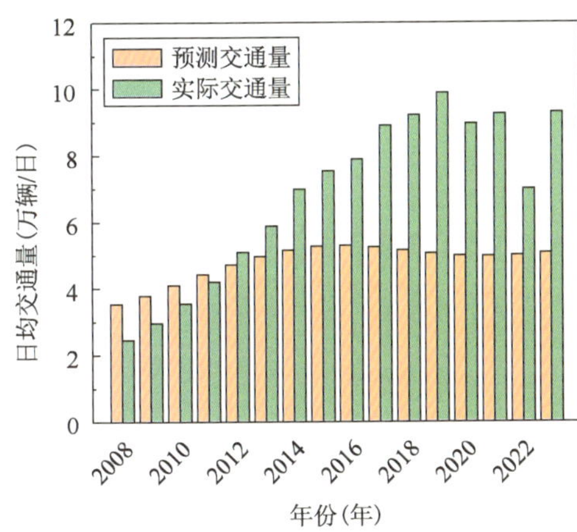

图 3-22　苏通长江公路大桥历年日均交通量变化情况

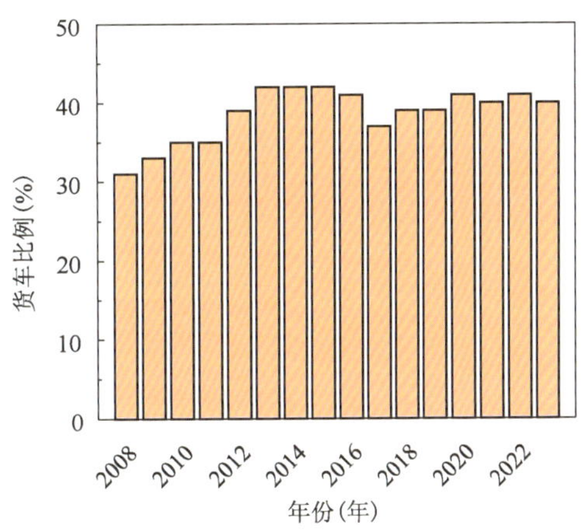

图 3-23　苏通长江公路大桥历年货车比例变化情况

苏通长江公路大桥的交通量构成情况如图 3-24 所示。由图可见,在总交通量中,2 轴货车、3 轴货车、4 轴货车、5 轴货车、6 轴及以上货车比例分别为 14.1%、3.1%、4.9%、2.3%、15.6%,其中 6 轴及以上货车比例尤为突出。

3) 车道分布

根据 2011—2023 年苏通长江公路大桥车道分布的统计资料,所有车辆在苏州方向、南通方向的重、行、超车道分布比例如图 3-25 所示;其中货车在苏州方向、南通方向的重、行、超车道分布比例如图 3-26 所示。由图可见,车辆在两个方向的分布总体相当,方向系数可确定为0.51;货车在重、行车道的分布也基本相当,考虑到 6 轴及以上货车基本上是在重车道上行驶,因此车道系数可确定为 0.52。

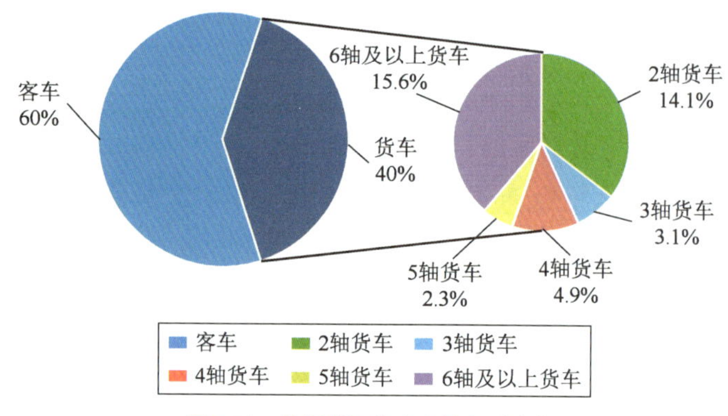

图 3-24　苏通长江公路大桥车型分布

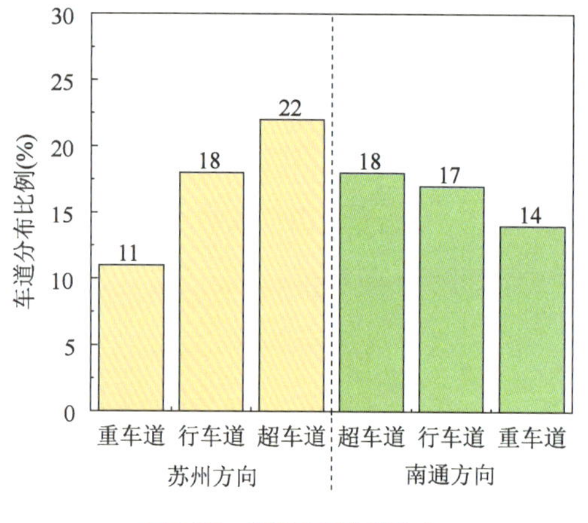

图 3-25　所有车辆车道分布

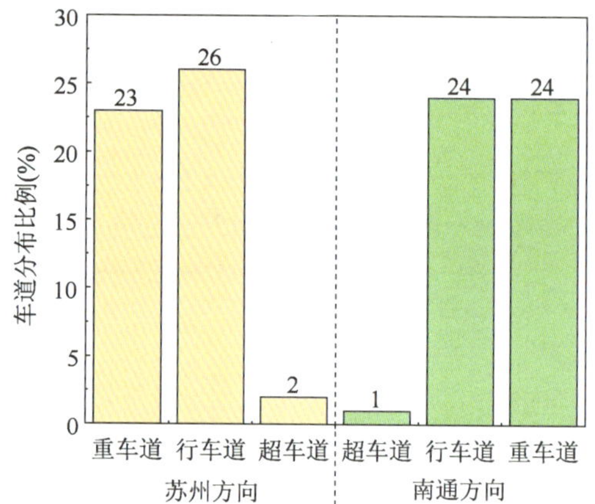

图 3-26　货车车道分布

4）轴载谱

苏通长江公路大桥车辆轴重分布如图 3-27 所示。由图可见，苏通长江公路大桥通行车辆轴重在 0～10t（沥青路面设计标准轴重）占比 90.9%，10t 以上占比 9.1%，轴重超过 14t（公路Ⅰ级车辆荷载后轴）所占比例为 1.6%。

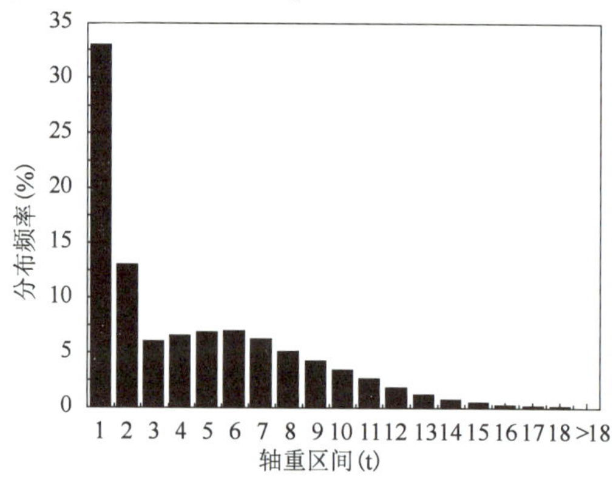

图 3-27　苏通长江公路大桥车辆轴重分布

5) 超限情况

根据《超限运输车辆行驶公路管理规定》(2016 版),货物运输车辆超过表 3-2 所列标准即为超限运输车辆。2022 年 8 月 8 日—14 日共 7 天对苏州方向和南通方向超限车辆进行统计,结果分别见表 3-3 和表 3-4。由表可见,苏通长江公路大桥双向日均超限车辆 4700 辆/日,超限率 6.7%。超限车辆类型集中在 2 轴和 6 轴及以上货车,3 轴、4 轴和 5 轴货车超限的相对较少。南通方向超限车辆共 2586.9 辆/日,高于苏州方向的 2113.1 辆/日,这与观察到的铺装的病害分布相吻合。

车辆超限标准表(单位:t)　表 3-2

车辆类型	标准	超限 25%	超限 50%	超限 75%	超限 100%
2 轴	18	22.5	27	31.5	36
3 轴	27	33.75	40.5	47.25	54
4 轴	36	45	54	63	72
5 轴	43	53.75	64.5	75.25	86
6 轴及以上	49	61.25	73.5	85.25	98

苏州方向不同车型超限数量统计(单位:辆/日)　表 3-3

车辆类型	超标准	超限 25%	超限 50%	超限 75%	超限 100%
2 轴	1373.6	2.0	0.1	0.0	0.0
3 轴	24.0	0.4	0.0	0.0	0.0
4 轴	16.4	0.3	0.0	0.0	0.0
5 轴	24.6	0.3	0.0	0.0	0.0
6 轴及以上	642.9	25.6	2.3	0.7	0.0

南通方向不同车型超限数量统计(单位:辆/日)　表 3-4

车辆类型	超标准	超限 25%	超限 50%	超限 75%	超限 100%
2 轴	458.0	110.3	19.9	7.6	0.0
3 轴	100.3	16.7	2.3	0.9	0.1
4 轴	173.9	20.3	2.9	0.0	0.0
5 轴	54.3	6.6	0.1	0.0	0.0
6 轴及以上	1269.6	322.7	14.1	6.4	0.0

苏通长江公路大桥最大车辆总重约为 78.35t,为 6 轴半挂车,最大轴载约为 21.8t,对应车道为苏州方向重车道。

统计数据表明,作为跨越长江的南北交通大动脉,苏通长江公路大桥在通车 15 年内设计车道累计大型客车和货车交通量达到 5426 万辆,交通等级属于极重交通。

3.2.3 温度变化

1)低温季节铺装温度变化

2021年1月7—8日,适逢北方冷空气南下,桥位区出现大幅降温天气,上层铺装温度、下层铺装温度和钢桥面板的变化如图3-28所示。由图可见,桥面系各部位达到的最低温度为:上层环氧(-11.11℃)<下层环氧(-9.21℃)≈钢桥面板(-9.36℃)<气温(-8℃)。

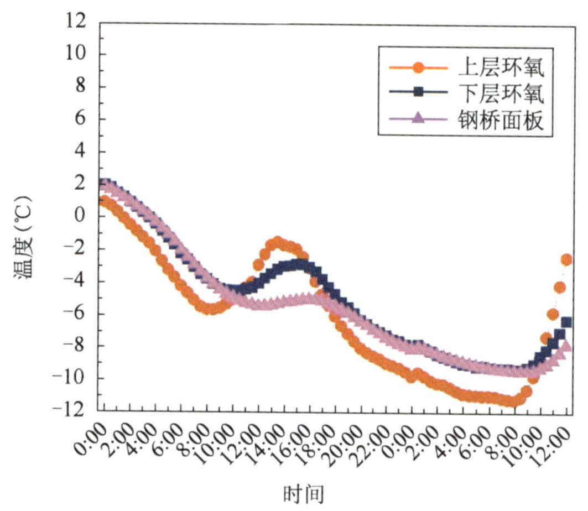

图3-28 钢桥面铺装低温天气温度小时变化图

桥面系温度随环境温度变化规律为:当环境温度升高时(10:00—16:00),上层环氧温度>下层环氧温度>钢桥面板温度;当环境温度降低时(16:00—次日10:00),上层环氧温度<下层环氧温度≈钢桥面板温度。钢桥面板与环氧层最大温差为5.42℃。

夜间随着日落和环境温度降低,由于铺装层及钢板温度传导延迟效应,桥面系温度沿厚度方向由上而下随时间推移依次达到最低值;另一方面,日出时段上层环氧最早开始出现温度回升,之后是下层环氧,钢桥面板温度最晚回升。根据监测数据,上层环氧、下层环氧、钢桥面板的温度分别于7:30、8:00、8:30左右达到最低值。

极端低温条件下,由于受到太阳辐射等直接作用,铺装系单日温差较气温温差更大。上层环氧温差最高为12.16℃,下层环氧温差为11.34℃,钢桥面板温差为11.37℃,而气温温差仅为3℃。钢桥面系在夜间持续降温,长期处于0℃以下。因此,需注意监测极端低温季节桥面系温度,防止雨雪天气桥面结冰带来的不利交通状况,以及冻融循环造成的桥面铺装破坏。

2）高温季节铺装温度变化

以2021年7月14日为例，高温季节苏通长江公路大桥上层环氧、下层环氧和钢桥面板的温度变化如图3-29所示。由图可见，桥面系各部位达到的最高温度为：上层环氧（64.39℃）>下层环氧（54.08℃）>钢桥面板（46.58℃）>气温（38℃）。其中，当日上层环氧和气温的最大差值为26.39℃。

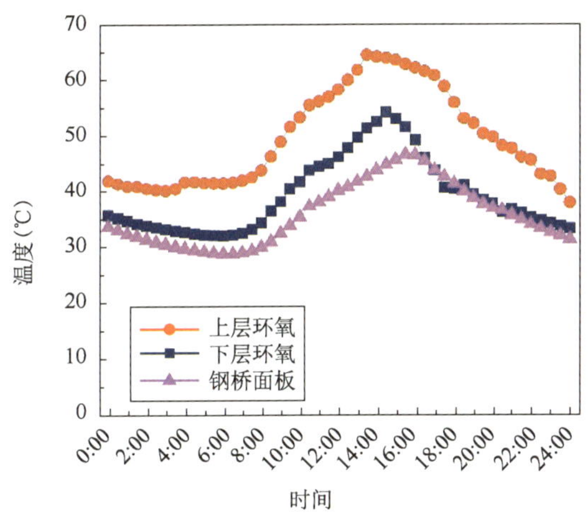

图3-29　钢桥面铺装高温天气温度小时变化图

桥面系高温时段沿铺装层厚度方向的分布规律为：上层环氧温度>下层环氧温度>钢桥面板温度。上层环氧与钢桥面板的最大温差为21.66℃。

随着环境温度的升高，由于铺装层及钢板温度传导延迟效应，桥面系温度由上而下随时间推移依次达到峰值。根据统计，上层环氧温度、下层环氧温度、钢桥面板温度分别于10:00—18:00、12:00—18:00、14:00—18:00时间段内出现持续高温。

高温天气（最高气温38℃），未采取降温控温措施情况下，铺装层顶温度超过50℃以上的持续时间达到10h以上，超过60℃以上的持续时间达到4.5h，主要集中在12:30—17:00之间。

3.2.4　力学响应

1）钢板焊缝应变

苏通长江公路大桥钢桥面板焊缝应变特征值统计见表3-5。由表可知，两横隔板跨中位置重车道钢板焊缝应变最大为231με，左右轮迹带≤50με的分布概率分别为84.3%和85.7%，行车道最大为228.7με，左右轮迹带≤50με的分布概率分别为93.2%和89.5%；重车道高应变分布频率>行车道，重车道相比行车道钢板应变大18%左右。结合钢箱梁结构构造特征可知，相同车道不同轮迹带钢板结构响应状况，行车道右轮略大于左轮，重车道也右轮大于左轮，由于重车道与行车道标线下方设置纵向斜撑，其靠近纵向斜撑轮迹带钢板应变略小。

苏通长江公路大桥钢桥面板焊缝应变特征值统计　　表 3-5

类别	参数	重车道		行车道	
		左轮迹带	右轮迹带	左轮迹带	右轮迹带
横隔板跨中位置	应变最大值（με）	231.0	214.35	203.43	228.70
	≤50με 分布频率（%）	84.31	85.7	93.2	89.5

2）肋间相对挠度

苏通长江公路大桥钢桥面板肋间挠度特征值统计结果见表 3-6。由表可见，重、行车道肋间挠度基本≤0.3mm，分布频率基本达到 99% 以上；其中重车道钢板肋间相对挠度最大为 0.56mm，左轮迹带≤0.1mm 挠度分布频率为 73.5% 以上，右轮迹带≤0.1mm 挠度分布频率为 83.71% 以上；行车道最大肋间挠度为 0.42mm，左轮迹带 86% 以上≤0.1mm，右轮迹带 83.45% 以上≤0.1mm；重车道肋间挠度相比行车道大 16.2% 左右。结合钢箱梁结构构造特征可知，重车道与行车道标线下方设置纵向斜撑，重车道肋间挠度大于行车道；行车道左轮迹带应变分布概率大于右轮，行车道右轮迹带比左轮迹带小 10.5% 左右，重车道左轮迹带相较于右轮迹带大 19.1%。

苏通长江公路大桥钢桥面板肋间挠度特征值统计　　表 3-6

类别	重车道		行车道	
	左轮迹带	右轮迹带	左轮迹带	右轮迹带
最大肋间挠度（mm）	0.56	0.47	0.42	0.38
≤0.1mm 分布频率（%）	73.5	83.71	86.52	83.45
≤0.3mm 分布频率（%）	99.31	99.98	99.92	99.77

3）不同温度下结构响应特征

（1）钢板焊缝应变

苏通长江公路大桥不同温度条件下跨中位置、横隔板钢板焊缝应变如图 3-30 所示。由图可见，不同厚度钢板应变随温度变化情况基本相同，即随温度升高钢板应变逐渐增大，其中 14mm 钢板 45℃高温条件下跨中钢板应变相比 10℃低温钢板应变增加 3～4 倍，18mm 高温条件相比低温的增加 2～3 倍，20mm 钢板应变高温的相比低温的增加 1～2 倍。钢板焊缝应变随钢板温度升高呈指数函数增长，当钢板温度大于 35℃时，钢板应变增长幅度较明显。

（2）肋间相对挠度

苏通长江公路大桥不同温度条件下钢板焊缝应变结构响应状况如图 3-31 所示。由图可见,不同厚度钢板应变随温度变化情况存在差异,钢板厚度越小,温度越高,钢板肋间挠度增长越大。其中14mm板厚时在45℃高温条件下,钢板挠度相比10℃低温条件下的增加2.5倍;18mm板厚时,高温下钢板挠度相比低温的增加1.5倍;20mm板厚时,高温下钢板挠度相比低温的增加50%。钢板肋间挠度基本随钢板温度逐渐增长,当钢板温度大于40℃时,钢板肋间挠度明显增大。

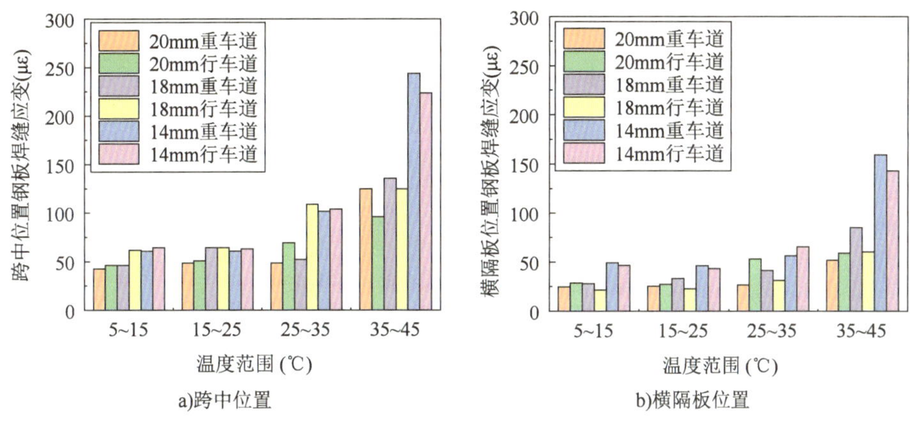

图3-30 不同温度下钢板焊缝应变变化

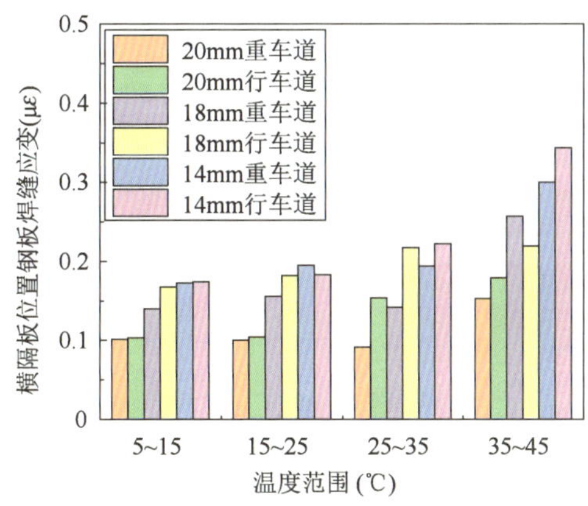

图3-31 不同温度下钢板肋间挠度变化

4)不同钢板厚度的结构响应

(1)钢板焊缝应变

根据苏通长江公路大桥钢桥面板变截面构造特征,针对20mm、18mm、14mm不同厚度钢板力学响应情况进行统计分析。横隔板跨中位置钢板应变特征值见表3-7。由表可见,重车道14mm钢板应变最大为231με,行车道14mm最大钢板应变为200.7με。钢板厚度越大、低应变占比越大,相同钢板厚度下重车道钢板应变相比行车道大11.2%左右;14mm钢板应变相比18mm的大5.8%左右,18mm钢板应变相比20mm的大18.3%左右。

不同厚度钢桥面板应变特征值统计　　表 3-7

类别	参数	重车道			行车道		
		20mm	18mm	14mm	20mm	18mm	14mm
横隔板跨中位置	应变最大值(με)	168.16	200.50	231	152.31	193.44	200.7
	≤50με 频率(%)	86.73	85.16	81.36	91.47	89.22	87.42

(2)肋间相对挠度

根据苏通长江公路大桥钢桥面板变截面构造特征,针对 20mm、18mm、14mm 不同厚度钢板力学响应情况进行统计分析。钢板肋间相对挠度特征值见表 3-8。由表可见,重车道 14mm 钢板挠度最大 0.56mm,行车道 14mm 最大钢板挠度 0.51mm;钢板越厚、小挠度分布频率越高;不同厚度钢板肋间挠度≤0.3mm 分布频率均在 99% 以上;14mm 钢板肋间挠度相比 18mm 的大 15% ~20% ,18mm 钢板肋间挠度相比 20mm 的大 15% 左右。

不同厚度钢桥面板肋间挠度特征值统计　　表 3-8

类别	重车道			行车道		
	20mm	18mm	14mm	20mm	18mm	14mm
肋间挠度(mm)	0.39	0.47	0.56	0.34	0.43	0.51
≤0.1mm 频率(%)	89.74	78.07	58.76	90.23	82.31	84.46
≤0.3mm 频率(%)	99.98	99.89	98.87	99.99	99.94	99.82

第 4 章

钢桥面铺装病害、技术状况评价与养护策略

由于大跨径钢桥服役环境较为恶劣,钢桥面铺装常在车辆荷载和环境气候条件影响下出现各种病害,对铺装的使用性能造成损害。本章总结了钢桥面铺装典型病害,重点分析了裂缝病害的形态特征,阐述了病害分布规律和发展规律,然后对钢桥面铺装技术状况评价进行研究,最后根据技术状况评价对钢桥面铺装提出了相应的养护策略。

4.1 钢桥面铺装病害

4.1.1 钢桥面铺装典型病害

钢桥面铺装工作条件恶劣,在复杂的自然环境以及繁重的交通荷载作用下,铺装层易出现各种病害,这些病害将直接影响到行车安全和桥梁的耐久性。根据现场调研结果,钢桥面铺装典型病害主要分为4类,即:①裂缝类:铺装结构完整但出现纵向、横向、斜向、环状、放射状或不规则等裂缝;②变形类:铺装结构出现塑性变形而失去稳定性,如车辙、推移、拥包等病害;③脱层类:因铺装结构层间丧失黏结作用而出现滑移、脱层病害,结构整体性遭到破坏;④破损类:铺装结构破坏,出现网裂、坑槽等病害。

1)裂缝

(1)病害特征

裂缝是钢桥面铺装的常见病害,按其方向和成因可以分为纵向裂缝、横向裂缝、块状裂缝、推移裂缝、反射裂缝、鼓包裂缝、施工接缝开裂、龟裂等,如图4-1~图4-5所示。不同铺装材料产生的裂缝形式存在差异。环氧沥青混合料铺装以宽度小于2mm的细小裂缝为主;双层SMA铺装则常在路面层轮迹之间形成规则的纵向连续裂缝,其中宽裂缝可达15mm以上;浇注式沥青混合料铺装裂缝主要为纵向裂缝、横向裂缝或者二者结合,裂缝宽度较大。

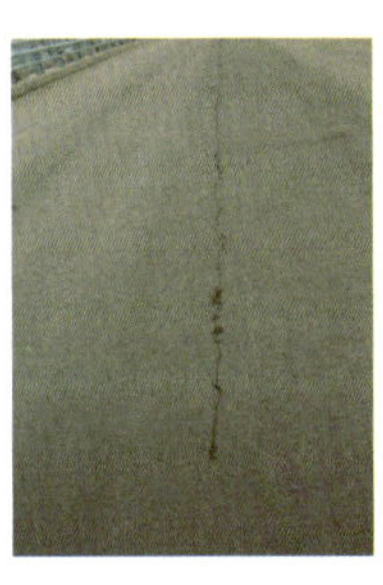

图4-1 纵向裂缝

图4-2 横向裂缝

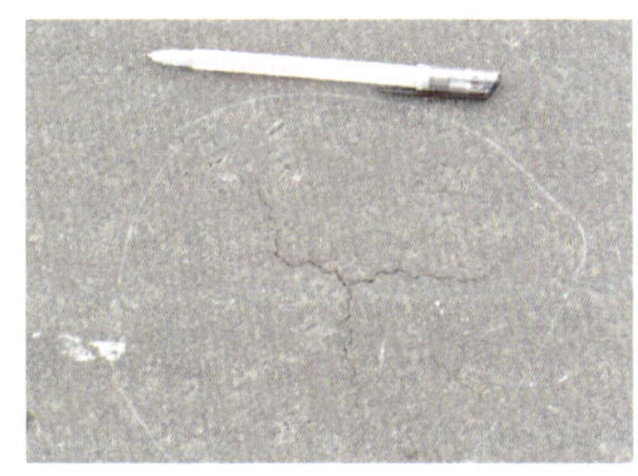

图4-3 放射状裂缝

图 4-4 环状裂缝

图 4-5 不规则裂缝

钢桥面铺装的疲劳开裂是指铺装层在正常使用情况下,由车辆荷载的多次反复作用引起的铺装层的开裂破坏,是钢桥面铺装的主要破坏类型。由于工作环境和受力模式的不同,钢桥面铺装层疲劳开裂的破坏形式、破坏位置与沥青路面完全不同。在荷载作用下,钢桥面板的结构特点导致纵向加劲肋、横隔板、纵隔板等加劲部件与钢桥面板焊接处成为应力集中区,并在这些位置处的铺装层表面产生较大的负弯矩,因此钢桥面铺装的疲劳开裂出现在铺装层表面,然后逐渐向底面发展。最常见的疲劳开裂表现为加劲肋顶部的铺装层表面经常出现纵向裂缝,如图 4-6 所示。疲劳开裂发展到后期,就会出现严重的龟裂破坏,如图 4-7 所示。

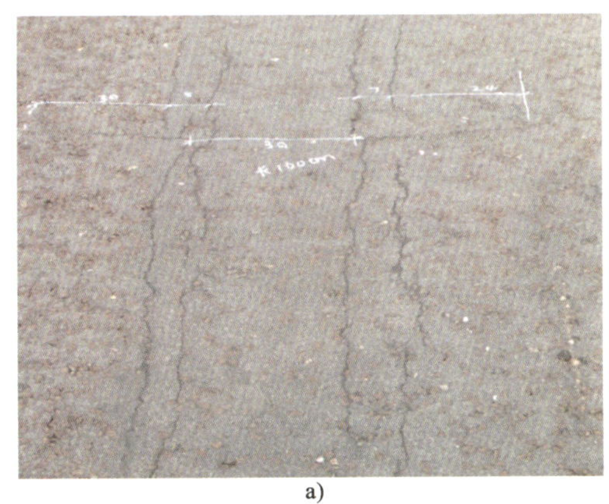

a)

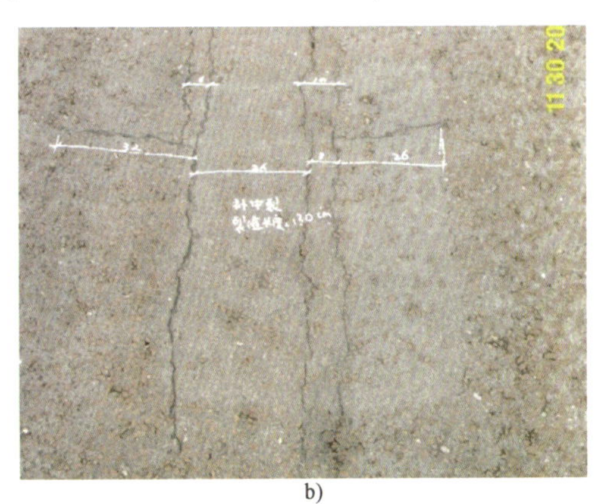

b)

图 4-6 疲劳开裂病害

(2)病害原因

裂缝是钢桥面铺装的主要病害类型,导致铺装产生裂缝的原因很复杂,可将其分为桥梁结构设计因素、材料因素、气候因素、施工缺陷、超载、钢箱梁受损、防水黏结层破坏等方面。

①桥梁结构设计因素。

桥梁结构设计因素主要指桥梁结构,特别是正交异性钢桥面板结构设计不合理,由于桥面板厚度不够、纵横加劲肋间距过大等原因导致

图 4-7 龟裂病害

桥面板结构刚度不足，车辆荷载作用下纵、横加劲肋和纵隔板顶部铺装表面产生过大的拉应力或拉应变，从而引起铺装开裂。如我国早期设计的大跨径钢桥，钢桥面板厚度仅有12mm，导致桥面系刚度不足，不适合于我国重载交通的使用要求。另外，国内早期一些钢桥在设计时，桥面板或节段直接采用螺栓拴接方式，拼接时螺栓在钢桥面板处会伸出2～5cm的螺栓头，大量的螺检头聚集在一起后形成螺栓带。这样一方面使得螺栓带上方的铺装层厚度不足，另一方面螺栓带处会形成应力集中，导致螺栓带处铺装出现大量的裂缝，成为钢桥面铺装的薄弱环节。

②材料因素。

铺装材料的抗裂性能和抗疲劳性能是影响钢桥面铺装裂缝产生的一个重要因素，如果设计的铺装材料抗疲劳性能不足，在车辆荷载和温度变化反复作用下就会产生疲劳开裂，随着时间推移开裂的宽度和面积不断扩大；另外，在低温条件下，如果铺装材料线收缩系数较大，也会引起铺装结构或施工接缝收缩开裂。在常用的铺装材料中，环氧沥青混合料的抗疲劳性能较好，但是柔韧性相对较差，容易在低温条件下产生裂缝；浇注式沥青混合料、改性沥青SMA混合料和改性密级配沥青混合料的抗车辙、抗裂与抗疲劳性能均相对较差，较易出现车辙、裂缝，然而因其柔韧性较好，具有一定的自愈合能力，裂缝出现后扩展速率相对缓慢。

③环境气候因素。

沥青混合料是一种黏弹塑性材料，其材料性能受环境气候条件的影响显著。在冬季或严寒地区，钢桥面铺装材料的模量增大，柔韧性降低，容易在荷载作用下出现脆性断裂。气温急剧下降时，会使铺装表面产生较大的温度收缩应力，当温度收缩应力超过铺装材料的抗拉强度时，就会出现低温缩裂。同时，在四季或一天之内温度不断上升、下降而产生的周期性变化，也会引起铺装材料内部应力状态长期处于拉-压循环，从而产生温度疲劳裂缝。在多雨地区，雨水的侵蚀会加快已有裂缝的扩展速度，引发次生病害。

④施工缺陷。

钢桥面铺装施工中出现原材料质量不满足要求、混合料质量不合格、摊铺过程中混合料离析、碾压不密实、纵向接缝处压实度不足、混合料摊铺时间超过要求、终压温度不满足要求、黏结层失效、施工过程中铺装内部混入水、油或杂质而导致鼓包裂缝等问题，都会造成铺装过早产生裂缝病害。其中，由于纵向施工缝处理不当引起的纵向裂缝是环氧沥青混合料铺装层裂缝的一个重要表现形式。

⑤超载。

超载是目前困扰道路工程界的一大难题。设计上考虑超载是在统计的基础上，适当增大设计轴载。然而，实际运营中某些车辆的实载是核定载重的1.5～5倍之多。由于超载和车辆的振动冲击作用，铺装表面拉应力或拉应变显著超过标准轴载的作用，甚至可将铺装层一次性压坏。对于各种铺装材料，超载和重载均是导致裂缝产生和扩展的重要因素。

⑥钢箱梁受损。

钢箱梁在服役过程中，纵向加劲肋对接焊缝、纵向加劲肋与顶板焊缝、纵向加劲肋与横隔板腹板焊缝、横隔板腹板开孔边缘和顶板等疲劳细节常会产生开裂，造成桥面板局部刚度不足，因此这些部位的铺装难以避免地出现开裂病害。

⑦防水黏结层破坏。

当钢桥面铺装出现裂缝、坑槽等病害后，外界的雨水可以直接侵入铺装与钢板界面。当车辆以一定的速度驶入病害区域时，车轮与裂缝、坑槽之间的水体在高速轮载的挤压作用下形成瞬时高压脉冲水流。高压脉冲水流在铺装裂缝、坑槽内形成较大的动水压力并沿缝隙传播，对铺装产生劈裂作用。而当车辆驶离病害区域时，水体又在车轮后瞬时"真空泵吸"环境下，对铺装产生冲刷作用。这种反复的"劈裂-冲刷"作用驱动，使得周围铺装从下而上快速开裂。

裂缝不仅直接影响到铺装层的路用性能，而且对于钢桥面板也产生不利影响。一旦出现裂缝，铺装结构将变得不连续，如果没有及时采取适当的处理措施，裂缝可能导致病害进一步恶化，例如剥落、坑槽等。铺装层的裂缝为雨水、湿气侵蚀钢桥面板提供了途径，钢板的锈蚀会直接影响钢结构的使用寿命。因此，必须控制钢桥面铺装的开裂破坏，一旦发现必须及时修复。

2）脱层、推移、拥包

（1）病害特征

在钢桥面铺装体系中，铺装层与钢桥面板之间要铺设防水黏结层，以保证铺装层与钢板能形成整体共同受力。铺装层与钢板间的黏结作用对保证整个正交异性钢桥面铺装体系的复合作用以及在交通荷载作用下铺装层与钢桥面板的协同变形至关重要。在荷载作用下，铺装层与钢板的复合作用不仅降低了沥青混合料铺装层内部的应力，也降低了钢桥面板内部的应力以及板肋焊接处的应力。因此，完好的黏结层对改善钢桥面铺装的受力状况非常重要。防水黏结层失效破坏是钢桥面铺装的主要破坏类型之一。

钢桥面铺装层在车辆荷载的振动冲击作用下与钢桥面板分离的病害现象叫作脱层，如图 4-8 所示。钢桥面铺装在受到较大车轮的垂直和水平荷载作用时，表面会出现推移（或波浪）和拥包破坏。推移是沥青混合料的塑性流动滑移产生的，其特征为铺装表面的波形起伏。拥包是局部铺装由于推挤产生了隆起。由于钢桥面与铺装脱层病害处于铺装结构底部，其破坏无法直接观察，但可通过其上部铺装层、标志线的扭曲变形及破坏反映出来。钢桥面铺装的推移与拥包病害现象如图 4-9 和图 4-10 所示。

图 4-8　脱层病害

a)

b)

图 4-9　推移病害

图 4-10　拥包病害

(2)病害原因

由于钢桥面板较为光滑,且易受环境温度变化的影响,夏季高温期桥面顶板实测温度可达70℃,如何保证铺装与钢桥面的有效黏结是决定钢桥面铺装体系成败的首要问题。试验研究和工程实践均表明,普通路用材料无法满足钢桥面铺装与正交异性钢桥面板的黏结要求。

脱层、推移与拥包病害的出现主要和钢桥面与铺装界面破坏以及铺装层材料的高温失稳有关。钢桥面铺装采用的黏结层材料一般为高分子聚合物,如果黏结材料对温度较为敏感,随温度升高黏结强度大幅下降,在车辆荷载引起的水平剪应力作用下,铺装结构容易失去约束而沿水平方向移动,发生推移破坏,如图4-9中标志线的扭曲和变形。推移病害是钢桥面与铺装界面破坏的外在特征。如果界面黏结强度较低的同时铺装材料的高温稳定性也较差,在水平力的作用下铺装结构容易失稳,形成拥包病害,如图4-10所示。

拥包是铺装表面的局部隆起,造成这种破坏的原因是车辆荷载引起的垂直力和水平力的综合作用使结构层内产生的剪应力超过材料的抗剪强度,同时也与行驶车辆的冲击、振动等动力作用有关。

钢桥面与铺装界面产生反复的界面应力,导致不同的铺装病害以及界面损伤。此外,钢板与铺装也会导致界面应变不连续,这将会加速界面的性能退化并成为铺装结构中的薄弱环节,容易因黏结作用失效而产生滑移断裂。国内外的工程实践表明,一旦钢桥面与铺装界面黏结作用失效,铺装结构将很快被破坏。导致界面受损或破坏的原因主要包括:

①黏结层材料性能不能满足使用要求,特别是在夏季高温时抗剪性能不足。

②车辆加速或制动导致钢桥面板与铺装界面产生的纵桥向剪应力。

③正交异性钢桥面板与铺装复合结构模量不匹配,在车辆荷载作用下弯曲变形导致界面产生横桥向和纵桥向的剪应力。

④车辆行驶在大跨径钢桥上造成的振动。

⑤桥面斜坡在横向和纵向引起的界面剪应力。

⑥钢与沥青混凝土热膨胀和热收缩系数差异引起的界面剪应力。

因此,导致钢桥面与铺装界面破坏的主要力学因素是界面剪应力,而影响钢桥面与铺装界面剪切稳定性的因素较为复杂,除黏结材料的性能和温度敏感性对界面抗剪性能有显著的影响外,温度、黏结材料洒布量、界面法向应力水平、车辆行驶速度及沥青混凝土铺装的底部纹理、钢桥面板的粗糙度等也是重要的影响因素。

铺装层与钢板之间黏结层的破坏不仅大大降低了两者的复合作用,增加了铺装层内部的应力,加速铺装面层的破坏,而且给修复工作带来了极大的困难,增加了修复费用。一般地,钢桥面铺装发生铺装层与钢板之间黏结力丧失,产生剪切破坏时,铺装面层仍能保持整体,并未发生严重破坏。目前对层间剪切破坏的修复方法只能是将黏结层破坏区域的沥青混合料铺装层(不管破坏与否)全部铲去,重新喷洒黏结料,重筑铺装层,但这会显著增加工程费用,且修复时会严重妨碍交通正常运行,因此必须严格控制黏结层的破坏。

3)车辙

(1)病害特征

车辙是钢桥面铺装的主要病害类型之一,特别是浇注式沥青混合料和改性沥青SMA混合料均容易出现车辙病害,如图4-11所示。车辙发生在车轮频繁碾压的轮迹带上,轮迹带的铺装表面逐渐产生下凹变形,并形成两条纵向的凹槽,即为车辙。

图4-11 车辙病害

(2)病害原因

车辙是铺装层在车辆荷载重复行驶下逐渐形成的永久性变形,主要表现为铺装层表面轮迹处出现沉陷及侧向隆起现象。产生车辙的原因可归纳为重载交通的重复作用、渠化行驶和铺装层材料高温稳定性不足等,其中高温更是产生车辙的重要驱动因素。特别是在高温条件下,铺装层工作温度高出气温20~30℃,铺装层材料的力学强度和模量大幅降低,材料本身也表现为黏塑性,在车辆荷载反复作用下,材料产生剪切流动。因此,炎热高温的夏季易发生车辙破坏。

4)鼓包

(1)病害特征

鼓包病害是钢桥面环氧沥青混合料和浇注式沥青混合料铺装的一种常见病害类型,它形成于铺装与桥面板之间,竖向表现为局部铺装层被顶起甚至开裂,平面近似呈现圆形的一种病害现象,如图4-12所示。鼓包病害面积变异性较大,根据起因的不同形成4~1000cm^2不等的病害面积,偶尔有接近1m^2的情况。鼓包病害一般在施工过程中即可被发现,大量出现是在施工结束后。

图4-12 鼓包病害

按照鼓包发展的不同形式和外观形态,可以将鼓包病害划分为以下几个阶段。

①初期隆起。

鼓包初期表现是在铺装表面出现圆形小范围内的微微隆起现象。铺装层"隆起"顾名思义即该范围内的铺装层被顶起，此处的铺装层脱离钢板或下层铺装（视病害根源所在位置而定）的支撑，从而形成视觉上的高差。初期隆起开裂现象出现后，如不及时处理，就会发展为更严重的中期裂缝扩展。

②中期开裂。

初期隆起的铺装层在车辆荷载的重复作用下，裂纹会迅速扩展。中期裂纹扩展最为明显的特征除了“隆起”顶端的三角状裂纹继续扩展以外，就是在初期“隆起”的圆形范围的根部出现圆形裂纹，并出现逐渐闭合的趋势。该裂纹是“隆起”的铺装层部分在丧失支撑后被车辆荷载碾压“塌陷”而造成的。

③晚期网裂。

如果鼓包病害发展到表面塌陷，则对铺装层极为不利。水分在车辆荷载产生的压力作用下，很容易从开裂铺装处下渗到铺装层内部，严重情况下会在铺装层和钢板之间产生“拍打”效应，即形成的动水压力不断冲击钢板（或黏结层），从而导致钢板锈蚀或发生脱层病害。同时，在车辆荷载作用下，整个鼓包区域混合料被压碎，完全丧失其应有功能，最终出现坑槽。坑槽的出现是鼓包病害发展过程中的必然结果，如果此时还不及时对出现的坑槽进行修补，坑槽会在车辆荷载的不断冲击下继续扩展，对铺装结构和钢板均会产生致命的影响。

（2）病害原因

鼓包是环氧沥青混合料和浇注式沥青混合料铺装的常见病害。鼓包病害可能发生在施工过程中，当施工质量控制不严时，施工期可能在钢板上或混合料内混入水分或油分等高温易挥发性物质。由于浇注式沥青混合料空隙率低于1%、环氧沥青混合料空隙率低于3%，且内部空隙不连通，滞留在钢板上或混合料内部的水分或油分不能从沥青混合料中及时排出，遇到高温作用时水分或油分便会汽化并不断膨胀，向上难以从密实的铺装层挥发，向下难以从钢桥面板消散，导致蒸汽压力增加，于是逐渐形成一定的压力将铺装层顶起，形成铺装层表面的隆起现象，即鼓包病害。在铺装运营阶段，鼓包在反复车辆荷载作用下会逐渐扩展，在水-热-荷载耦合作用下鼓包将发育形成裂缝，继续扩展后将导致铺装材料松散、剥落，同时若遇到雨水下渗至中下面层，破坏、剥离防水黏结层，最终在动水压力作用下不断冲击钢板，导致钢板锈蚀。

5）坑槽

（1）病害特征

钢桥面铺装局部材料性能异常或其他病害未得到及时维修，在车辆荷载的反复冲击作用下铺装被压碎，进而由于水的侵蚀作用，铺装产生松散、解体，称为坑槽病害，如图4-13所示。坑槽形成后，往往中间伴随有凹陷。

a)

b)

图4-13　坑槽病害

坑槽病害集中在重车道，主要发生在行车轮迹带，除新出现的坑槽外，还有部分坑槽出现在以往维修区域附近。

(2)病害原因

坑槽病害常常由细小裂缝发展为网裂从而进一步形成的，其具有数量多和容易复发的特点，因此难以处治。对于不同的铺装结构以及不同的材料，其产生坑槽的机理与受力情况往往不一致，因此不能一概而论。具体原因包括：①局部混合料级配、油石比变异导致该处铺装性能弱化；②碾压不足导致沥青混合料空隙率过大，铺装抗冲击和抗水损害能力不足；③产生鼓包、裂缝后未及时维修。

坑槽对铺装的危害较大，水分沿坑槽下渗后将直接破坏防水体系，进而锈蚀钢桥面板，危害桥梁安全，凹陷的坑槽也容易引起交通安全问题。

坑槽病害的预防和养护除采取合适的材料和施工工艺进行维修外，一个很重要的方面是在坑槽病害产生的前期和初期及时进行维修，减少侵入铺装内部和防水体系的水分，采用灌缝等方法将铺装进行补强和修复，这样可以大大地减缓坑槽发展的速度，延长铺装的使用寿命。早期裂缝若得不到及时有效地处理，不断扩展后必会形成坑槽。

6)其他病害

(1)火损

车辆在钢桥上行驶时突然失控自燃(图4-14)，车体及流淌的汽、柴油燃烧造成铺装材料在数百度高温下灼烧，导致集料失去黏结作用，燃烧区域铺装表面松散、脱落，铺装结构失去一定的承载能力与路用性能，剥落深度可达10～20mm，如图4-15所示。

车辆在钢桥上自燃这种意外事故无法预防，只能在事发后尽快将火扑灭，并采取有效的维修方案将燃烧受损铺装结构强度和性能进行恢复。维修方案可考虑将受损的铺装上层切除后，重新铺筑热拌环氧沥青混合料，或采用高性能罩面，修复铺装表面功能。

图4-14　小汽车桥面自燃

图4-15　燃烧受损铺装

(2)划痕或凹痕

划痕是铺装表面被硬物撞击或碾压，造成粗集料或胶结料被压碎而形成的，如图4-16所示。凹痕是由于铺装施工过程中混入的橡皮条、编织带等，在车辆的碾压和磨耗下很快脱落，留下的凹痕损伤。

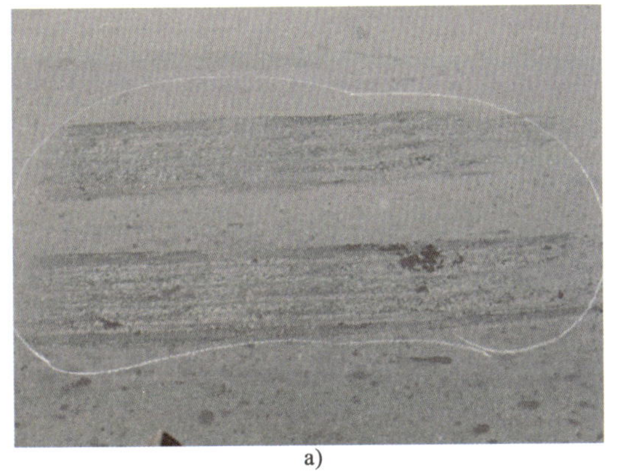
a)

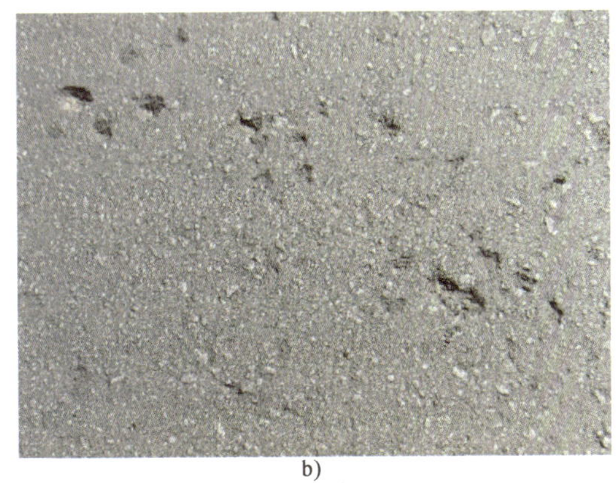
b)

图4-16　划痕

4.1.2　环氧沥青铺装裂缝病害形态特征

环氧沥青混合料是一种热固性铺装材料，其性能与其他热塑性材料有较大不同，主要的病害形式是裂缝。本节现场采集了498处环氧铺装裂缝信息，基于图像处理方法对裂缝的形态特征参数进行了统计分析，为钢桥面铺装的养护维修提供科学依据。

1)裂缝图像采集

为充分了解环氧沥青钢桥面铺装裂缝的形态规律，通过人工巡查拍照的方式，对超车道1588m范围内的钢桥面铺装表面裂缝图像进行人工拍照收集。为了增加后期测量裂缝形态参数的准确性，拍摄裂缝图像要求：

①拍摄设备保持与铺装层平行,并且拍摄方向与行车方向保持一致。

②拍摄设备应置于裂缝区域中心正上方。

③为了能够在图像处理阶段将裂缝的形态特征进行精准测量,根据标尺法原理,拍摄时在裂缝旁放入已知尺寸的二维码作为参照物。正方形二维码的边长为30mm×30mm,如图4-17所示。

图4-17　二维码标尺

2)裂缝形态参数

当前对于裂缝形态参数的测量多采用人工测量和图像识别技术。目前,基于深度学习的图像识别技术还尚不成熟,其易受到路面油污污染、颜色相近等特点的影响,较难精准地测量裂缝的真实参数,人工测量则耗时费力。利用图像处理方法对采集的裂缝图像进行数字化处理,通过标尺法建立起裂缝的像素点与实际长度之间的关系,可以准确地获取铺装裂缝的长度、宽度、裂缝影响面积等形态特征参数。各指标参数的定义及计算方法如下:

①裂缝长度L:对于环状裂缝,L指环状裂缝的周长,如图4-18所示;对于放射状裂缝、线形裂缝、不规则裂缝,L指裂缝主缝的缝首和缝尾之间的直线距离(图4-19),裂缝长度的大小能直观反映铺装裂缝的发育程度。

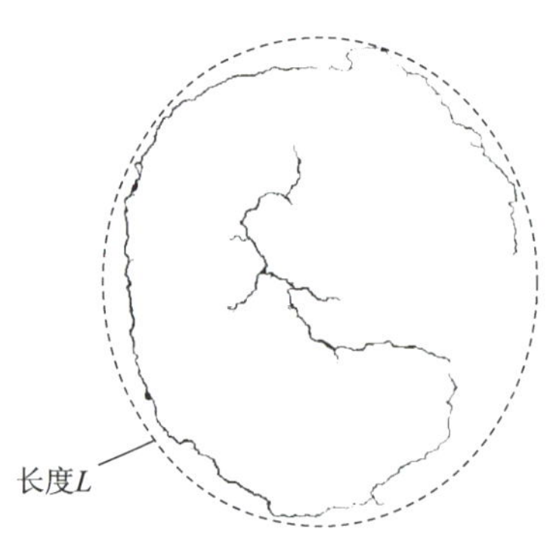

图4-18　环状裂缝长度L

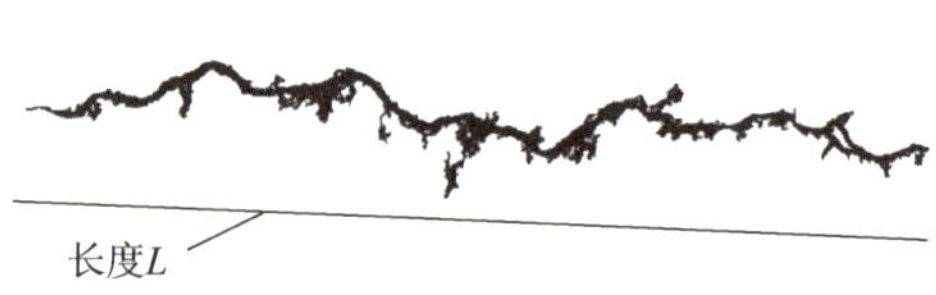

图4-19　其余3类裂缝长度L

②裂缝宽度 W：W 是指铺装层表面的裂缝宽度，反映裂缝的张开程度，裂缝的宽度越大，对钢桥面铺装连续性的破坏程度和扰动范围越大。对于线形裂缝和不规则裂缝，W 定义为最大裂缝宽度；对于放射状裂缝和环形裂缝，W 定义为3处测点缝宽的平均值。

③裂缝影响面积 S：指裂缝的最小外接椭圆面积，如图4-20所示。

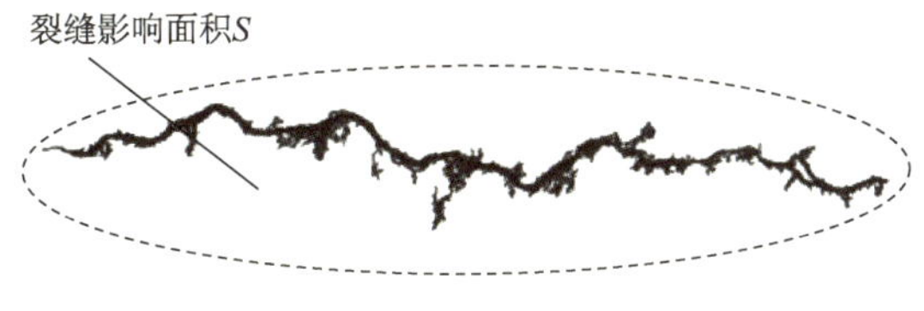

图4-20　裂缝影响面积 S

④裂缝环数 H：指环形裂缝的环数。

⑤射线数 R 和节点数 P：分别指放射状裂缝的分支数和它的支点数。

⑥长宽比 D：指线形裂缝的裂缝长度与宽度的比值，用来表征线形裂缝的瘦长度，见式(4-1)。

$$D = \frac{L}{W} \tag{4-1}$$

⑦圆形度 e：用于描述环状裂缝与圆形的接近程度，对于圆形 $e = 1$，e 越小，环状裂缝的形态与圆形的差距越大，见式(4-2)。

$$e = \frac{S \times 4\pi}{L^2} \tag{4-2}$$

⑧裂缝率 Z：等于各类裂缝影响面积之和 $\sum_{i=0}^{n} S_i$ 除以铺装裂缝收集区域总面积 $S_总$，见式(4-3)。

$$Z = \frac{\sum_{i=0}^{n} S_i}{S_总} \tag{4-3}$$

3) 测量方法

由于裂缝图像参数是以像素为基础单位，并非裂缝的实际尺寸，所以需将像素单位换算成实际单位。通过标尺法实现像素尺寸与实际尺寸的关系转换，以此确定裂缝的实际尺寸，实现精准地测量裂缝的长度、宽度和裂缝影响面积等参数。

标尺法主要原理为：成像平面与标尺平面平行，则实际物体与成像物体对应成相同比例。因此将二维码作为标尺，根据已知的二维码尺寸结合图片的像素尺寸获得像素尺寸与实际尺寸之间的换算比例 k，该换算关系见式(4-4)。

$$k = \frac{L'}{l} \tag{4-4}$$

式中：L'——二维码的物理固定尺寸，mm；

l——二维码图像的像素尺寸,pixel。

二维码作为标尺的重要作用是充当像素点与实际物理量的桥梁,实现裂缝图像像素尺寸与裂缝物理尺寸的关系转换。像素尺寸与物理尺寸换算关系见式(4-5)。

$$X = k \times x \tag{4-5}$$

式中:X——裂缝的实际尺寸,mm;

x——裂缝的像素尺寸,pixel;

k——裂缝目标在图像中的缩放换算比例,mm/pixel。

具体测量流程如下:①将所有裂缝图片进行编号,并将裂缝图片导入 Photoshop 软件中;②利用二维码作为标尺,获得像素尺寸与实际尺寸之间的换算比例 k;③调整测量比例,使用标尺工具即可准确的测量裂缝的实际长度、宽度等几何参数;④使用椭圆选框工具测量裂缝影响面积 S,如图 4-21 所示。

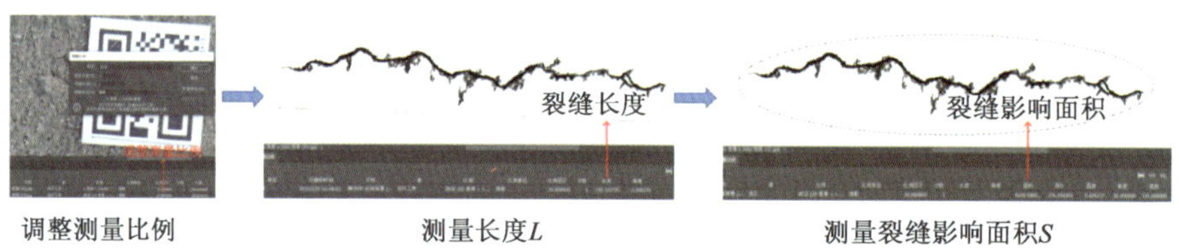

图 4-21 测量流程示例

4)裂缝特征分析

(1)裂缝分类分析

通过对环氧沥青钢桥面铺装裂缝的实地调研,结合裂缝的几何特征,可将环氧沥青铺装裂缝分为环状裂缝、放射状裂缝、线形裂缝和不规则裂缝 4 类,如图 4-22 所示。

a)放射状裂缝

b)环状裂缝

图 4-22

c)线形裂缝

d)不规则裂缝

图4-22 钢桥面环氧沥青铺装裂缝形态分类

通过对大量裂缝图像的观察,以及对裂缝的现场调研,可以得到如下结论:

①线形裂缝根据走向可分为横缝和纵缝。横缝的裂缝走向与行车方向基本垂直,缝宽不一,但缝中宽度比缝尾宽度小。纵缝的裂缝走向与行车方向基本平行,通常纵缝长度比横缝的长。纵向裂缝多发生在纵向加劲肋、纵隔板顶部的桥面铺装层表面,在横隔板或横向加劲肋顶部的桥面铺装层表面易出现横向裂缝。

②放射状裂缝呈放射状分布,裂缝由某一点至少向3个不同方向扩展。

③环状裂缝一般在铺装表面呈U形或圆环形,形状大小不一,同时发现一些环状裂缝中间还包含一个放射状裂缝。放射状裂缝和环状裂缝多发生在铺装层鼓包处。

④不规则裂缝的裂缝走向较为曲折,与行车方向斜交一定角度、且几何形状基本无规律可循。

⑤上坡段的裂缝密集程度显著高于其他梁段。

裂缝的长度、宽度、长宽比、裂缝影响面积、节点个数等指标可以直观地反映钢桥面环氧沥青铺装裂缝形态特征。本次共采集得到498条裂缝图像,其中220条线形裂缝,176条放射状裂缝,36条环状裂缝和66条不规则裂缝,各类裂缝出现比例如图4-23所示。

由图4-23可知,环氧沥青钢桥面铺装上出现的裂缝主要为线形裂缝和放射状裂缝,分别占裂缝总量的44.2%和35.3%,环状裂缝占比最少,为7.2%,不规则裂缝占总量的13.3%;线形裂缝的裂缝率最大,达到0.16%,而不规则裂缝的裂缝率最小为0.03%。4类裂缝总裂缝率为0.32%,故可判断该车道裂缝类病害程度为轻度,进一步说明此次调研收集到的裂缝大部分处于环氧沥青钢桥面铺装裂缝的早期病害阶段。

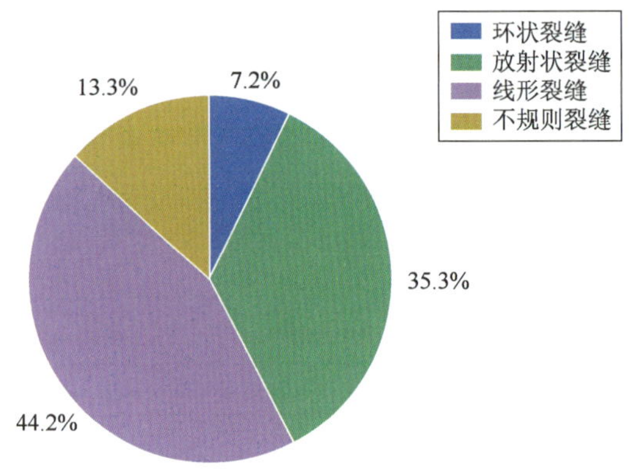

图 4-23　各类裂缝出现比例

通过数据对比，现场人工实测数据与本方法得到的数据一致度较高，误差在5%之内。因此本方法具有非接触测量、较高的测量精度和数据信息便于管理等优点，可以有效降低裂缝现场测量的劳动时间和工作量，节省劳动成本和仪器设备成本。

(2)裂缝形态分析

①线形裂缝形态分析。

线形裂缝形态特征统计表见表4-1。由表可见，线形裂缝缝宽主要集中在1.5～3.5mm之间，平均宽度为2.8mm，是4种裂缝里平均缝宽最大的，说明线形裂缝对桥面铺装层连续性的破坏程度较大，需要养护工作者对它们提供更高的养护关注度。缝宽偏度>0，即缝宽属于右偏态分布，形成这一现象的主要原因是本次采集裂缝的区域为钢桥面的超车道，裂缝病害程度较轻，属于钢桥面环氧铺装裂缝病害的早期阶段，从而导致裂缝宽度 W 在1～3mm[图4-24a)]的数量占多数以及长宽比 D 均值较小，另外很多细微裂缝肉眼都很难发现，故此次调研未能收集到这些细微裂缝的形态数据。W 的变异系数为0.4，变异系数反映离散程度，即线形裂缝宽度 W 呈中度离散，其离散程度如图4-24b)所示。此外，线形裂缝的裂缝影响面积 S 主要集中在0.02～0.045m^{2}之间，属于右偏态分布。

线形裂缝形态特征统计表　　表4-1

裂缝类型	特征指标	均值	标准差	最小值	中位数	最大值	偏度	变异系数	裂缝率(%)	样本数
线形裂缝	面积 S(m^2)	0.026	0.025	0.002	0.019	0.107	1.6	0.8	0.16	220
	长度 L(mm)	211.6	85.4	67.3	190.6	536	1.3	0.4		
	宽度 W(mm)	2.8	1.2	0.7	2.6	7.3	1.2	0.4		
	长宽比 D	86.0	57.2	20.2	73.3	630	4.8	0.7		

②放射状裂缝形态分析。

放射状裂缝形态特征统计表见表4-2。由表可见，放射状裂缝的平均射线数为3.7条，平均节点数为2.2个；缝宽主要集中在1～3mm之间[图4-25a)]，放射状裂缝的平均缝宽为

2.2mm，是4种裂缝里平均缝宽最小的。缝宽偏度>0，属于右偏态分布；放射状裂缝宽度 W 的变异系数为0.4，缝宽呈中度离散，离散程度分布如图4-25b）所示；裂缝影响面积 S 主要集中在0.01～0.03m²之间，S 呈右偏态分布。

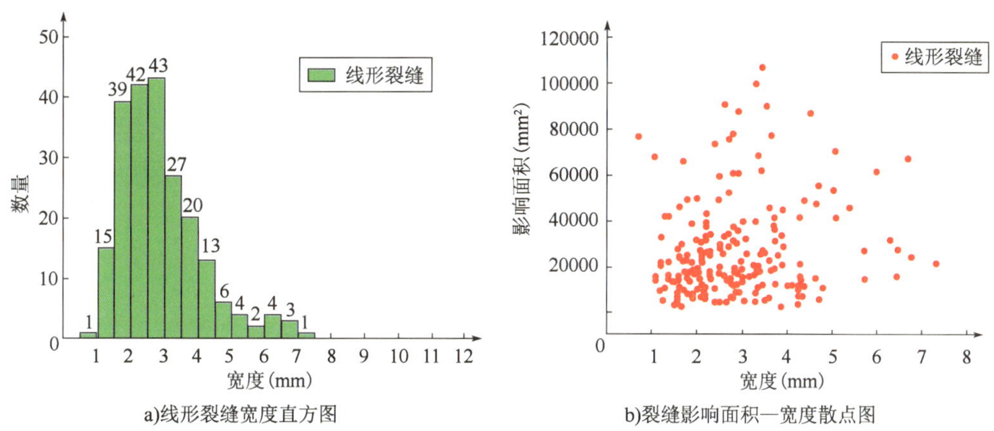

a)线形裂缝宽度直方图　　b)裂缝影响面积—宽度散点图

图4-24　线形裂缝形态特征

放射状裂缝统计特征表　　表4-2

裂缝类型	特征指标	均值	标准差	最小值	中位数	最大值	偏度	变异系数	裂缝率(%)	样本数
放射状裂缝	面积 S(m²)	0.026	0.17	0.001	0.022	0.109	1.7	0.6	0.07	176
	射线数 R(条)	3.7	1.4	1	3	12	2.0	0.4		
	节点数 P(个)	2.2	1.5	1	2	10	1.9	0.7		
	宽度 W(mm)	2.2	1.0	0.6	2.1	6.2	1.0	0.4		

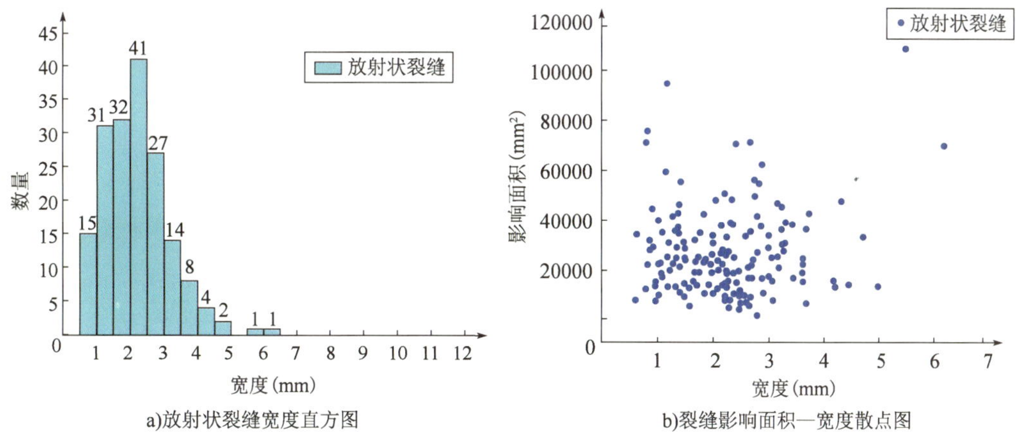

a)放射状裂缝宽度直方图　　b)裂缝影响面积—宽度散点图

图4-25　放射状裂缝形态特征

③环状裂缝形态分析。

环状裂缝形态特征统计表见表4-3。由表可见，环状裂缝的平均环数为1.1环，平均圆度为0.79，平均裂缝宽度为2.3mm，其缝宽主要集中在1.5～2.5mm之间[图4-26a)]，缝宽

偏度>0,属于右偏态分布;环状裂缝 W 的变异系数为0.3,即其缝宽离散程度最小,离散程度分布如图4-26b)所示。裂缝影响面积 S 主要集中在0.02~0.15m^{2}之间,呈右偏态分布,其平均裂缝影响面积最大,可达0.098m^2,说明环状裂缝对桥面铺装层连续性的破坏程度也较大。

环状裂缝统计特征表　　表4-3

裂缝类型	特征指标	均值	标准差	最小值	中位数	最大值	偏度	变异系数	裂缝率(%)	样本数
环状裂缝	面积 S(m^2)	0.098	0.072	0.011	0.079	0.31	1.5	0.7	0.06	36
	环数 H(环)	1.1	0.3	1	1	2	3.1	0.3		
	宽度 W(mm)	2.3	0.6	1.1	2.2	4	0.9	0.3		
	周长 L(mm)	1 166	369	502	1 104	2 128	0.7	0.3		
	圆度 e	0.79	0.10	0.28	0.83	0.85	-3.9	0.1		

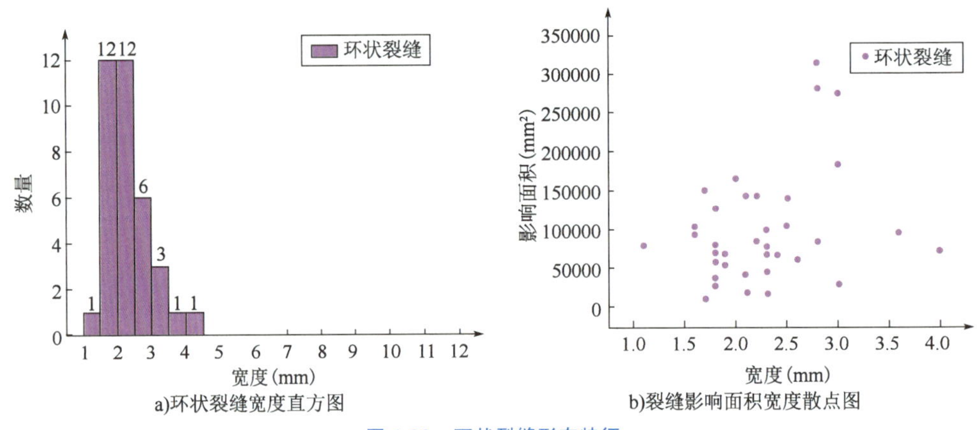

图4-26　环状裂缝形态特征

④不规则裂缝形态分析。

不规则裂缝形态特征统计表见表4-4。由表可见,不规则裂缝的裂缝走向较为曲折,与行车方向斜交一定角度,且几何形状基本无规律可言。由图4-27可知不规则裂缝的平均缝宽 W 为2.7mm,且主要集中在1.5~3.5mm之间;W 变异系数为0.7,即不规则裂缝的宽度离散程度最大,这是因为不规则裂缝的形成原因多种多样,其裂缝形态基本无规律可循[图4-27b)];其平均裂缝影响面积 S 最小,为0.025m^2,主要集中在0.02~0.1m^{2}之间,呈右偏态分布。

不规则裂缝特征统计表　　表4-4

裂缝类型	特征指标	均值	标准差	最小值	中位数	最大值	偏度	变异系数	裂缝率(%)	样本数
不规则裂缝	面积 S(m^2)	0.025	0.030	0.003	0.017	0.21	4.2	1.2	0.03	66
	宽度 W(mm)	2.7	1.9	0.6	2.2	10.5	2.5	0.7		

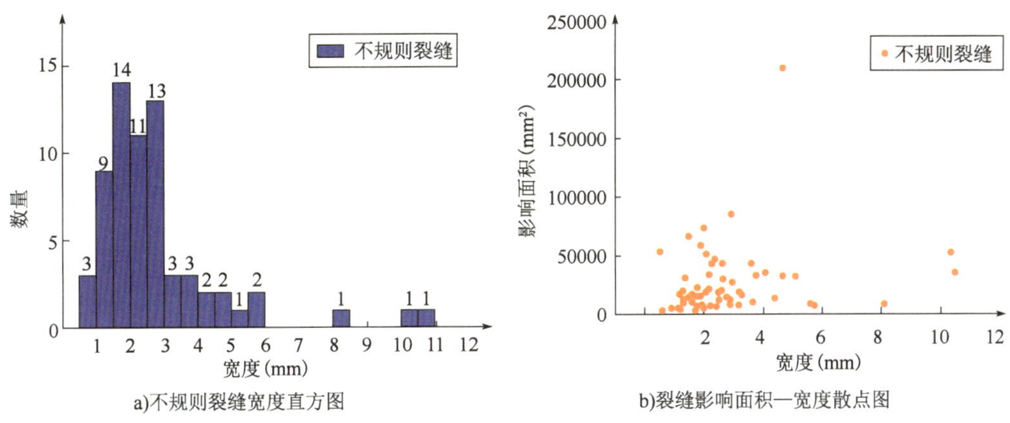

a)不规则裂缝宽度直方图　　b)裂缝影响面积—宽度散点图

图 4-27　不规则裂缝形态特征

(3)裂缝形态特征

通过对上述各类铺装裂缝的形态特征统计与分析,总结了各类裂缝早期病害阶段的形态特征信息,制作了环氧沥青铺装裂缝信息汇总表,见表 4-5。

裂缝信息汇总表　　表 4-5

裂缝类型	线形裂缝	放射状裂缝
典型形态图		
识别指标与成因	主要产生部位:上坡段、纵肋顶 裂缝影响面积 $S(m^2)$:0.002 ~ 0.107 长度 $L(cm)$:6 ~ 54 宽度 $W(mm)$:0.7 ~ 7.3 长宽比 D:20 ~ 630 主要成因:①汽车低速超载、桥面系结构刚度不足,引起铺装层表面拉应变过大;②铺装材料耐疲劳性能不足;③施工缺陷	主要产生部位:铺装层的鼓包处 裂缝影响面积 $S(m^2)$:0.001 ~ 0.109 射线数 R(条):3 ~ 12 节点数 P(个):1 ~ 10 宽度(mm):0.6 ~ 6.2 主要成因:铺装层内含有水分或油分高温汽化,或含有杂物而将铺装局部顶起

续上表

裂缝类型	环状裂缝	不规则裂缝
典型形态图		
识别指标与成因	主要产生部位：铺装层的鼓包或塌陷处 裂缝影响面积 $S(\mathrm{m}^2)$：0.011～0.31 周长 $L(\mathrm{cm})$：50～220 宽度 $W(\mathrm{mm})$：1.1～4 环数 H(环)：1～2 主要成因：①放射状裂缝受车辆荷载及水的反复作用，将产生包围该放射状裂缝的环状裂缝；②铺装脱空，钢板与铺装因动水压力抽吸而塌陷	主要产生部位：位置不一，无一定规律可循 裂缝影响面积 $S(\mathrm{m}^2)$：0.003～0.21 宽度 $W(\mathrm{mm})$：0.6～10.5 主要成因：内因是部分混合料“死料”，碾压后出现松散裂纹。外因是碾压过程中压路机行走速度过快或急速刹车等，使铺装层表面混合料开裂

(4)鼓包、放射状裂缝与环状裂缝的关系

有研究认为环状裂缝是鼓包或放射状裂缝病害的扩展，即当鼓包或放射状裂缝出现在轮迹带时，因受车辆荷载及水的反复作用，将产生包围放射状裂缝的环状裂缝。基于对铺装病害的现场调研发现，环状裂缝的数量为36条，比放射状裂缝的数量176条明显更少，且环状裂缝的裂缝影响面积和宽度均比放射状裂缝的更大。另外，放射状裂缝与环状裂缝多发生在环氧沥青混凝土铺装层的鼓包处，说明部分环状裂缝确实是鼓包或放射状裂缝病害的扩展。但是通过裂缝数据统计分析发现，环状裂缝的中间包围一条放射状裂缝的发生概率为69.4%，但有30.6%的环状裂缝中间既不包含放射状裂缝也不存在鼓包病害(图4-28)。因此可以认为，环状裂缝不完全是放射状裂缝或鼓包病害扩展而成，因为铺装防水黏结层失效会导致铺装层脱空，而脱空铺装在车辆荷载的反复作用下，钢板与铺装层之间的变形不协调也会产生环状裂缝。

a)环状裂缝包围放射状裂缝

b)环状裂缝不包围放射状裂缝

图4-28　环状裂缝与放射状裂缝

4.1.3 钢桥面环氧铺装病害发展规律

苏通长江公路大桥于2008年6月通车以来,随着交通量快速增长,自通车第4年(2011年)起,苏通长江公路大桥钢桥面铺装开始出现裂缝、坑槽等局部破损。对于双层环氧沥青混合料铺装结构而言,一般的病害发展规律为"裂缝—脱层—坑槽",如图4-29所示。如果病害得不到及时修复,病害面积会不断扩大。特别是每年的梅雨季节,是病害爆发的高峰期。

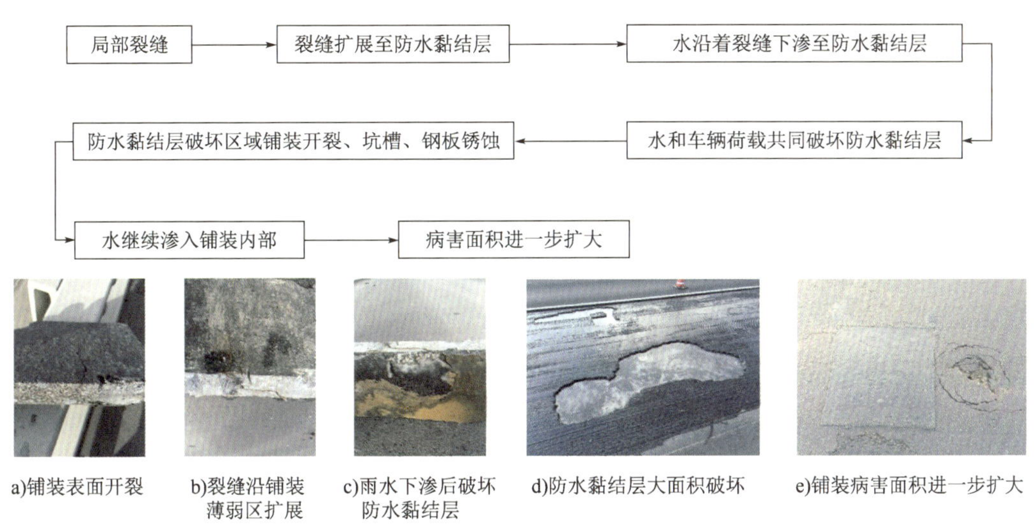

a)铺装表面开裂　b)裂缝沿铺装薄弱区扩展　c)雨水下渗后破坏防水黏结层　d)防水黏结层大面积破坏　e)铺装病害面积进一步扩大

图4-29　病害发展规律

(1)裂缝

对钢桥面铺装的使用情况调研结果表明,无论采用何种铺装结构,裂缝均有不同程度地出现,且易引发后续其他类型病害。对于环氧沥青混合料铺装,裂缝出现的形式一般是先从铺装表面开裂,进而向下扩展。如果早期裂缝得不到有效的处理,将会引发次生病害,如脱层、坑槽。

(2)脱层

脱层是裂缝引发的一种次生病害。裂缝产生后,在荷载的作用下逐渐扩展,在此过程中,若裂缝得不到有效的处理,裂缝就会一直扩展,直至裂穿铺装层。雨水顺着裂缝渗入黏结层的表面,形成自由水。自由水在车辆荷载的作用下,形成动水压力,冲刷铺装层和黏结层之间的界面。在动水压力的持续冲刷下,钢桥面铺装与防水黏结层脱开,形成脱层。

(3)坑槽

裂缝产生后,在荷载作用下会逐渐扩展,横缝、纵缝交错后形成网状裂缝;网状裂缝产生后,在雨水的作用下车辆不断行驶,网裂处的混合料会被压碎后逐渐带走,从而形成坑槽,并引发钢板锈蚀。

4.2　钢桥面铺装技术状况评价

技术状况评价是路面养护的一个重要环节,对路面现状的技术评价是养护决策的前提,也是养护效果评价的一个重要指标。国内外存在多种路面技术状况评价方法,主要针对公路沥青路面提出。钢桥面铺装与公路沥青路面在支撑条件、病害形式、破坏机理、严重程度等方面存在差异,不能直接照搬或套用公路沥青路面评价方法。本节在分析路面技术状况评价指标的基础上,根据钢桥面铺装的特点,对钢桥面铺装的技术状况评价指标进行研究。

4.2.1　路面技术状况评价

随着时间的推移与交通量的增长,路面在车辆荷载与自然因素等共同作用下,将会出现不同程度的自然老化、损坏,从而致使其使用性能降低。在此情况下,路面的使用质量必将下降,从而影响到行车的舒适性、安全性,降低其使用寿命,并且会增加道路的养护费用。

路面使用性能可定义为:公路路面在预定的设计年限内,在规定的荷载和气候条件下,达到预期的功能要求,实现和保障各类车辆安全、经济、舒适和快速行驶的能力和属性。从系统科学的角度出发,可将路面性能分为结构性能和功能性能。目前普遍关心的结构性能是路面的强度、稳定性和耐久性。功能性能通常指路面的舒适性、安全性等保证车辆行驶质量的路面特性。一般将路面使用性能综合为4个主要方面:路面结构的承载力、路面面层的行驶质量、路面面层的抗滑性和路面结构的损坏状况,这4个方面分别从不同的侧面反映了路面状况对行车要求的适应情况。承载力是路面结构剩余寿命的体现,行驶质量体现了路面为使用者提供行驶舒适性的表面功能,抗滑性是车辆在路面上行驶时安全性的表征,损坏状况则反映了路面结构本身的健康状况。

路面的使用质量是路面变化的外在表现,采用科学合理的指标定量表征路面的使用性能,对于路面深入分析具有重要意义。根据《公路技术状况评定标准》(JTG 5210—2018),路面技术状况评价包括路面损坏、路面平整度、路面车辙、路面跳车、路面磨耗、路面抗滑性能和路面结构强度7项内容。各项评价内容所用的指标及其关系如图4-30所示。

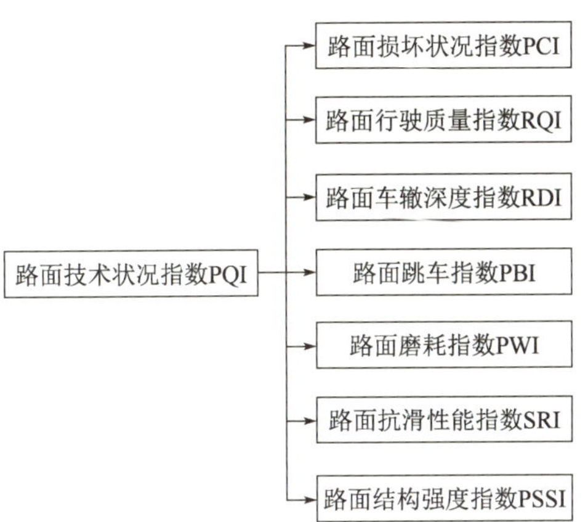

图 4-30　公路技术状况指标体系

1）路面损坏状况指数

路面损坏状况指数（PCI）的数值范围为 0 ~ 100，值越大，表示路况越好。路面损坏状况指数由沥青路面破损率（DR）计算得出。PCI 的计算公式见式（4-6），DR 的计算公式见式（4-7）。

$$\mathrm{PCI} = 100 - a_0 \mathrm{DR}^{a_1} \tag{4-6}$$

$$\mathrm{DR} = 100 \times \frac{\sum_{i=1}^{i_0} w_i A_i}{A} \tag{4-7}$$

式中：DR——路面破损率，%；

a_0——沥青路面采用 15.00，水泥混凝土路面采用 10.66；

a_1——沥青路面采用 0.412，水泥混凝土路面采用 0.461；

A_i——第 i 类路面损坏的累计面积，m^2；

A——路面检测或调查面积，m^2；

w_i——第 i 类路面损坏的权重或换算系数；

i——路面损坏类型，包括损坏程度（轻、中、重）；

i_0——损坏类型总数，其中沥青路面取 21，水泥混凝土路面取 20。

根据路面损坏状况指数 PCI 将路面技术状况分为优、良、中、次、差 5 个等级，见表 4-6。

路面破损状况评级　　表 4-6

指标	优	良	中	次	差
PCI	PCI≥92	80≤PCI<92	70≤PCI<80	60≤PCI<70	PCI<60

2）路面车辙深度指数

路面车辙采用车辙深度指数（RDI）作为评价指标，其计算公式见式（4-8）。

$$
RDI=\begin{cases}100-a_0RD & (RD\leqslant RD_a)\\ 90-a_1(RD-RD_a) & (RD_a\leqslant RD\leqslant RD_b)\\ 0 & (RD>RD_b)\end{cases} \tag{4-8}
$$

式中：RD——车辙深度，mm；

RD_a——车辙深度参数，采用 10.0；

RD_b——车辙深度参数，采用 40.0；

a_0——模型参数，采用 1.0；

a_1——模型参数，采用 3.0。

根据车辙深度指数可将路面车辙情况分为 5 级，见表 4-7。

车辙深度评级　　表 4-7

指标	优	良	中	次	差
RDI	RDI≥90	80≤RDI<90	70≤RDI<80	60≤RDI<70	RDI<60

3）路面行驶质量指数

路面的行驶质量采用行驶质量指数（RQI）作为评价指标，行驶质量指数由国际平整度指数 IRI 计算，见式（4-9）。

$$
RQI=\frac{100}{1+a_0e^{a_1 IRI}} \tag{4-9}
$$

式中：IRI——国际平整度指数，m/km；

a_0——高速公路和一级公路采用 0.026，其他等级公路采用 0.0185；

a_1——高速公路和一级公路采用 0.65，其他等级公路采用 0.58。

根据路面行驶质量指数可将路面行驶质量分为 5 级，见表 4-8。

路面行驶质量评级　　表 4-8

指标	优	良	中	次	差
RQI	RQI≥90	80≤RQI<90	70≤RQI<80	60≤RQI<70	RQI<60

4）路面抗滑性能指数

路面的抗滑性能采用抗滑性能指数（SRI）作为评价指标，其计算基于横向力系数（SFC），见式（4-10）。

$$
SRI=\frac{100-SRI_{min}}{1+a_0e^{a_1 SFC}}+SRI_{min} \tag{4-10}
$$

式中：SFC——横向力系数；

SRI_{min}——标定参数，采用 35.0；

a_0——模型参数，采用 28.6；

a_1——模型参数，采用 −0.105。

根据抗滑性能指数可将路面抗滑性能分为 5 级，见表 4-9。

路面抗滑质量评级　　表 4-9

指标	优	良	中	次	差
SRI	SRI≥90	80≤SRI<90	70≤SRI<80	60≤SRI<70	SRI<60

5）路面跳车指数

路面的跳车状况采用跳车指数（PBI）作为评价指标，按式（4-11）进行计算。

$$\mathrm{PBI} = 100 - \sum_{i=1}^{i_0} a_i \mathrm{PB}_i \tag{4-11}$$

式中：PB_i——第 i 类程度的路面跳车；

a_i——第 i 类程度的路面跳车单位扣分，按表 4-10 的规定取值；

i——路面跳车类型；

i_0——路面跳车类型总数，取 3。

路面跳车扣分标准　　表 4-10

类型 i	跳车程度	单位扣分（处）
1	轻度	0
2	中度	25
3	重度	50

根据跳车指数可将路面跳车状况分为 5 级，见表 4-11。

路面跳车性能评级　　表 4-11

指标	优	良	中	次	差
RQI	RQI≥90	80≤RQI<90	70≤RQI<80	60≤RQI<70	RQI<60
PCI	PCI≥92	80≤PCI<92	70≤PCI<80	60≤PCI<70	PCI<60

6）路面磨耗指数

路面的磨耗情况采用磨耗指数（PWI）作为评价指标，按式（4-12）和式（4-13）进行计算。

$$\mathrm{PWI} = 100 - a_0 \mathrm{WR}^{a_1} \tag{4-12}$$

$$\mathrm{WR} = 100 \times \frac{\mathrm{MPD_C} - \min\{\mathrm{MPD_L}, \mathrm{MPD_R}\}}{\mathrm{MPD_C}} \tag{4-13}$$

式中：WR——路面磨耗率，%；

a_0——模型参数，采用 1.696；

a_1——模型参数，采用 0.785；

$\mathrm{MPD_C}$——路面构造深度基准值，采用无磨损的车道中线路面构造深度，mm；

$\mathrm{MPD_L}$——左轮迹带的路面构造深度，mm；

MPD_R——右轮迹带的路面构造深度，mm。

根据路面磨耗指数可将路面磨耗情况分为5级，见表4-12。

路面磨耗情况评级　　表4-12

指标	优	良	中	次	差
PWI	PWI≥90	80≤PWI<90	70≤PWI<80	60≤PWI<70	PWI<60

7）路面结构强度指数

路面的结构强度采用结构强度指数（PSSI）作为评价指标，按照式（4-14）和式（4-15）进行计算。

$$PSSI = \frac{100}{1 + a_0 e^{a_1 SSR}} \tag{4-14}$$

$$SSR = \frac{l_0}{l} \tag{4-15}$$

式中：SSR——路面结构强度系数，为路面弯沉标准值与路面实测代表弯沉之比；

l_0——路面弯沉标准值，0.01mm；

l——路面实测代表弯沉，0.01mm；

a_0——模型参数，采用15.71；

a_1——模型参数，采用－5.19。

根据路面结构强度指数可将路面结构强度分为5级，见表4-13。

路面结构强度指数评级　　表4-13

指标	优	良	中	次	差
PSSI	PSSI≥90	80≤PSSI<90	70≤PSSI<80	60≤PSSI<70	PSSI<60

8）路面技术状况评价

路面技术状况评价包括路面损坏、路面平整度、路面车辙、路面跳车、路面磨耗、路面抗滑性能和路面结构强度等7项内容，采用路面技术状况指数PQI评定，按照式（4-16）进行计算。PQI的数值范围为0～100，值越大，表示路况越好。

$$PQI = \omega_{PCI}PCI + \omega_{RQI}RQI + \omega_{RDI}RDI + \omega_{PBI}PBI + \omega_{PWI}PWI + \omega_{SRI}SRI + \omega_{PSSI}PSSI \tag{4-16}$$

式中：ω_{PCI}——PCI在PQI中的权重；

ω_{RQI}——RQI在PQI中的权重；

ω_{RDI}——RDI在PQI中的权重；

ω_{PBI}——PBI在PQI中的权重；

ω_{PWI}——PWI在PQI中的权重；

ω_{SRI}——SRI 在 PQI 中的权重；

ω_{PSSI}——PSSI 在 PQI 中的权重。

PQI 各分项指标权重见表 4-14。

PQI 各分项指标权重　表 4-14

路面类型	权重	高速公路、一级公路	二、三、四级公路
沥青路面	ω_{PCI}	0.35	0.60
	ω_{RQI}	0.30	0.40
	ω_{RDI}	0.15	—
	ω_{PBI}	0.10	—
	$\omega_{SRI}(\omega_{PWI})$	0.10	—
	ω_{PSSI}	—	—
水泥混凝土路面	ω_{PCI}	0.50	0.60
	ω_{RQI}	0.30	0.40
	ω_{PBI}	0.10	—
	$\omega_{SRI}(\omega_{PWI})$	0.10	—

4.2.2 钢桥面铺装技术状况评价

1) 评价指标

由于钢桥面铺装通常没有结构承载的要求，因此可不考虑结构承载力指标。考虑钢桥面铺装对行驶安全、舒适等功能性方面的要求，可沿用路面抗滑指标和平整度指标。根据铺装层的实际病害情况，可采用裂缝、车辙和破损指标进行表征。

因此，根据苏通长江公路大桥钢桥面铺装养护实践，结合江苏交控科研重大专项的研究成果，可将钢桥面铺装的技术状况评价指标(SDPQI)的分项评价指标分为裂缝率(PCR)、破损状况指数(SDPCI)、层间黏结状况指数(ICCI)、车辙深度(RD)、抗滑性能指数(SDSRI)以及平整度指数(IRI)。

(1)裂缝率

目前，沥青路面裂缝病害被纳入破损指数以及路面破损率等指标中计算其影响效益，尚无独立的评价指标来反映裂缝病害。裂缝是钢桥面铺装使用期内最主要、最常见的病害形式，裂缝病害数目占所有形式的病害总数的比例最大。因此，本书在钢桥面铺装性能评价指标中将裂缝状况作为独立评价指标来衡量其影响效应。

钢桥面铺装的开裂对铺装层的行驶舒适性和行驶安全性影响较小，其主要影响为裂缝病害贯穿铺装层后，雨水沿裂缝进入铺装层与钢板接触面引起锈蚀，影响桥梁结构安全。若裂缝病害没有及时得到处理，会引起一系列的次生病害(如网裂、块裂、坑槽、脱空等)，影响铺装层使用寿命，因此需要提出评价指标以评价裂缝病害的严重程度。本书提出将裂缝率(PCR)作为铺装典型病害指标，其计算公式见式(4-17)。

$$\mathrm{PCR}=\frac{A_{\mathrm{C}}}{A}\times 100\% \tag{4-17}$$

式中：PCR——裂缝率，%；

A_{C}——裂缝病害折算面积，所有裂缝影响宽度按0.2m计算，m^2；

A——检测范围总面积，m^2。

裂缝率(PCR)按照0.5%的梯度进行桥面裂缝等级的递进评价，值越大，表示桥面裂缝越多。裂缝率状况评级从优至差，共可分为5级，分别为优、良、中、次、差，见表4-15。

裂缝率状况评级(单位：%) 表4-15

指标	优	良	中	次	差
裂缝率	0～0.5	0.5～1	1～1.5	1.5～2	≥2

(2)破损状况指数

沥青路面中将裂缝、坑槽、车辙、修补等各类病害的影响均纳入损坏状况指数中计算。通过划定破损严重程度确定病害权重继而计算路面破损率。与沥青路面不同，钢桥面铺装层破损类病害主要包括坑槽、网状裂缝、块状裂缝3种。此3种病害表现形式相近，均为铺装层表面破损；3种病害形式皆具有局部区域性，在破损区域对铺装层产生影响类似；此外，这3类病害维修与养护处理的方式大体一致。

当沥青铺装层出现破损后，给铺装层带来一系列的影响：①铺装层表面不完整，使得车辆行驶在铺装层上产生颠簸，影响驾乘人员的舒适性；②铺装层出现破损，表面如果产生坑槽等严重病害，车辆在高速行驶时因平整性差极易发生交通事故，而且表面出现的坑槽在降水天气下容易积滞水分，易引发次生病害。

除了上述类似于沥青路面破损类病害的影响，钢桥面铺装破损类病害还容易引起结构安全问题。当铺装层出现破损后，水分容易沿着破损面进入铺装层内部，在车辆荷载作用下加剧铺装层破坏，且病害一旦破损至钢板后，钢桥面板也易产生锈蚀等现象，给桥梁结构安全带来隐患，故需考察破损深度对铺装层性能产生的影响。综上所述，可用破损状况指数评价破损类病害对铺装层性能产生的影响。

钢桥面铺装破损状况采用破损状况指数SDPCI进行评价，由铺装破损率(DR)计算得出。其中，桥面铺装破损率(DR)按式(4-18)计算。

$$\mathrm{DR}=100\times\frac{\sum_{i=1}^{i_0} w_i A_i}{A} \tag{4-18}$$

式中：DR——钢桥面铺装破损率，为桥面各种破损的折合面积之和与调查桥面面积之比,%；

A_i——桥面铺装破损中,第 i 类桥面破损面积,m^2；

A——调查路段内的桥面铺装面积,m^2；

w_i——不同病害类型的权重系数。

破损状况指数(SDPCI)的数值范围为0～100,值越大,表示桥面状况越好。SDPCI的计算见式(4-19)。

$$SDPCI = 100 - a_0 DR^{a_1} \tag{4-19}$$

式中:a_0——标定系数,采用15.00;

a_1——标定系数,采用0.412。

根据使用性能指数SDPCI将钢桥面铺装技术状况分为优、良、中、次、差5个等级,见表4-16。

破损状况评级　　表4-16

指标	优	良	中	次	差
破损状况指数	≥90	80～90	70～80	60～70	<60

(3)层间黏结状况指数

黏结层失效类病害为钢桥面铺装层特有的破坏形式,其病害主要表现形式为铺装层滑移和内部脱空。黏结层失效后沥青铺装层与钢桥面板不再作为一个整体共同受力,两者之间的变形协调性与一致性难以保证,铺装层在使用中极易出现其他次生病害。

黏结层失效病害主要有两类:一类是由于表面破损后水分侵入,在车辆荷载作用下产生较大的动水压力,致使黏结界面受到冲刷而破坏,这种状况大多出现在裂缝类、坑槽类等表面破损的病害周围;另一类主要为自身材料性能影响,黏结层材料由于自身黏结性能不足,铺装层底部与钢桥面板之间脱空,丧失工作协同性,导致铺装出现滑移、拥包等破坏。

综上所述,黏结层失效、层间脱空是钢桥面铺装深层次病害,如果不能及时判别并进行针对性处治,病害将迅速向上反射,导致铺装层发生整体崩溃性破坏。为了合理评价黏结层失效类病害对铺装层性能产生的影响,需要针对此类型病害提出相应的评价指标,即层间黏结状况指数(ICCI)。通过ICCI评价指标可以对钢桥面铺装技术状况进行量化,直观、有效地反应桥面层间黏结状况,计算公式见式(4-20)和式(4-21)。

$$ICCI = 100 - 12PDR^{0.818} \tag{4-20}$$

$$PDR = 100\% \times \frac{A_{ab}}{A} \tag{4-21}$$

式中:ICCI——铺装层间黏结状况指数;

PDR——铺装脱空率,%;

A_{ab}——脱空铺装总面积,m^2;

A——检测范围总面积，m^2。

采用ICCI指标进行桥面连接状况的综合评价，评级划分见表4-17，评价等级主要分为优、良、中、次、差，共5个等级。

层间黏结状况评价等级 表4-17

指标	优	良	中	次	差
层间黏结状况指数	95～100	85～95	75～85	65～75	<65

(4)车辙深度

车辙是钢桥面沥青铺装的主要病害类型之一。热塑性沥青混合料是一种黏弹塑性材料，其物理力学性能与温度和荷载大小、作用时间密切相关。在高温时节，沥青铺装材料的模量大幅降低，由于车辆荷载重复作用形成永久变形地累积，导致铺装表面出现车辙病害。车辙致使铺装表面严重变形，影响了平整度，同时也增大了车辆对桥梁的冲击荷载。轮迹处沥青层厚度减薄，削弱了铺装结构的整体强度，从而易于诱发其他病害。雨天铺装层表面排水不畅，降低铺装层的抗滑能力，会出现由于车辙内积水而致使车辆飘滑，影响车辆高速行车的安全性；车辆在超车或更换车道时易发生方向失控，影响车辆操纵的稳定性。因此，车辙的产生会影响桥面铺装的使用寿命和服务质量，需要针对此类型病害提出相应的评价指标，即车辙深度。根据《公路技术状况评定标准》(JTG 5210—2018)，辙槽在0～10mm之间为无车辙，辙槽深度在10～15mm之间为轻度车辙，辙槽深度大于15mm为重度车辙。结合苏通长江公路大桥钢桥面铺装养护实践，本书提出的钢桥面铺装车辙深度评价标准见表4-18。

车辙深度评价标准 表4-18

指标	优	良	中	次	差
车辙深度(mm)	<5	5～10	10～12	12～15	>15

(5)抗滑性能

具有一定的抗滑性能是道路行驶安全的保证，铺装层表面需要具有足够的宏观纹理(构造深度)和微观纹理(集料磨光值)，以保障车辆安全行驶。铺装层抗滑性不足的病害主要包括表面磨光、泛油等，其主要表现为铺装层表面由于集料棱角被磨光、沥青向表面迁移而丧失足够的粗糙度。

抗滑性能主要由铺装表面与轮胎之间的摩擦系数决定，钢桥面铺装表面层材料是影响摩擦系数大小的关键。沥青路面一般为普通改性沥青混合料，而钢桥面铺装表面层材料一般为环氧沥青混合料和改性沥青SMA混合料，受铺装材料自身组成的影响，铺装层表面的抗滑性能也存在一定的差异。

由于摆式摩擦系数测定仪广泛用于路面抗滑性能分析研究，具有携带方便、操作简单等优点。因此，本书参考《公路沥青路面养护技术规范》(JTG 5142—2019)，采用摆值(BPN)作为铺装层抗滑性能的评价指标，并制定了钢桥面铺装抗滑性能分级标准，见表4-19。

抗滑性能评价标准 表 4-19

指标	优	良	中	次	差
摆值(BPN)	≥48	46~47	42~45	37~41	<37

(6)平整度指数

行驶质量或行驶舒适性与路面平整度密切相关,在《公路技术状况评定标准》(JTG 5210—2018)中,优和良等级对应的路面平整度(国际平整度指数 IRI)分别为 2.3m/km 和 3.5m/km(高速公路、一级公路)及 3.0m/km 和 4.5m/km(其他公路)。钢桥面铺装在平整度方面与高速公路沥青路面要求基本相同,国际平整度指数也可作为钢桥面铺装的平整度评价指标,评价标准见表 4-20。

IRI 评价标准 表 4-20

指标	优	良	中	次	差
国际平整度指数(m/km)	<2.3	2.3~3.5	3.5~4.3	4.3~5.0	>5.0

2)苏通长江公路大桥钢桥面铺装技术状况评价

以 2021 年实测结果为例,说明苏通长江公路大桥钢桥面铺装技术状况评价实践。为支撑 2021 年苏通长江公路大桥南通方向修复养护设计与工程实施,2020 年 9 月和 2021 年 1 月分别采用了人工普查、多功能检测车、红外热像仪、激光弯沉等快速无损检测技术对钢桥面铺装破损状况进行了全面检测,并对铺装表观破损、路用性能、层间黏结状况进行了多维度精细化评估,为养护方案的制定提供合理依据。钢桥面铺装技术状况检测方法及评估指标见表 4-21。

钢桥面铺装技术状况检测方法及评估指标 表 4-21

检测方法	人工步检	红外热成像	多功能检测车
检测内容	表观破损	层间黏结状况	平整度、车辙
评估指标	PCR、SDPCI	ICCI	IRI、RD

(1)裂缝率

根据各车道裂缝病害折算相应的换算面积,苏州方向重车道裂缝病害较为突出,影响面积为 217.5m^2,具体检测结果见表 4-22。

各车道铺装层裂缝面积(单位:m^2) 表 4-22

方向	车道		
	超车道	行车道	重车道
苏州	0.2	76.3	217.5
南通	20.5	126.0	89.1

总结苏通长江公路大桥环氧沥青钢桥面铺装裂缝发展情况,可得:

①苏州方向,重车道裂缝影响面积约为 217.5m^2,裂缝率 PCR 为 2.78%;行车道裂缝影响面积约为 76.3m^2,裂缝率 PCR 为 0.97%。

②南通方向，重车道裂缝影响面积约为89.1m²，裂缝率PCR为1.14%；行车道裂缝影响面积约为126.0m²，裂缝率PCR为1.61%；超车道裂缝影响面积20.5m²，裂缝率PCR为0.26%。

③裂缝产生原因主要是位于行车道与重车道中间的两条纵向施工缝的开裂以及旧铺装产生较多的疲劳裂缝。南通方向重车道裂缝率较低主要是因为该车道养护维修段落较多。南通方向超车道相对于苏州方向的裂缝率较多主要是因为在103索至114索位置存在较多的放射状裂缝及纵向网状疲劳裂缝。分方向和车道的裂缝率PCR评价结果见表4-23。

裂缝率PCR评价　表4-23

方向	车道		
	超车道	行车道	重车道
苏州	0.00	0.97	2.78
	优	良	差
南通	0.26	1.61	1.14
	优	次	中

(2)破损状况指数

根据2021年现场表观破损检测结果，苏通长江公路大桥钢桥面铺装病害折算面积见表4-24。由表可见，整体上南通方向破损稍多，破损率达2.82%。从单个车道上看，苏州方向重车道破损最严重，破损面积为391m²，破损率高达5%。南通方向超车道103索至114索的技术状况相对较差，主要原因为该路段疲劳裂缝较为明显。

苏通长江公路大桥钢桥面铺装病害折算面积　表4-24

方向	超车道		行车道		重车道	
	破损面积(m²)	破损率(%)	破损面积(m²)	破损率(%)	破损面积(m²)	破损率(%)
苏州	0.40	0.01	157.48	2.01	343.18	4.38
南通	38.20	0.49	280.40	3.58	391.12	5.00

依据各车道破损状况指数SDPCI对应的破损状况评价等级，两幅重车道、行车道使用状况较差。虽然在车道整体评级中取得“良”和“中”的评级，但实际状况是行车道和重车道有较多路段已经过维修，未维修路段病害较集中，网格评级中行车道和重车道多处评级为“次”或“差”(表4-25)。

破损状况评价　表4-25

车道	超车道		行车道		重车道	
	SDPCI	等级	SDPCI	等级	SDPCI	等级
苏州方向	97.8	优	80.0	良	72.4	中
南通方向	88.8	良	74.6	中	70.9	中

(3)层间黏结状况指数

红外热成像检测技术是一种建立在传统热学理论基础上的无损检测技术,是非接触式检测技术,对被检测物体没有任何影响,设备便携、检测结果直观可靠,使用安全。红外无损检测是利用红外热像设备测取目标物体的表面红外辐射能,将其转换为电信号,并最终以彩色图或灰度图形式显示目标物体的表面温度场,根据温度场的特征来反推被检对象表面或内部是否存在缺陷的一种新型无损检测技术,主要优点如下:

①检测结果形象直观,可以以图像的方式进行保存,便于管理和分析。

②大面积快速扫描,检测效率高,红外探测器的响应速度高达纳秒级,可迅速进行铺装层表面红外辐射的扫描。

③灵敏度高,红外探测器对红外辐射灵敏度很高,精度高达0.1℃,可以检测出铺装层表面温度的微细变化,如图4-31所示。

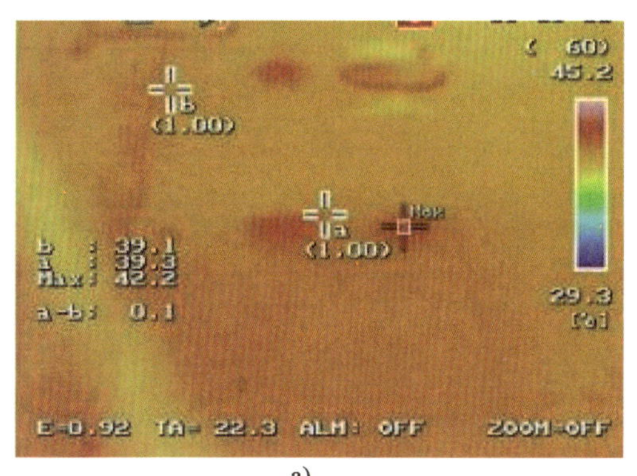

a)

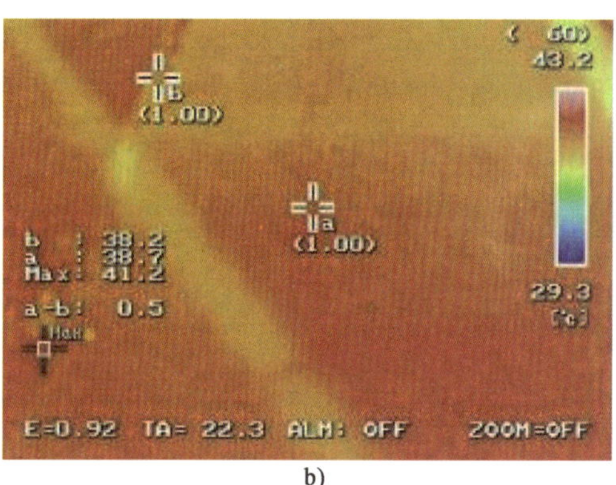

b)

图4-31　鼓包、脱空异常位置

通过使用红外热成像仪对桥面铺装层进行扫描,检测结果如下:

①双向重、行车道层间病害较多,几乎在100m^{2}以上,南通方向重、行、超车道层间病害面积分别为252m^2、120m^2、6m^2;苏州方向重、行、超车道层间病害面积分别为97m^2、187m^2、0m^2,见表4-26。

钢桥面铺装层间病害面积(单位:m^2)　　表4-26

病害区域	重车道	行车道	超车道
南通方向	252.26	120.96	6.45
苏州方向	97.9	187.77	0

②苏通长江公路大桥苏州方向行车道左右轮迹位置出现连续鼓包现象,基本以放射状裂缝、环状裂缝和坑槽的形式释放。

③双向重、行车道网裂位置包含大量放射状裂缝、环状裂缝、脱空等病害交错出现,对桥面整体耐久性十分不利。

④双向重、行车道坑补及网裂位置出现了铺装层与钢板表面脱层现象，导致了钢板生锈，将严重危害钢桥的结构安全。

通过对苏通长江公路大桥铺装层层间连接状况进行分析，全桥双向重、行车道使用状况较差，超车道使用状况较好。南通方向重、行、超车道 ICCI 评级分别为次(68.7 分)、中(82.9 分)、优(98.4 分)，苏州方向重、行、超车道 ICCI 评级分别为良(85.6 分)、中(75.5 分)、优(100 分)。评价结果见表 4-27。

钢桥面铺装层间黏结状况评价 表 4-27

方向	重车道				行车道				超车道			
	脱空面积(m^2)	脱空率(%)	ICCI	评级	脱空面积(m^2)	脱空率(%)	ICCI	评级	脱空面积(m^2)	脱空率(%)	ICCI	评级
南通方向	252.26	3.22	68.7	次	120.96	1.54	82.9	中	6.45	0.08	98.4	优
苏州方向	97.9	1.25	85.6	良	187.77	2.40	75.5	中	0	0	100	优

(4)车辙深度

以每 10m 为一段，南通方向和苏州方向的车辙深度(RD)检测结果如图 4-32 所示，全桥铺装车辙状况总体较好，各车道车辙深度均值都在 5mm 以内。双向重、行车道在跨中及边跨部分位置车辙深度超出 5mm，尤其上行南通方向重车道在跨中至 3/4 跨以及下行苏州方向行车道在 1/4 跨至跨中位置车辙状况均较差，两者车辙深度极值均超出 5mm，分析原因可能是所对应的位置有大量坑槽修补产生的高差所造成的。

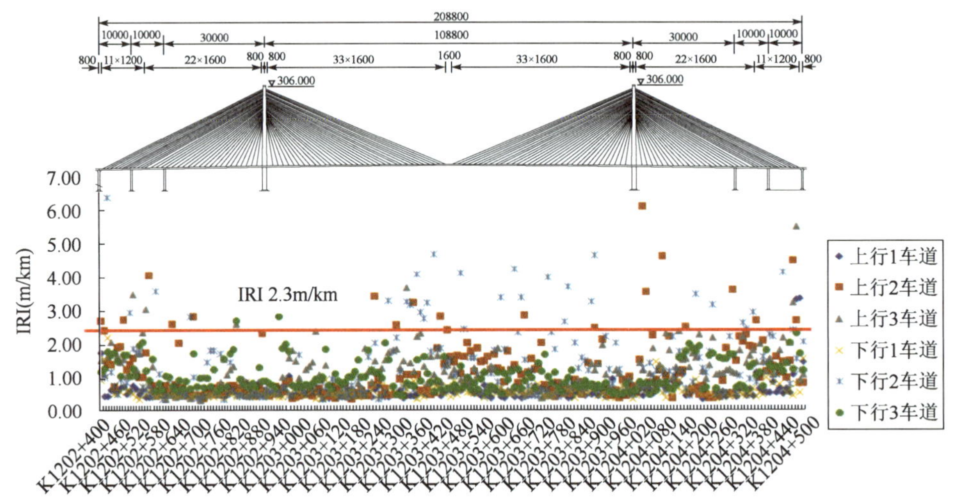

图 4-32 车辙深度(RD)检测结果(尺寸单位：mm)

苏通长江公路大桥各车道车辙深度(RD)见表 4-28。相比 2018 年，2020 年各车道车辙深度均有所增大，但 6 条车道的车辙深度平均值均小于 5mm，等级为优。车辙深度发展状况如图 4-33 所示。

苏通长江公路大桥各车道车辙深度(单位:mm)　　表4-28

年度	南通方向			苏州方向		
	超车道	行车道	重车道	超车道	行车道	重车道
2018年	1.43	2.6	3.31	1.44	3.04	3.38
2020年	1.52	2.67	4.35	1.57	4.26	3.58

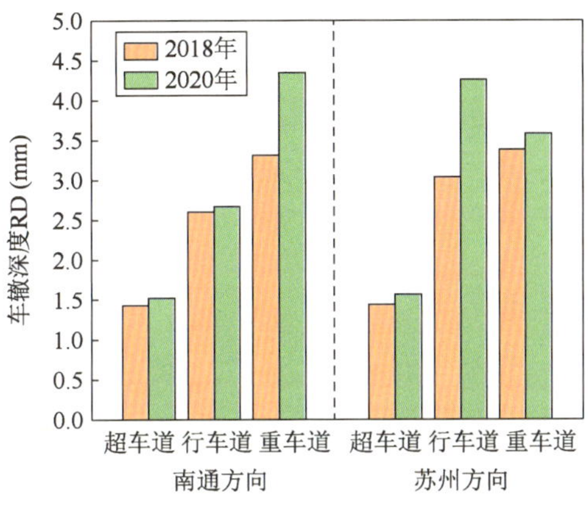

图4-33　各车道车辙深度发展状况

(5)平整度

以每10m为一段,南通方向和苏州方向的平整度检测结果如图4-34所示。由图可见,全桥铺装平整度总体较好,各车道国际平整度指数(IRI)均值都在2.3m/km以内,仅双向行车道在边跨和跨中部分位置的IRI超出2.3m/km,约占比为10%。该段落由于坑槽等病害集中,已经历多次维修,其IRI极值分别为6.11m/km和6.37m/km。

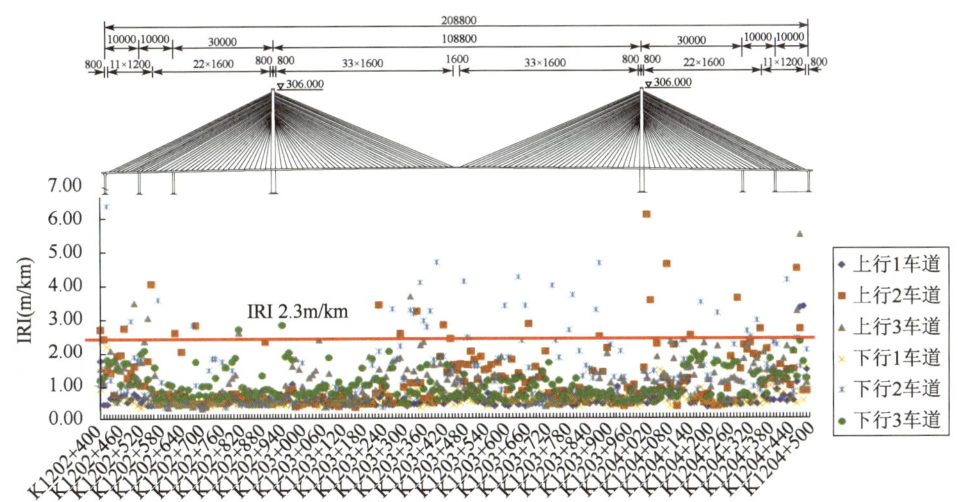

图4-34　国际平整度指数(IRI)检测结果(尺寸单位:mm)

苏通长江公路大桥各车道国际平整度指数(IRI)见表4-29。相比2018年,2020年各车道平整度指数均有所增大,但6个车道的IRI平均值均小于2.3m/km,等级为优,如图4-35所示。

苏通长江公路大桥各车道国际平整度指数(单位:m/km)　　表 4-29

年度	南通方向			苏州方向		
	超车道	行车道	重车道	超车道	行车道	重车道
2018 年	0.55	0.79	0.86	0.65	1.08	0.96
2020 年	0.59	1.15	1.13	0.67	1.32	1.04

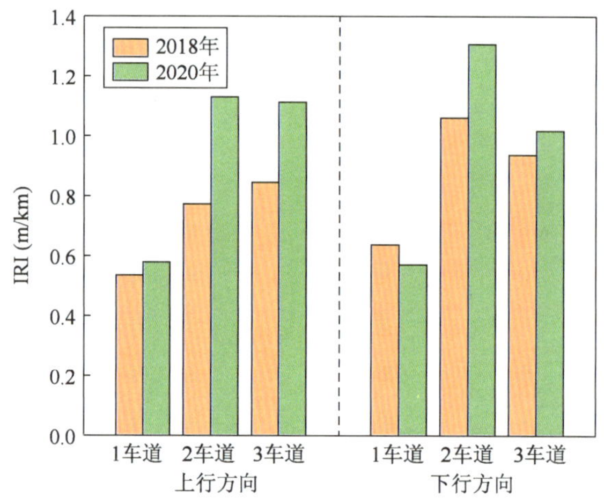

图 4-35　各车道国际平整度指数(IRI)发展状况

4.3　钢桥面铺装养护策略

4.3.1　养护类型

钢桥面铺装病害会降低铺装层的使用性能,进而影响桥梁的安全运营;对病害的及时维养可提高铺装层使用质量,延长其使用寿命。从养护策略的角度出发,根据钢桥面铺装的病害类型、损坏程度以及所需采用的维修措施,钢桥面铺装养护策略可分为日常养护、预防养护、修复养护和应急养护。

日常养护是指通过定期路况调查,及时发现破损与病害迹象,对铺装层早期出现的一些裂缝、坑槽等病害的常规修补,对于已出现少量病害的钢桥面铺装是最佳的选择。在日常检测中,当发现铺装已经产生局部使用功能或结构性损坏(如局部车辙或一定面积的裂缝),但尚未波及较大面积时，需要及时采用一定规模的日常养护，如果推迟养护时机将增加铺装发生更大面积损坏的风险，维修成本也会进一步增加。

预防养护是当全桥铺装层只有某些轻微病害或功能退化、总体技术状况尚处于良好状态时，分析研究病害产生的原因，有针对性地采取预防养护措施，防止病害进一步扩大。通过预防养护可以减缓铺装的破损速度，使其能在更长时间内保持较高的服务水平，从而延长铺装使用寿命，推迟代价很高的修复及重建。因此，预防养护以铺装层正常使用状态下的部分功能性缺失为对象，以延缓铺装层损坏、延长铺装层使用寿命为目的，需在其出现明显破坏之前实施。

修复养护是指铺装的损坏已经波及较大面积，如整条车道或全桥，养护速度已跟不上病害的发展速度，整条车道或全桥大部分面积铺装已产生结构性破坏，从而需要进行全桥范围的挖除重铺。

应急养护是指铺装发生紧急状况时所进行的临时性病害修复。该类养护的目的是在短期内恢复铺装的功能，保障行车安全。

4.3.2 养护策略

养护策略的确定应遵循“强化日常养护、主动开展预防养护、有效实施修复养护”的原则，按铺装养护科学决策的工作制度与方法进行铺装养护规划与年度计划编制。对各钢桥面铺装技术状况指标的评价为“优、良”的路段，可进行日常养护、预防养护；对分项指标评价为“中”及“中”以下的路段，应进行修复养护。

同时，应根据调查评价情况划分铺装养护单元，养护单元应在考虑养护材料生产、施工能力的基础上确定合适的长度和面积。由于大跨径钢桥对铺装的养护要求较高，如按普通公路沥青路面 1km 为一个养护单元则划分过粗。根据苏通长江公路大桥的实践经验，可按 16m 为一个节段划分养护单元。但在实际进行养护工作时，仍需结合病害实际分布确定养护区域。本书提出的针对养护节段的养护策略见表 4-30。

钢桥面铺装技术指标与养护对策　　表 4-30

技术指标				养护类型
层间黏结状况指数	破损状况指数	裂缝率	抗滑性能	
≥85	≥80	≤0.2	≥45	日常养护
			<45	预防养护
	<80	>0.2	—	预防养护
≤85	—	—	—	修复养护

4.3.3 维养机制

1)巡查制度

钢桥面铺装巡查包括病害调查、技术状况检测和技术状况评价。对于千米级斜拉桥,应定期进行技术状况检测与评价,以便及时更新铺装技术状况的数据信息。

(1)日常巡查

根据苏通长江公路大桥特点,制定每日巡查制,保证巡查工作人员不少于1人。在巡查过程中,需要关注桥面铺装上的清洁状况(散落的硬物、车辆滴漏的油污等)、铺装是否有病害出现、交通畅通状况、雨雪天气铺装的排水、抗滑情况等。每次巡查后,要做详细记录,记录当天环境温度、天气情况、交通状况等。日常巡查频率为1次/天,双向全程,方法以车行为主进行人工观测,辅以摄像或摄影。

日常巡查发现铺装病害与异常情况后,应及时做好记录并向养护中心汇报,根据天气、交通状况安排交通封闭与病害处治。

除每日巡查外,每季度组织1次钢桥面铺装技术状况的详细调查与评价,用于指导日常养护。如发现铺装技术状况变化明显时,需增加调查与检测的频率。

(2)特殊巡查

主要是在暴雨、台风、高温、严重冰冻及其他危及正常交通的灾害天气发生前后进行的巡查。在灾害天气来临前进行预防性巡查,巡查车行车速度应适当降低,发现异常情况应立即向管养单位报告。在灾害天气过后进行补救性巡查,方法以车行为主进行人工观测,辅以摄像或摄影。

(3)专项巡查

对某些数量较多且危害较大的病害或铺装状况发生异常变化的特殊路段进行较细致的检查。频率以实际需要决定,方式为车行与步行相结合,定位、定量观测,详细记录。

针对主要病害为裂缝的路段,对其裂缝发展层位、裂缝形态、影响面积等进行专项调查,分析裂缝产生的原因,确定出现的裂缝病害是否适用灌缝、扩缝等技术。

针对主要病害为车辙的路段,应进行车辙深度调查,分析车辙产生的原因,确定出现车辙病害是否适用预防养护技术。

针对主要病害为坑槽、唧浆等水损坏的路段,应对病害发展面积、铺装材料品质、排水系统等进行专项调查,并检测钢桥面与铺装层间是否存在脱层病害。

针对磨光等抗滑性能不良的路段,应对其表面纹理特征进行专项调查,判断引起路面抗滑性能不良的原因。

钢桥面铺装巡视检查方案一览表见表4-31。

钢桥面铺装巡视检查方案　　表4-31

巡查种类	巡查内容	巡查频率	巡查方法	巡查装备
日常巡查	检查钢桥面铺装出现的病害及可能诱发病害的因素	不少于1次/天，双向全程	车行为主，人工观测，辅以摄像或摄影	有明显标识、装备有警灯的巡查车，摄影或摄像器材等
特殊巡查	主要是在暴雨、台风、高温、严重冰冻及其他危及正常交通的灾害性气候进行的巡查，包括雨后巡查等	在灾害天气来临前进行预防性巡查，在灾害性天气过后进行补救性巡查	车行为主，巡查车行车速度应适当降低，发现异常情况立即报告	巡查车同上，配备可靠的通信设备和摄影、摄像器材
专项巡查	对某些数量较多且危害较大的病害或路面状况发生异常变化的特殊路段进行较为细致的检查	根据实际需要决定	车行与步行相结合，定位、定量观测，详细记录	同日常巡查，并配备与检查内容相适应的测量仪器

2）铺装技术状况调查方法

路况调查是苏通长江公路大桥养护中心根据自身实际及前期养护工作经验，总结出的一套铺装技术状况调查办法，也是苏通长江公路大桥能够科学性、预防性地实施铺装养护的前提。路况调查采用自动化检测与人工调查相结合，根据使用环境（如天气、交通状况）、各车道自身状况以及由各次健康维护调查报告建立预警模型，根据每月调查汇总结果，分析预警模型参数，确定下次调查的深度与频率。而后再进行现场人工巡回检查，人工巡回检查采用单幅车道整体扫描式调查，即封闭需要调查的车道，委派调查人员从车道一端对该车道进行完整的巡回检查，并对该车道具体使用状况作详细的记录。铺装现场检测手段如图4-36所示。

a)人工步检

b)多功能车检测

图　4-36

c)红外热成像仪检测

图 4-36 钢桥面铺装检测手段

3)日常养护

根据铺装技术状况评价结果编制日常养护年度计划,并确定日常养护工作内容。环氧沥青混凝土是一种高性能的铺装材料,一般无须太多的日常养护。日常养护工作的主要内容是及时清除积水、杂物,以及发现并处治局部病害等。

(1)日常清扫

日常清扫主要是清理积水、硬物、油类等可能造成铺装抗滑性能下降和硬伤的杂物,使铺装保持干净、整洁。及时发现并清理铺装表面杂物,一旦发现油类、油漆及其他会对铺装抗滑性能产生影响的化学物质溅落在桥面上时,应立即清除。

对应急车道的清扫工作可以防止碎石堆积。当金属物体、岩石以及其他一些会对桥面产生破坏的硬物从运输车辆掉落在桥面上,在车辆缓慢行驶的作用下会对桥面造成破坏,应立即予以清除。

对桥面泄水孔也要及时进行清扫,以防雨水在桥面积聚,从而导致桥面抗滑性能下降,还可以防止水分飞溅到钢护栏上。

(2)日常维修

病害维修是日常养护的主要工作内容。当钢桥面铺装出现裂缝、坑槽、松散、沉陷、车辙等病害时,应及时进行处治,防止病害发展与扩大,并阻止水分渗入铺装结构内部。

病害处治方案应根据病害类型、范围与严重程度,查阅养护手册后确定,做好材料、设备、交通封闭和施工准备,进行病害精细化处治,达到可靠、耐久、经济、美观的效果。

病害修补面积应大于病害实际面积,修补范围的轮廓线应与铺装中心线平行或垂直,并在病害修补的边缘部位采取涂覆黏结层材料等措施,保证修补部分与原铺装界面黏结牢固、有效防水。因修补不良造成修补区再次损坏,应分析诊断修补不良产生再次损坏的原因,进行根治,保证再次修补的质量。对坑槽、车辙、沉陷等需将原铺装挖除或铣刨后进行修补作业的病害,应做到随挖随补。

4)预防养护

根据钢桥面铺装使用年限、技术状况、交通量大小及组成、气候条件等因素,合理确定预防养护的时机。在确定预防养护时机的基础上,设定预防养护目标,经过养护设计与方案比选,采取合适的预防养护措施。预防养护措施应兼顾铺装结构增强和功能提升,同时注意预防养护的封层、罩面等不应太厚,使用年限应不低于 2 年。预防养护实施之前,应对桥面的裂缝、坑槽等病害进行处治。实施预防养护工程应满足以下要求:

①封闭铺装表面细小裂缝,提高铺装的防水性能。

②防止铺装表面松散,延缓铺装的老化。

③保持或提高铺装的抗滑性能。

④改善铺装的表面外观。

5)修复养护

当日常养护和预防养护无法阻止钢桥面铺装技术状况进一步恶化时,需要及时采用修复养护对病害进行较为彻底的维修,以恢复铺装结构完整性和使用功能。在修复养护目标确定的基础上,根据钢桥面铺装的主要病害类型、交通量大小及组成、气候条件、施工可行性、技术经济性等因素,经过专项养护设计与方案比选,采取合理、可行、经济的修复养护措施。

当铺装下层基本完好而铺装表面层病害较严重时,可仅对铺装磨耗层进行铣刨重铺;当铺装下层、表面层均出现严重病害时,应采用全厚式处治方案。

大跨径缆索结构体系桥梁桥面铺装相对重度或厚度的改变将影响并改变主梁的线形及受力状况,可能会对桥梁安全和使用性能产生影响。因此,对钢桥面铺装进行铣刨重铺时,如果铺装厚度、材料相对重度与原设计有区别,要对桥梁结构进行验算,分析永久荷载变化带来的影响,在进行专项评估后方可实施。

修复养护的设计使用年限应根据铺装修复面积确定,当修复区域面积不大于 $100m^2$时,设计使用年限应不低于 2 年;修复区域面积大于 $100m^2$时,设计使用年限应不低于 5 年;修复区域超过 1 条车道时,设计使用年限应按现行《公路钢桥面铺装设计与施工技术规范》(JTG/T 3364-02—2019)要求进行确定。

由于修复养护通常需要较长的时间以完成原铺装清除、新铺装施工及养生等工艺环节,所以需提前将计划工期广泛告知社会公众,并做好施工期间的交通组织和管理,确保人民群众的安全通行。

本章参考文献

[1] 高博. 钢桥面典型铺装方案及其病害和维修方法[J]. 公路,2012,(7):29-34.

[2] 王润寿,余文科,洪丹,等.环氧沥青混凝土钢桥面铺装病害的原因分析与处治[J].石油沥青,2011,(1):13-16.

[3] 王建伟,于力,罗桑.南京长江第二大桥环氧沥青混凝土铺装服役13年回顾[J].公路,2015,60(8):37-40.

[4] 关永胜,迟占华,宗海.大跨径钢桥桥面铺装早期病害分析及对策[J].中外公路,2005,25(6):99-102.

[5] 杨秀飞,盛赛华,陈仕周.虎门大桥钢桥面铺装热稳性病害的原因分析与处治[J].公路,2001,(1):59-62.

[6] 敬森森.钢桥面沥青铺装层裂缝病害分析[J].公路交通科技,2007,24(2):40-43.

[7] 樊叶华,王敬民,陈雄飞,等.浇注式沥青混凝土钢桥面铺装养护对策分析[J].中外公路,2005,25(1):81-83.

[8] 林伍湖.海沧大桥钢桥面铺装层损坏原因及维修探讨[J].公路,2004,(10):77-80.

[9] 李浩天,关永胜,贾渝,等.环氧沥青钢桥面铺装长期性能演变研究[J].中外公路,2010,30(6):230-233.

[10] 陈团结,黄卫,钱振东.大跨径钢桥面沥青混凝土铺装层裂缝机理分析[J].公路,2007,(10):75-80.

[11] 张志宏.关于钢桥面沥青混凝土铺装层界面抗剪问题的研究[J].公路,2003,(12):5-9.

[12] 陈先华,黄卫,杨军.正交异性钢桥面沥青混凝土铺装层的裂缝分类及成因[J].公路,2008,(4):6-10.

[13] 徐磊,李宇峙,张平.钢桥面铺装修补用环氧树脂混凝土固化性能试验研究[J].公路,2014,59(7):310-313.

[14] 李丹,余健,章登精.南京地区环氧沥青混凝土钢桥面铺装病害分析及养护措施[J].森林工程,2012,28(5):86-91.

[15] 山宏宇,李倩,秘林源,等.浇注式钢桥面铺装层推挤变形病害机理分析[J].土木建筑与环境工程,2016,38(3):104-109.

[16] 程庆,王大明,吴春颖.钢桥面沥青铺装层病害及成因分析[J].公路工程,2010,35(3):112-115,128.

[17] 黄海涛.钢桥面铺装层使用性能评价及养护决策研究[D].南京:东南大学,2008.

第 5 章

钢桥面铺装日常养护技术

随着钢桥面铺装使用年限的增加，在车辆荷载和环境因素的综合作用下，铺装层病害的产生往往难以避免。为保证行车安全性和铺装层耐久性，应对各类病害及时进行处治。国内外对钢桥面铺装病害养护技术已开展了一定程度的研究和实践工作，主要集中于病害分类、机理分析、维修材料和工艺等。相对于新建铺装层而言，钢桥面铺装养护维修领域面临着重重掣肘。如坑槽修复之后，在修补材料与原桥面铺装之间存在施工缝，而施工缝是铺装的薄弱环节。由于新旧材料性能存在一定差异，并且在热胀冷缩变形以及荷载与环境作用下，容易产生二次开裂；同时，由于坑槽修补工程量小，小型碾压设备压实功率不高，导致常规级配树脂混合料难以密实；或者迫于交通压力，在材料养生时间不足的条件下需开放交通等，都是钢桥面铺装养护维修中的痛点。同时，现有的养护技术在雨天或潮湿环境中的维修效果均难以令人满意。

对钢桥面铺装病害处理的关键是找到有效的修复材料与工艺。车辙病害的修复依赖于铺装结构功能上的调整，而对裂缝病害及其次生的坑槽病害则更依赖于养护材料性能。国内外对于钢桥面铺装养护与维修技术的研究仍处于探索阶段，缺乏具有针对性的病害修复材料、工艺及设备。

为解决雨季钢桥面铺装应急养护问题，苏通长江公路大桥组织国内高校开展联合攻关，开发了一种常温水下固化树脂反应体系和制备方法。通过对基质树脂的多重改性，并采用特种促进剂和偶联剂调配固化剂，将水作为助剂参与化学反应，实现了新型杂化树脂材料在水下的常温固化，开发了一类在干燥、潮湿环境中均可使用的钢桥面铺装养护新材料——PTA 型水下固化树脂。本章将介绍裂缝、坑槽、鼓包等钢桥面铺装日常病害处治技术。

5.1　裂缝病害处治技术

裂缝病害是环氧沥青铺装的常见病害，裂缝的产生不仅会造成局部应力集中，破坏铺装结构的整体性，同时也为雨雪和水汽对铺装内部甚至钢桥面板的侵蚀提供了途径。水分通过裂缝渗入铺装结构，在交通荷载作用下，滞留于铺装结构内部的水分加剧了沥青与集料的剥离，形成松散、坑槽、钢板锈蚀等严重病害，对钢桥面铺装乃至钢桥结构耐久性造成了极为不利的影响。因此，裂缝病害是影响钢桥面铺装使用质量和服役寿命的主要因素之一，对裂缝维修技术的研究具有重要的工程意义和实用价值。

1）维修策略

为了避免裂缝扩展并贯穿铺装层，导致雨水、冰雪渗入铺装内部甚至腐蚀钢桥面板，必须对裂缝进行及时修补，并且应针对不同类型的裂缝采取相应的修补方法。裂缝可根据缝宽分为微裂缝(1mm 以下)、微小裂缝(1～3mm)、小裂缝(3～6mm)、中裂缝(6～12mm)、大裂缝(＞12mm)。

根据苏通长江公路大桥钢桥面铺装的使用状况调查,铺装裂缝大多属于微裂缝和微小裂缝,裂缝产生于铺装表面并向下扩展,如尚未造成严重的结构性破坏,可采用预防养护的办法进行修复。苏通长江公路大桥的养护经验表明,对微小裂缝,在裂缝形成初期就采用低黏度的养护材料作填缝处理是非常有效的,它可以防止雨雪渗入裂缝,避免水分侵入混合料内部发生冻胀或沥青剥落从而导致病害的进一步扩大和更为严重的铺装损坏。

但若对微、小裂缝处理不及时,裂缝会继续扩展并贯穿整个铺装层,中、大裂缝的出现表明铺装已发生较严重的局部损坏,而且往往伴有严重的脱层,对它们的修补类似于坑槽的修补。

钢桥面铺装裂缝填封应达到如下目的:

(1)恢复铺装局部强度

当钢桥面铺装层产生裂缝破损时,裂缝两侧的铺装材料间将逐渐丧失荷载传递功能,这将造成钢桥面铺装局部强度的下降。对裂缝进行填封处理,可恢复裂缝两侧材料间的荷载传递功能,从而恢复铺装局部承载力。钢桥面铺装的裂缝,通常出现在其局部较薄弱(如施工接缝、死料部位、异物部位、压实不足、空隙率过大、油石比变异、离析部位等)或交通量较大的轮迹带部位,需要通过对裂缝处松散、破损材料清除后进行填封修补,从而弥补原有钢桥面铺装材料强度的不足,确保裂缝填封处不会再次开裂。

(2)避免病害进一步扩大

钢桥面铺装层出现裂缝后,水分很容易渗入铺装结构层中,在较高的动水压力作用下,造成铺装材料的松散、剥落,进一步引起黏结层破坏,最终导致出现裂缝扩展、坑槽破损等严重病害。同时,裂缝产生后,许多固体杂物会进入裂缝缝隙中,裂缝将呈现不断扩展的趋势,并受到杂物顶挤引起的附加应力作用,进一步加剧裂缝破损。故通过裂缝填封处理,避免雨水渗入铺装内部,防止杂物进入裂缝缝隙,从而避免裂缝扩张及铺装进一步损坏。

2)裂缝养护材料

在裂缝养护材料方面,美国公路战略研究计划(Strategic Highway Research Program,SHRP)的研究报告中将裂缝填封分为密封(Sealing)和填充(Filling)两类。裂缝密封是针对活动性裂缝,将专用密封材料灌入经过开槽处理的裂缝中,以防止水分或固体杂物进入裂缝,由于活动缝存在较大的水平或竖向位移,要求修补材料具有很好的黏附性、抗变形能力和耐久性。裂缝填充则是针对非活动性裂缝,将修复材料填充到非工作裂缝中,防止水分进入,同时补强相邻的铺装,非活动性裂缝的水平或竖向位移小,普通的填充材料即可满足使用要求。

目前,国内外对于沥青路面裂缝修复所选用的材料主要有以下 3 种类型:①溶剂挥发类;②改性沥青类;③环氧类。其中,溶剂挥发类修复材料一般强度较低,不适用于钢桥面铺

装;橡胶沥青是国内外沥青路面修复中使用较多的改性沥青修复材料,但与钢桥面典型铺装材料如环氧沥青混合料的相容性不好,黏结性能通常较低;而环氧类修复材料与钢桥面典型材料的相容性均较好,是钢桥面铺装裂缝修复时的首选。

由于环氧沥青铺装裂缝尺寸较小,以及钢桥面铺装苛刻的受力条件与环境特点,普通路面修复材料均无法满足修复要求。环氧沥青混合料裂缝修复材料应满足下列性能要求:①黏度低;②黏结强度高;③变形性能好;④防水抗渗性好;⑤温度稳定性好;⑥抗嵌入性优良;⑦与原环氧沥青混合料刚度匹配;⑧施工和固化时间短。结合苏通长江公路大桥多年来的维修经验,环氧沥青铺装的裂缝修复宜采用常温快速固化的环氧树脂类裂缝修复材料,溶剂挥发型和柔性聚合物黏结修复材料均无法达到满意的效果。

在充分调研国内外已有的各类裂缝修复材料,并借鉴其他大桥的使用经验的基础上,进行了大量的研究测试,此处重点介绍 A 型和 B 型两种环氧树脂材料的性能试验。

(1)力学特性

钢桥面铺装裂缝修复失效形态主要有两种,即修复材料与原铺装黏结失效以及修复材料自身断裂。其中,前者的原因主要是修复材料与铺装本身的黏结性能不足,后者失效的主要原因是修复材料本身的内聚力不足。因此,裂缝修复材料选取的首要条件就是修复材料需具有良好的力学性能,其中包括材料本身的强度及其与待修复材料的黏结性能。

强度及变形性能常用来评价裂缝修复材料抵抗外力作用的能力。填封于裂缝中的修复材料,在车辆荷载和动水压力的综合作用下,受力状况复杂,为了避免修复材料过早断裂造成修复裂缝失效,其应具有足够的内聚力。同时,裂缝在车辆荷载以及温度变化作用下,开裂的缝壁会产生较大的相对位移和变形,这要求修复材料具备足够的变形能力。

通常用拉伸试验测得的拉伸强度和断裂延伸率来表征裂缝修复材料的强度与变形能力,试验装置如图 5-1 所示,试验结果见表 5-1。由表 5-1 可知,A 型和 B 型材料的拉伸强度均高于原环氧沥青,满足裂缝修复对材料拉伸强度的要求;但两种材料的断裂延伸率均不如原环氧沥青,其中 A 型材料相对较好。

图 5-1 拉伸试验

拉伸试验

裂缝修复材料拉伸强度及断裂延伸率 表 5-1

材料类型	试验温度(℃)	拉伸强度(MPa)	断裂延伸率(%)
A 型	23	4.5	135
B 型	23	8.1	46
环氧沥青	23	2.6	205

(2)施工和易性

裂缝修复材料能否被顺利灌入裂缝并扩散到足够深处,不仅取决于裂缝的大小和形状,更取决于材料本身的性质,即修复材料应具有良好的施工和易性。钢桥面铺装裂缝的宽度与长度均较小,因此修复此类细小裂缝必须选用黏度低、易灌入的修复材料,其初始黏度应小于 300cP。通过黏度试验测试两种材料填充裂缝的能力,试验结果见表 5-2。由表 5-2 可见,两种材料均满足初始黏度的要求,其中 B 型优于 A 型环氧树脂。

裂缝修复材料初始黏度 表 5-2

材料类型	试验温度(℃)	黏度(cP)	技术要求
A 型	23	258	≤300cP
B 型	23	75	

(3)黏度增长特性

对于环氧类裂缝修复材料,需要经过一定时间的固化,强度满足要求后才能恢复交通,以避免因材料强度不足而出现破坏。因此,需要考察修复材料强度随反应时间的增长规律,确定修复材料达到强度要求所需的时间。

A 型和 B 型环氧树脂在 23℃时的黏度增长曲线如图 5-2 所示。由图可见,A 型环氧树脂混合后黏度保持最小值水平 10min 内基本不变,然后缓慢增长,在 20min 时开始快速反应,在 35min 时达到 3000cP 以上,黏度迅速升高;B 型环氧树脂混合后初始黏度很小,但在 13min 后黏度开始快速增长,18min 后黏度超过 3000cP。

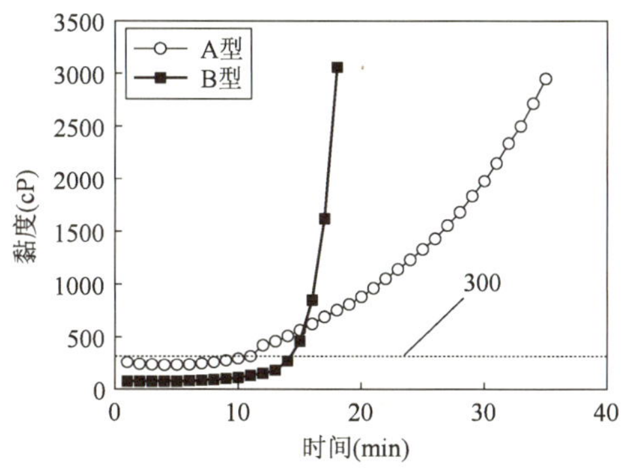

图 5-2 裂缝修复材料黏度增长曲线

黏度增长试验

综上，A 型和 B 型环氧树脂均具有较好的施工和易性、固化速率和强度，可以满足环氧沥青铺装裂缝修补的要求。相对而言，A 型和 B 型环氧树脂黏度低于 300cP 的容留时间都在 10min 左右，一般对于裂缝修复是足够的；缝宽为 1 ~ 3mm 的微小裂缝建议用 A 型环氧树脂维修，而缝宽为 1mm 以下的微裂缝更适合用 B 型环氧树脂维修。

3）养护工艺

当裂缝出现以后，应及时予以修补。针对不同种类及不同程度的裂缝，选择合理、正确的维修方法会使修复的裂缝寿命得到较大地提高，应根据材料特点和施工环境来确定维修工艺。对于沥青路面，国内外常用专用的密封胶填充或密封裂缝，包括不开槽灌缝（也称填缝）和开槽灌缝两种工艺。近年来，也有采用专用的贴缝胶对裂缝进行粘贴密封的作业，包括自黏式和热黏式两种工艺。

经过多年工程实践，钢桥面环氧沥青铺装的线形裂缝、放射状裂缝和环状裂缝等缝宽小于 3mm 的裂缝，宜采用专用修复材料进行填缝；而对于局部块裂、龟裂必须采取挖除重填的工艺方法来处治。本书在此主要阐述裂缝填封的施工工艺。

①施工时机的选择。铺装开裂后，裂缝扩展速度很快，如果裂缝扩展贯穿整个铺装结构，加之雨水的侵蚀，则在动水压力作用下防水黏结层和防腐涂装也会随之破坏。这时虽然用填封材料将缝闭合，但由于防水黏结层已被破坏，修补的裂缝及周围铺装仍难免开裂。因此，裂缝填封工作应及时进行，发现裂缝后立刻修补。

②裂缝壁面应干燥、清洁、无松散料。若裂缝断面饱含水分、灰尘、杂物等，则会占据环氧树脂下渗空间并削弱环氧树脂与裂缝断面的黏附强度，降低使用耐久性。因此，裂缝修复应选择连续晴好的天气，使裂缝内的水分尽量蒸发，给环氧树脂留出下渗空间；在裂缝填封处理前，应清理开裂区域，将裂缝处松散、破损的铺装彻底清理，并用高压空气将缝隙内和缝壁上的灰尘和杂物吹干净，以便于填缝材料与裂缝的接触面粘接良好。

③按比例称重配制所需数量的修复材料，然后在小型容器内搅拌均匀，并吸入注射器。

④沿裂缝走向施以微小压力轻轻推动注射器，使填封材料缓缓流出并渗入缝内，直至裂缝填满为止（图 5-3）。

⑤在 20min 内检查已灌裂缝，发现灌缝材料下渗后立即补灌直至饱满（图 5-4）。

⑥在裂缝表面均匀撒布尺寸为 0.6 ~ 2.36mm 的细集料，使之与裂缝表面多出的填封材料混合均匀，如图 5-5 所示。

⑦根据天气和温度情况，可在 4 ~ 6h 内完成养生并开放交通。

4）维修效果评价

通过室内试验验证和现场跟踪观察对裂缝修复材料的修复效果进行评价。

图 5-3 环氧树脂填封裂缝

图 5-4 填封后的裂缝

图 5-5 裂缝表面撒布细集料

(1)室内试验评价

环氧沥青混凝土铺装的裂缝在修复后继续与铺装结构一起处于受力状态,这要求修复后的铺装必须满足强度性能要求,并具有良好的弯曲性能。针对此要求,可用强度恢复率来评价 A 型与 B 型裂缝修复材料对裂缝的修复效果。

由于环氧沥青钢桥面铺装裂缝主要为张开型裂缝,本书采用小梁弯曲试验来评价环氧沥青混合料的强度恢复性能。为了评价裂缝修复材料对钢桥面铺装强度性能的提升效果,定义裂缝修补后钢桥面铺装的强度恢复率见式(5-1)。

$$Q = \frac{R_{B1}}{R_{B0}} \times 100\% \tag{5-1}$$

式中:Q——裂缝修复后强度恢复率,%;

R_{B0}——无破损混合料小梁弯曲强度,MPa;

R_{B1}——裂缝修复后混合料小梁弯曲强度，MPa。

裂缝修补后钢桥面铺装的强度恢复率试验采用的小梁由车辙板试件切割而成，尺寸为250mm×30mm×35mm，跨径为200mm。为了增加修复前后的材料强度性能的对比效果，试验中在小梁的跨中预制了缝高比为0.5的裂缝，并用A、B两种类型修复材料对带有预制裂缝的小梁进行修复。由于修复材料较难灌入裂缝内，因此选择将环氧沥青混合料的裂缝开槽，采用切割机沿着裂缝开一条凹槽，开槽后采用平口螺丝刀等工具对槽口进行清理，并采用电吹风等吹去浮尘。将环氧树脂修复材料灌入凹槽中，确保裂缝修复完好。

修复前后环氧沥青混合料小梁试件的弯曲强度试验根据标准《公路工程沥青混合料试验规程》(JTG E20—2011)中T 0715—2011沥青混合料弯曲试验进行。弯曲强度恢复率试验选择15℃作为试验温度。裂缝修复后强度恢复率试验结果见表5-3。由表可见，A、B两种类型环氧树脂修复后小梁的弯曲强度修复率均在96%以上，显示出良好的修复效果。

裂缝修复后强度恢复率　　表5-3

材料类型	弯曲强度(MPa)	强度恢复率(%)
环氧沥青	19.8	—
A型	19.1	96.5
B型	19.4	98.0

(2)现场跟踪评价

苏通长江公路大桥采用两种环氧树脂对钢桥面铺装裂缝进行修复，并进行了跟踪观察，大部分裂缝在填封修补后保持稳定，并不再扩展，这表明填封材料和施工工艺是行之有效的，可用于后续养护工作。

在检查过程中，也发现少数裂缝修补后仍然在原位置再次开裂(图5-6)，其原因是修补时未将裂缝填封饱满，填封材料只进入裂缝表层，在车辆荷载作用下很快再次开裂，对于此类病害应重新填封修复材料，必要时将原裂缝扩槽，清除原灌缝材料后再次填封。

图5-6　裂缝修补后再次开裂

从裂缝发展的速度而言,单根裂缝、多根裂缝、放射状裂缝在进行处理后,其裂缝发展速度较为缓慢,个别裂缝由于雨水下渗的影响有扩展的趋势,但总体趋势较慢。多年养护实践表明,采用上述裂缝修复方案取得了较好的效果。

5.2 坑槽病害养护技术

5.2.1 坑槽养护方案与技术

坑槽是钢桥面环氧沥青混凝土铺装的主要病害形式之一,也是日常修复工作的重要内容。在我国使用环氧沥青混合料作为桥面铺装的钢桥里,大部分都产生了坑槽病害,并且均做了修补工作。根据江苏省内大跨径钢桥的调研结果,坑槽在钢桥面铺装病害中所占比重较大,并且容易复发,这已经成为钢桥面铺装日常养护的一个难题。

坑槽的出现往往具有突发性,特别是梅雨季节,大量坑槽集中出现,并有不断扩大的趋势,不仅严重影响铺装使用性能,更对行车安全造成较大的影响。因此,在坑槽出现之后必须及时进行修补,以恢复铺装的局部强度、防水性以及保障行车的安全性和舒适性。

虽然国内多座大桥的工程技术人员和相关学者都开展了环氧沥青混凝土铺装坑槽病害的处治技术研究,但目前尚无成熟的方案。由于技术难度较大,已修补坑槽常常出现再次破损的现象,其中坑槽养护结构方案、修复材料技术性能、施工工艺等不合理是导致二次损坏的主要原因。本节介绍苏通长江公路大桥在坑槽病害修复技术方面所做的研究和实践。

1) 养护方案

对于坑槽病害,裂缝填封已无法将碎裂的铺装重新黏聚,在水分和车辆荷载的共同作用下,铺装局部解体,并且水分的下渗会腐蚀防腐涂装和钢板,并造成周围铺装防水黏结层的破坏,病害范围的不断扩大。目前尚无公认合适的材料、设备与工艺用于钢桥面环氧沥青混凝土铺装坑槽病害的修补。

当前常用且有效的坑槽病害处治方法是挖除重填,即将局部严重受损的铺装挖除,然后采用合适的材料重新填满挖除部分的铺装。通过挖除重填,可以将破损严重的局部铺装用新的材料重新铺筑,并与周围铺装重新黏结为一体,有效地保护钢桥面板和防止病害情况的进一步恶化。然而,由于新铺的材料通常需要一定的养生时间,给尽快恢复交通带来了困难。钢桥面铺装坑槽修补质量的好坏,除与修复材料的性能有很大关系外,很大程度上还决定于坑槽修补的工艺以及实施质量。

坑槽病害修复的工程量通常较小,如采用传统沥青材料或原环氧沥青混合料进行回填修补,需要热拌热铺,因加热施工比较困难,不能在中高温条件下进行固化反应,因此中断交通时间较长,养护成本较大,对社会影响不佳。同时由于回填材料力学性能不足,在重载交通和高温环境共同作用下,很快会再次出现热稳定性病害。因此,亟须针对环氧沥青混凝土铺装出现的坑槽病害,采用合适的养护材料,以减缓铺装病害的发展,并减少反复养护成本。在此方面,路用性能较好、施工工艺简单、能快速恢复交通的冷拌快固铺装材料具有较为明显的优势。现阶段,冷拌快固铺装材料主要以环氧树脂混合料为主,它具有强度高、固化速率快、施工和易性好等特点。

国内外已对环氧树脂混合料的路用性能开展了多方面的研究。研究表明,环氧树脂及混合料在桥面铺装、机场跑道建设以及破损铺装修补时具有良好的应用前景。然而,目前的研究成果均不能解决雨季潮湿环境中钢桥面铺装高质量快速养护的技术问题。

本书所研究的水下固化树脂,除具有良好的强度、韧性与耐久性外,还可在潮湿环境中常温快速固化。冷拌树脂混合料由树脂和矿料组成,其中树脂的性能、矿料的级配对混合料高温稳定性、低温抗裂性、抗疲劳性能以及水稳定性等路用性能都有重要影响。

2)修复材料性能要求评价方法

为使坑槽修复达到理想的效果,恢复钢桥面铺装结构的完整性,根据钢桥面铺装受力情况,同时考虑水、温度等多种自然环境因素的影响,综合国内外有关路面坑槽修复的相关成果,坑槽修复材料应满足以下几点要求:①具有良好的力学性能;②具有良好的温度稳定性;③具有较强的水稳定性;④具有良好的抗疲劳性能;⑤与原有铺装材料粘接可靠、耐久;⑥快速固化;⑦施工操作简便。

(1)力学性能

钢桥面铺装坑槽修复后,在交通荷载、温度、雨水等共同作用下,承受着交替变化的应力、应变作用,其力学性能需满足一定的技术要求。坑槽中的修复材料应与原铺装形成一个整体,故修复材料应具有足够的强度。此外,为尽快开放交通,要求修复材料具有较高的强度增长速率或固化速率。

由于正交异性钢桥面板的结构特性,在车辆荷载作用下,钢桥面铺装结构主要承受弯曲作用,因此弯曲性能是坑槽修复材料最重要的力学性能之一,可采用小梁弯曲试验进行评价,测试规定温度与加载速率下的弯曲破坏指标,如弯曲强度、极限弯曲应变等。

(2)高温稳定性

高温稳定性能是指环境温度较高时,铺装材料在车辆荷载作用下抵抗永久变形的能力。

夏季钢桥面铺装受到太阳直射，其表面温度高达60～70℃，在此条件下受到车辆荷载作用极易发生塑性变形，产生车辙病害，故对铺装材料的高温稳定性提出了较高的要求，以保证修补后的铺装与原有铺装保持表面平顺。

车辙试验适用于测定沥青混合料的高温抗车辙性能，是沥青混合料性能检验中最为重要的评价方法之一。车辙试验的评价指标为动稳定度，它指的是测试材料在高温环境下，变形每增加1mm需要轮胎行走的次数，以次/mm表示。在《公路钢桥面铺装设计与施工技术规范》(JTG/T 3364-02—2019)中，对于环氧沥青混合料动稳定度的技术要求为不小于6000次/mm，试验温度为70℃。

(3)低温抗裂性

在冬季及低温天气，坑槽修复材料易变硬变脆，为防止其产生开裂，用于坑槽修复的材料应具有足够的低温抗裂性，主要表现为：一方面，其自身的抗拉强度应较高；另一方面，材料在低温时应具有良好的应力松弛性能、较低的模量和较大的变形适应能力。

用于评价沥青混合料低温抗裂性能的方法有小梁弯曲试验、间接拉伸试验、直接拉伸试验等。我国行业标准《公路沥青路面施工技术规范》(JTG F40—2004)中规定对密级配沥青混合料在温度－10℃、加载速率为50mm/min的条件下进行弯曲试验，测定破坏强度、破坏应变及破坏劲度模量等指标，并根据应力-应变曲线评价沥青混合料的低温抗裂性能。在《公路钢桥面铺装设计与施工技术规范》(JTG/T 3364-02—2019)中，对于环氧沥青混合料低温(－10℃)弯曲应变的技术要求为不小于3000$\mu\varepsilon$。

(4)水稳定性

水的损害是沥青路面的主要病害之一。在水或冻融循环的作用下，由于汽车车轮动态荷载的作用，进入路面空隙中的水反复产生动水压力和真空负压抽吸作用，水分逐渐渗入沥青与集料的界面上，使沥青黏附性降低并逐渐丧失黏结力，沥青膜从石料表面脱落剥离，沥青混合料掉粒、松散，继而形成路面的坑槽等严重病害。对于钢桥面铺装而言，当铺装层发生水损害，雨水顺着已经形成的坑槽或裂缝向下渗入黏结层，在破坏钢板与铺装黏结层的同时，也将造成钢板的锈蚀。

为了既保证修复材料自身良好的服役性能，又防止雨水渗入铺装底部，造成黏结层破坏、铺装层脱空滑移以及钢板锈蚀，坑槽修复材料应具有足够的水稳定性，即树脂与矿料间具有较强的黏附性。同时，坑槽修复材料还应与原铺装界面黏结良好。目前大部分维修材料与施工工艺中，均采用钢桥面铺装黏结材料作为界面剂涂刷在修复时的新老界面上，以增强修复材料与铺装的黏结性能。

沥青混合料的水稳定性能评价方法主要分为两类：一是通过沥青与粗集料的黏附性试验评定集料的抗水剥离能力；二是使用马歇尔击实试件，在浸水条件下对沥青路面材料的力学性能进行评估，这类方法又包括浸水马歇尔试验和冻融劈裂试验。对于浸水马歇尔试验

来说，它的试验方法和试验条件只评价了混合料在高温条件下的抗水损害能力，但没有考虑在低温条件下水冰冻后的影响。冻融劈裂试验同样是评价沥青混合料抗水损性能的常用试验方法；与残留稳定度试验不同，其仅考虑高温时水对沥青膜的剥离侵蚀，冻融劈裂试验过程包括真空饱水、低温冻融和高温水浴3个过程，可用于模拟冬季沥青混合料路面的实际工作状况，考察沥青混合料在冻融循环过程中，抵抗由于水侵蚀而逐渐产生的掉粒、松散、坑槽等破坏现象的能力。因此，冻融劈裂试验更适合于模拟和评价修补材料在冻融历程后的水稳定性能。

3）传统坑槽养护的不足

（1）缺少雨季养护材料

苏通长江公路大桥地处长江入海口，年均降水量较大。特别是每年的雨季，雨量充沛，台风暴雨多，雨期长，钢桥面铺装容易出现大量裂缝、坑槽病害。当雨季来临时，对于铺装病害只能临时处理，常用的措施包括用冷补料或冷拌环氧树脂混合料修补，但往往会出现维修的区域在短时间内再次被破坏的现象。雨水源源不断地顺着裂缝、坑槽等病害部位渗入铺装内部或蓄积在钢桥面板与铺装的界面上，由于长期难以排出，加速了铺装的破坏和桥面钢板的腐蚀，严重影响铺装和桥面正交异性板的耐久性。因此，研究钢桥面铺装雨季养护材料，及时对裂缝、坑槽等病害进行应急维修，封闭雨水入侵铺装的途径，降低雨水对铺装特别是对钢桥面板的侵蚀危害，是钢桥面铺装养护中迫切需要解决的技术问题。

（2）压实功不足

目前，冷拌环氧树脂混合料普遍沿用了热拌环氧沥青混合料的矿料级配（下文简称“传统级配”），该级配来源于美国加利福尼亚州沥青混合料配合比设计规范，从设计南京八卦洲长江大桥时引进，并一直沿用至今。基于传统级配所设计的混合料属于悬浮密实型结构，是由次级集料填充前级集料（较次级集料粒径稍大）空隙的沥青混合料，充分碾压后具有密度大、空隙小的特点，抗裂和抗疲劳性能优异。但其性能与空隙率相关度较高，如果空隙率不能保证，则在钢桥面铺装上应用时容易导致性能大幅降低，易开裂，因此对压实度要求较高。由于坑槽维修工程量较小，通常不会配备大面积铺装施工时采用的压路机，而是采用振动夯板等小功率压实设备，因此造成回填混合料的压实功不足，铺装空隙率较大，如图5-7所示。因而，采用冷拌树脂混合料维修坑槽时普遍存在抗疲劳性能不足、易开裂等问题。如未及时采取处理措施，裂缝在车辆荷载作用下会贯穿桥面铺装结构，同时雨水会沿着裂缝达到铺装底部并破坏防水黏结层，甚至腐蚀钢板，这将影响钢桥结构安全性。

冷拌树脂混合料由树脂和矿料组成，其中树脂的性能、矿料的级配对混合料高温稳定性、低温抗裂性、抗疲劳性能以及水稳定性等路用性能都有重要的影响。本书所研究的水下固化树脂，除具有良好的强度、韧性与耐久性外，还可在潮湿环境中常温快速固化。为满足

苏通长江公路大桥钢桥面铺装养护的技术要求,结合现场养护实践经验,对水下固化树脂材料进行改进,完成了以下工作:

①为进一步提高水下固化树脂原材料的抗裂性能,通过配方优化提升其变形性能。

②针对树脂混合料在钢桥面铺装坑槽维修时抗裂性能不佳问题,对混合料传统级配进行优化,设计了密级配、灌注式、浇注式3种冷拌树脂混合料的专用级配,以改善新旧铺装之间界面的黏结性能,防止坑槽维修区域与原铺装接缝的二次开裂,并简化了施工工艺。

③由于树脂混合料破坏形态以开裂为主,因此基于断裂力学原理,采用单边切口梁弯曲断裂试验(SENB)研究了树脂混合料的抗裂性能。

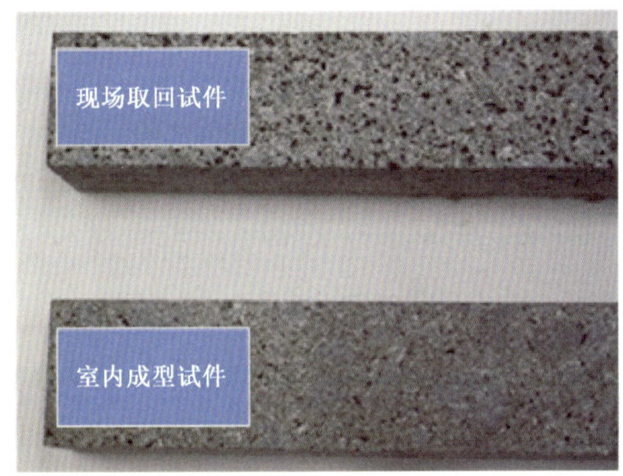

图5-7　现场与室内成型密级配树脂混合料空隙对比图

5.2.2 原材料

本节通过试验对坑槽养护所采用的环氧树脂、钢桥面铺装专用集料、矿质填料进行性能研究。

1）环氧树脂

环氧树脂是含有两个及以上的环氧基团且可以通过这些基团反应生成热固性树脂的高分子材料。当环氧树脂与固化剂混合时,在一定条件下会发生固化反应,生成三维交联网络状结构物。环氧树脂按化学结构可分为缩水甘油醚型、缩水甘油酯型及缩水甘油胺型等多种类型,其中最常用的属于缩水甘油醚型的双酚A型环氧树脂。结合不同分子键性能表征,双酚A型环氧树脂分子结构含有环氧基,可以通过聚合反应与固化剂形成三维网络结构,材料上表现出较强的内聚力。羟基和醚键这类极性基团的存在使得环氧树脂分子可以与其他分子形成化学键或在其接触界面形成电磁吸附作用,从而在材料上表现出较高的黏结强度。同时,由于苯环和醚键的稳定性,环氧树脂热稳定性和耐腐蚀性能较好。由于独特的三维交联网络结构和特殊的官能团,路用环氧树脂材料在热稳定性、力学性能、黏结性能、

耐腐蚀和耐化学性等方面均表现良好。

常用的环氧树脂结合料通常包含以下几个组分：树脂、固化剂以及改性剂。其中，树脂作为最主要的成分，其含量最大，这也决定了环氧树脂的主要性能。固化剂的存在是为了促使树脂发生固化反应并具有优异的力学性能，不同种类固化剂与环氧树脂交联反应产物在力学性能、耐疲劳性能等方面存在差异，同时固化剂的用量也决定了固化反应速率的快慢。最后，诸如增韧剂、偶联剂等一系列改性剂被用来改善环氧树脂某方面的性能，例如增韧剂被用来提升环氧树脂的变形能力、降低其脆性，偶联剂可以用来增强界面的耐水性能和耐老化性能等。

常用于钢桥面铺装养护维修的常温固化环氧树脂主要包括国外进口047型环氧树脂和国产环氧树脂。在2011—2016年，由于国内尚无合适的环氧树脂养护材料，包括苏通长江公路大桥、杭州湾大桥、江阴长江公路大桥在内的国内多座大桥引进了国外进口047型环氧树脂进行坑槽养护，取得了较好的效果，但也暴露了模量偏大、抗裂性和耐久性不足的缺陷。自2017年起，国内高校和科研机构开始自主开发钢桥面铺装养护专用的高弹、高韧环氧树脂，性能已经超过了进口材料，实现了进口替代，并在不断创新。

针对钢桥面铺装坑槽病害的全天候养护技术需求，江苏苏通大桥有限责任公司联合国内相关高校自主研制了PTA型水下固化树脂。该树脂含有A、B两组分，其中A组分为环氧树脂，B组分中主要包含水下固化剂及其他助剂。PTA为常温施工材料，即拌和、摊铺、碾压、养生过程中无须加热，是一种绿色、低碳的环保型养护新材料。PTA使用时在常温下按比例混合，经过化学反应，最终形成三维立体网络结构的聚合物。PTA内部设置了纳米级的微观弹性空穴，可有效释放应力，增强材料韧性。聚合过程中的中间态树脂由于羟基含量高，因此具有高渗透性，可渗入周围固态基质，与其表面和内部的水分子直接发生反应，增强界面黏结性能，解决了PTA与已有铺装界面可能存在的脱层隐患。PTA反应原理示意图如图5-8所示。

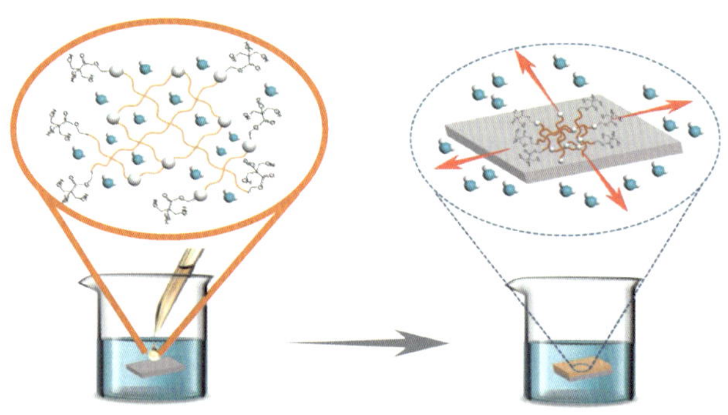

图5-8　PTA反应原理示意图

研究与工程实践表明，PTA结合料以及混合料适用范围广，不受气候条件限制。传统的修复材料（例如环氧沥青和普通环氧树脂）均不能在潮湿环境中完成固化或性能受到较大影响，而PTA在阴雨天气或者潮湿环境中也能完成固化并达到要求的强度，因此可在梅雨季节对钢桥面铺装进行养护，防止水不断通过坑槽进入铺装内部并腐蚀钢桥面板，避免造成更大的损伤。

PTA属于热固性材料，其性能与环氧沥青相似。PTA的材料技术指标包括黏度特性、固化特性、力学特性、吸水特性等。环氧树脂的黏度随温度与时间变化，还影响施工容留时间；固化特性则直接影响重新开放交通的时间；抗拉强度和断裂延伸率是评价PTA拉伸力学特性的重要指标；由于PTA特殊的材料特性，其在固化过程中还可以吸收部分水分。

(1)黏度特性

黏度是反映树脂材料内部阻碍其相对流动特性的指标，可用于表征材料固化反应过程中抵抗变形的能力。沥青材料的黏度主要受温度的影响，受时间的影响不大。当温度为150℃以上时沥青黏度可低于1000cP，随着温度的降低黏度逐渐增大。此时如再次将温度升高至150℃以上时，沥青黏度仍会降至1000cP以下，即沥青的黏度变化过程是可逆的物理变化。

然而，作为一种化学反应型材料，PTA反应并形成三维交联的聚合物网络，黏度随着化学反应的进行而呈现出与常规沥青不同的规律。PTA的两组分混合后，开始进行聚合反应，其黏度随着时间的增加而增大，并具有不可逆性。此时，温度作为化学反应的外部条件，对黏度增长速率有较大的影响。较高的温度虽然短时间内降低了PTA的黏度，但是促进了化学反应进程，导致黏度增长过程显著提速。温度较低时，黏度增长速率减缓，但仍在不断增加。因此，PTA的黏度与增长速率具有时间与温度的双重依赖性。

PTA的黏度增长情况直接影响到混合料拌和与施工质量的优劣，对施工容留时间有重要的影响。如果PTA的黏度过低，则在拌和过程中不容易完全包裹集料的表面，导致集料与集料、集料与树脂之间的黏聚力低，并且混合料容易产生离析现象；如果黏度过高，PTA的流动性差，则在拌和过程中不容易快速分散，会导致混合料拌和困难且拌和不均，并且无法碾压密实。同时，在黏度增长速率方面，如果PTA黏度增长过快，则在拌和过程中流动性将变差，导致PTA难以均匀覆盖集料表面，混合料不均匀，当黏度增长至一定程度后，树脂混合料无法进一步碾压密实，不能正常完成施工，因而对施工容留时间产生重要的影响。如果固化反应速度过慢，同样也需要更长的时间来完成后期固化反应和强度增长过程，将延长恢复交通的时间，不能满足钢桥面铺装快速修补的要求，增加交通压力。因此，PTA的黏度-时间-温度相关特性，直接影响混合料施工过程中拌和、运输、摊铺、碾压等工序的允许温度与时间范围。在PTA施工控制中，需要根据黏度变化特征确定从混合料开始拌和到碾压结束期间的时间窗口，该时间窗口称为容留时间。

对于钢桥面铺装养护施工而言，不同季节的温度变化较大，PTA材料的初始混合黏度和

黏度增长速率也会相应地大幅变化。因此，需要对 PTA 的黏度特性进行研究，获取不同温度条件下黏度随时间变化的动态规律，这是了解其流变性质及强度增长机理的重要前提，也是确定拌和、运输、摊铺、碾压过程中相关施工参数的关键。

黏度试验可以帮助确定 PTA 是否具有足够的流动性以进行混合、摊铺、碾压。本书采用布洛克菲尔德黏度计（Brookfield 黏度计）法测定 PTA 常温下的表观黏度，试验过程参照《公路工程沥青及沥青混合料试验规程》（JTG E20—2011）中的“T 0625—2011 沥青旋转黏度试验（布洛克菲尔德黏度计法）”。

根据美国 SHRP 计划研究成果，3000cP 是沥青结合料可以保持流动状态的黏度上限。在此范围内，沥青结合料可以进行充分拌和，并且可以被充分碾压密实。因此，本书将 PTA 黏度增长至 3000cP 的时间作为控制施工操作时间的参数。

根据 PTA 的常见施工温度范围，确定黏度试验温度分别为 23℃、30℃和 40℃，不同试验温度下 PTA 的黏度增长试验结果如图 5-9 所示。由图可见，PTA 的黏度呈现指数型上升趋势，并且试验温度越高，上升速率越快。在 23℃、30℃和 40℃条件下，PTA 黏度达到 3000cP 的时间分别为 39min、33min 和 22min。以 40℃温度条件下的黏度增长曲线为例，在化学反应开始的前 10min 内，反应速度较慢，黏度增长曲线较为平缓；而当时间超过 15min 后，黏度增长速率显著增大，表明 PTA 化学反应速率加快。

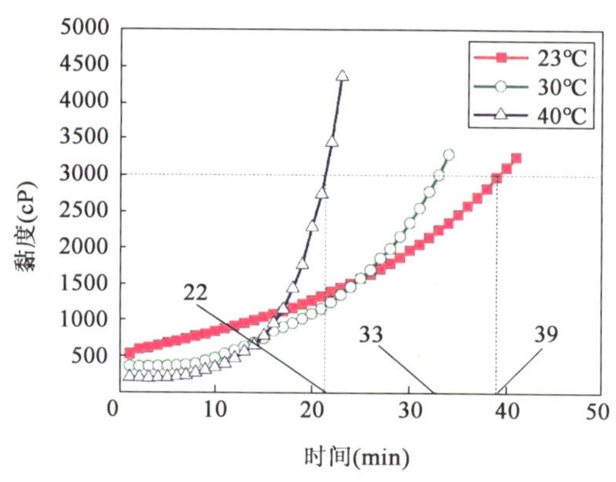

图 5-9　PTA 黏度增长曲线

PTA 与环氧沥青的黏度增长特性存在较大差别，主要表现为 PTA 黏度增长越快，施工容留时间越短。这是由于大跨径钢桥往往处于交通枢纽位置，长时间的占道维修将严重影响车辆正常通行，造成路段拥堵。因此对于钢桥面铺装的养护维修必须在尽可能短的时间内完成，需要 PTA 具有更快的反应速率以完成固化。但与此同时，PTA 还应该具有合适的施工容留时间，以保证施工的正常进行。因此，PTA 宜在施工现场拌和并迅速摊铺、碾压，温度较高时应相应地提高施工操作效率，加快施工速度。在做好各项施工准备的前提下，再混合 PTA，避免出现由于黏度过大而导致混合料结团、施工困难的现象。

(2)固化特性

环氧树脂两组分混合后需要通过一段时间的化学反应形成一定强度,才能承受荷载,这一过程称为固化。PTA 的固化特性直接关系到钢桥面铺装坑槽病害修复及重新开放交通的时间,对于像苏通长江公路大桥这样交通任务繁重的过江通道尤为重要。

差示扫描量热法(DSC)拥有实时监控、取样方便快捷、焓变测试准确等特点,是研究环氧树脂固化动力学的有效手段之一。因此,本书通过 DSC 法研究不同环境温度条件下 PTA 体系的固化特性,为实际工程中养生时间的预估提供理论基础。DSC 等温试验采用梅特勒利多厂生产的 DSC823E 型差示扫描量热仪,在氮气环境中测试,氮气流量为 30mL/min。考虑养护施工时环境温度情况,试验温度选择 23℃ 和 60℃ 两种,分别代表常温和高温条件。两种温度条件下的 DSC 试验结果如图 5-10 所示。

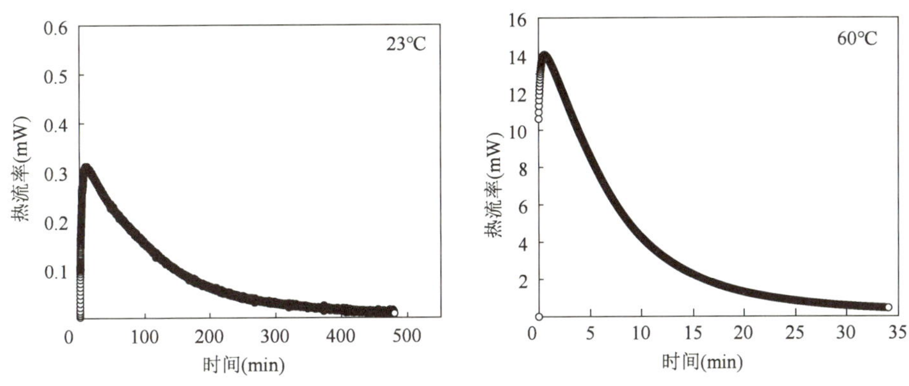

图 5-10　高温和常温条件下 PTA 的 DSC 试验结果

由图可见,在常温 23℃ 条件下 PTA 完全固化需要大约 8h,而在 60℃ 条件下仅需 34min。因此,环境温度对 PTA 的强度增长和固化过程影响较大。值得说明的是,实际上在常温 23℃ 条件下,固化 5h 左右时 PTA 已经达到较高的固化程度和材料强度,可满足通车的要求。因此,建议尽量避免在温度较低时施工,这样可以保证较高的环境温度进行养生,从而加快固化速率,减少封闭交通的时间。

(3)力学特性

由于正交异性钢桥面铺装主要承受弯曲应力,因此铺装材料中结合料的拉伸力学特性是影响抗裂性能的重要因素。PTA 固化后具有类似橡胶或塑料的固定形状,因此可以用拉伸试验测试其抗拉性能,并间接反映其在外界荷载作用下抵抗断裂的能力。通过拉伸试验得到的拉伸强度和断裂延伸率是表征 PTA 材料强度和变形能力的重要指标。拉伸试验参照国家标准《硫化橡胶或热塑性橡胶 拉伸应力应变性能的测定》(GB/T 528—2009)。

PTA 拉伸试验曲线如图 5-11 所示。由图可见,PTA 的拉伸强度约为 5.5MPa,断裂延伸率约为 180%,优于国内外同类材料。与环氧沥青相比,PTA 大幅提高了拉伸强度,变形能力

也较为接近。从图5-11中可以看出,PTA属于超弹性体,在拉伸过程中应力-应变曲线呈现三段式变化规律和应变强化特性。

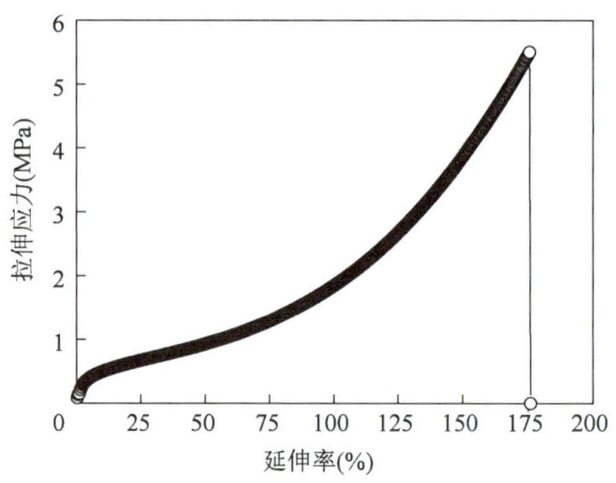

图5-11 PTA拉伸应力-应变曲线

(4)吸水性能研究

与普通的沥青或环氧树脂不同,基于开发PTA的初衷,PTA应该在潮湿环境下完成固化并能实现黏结功能。因此,PTA的吸水能力也是一个重要的评价指标。

PTA的吸水率试验结果见表5-4。由表可知,PTA在反应过程中会吸取少量的水分,其吸水率大约为3%。一定的吸水能力有利于PTA在潮湿环境中的应用,它可渗入周围铺装,与其表面和内部的水分子直接发生反应,增强界面黏结性能,有利于解决PTA与已有铺装界面可能存在的二次开裂隐患。

吸水率试验结果(单位:g) 表5-4

容器重	水重	PTA重	烘干前总重	烘干后总重	吸水率
4.8	100.0	44.0	146.6	47.9	3.0

2)钢桥面铺装专用集料

集料是钢桥面铺装的关键材料之一,集料的物理、力学性能是决定混合料强度、抗车辙、抗疲劳性能的重要因素之一。钢桥面铺装对集料的要求很高,必须选用坚硬致密、耐磨、颗粒形状较好,并与结合料有较好的黏结性能的硬质石料。钢桥面沥青混合料铺装用的集料首先必须满足《公路沥青路面施工技术规范》(JTG F 40—2004)中的有关规定。

(1)集料物理力学特性

集料包括粗集料和细集料,其中粗集料是指粒径大于2.36mm的碎石、矿渣、筛选砾石和破碎砾石等;细集料是指粒径小于2.36mm的天然砂、人工砂及石屑。本书坑槽修复选用的集料与苏通长江公路大桥原铺装用集料相同,为钢桥面铺装专用的玄武岩集料,从粗至细共分为6档(图5-12),粗集料和细集料的相关技术参数分别见表5-5和表5-6。集料筛分试验结果见表5-7。

图 5-12 集料

粗集料性能试验结果 表 5-5

技术指标		试验结果	技术要求	试验方法
抗压强度(MPa)		139	≥120	T 0221
洛杉矶磨耗率(%)		12.3	≤18	T 0317
磨光值(BPN)		52	≥48	T 0321
针片状含量(%)		1.8	≤5	T 0312
压碎值(%)		9.7	≤12	T 0316
吸水率(%)		0.8	≤1.5	T 0304
表观密度(g/cm^3)	1号	2.970	≥2.90	T 0304
	2号	2.919		
毛体积密度(g/cm^3)	1号	2.907	—	
	2号	2.846		

细集料性能试验结果 表 5-6

技术指标		试验结果	技术要求	试验方法
坚固性(%)		0.43	≤5	T 0340
砂当量(%)		86	≥65	T 0334
吸水率(%)		0.8	≤1.5	T 0330
表观密度(g/cm^3)	3号	2.977	≥2.90	T 0328
	4号	2.949		
	5号	2.931		
	6号	2.910		

集料筛分结果 表 5-7

矿料编号	通过下列筛孔(方孔筛,mm)的质量百分率(%)									
	16	13.2	9.5	4.75	2.36	1.18	0.6	0.3	0.15	0.075
1号	100	91.2	5.2	0.0	0.0	0.0	0.0	0.0	0.0	0.0
2号	100	100	99.9	1.3	0.0	0.0	0.0	0.0	0.0	0.0
3号	100	100	100	100	23.1	0.1	0.0	0.0	0.0	0.0

续上表

矿料编号	通过下列筛孔(方孔筛,mm)的质量百分率(%)									
	16	13.2	9.5	4.75	2.36	1.18	0.6	0.3	0.15	0.075
4号	100	100	100	100	99.8	33.5	2.5	0.0	0.0	0.0
5号	100	100	100	100	100	100	97.3	48.4	21.7	3.0
6号	100	100	100	100	100	100	99.7	98.2	94.1	80.6

(2)钢桥面铺装专用集料形态特征量化表征

钢桥面铺装对集料形态要求较高,集料的颗粒形状与表面特性不仅影响混合料的骨架,也直接关系到混合料的抗车辙能力与抗疲劳性能。传统的宏观试验方法无法对集料形态进行细致、全面地量化表征,难以满足钢桥面铺装对高品质集料的要求。随着计算机技术的发展,集料形态特征量化表征已从复杂且数据离散性大的宏观检测技术,转而向细观领域进行更为深入的探索。本书利用集料图像测量系统(Aggregate Image Measurement System,AIMS)进行集料颗粒图像采集和形态分析,实现了钢桥面铺装集料形态特征的量化表征。

选取3种粒径范围不同的钢桥面铺装专用玄武岩集料1号、2号、3号作为试验样本,并依据《公路工程集料试验规程》(JTG E42—2005)采用四分法进行取样,3种集料的真实图像如图5-13所示。1号、2号和3号集料的代表粒径分别是9.5~4.75mm、4.75~2.36mm以及2.36~1.18mm。

图5-13 1号、2号、3号集料

采用AIMS集料图像测量系统进行集料颗粒图像采集,AIMS主要由1套图像获取硬件和1台用于运行系统、分析数据的电脑组成,其中获取图像的硬件包括照相机、光学显微镜、集料托盘、逆光照明系统和顶部照明系统。系统结构如图5-14所示。

本书通过AIMS系统分别扫描并采集了1号、2号、3号3种不同粒径玄武岩集料颗粒的图像,对钢桥面铺装专用集料形态特征进行分析。AIMS系统能够确定集料的不同属性,分别是棱角性、表面纹理、球度、扁平、细长指数以及二维形状指数。其中,球度、表面纹理以及扁平率只适用于粗集料,二维形状指数只适用于细集料,棱角性对于粗、细集料均适用。

①棱角性。

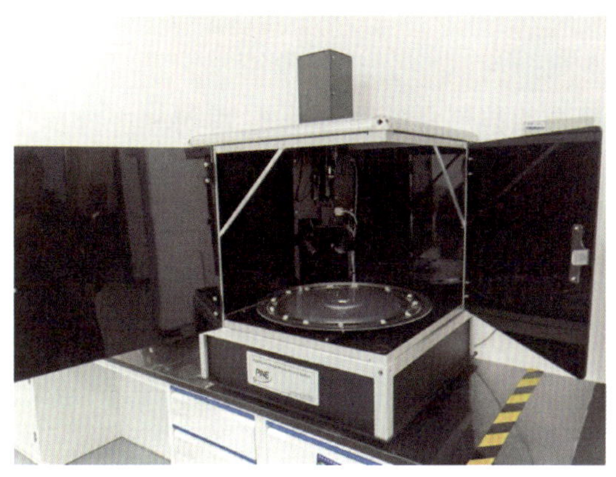

图 5-14　集料图像测试系统(AIMS)

棱角性指数采用梯度方法定量表征了粗、细集料的颗粒大小以及其轮廓。集料的梯度棱角指数 G_A 通过梯度方向改变量的平均值进行表征，计算见式(5-2)。

$$G_A = \frac{1}{\frac{n}{3}-1}\sum_{i=1}^{n-3}\left|\theta_i - \theta_{i+1}\right| \tag{5-2}$$

式中：G_A——棱角性；

θ——集料图像边缘点的梯度向量角度；

n——集料图像边缘点的总数量，个；

i——集料图像边缘的第 i 个点。

梯度棱角指数的范围为 0 ~ 10000，数值越小，代表集料的棱角性越低，光滑圆的棱角性指标为 0。AIMS 根据棱角性的大小不同将集料划分为 4 档，分别为低棱角性(0 ~ 2100)、中棱角性(2100 ~ 3975)、高棱角性(3975 ~ 5400)和极高棱角性(5400 ~ 10000)。

集料的棱角性是影响混合料内摩阻力和高温稳定性的主要因素。较高的棱角性指数能够增强集料之间的嵌挤作用，提高沥青混合料的高温稳定性能，但是随着棱角性指数的增加，沥青更容易从集料的棱角处剥落，对集料与沥青的黏附作用不利，会导致混合料的水稳定性能降低。在施工过程中，过高的棱角性指数会增加碾压密实的难度，导致集料骨架的空隙率增加，反而会影响其抗车辙性能和疲劳性能。钢桥面铺装专用集料的棱角性指标如图 5-15 所示。由图可见，1 号和 2 号集料均全为低、中棱角性，3 号集料中低、中棱角性占比为 94.4%，这表明钢桥面铺装专用集料棱角性优良，不仅容易碾压密实，还有利于混合料形

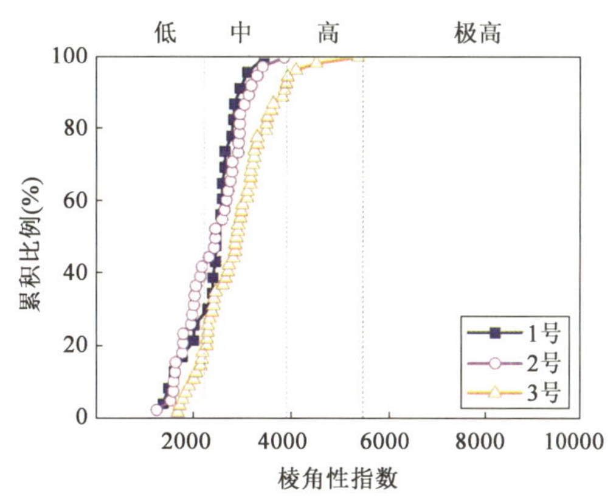

图 5-15　集料棱角性指数的分布

成良好的高温稳定性和抗疲劳性能。

②表面纹理。

AIMS 通过小波分析法获取粗集料的表面纹理,再对其进行量化。通过转化分解后得到的细节系数的平方和表征粗集料表面的纹理,计算公式见式(5-3)。

$$T_x = \frac{1}{3N}\sum_{i=1}^{3}\sum_{j=1}^{N}[D_{i,j}(x,y)]^2 \tag{5-3}$$

式中:T_x——表面纹理;

D——分解函数;

N——1 张图像中的细节函数的总量,个;

i——第 i 张高精度图像;

j——小波指数;

x、y——在转换域中细节系数的横、纵坐标。

表面纹理的范围为 0~1000,数值越小,代表集料的表面越光滑,表面完全光滑的集料的指标为 0。AIMS 根据表面纹理的大小不同将粗集料划分为 4 档,分别为低纹理(0~200)、中纹理(200~500)、高纹理(500~750)和极高纹理(750~1000)。

表面纹理是集料微观形貌的特征,随着表面纹理的增加,碾压之后混合料结构内部会产生更大的内摩阻力,同时也会增加沥青与集料之间的接触面积,使两者之间的黏附性变得更好,从而提高混合料的抗剪强度,因此在钢桥面铺装工程中通常会选择表面纹理复杂的集料。钢桥面铺装专用集料的表面纹理指数分布如图 5-16 所示。由图可见,集料的表面纹理指标绝大部分属于高级别,其中高纹理的比例在 1 号集料中占比 90.9%、在 2 号集料中占比 89.5%,表明钢桥面铺装专用集料的微观纹理特征优良。

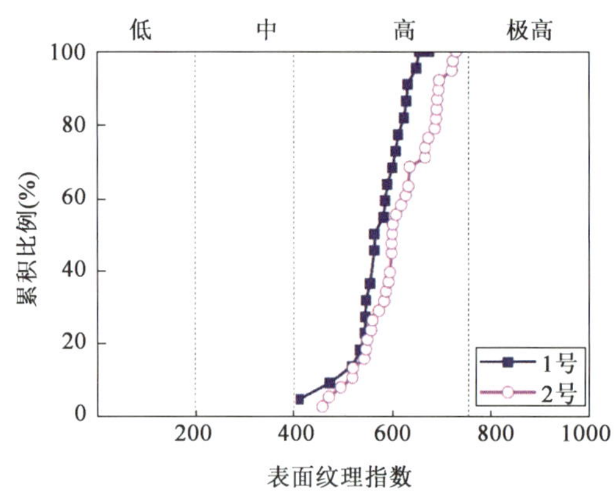

图 5-16 集料表面纹理指数的分布

③球度。

AIMS 采用球度评价粗集料的三维形状特征,该指标由集料的长轴长度、次轴长度与短轴长度(即长度、宽度、高度)计算得到,计算见式(5-4)。

$$S_p = \sqrt[3]{\frac{d_s d_1}{d_L^2}} \tag{5-4}$$

式中:S_p——球度;

d_s——短轴长,mm;

d_1——次轴长,mm;

d_L——长轴长,mm。

球度指数的范围为0~1。球度指数越接近1,表示集料三维形状越近似于球体,球体的球度为1;越接近于0,则表示针片状越严重,可能会造成沥青混合料由于压实困难而导致空隙率变大、沥青混合料高温稳定性下降,增加施工难度,所以需要使用重型压实机械,使压实后的骨料结构更加稳定,以提高路面的使用性能。

集料的球度指标越大,其三维长度越接近,形状就越接近球体。随集料球度的增大,集料会更加圆润,集料和沥青间的黏附性增强,集料间的嵌挤作用先增强后减弱,所以集料的球度为0.65~0.75之间时,沥青混合料的水稳定性最佳。钢桥面铺装专用集料1号和2号的球度分布如图5-17所示。由图可见,两种集料的球度分布均集中在高球度和极高球度区域,1号集料中高球度颗粒占47.8%,2号集料中高球度颗粒占68.4%,其余颗粒均为极高球度颗粒。因此,钢桥面铺装专用集料的球度指标良好。

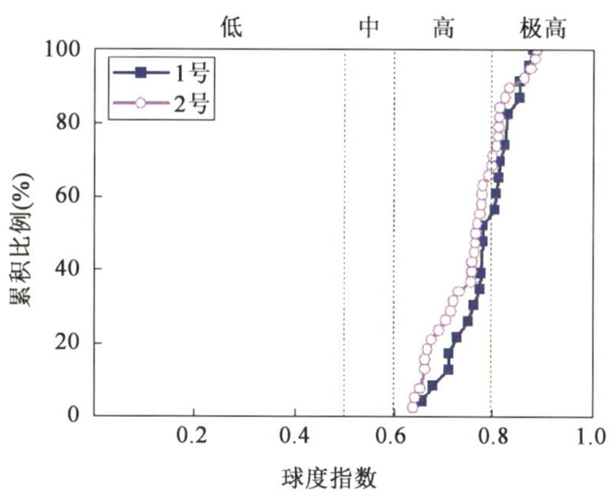

图5-17 集料球度指数的分布

④扁平和细长指数。

集料的扁平和细长指数是由集料的长度、宽度及高度之间的相互比值得到的,计算见式(5-5)和式(5-6)。

$$F_R = \frac{d_s}{d_1} \tag{5-5}$$

$$E_{\mathrm{R}}=\frac{d_{\mathrm{I}}}{d_{\mathrm{L}}} \tag{5-6}$$

式中：F_{R}——扁平指数；

E_{R}——细长指数。

当 $F_{\mathrm{R}}\&E_{\mathrm{R}}$ 均大于 3:1 时，可认为集料颗粒既扁平又细长，即针片状颗粒。因此，AIMS将 $F_{\mathrm{R}}\&E_{\mathrm{R}}$ 作为针片状颗粒的判别指标，判别标准为 3:1。针片状颗粒是指相对细长的集料颗粒，在沥青路面施工的摊铺和碾压阶段容易发生断裂或被压碎，导致沥青混合料的级配受到影响，进而影响路面的使用寿命。钢桥面铺装专用集料 1 号和 2 号的扁平和细长指数（$F_{\mathrm{R}}\&E_{\mathrm{R}}$）的分布如图 5-18 所示。由图可见，两种集料的扁平和细长指数均小于 3:1，集料中不存在针片状的颗粒。

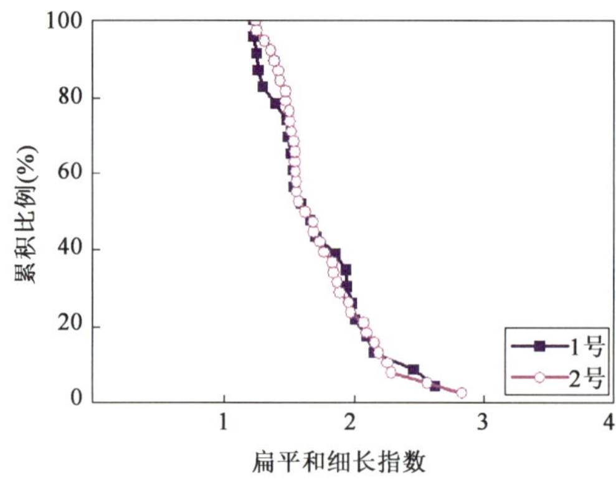

图 5-18　集料扁平和细长指数的分布

⑤二维形状指数。

粒径小于 2.36mm 的细集料由于尺寸较小，难以用上述指标进行三维形态研究，AIMS采用二维形状指数评价细集料的二维形状特征，该指标通过集料半径的递增变化表征集料的二维形状指数，计算见式(5-7)。

$$F_{\mathrm{2D}}=\sum_{\theta=0}^{360^{\circ}-\Delta\theta}\frac{\left|R_{\theta+\Delta\theta}-R_{\theta}\right|}{R_{\theta}} \tag{5-7}$$

式中：R_{θ}——集料在 θ 角方向上的半径；

$\Delta\theta$——角度增量，取 4°。

二维形状指数取值范围为 0～20，数值越小，代表集料的二维形状越接近圆，圆形的二维形状指数为 0。钢桥面铺装专用集料 3 号的二维形状指数的分布如图 5-19 所示。由图可知，3 号集料的二维形状指数均处于低和中区域，即接近圆形，颗粒形状较好。

综上所述，3 种钢桥面铺装专用集料棱角性、微观纹理特征、球度、扁平和细长指数、二维形状指数等指标表现均较为优异，可以满足钢桥面铺装对高品质集料的要求。

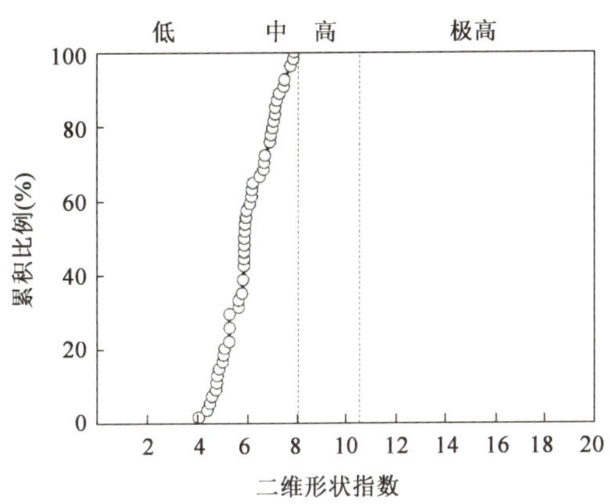

图 5-19 细集料二维形状指数的分布

3) 矿质填料

由于钢桥面铺装混合料中填料的使用量比普通沥青混合料大,因此矿质填料的技术性能对铺装混合料的性能影响也较为显著。目前用作沥青混合料的填料主要有石灰石矿粉、玄武岩矿粉等,有时还采用水泥、消石灰、粉煤灰及回收粉尘。研究结果表明,少量使用消石灰和水泥有助于改善混合料的水稳定性,且能减缓沥青的老化速度,提高混合料的耐久性;但由于消石灰和水泥中的活性成分(CaO)较多,在使用过程中一旦遇水或潮湿的空气便会发生反应,形成碳酸钙、水泥石等脆性物质,从而影响混合料的低温性能。与玄武岩矿粉或其他填料相比,石灰石矿粉主要有以下两个方面的优点:①石灰石呈弱碱性,与沥青的黏附性较好;②材质比玄武岩稍轻,因而相同质量的石灰石矿粉其比表面积比玄武岩更大,这有利于吸收富余沥青。

矿质填料由石灰岩磨制而成,碳酸钙含量不低于 90%,且不含石灰等活性物质,其性能应满足《公路沥青路面施工技术规范》(JTG F40—2004)中有关矿质填料的规定,并且符合表 5-8 的技术要求。

矿粉性能试验结果 表 5-8

技术指标(%)		试验结果	技术要求	试验方法
通过率(%)	0.6mm	100	100	T 0351
	0.15mm	98.8	≥90	
	0.075mm	95.3	≥80	
亲水系数		0.46	≤1	T 0353
加热安定性		不变质	不变质	T 0355
表观密度(g/cm^3)		2.734	≥2.50	T 0352

5.2.3 树脂混合料设计与路用性能研究

树脂混合料设计即将集料、树脂以及其他添加剂按一定比例混合,使得混合料能够满足路用性能的要求。矿料的级配指的是按照计算好的比例把不同粒径的矿料搭配形成混合料结构。根据级配构成方法的不同,可以分为连续级配和间断级配。目前,常用的混合料设计方法可以分为体积设计法和力学设计法两种。其中,体积设计方法就是以混合料的体积参数作为设计的控制指标,代表方法有马歇尔设计法与 Superpave 设计法;力学设计法则是从混合料的力学特性出发,代表方法有 GTM 设计法。本节利用前述 PTA 树脂和矿料,进行了密级配、浇注式和灌注式 3 种树脂混合料的设计和路用性能研究。

1) 密级配树脂混合料设计与路用性能

(1)配合比设计

由于目前国内尚无广泛认可的冷拌环氧树脂混合料配合比设计方法,考虑到环氧树脂与环氧沥青材料性能相似,因此本书参考环氧沥青混合料配合比设计方法,采用马歇尔设计法对密级配树脂混合料进行配合比设计,采用的矿料级配为 EA-10。

级配对密级配树脂混合料的性能非常重要,直接影响树脂混合料的空隙率、树脂用量和内摩擦角等参数,同时还对施工成型后的铺装表面特性有较大影响。目前,国内外环氧沥青混合料常采用 EA-10 级配。自南京八卦洲长江大桥开始,这种级配已用于国内数十座大跨径钢桥面环氧沥青铺装,使用效果优良。EA-10 是一种典型的连续密级配沥青混合料,最大公称粒径为9.5mm 左右,其混合料属于悬浮密实型结构,具有较好的施工和易性、抗疲劳性,且密实防水。

根据各档集料的筛分结果,经过多轮级配组成试算,确定各档集料的组成比例(表 5-9),合成级配曲线如图 5-20 所示。由图可知,合成级配均在级配范围的中值附近,级配较为理想。

EA-10 混合料级配表　　表 5-9

集料类型	质量百分率	通过下列筛孔(方孔筛,mm)的质量百分率(%)									
		16	13.2	9.5	4.75	2.36	1.18	0.6	0.3	0.15	0.075
1 号	2.7%	100	99.8	7.8	—	—	—	—	—	—	—
2 号	22.5%	—	100	100	0.7	0.0	—	—	—	—	—
3 号	22.5%	—	—	—	100	34.0	0.2	—	—	—	—
4 号	17.0%	—	—	—	—	100	36.1	4.3	—	—	—
5 号	28.4%	—	—	—	—	—	100	99.1	63.2	38.0	14.3

续上表

集料类型	质量百分率	通过下列筛孔(方孔筛,mm)的质量百分率(%)									
		16	13.2	9.5	4.75	2.36	1.18	0.6	0.3	0.15	0.075
6号	3.4%	—	—	—	—	—	—	—	100	99.9	93.5
矿粉	3.5%	—	—	—	—	—	—	—	100	99.9	94.4
级配要求	下限	100	100	95	65	50	39	28	21	14	7
	上限	100	100	100	85	70	55	40	32	23	14
	中值	100	100	97.5	75	60	47	34	26.5	18.5	10.5
合成级配		100	100	97.5	75.0	60.0	41.5	35.8	24.8	17.7	10.5

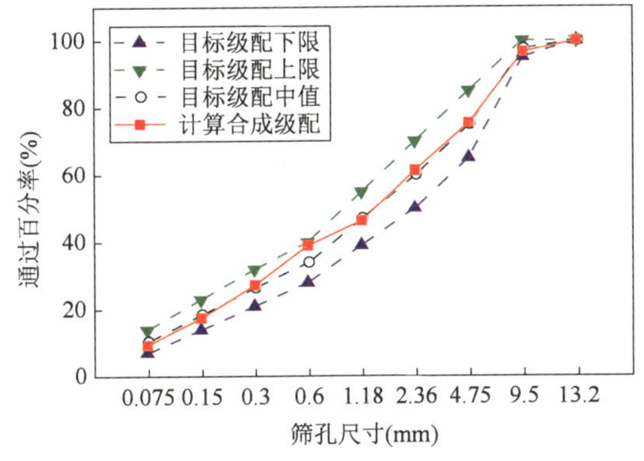

图5-20 EA-10混合料合成级配曲线

马歇尔试验是确定密级配树脂混合料最佳树脂用量的试验,其试验过程是对标准击实试件在规定的温度条件下受压,测定混合料的稳定度、流值等力学指标以及毛体积密度、空隙率等物理指标,以获得最合适的树脂用量,压实后混合料空隙率一般控制在小于3%的范围以内,并且具有良好的路用性能和耐久性。

马歇尔试验遵照规程《公路工程沥青混合料试验规程》(JTG E20—2011)中T 0709—2011沥青混合料马歇尔稳定度试验进行,级配采用前面得到的计算合成级配,油石比从7.5%按每0.5%递增到9.5%,分为5组。首先根据确定的级配范围以及各种矿料的筛分试验结果,计算得到每种矿料的用量,将集料按照计算合成级配的比例和用量配料;按比例称取密级配树脂的A组分和B组分并进行充分搅拌,直至均匀;将混合均匀的树脂加入到搅拌器中和矿料一起进行湿拌1~2min,直至混合料没有花白料;利用马歇尔击实仪成型试件,双面各击实50次,每种油石比各成型至少4个试件;待试件固化完成后脱模,测试试件的毛体积密度、空隙率等物理指标;将试件放入60℃水浴中保温30~40min后,立即用马歇尔试验仪测定其稳定度和流值;最后绘制各性能指标与油石比关系曲线,并根据曲线确定最佳树脂用量。

将固化的马歇尔试件脱模后分别测试干重、水中重、表干重，计算试件毛体积密度和空隙率等物理指标，分别如图5-21和图5-22所示。由图可见，随着油石比的增大，毛体积密度不断减小，根据已有的研究成果，树脂混合料毛体积密度不宜小于2.4g/cm^3，本试验中所有油石比的试件均满足要求；同时，空隙率随油石比增加而减小。钢桥面铺装因防水要求，铺装材料空隙率不应大于3.0%，本试验中所有油石比的试件均满足要求。

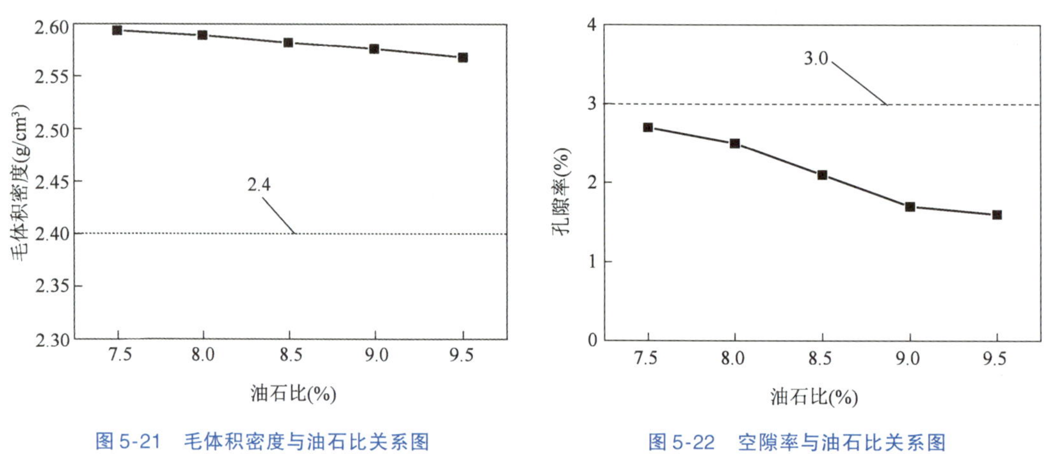

图5-21 毛体积密度与油石比关系图

图5-22 空隙率与油石比关系图

马歇尔稳定度与流值测试的试验结果如图5-23和图5-24所示。由图可见，随着油石比的增大，稳定度不断减小，根据已有的研究成果，树脂混合料固化试件稳定度不宜小于45kN，本试验中当油石比小于9.1%时，试件的马歇尔稳定度满足要求；同时，流值随油石比增加而不断增大，根据已有的研究成果，树脂混合料流值宜处于2.0～5.0mm范围内，本试验中当油石比大于8.1%时，试件的流值满足要求。

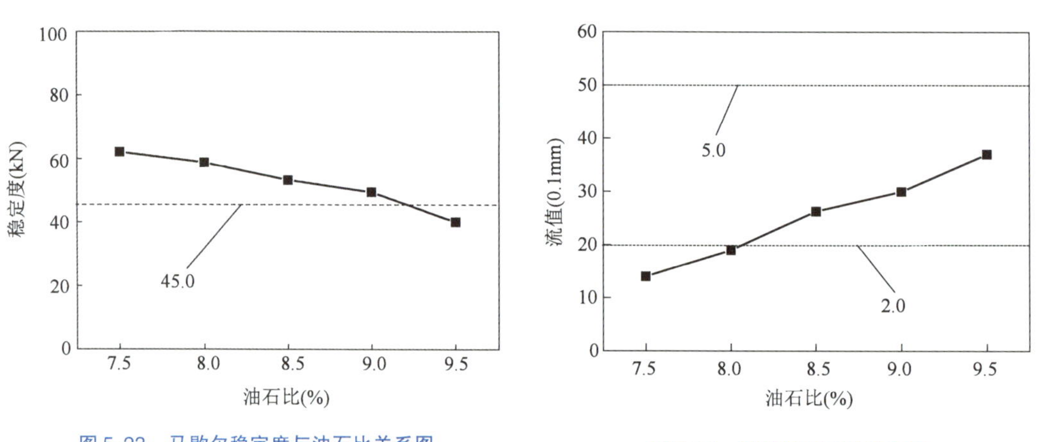

图5-23 马歇尔稳定度与油石比关系图

图5-24 流值与油石比关系图

综合密级配树脂混合料马歇尔试件的毛体积密度、空隙率、马歇尔稳定度和流值与油石比的关系曲线可以看出，当油石比处于8.1%～9.1%时，密级配树脂混合料满足相应的技术要求。考虑到较大的油石比有利于提高施工的和易性和碾压密实度,较小的空隙率有利于增强铺装的抗疲劳性能等因素,综合考虑铺装层混合料的性能,密级配树脂混合料的最佳油石比为8.5%。

(2)动态黏弹性

密级配树脂混合料是一种黏弹性材料,在不同的温度、加载方式和加载速率下表现出不同的力学响应和黏弹性能。钢桥面铺装昼夜温差和季节性温度变化幅度大,且在荷载作用下始终处于振动变形之中,动态效应显著。相关研究表明,铺装材料在广域温度和频率范围内的动态模量是钢桥面铺装技术研究的重要内容,也是铺装结构设计和力学分析的基础,因此有必要研究密级配树脂混合料的动态模量。

①试验方案。

动态模量试验可采用单轴压缩、间接拉伸或弯曲模式。我国《公路工程沥青及沥青混合料试验规程》(JTG E20—2011)中T 0738、ASTM D3497、AASHTO TP62均采用单轴压缩动态模量试验,因此本书也采用单轴压缩动态模量试验,通过温度和频率扫描测试密级配树脂混合料动态模量,并根据时-温等效原理获取主曲线。

A. 试件制备。

采用旋转压实仪成型直径为150mm、高度为170mm的圆柱体混合料,固化后取芯、切割成直径为100mm、高度为150mm的圆柱体试件。在试件侧面中部,沿圆周等间距安装3个位移传感器,每2个之间相距120°,使其与试件端面垂直。调节位移传感器,使其测量范围可以覆盖试件中部的压缩变形。动态模量试件如图5-25所示。

图5-25 动态模量试件

动态模量试验

B. 试验方法。

动态模量试验采用AMPT沥青混合料性能试验仪,配备高精度环境箱,温控精确至

0.1℃,试验装置如图5-26所示。试验过程中对试件施加动态半正矢波荷载,在设定温度下由高频至低频(从25Hz至0.1Hz)进行试验。动态模量试验参数见表5-10。

图5-26 动态模量试验设备

动态模量试验参数　表5-10

技术要求	试验参数
频率(Hz)	25,20,10,5,2,1,0.5,0.2,0.1
温度(℃)	0,15,30,45,60
应变幅(10^{-6})	100
荷载波形	半正矢波

②试验结果与分析。

A.动态模量试验结果。

密级配树脂混合料动态模量试验结果如图5-27所示。由图可见,密级配树脂混合料动态模量随温度升高而显著减少,在0℃时其超过20000MPa,而在60℃时则为400~800MPa,表明材料的动态力学性能受温度影响很大。此外,密级配树脂混合料动态模量随频率的增大而增加,不同温度下频率对动态模量的影响较小,而常温时频率对动态模量的影响较大,即频率的影响情况与所处的温度条件有关。

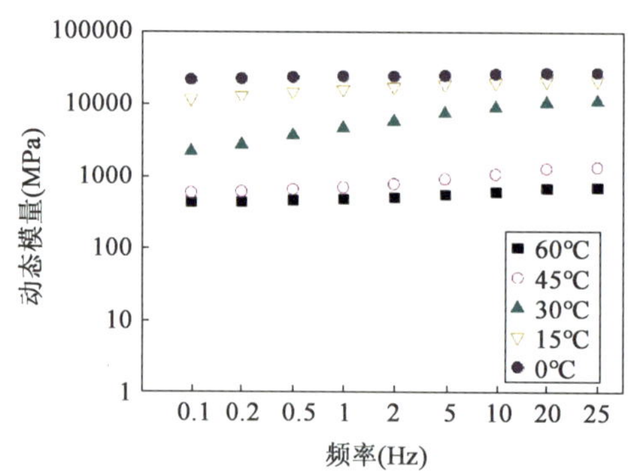

图5-27 密级配树脂混合料动态模量试验结果

B. 动态模量主曲线。

对于黏弹性材料，某温度和频率条件下的动态模量，总是可以通过不同的温度和频率组合而得到相同的值，即黏弹性材料的时-温等效原理。利用该原理可以将不同温度和频率下得到的力学性质通过平移形成一条基准温度下的光滑曲线，称为主曲线。通过主曲线可以把一定时间、温度范围内的试验结果拓展到更加广泛的时-温空间内，而不必进行大量的试验。动态模量主曲线可以通过非线性 Sigmoid 方程来表示，见式(5-8)。

$$\lg|E^*| = a + \frac{b}{1 + e^{c + d(\lg t_r)}} \tag{5-8}$$

式中：$|E^*|$——动态模量，MPa；

t_r——基准温度下荷载作用时间，s；

a——动态模量最小值，MPa；

$a+b$——动态模量最大值，MPa；

c、d——Sigmoid 方程的形状参数。

为了得到动态模量主曲线，需要将不同温度时测得的数据根据频率平移，将等温线移至任意温度 T_r 时的平移量定义为转换系数。转换系数是温度的函数，各温度的转换系数体现了材料的温度相关性。转换系数的表达式见式(5-9)。

$$\alpha_T = \frac{t}{t_r} \tag{5-9}$$

式中：α_T——转换系数；

t——某温度下的荷载作用时间；

t_r——基准温度下的荷载缩减作用时间。

转换系数可以通过 Williams-Landel-Ferry(WLF)公式得到，WLF 公式见式(5-10)。

$$\lg(\alpha_T) = \frac{-C_1(T_i - T_R)}{C_2 + (T_i - T_R)} \tag{5-10}$$

式中：C_1、C_2——材料常数；

T_R——基准温度；

T_i——试验温度。

利用 Sigmoid 方程和 WLF 公式，将密级配树脂混合料在 5 种温度和 9 种频率条件下得到的动态模量试验数据进行非线性最小二乘回归，得到参照温度为 30℃时的动态模量主曲线，如图 5-28 所示。主曲线连续、光滑，可以较好地拟合试验数据。

(3)路用性能

密级配树脂混合料具有优异的强度与抗变形能力，其路用性能主要包括高温抗车辙性能、低温抗裂性能、水稳定性和弯曲性能等。

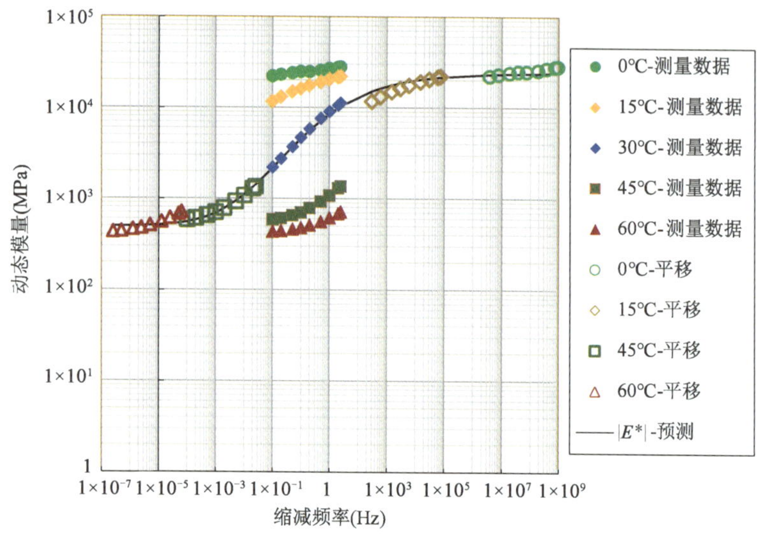

图 5-28　动态模量主曲线

①高温稳定性能。

夏季钢桥面铺装受到太阳直射，其表面温度高达 60～70℃。在此条件下受到荷载作用其极易发生塑性变形，产生车辙病害，所以对铺装材料的高温稳定性提出了较高的要求。本书采用高温车辙试验来评价密级配树脂混合料的高温稳定性能。图 5-29 为车辙试样与车辙试验机。用试模成型 300mm×300mm×50mm 的试件，在 70℃条件下保温 6h 后进行车辙试验。

图 5-29　密级配树脂混合料车辙试件以及车辙试验机

密级配树脂混合料车辙试验结果见表 5-11。由表可见，在 70℃条件下，密级配树脂混合料几乎无变形，其动稳定度值大于 20000 次/mm，因此密级配树脂混合料具有优良的高温抗车辙性能。

密级配树脂混合料车辙试验结果　　表 5-11

试验温度(℃)	动稳定度(次/mm)	技术要求(次/mm)
70	20450	≥6000

②弯曲性能。

小梁弯曲试验方法参照《公路工程沥青及沥青混合料试验规程》(JTG E20—2011)中的"T 0716 沥青混合料弯曲试验"。利用高精度双面锯把300mm×300mm×50mm的车辙试件切割为250mm×30mm×35mm的梁试件,其跨径为200mm。为研究温度对密级配树脂混合料弯曲性能的影响,试验温度选择-10℃和15℃两种,试验采用三点加载方式,加载速率为50mm/min。密级配树脂混合料小梁三点弯曲试验如图5-30所示。

图5-30　密级配树脂混合料小梁三点弯曲试验

在-10℃和15℃时密级配树脂混合料小梁三点弯曲试验的典型应力-应变曲线如图5-31所示。由图可见,在-10℃和15℃条件下密级配树脂混合料的应力-应变曲线在加载段及其峰值位置表现出明显的差异。当试验温度为-10℃时,密级配树脂混合料在低温条件下近似为弹性体,因此试验初期试件的弯曲应力随弯曲应变的增加而线性增大,试件处于线弹性变形之中,直至达到最大弯曲强度,试件达到破坏极限状态而突然产生脆性断裂,并发出"砰"的声音,弯曲强度迅速归零。当试验温度为15℃时,由于密级配树脂混合料在常温条件下表现出黏弹性,试验初期试件的弯曲应力随弯曲应变的增加以非线性形态缓慢增长,极限弯曲应变显著大于-10℃的情况,增加到最大弯曲应变后,小梁试件仍能承受一定的弯曲应力作用,最后阶段弯曲应力迅速下降,应力-应变曲线存在明显的软化段,表明材料具有良好的变形能力。两种温度条件下试件的弯曲强度、极限弯曲应变见表5-12。

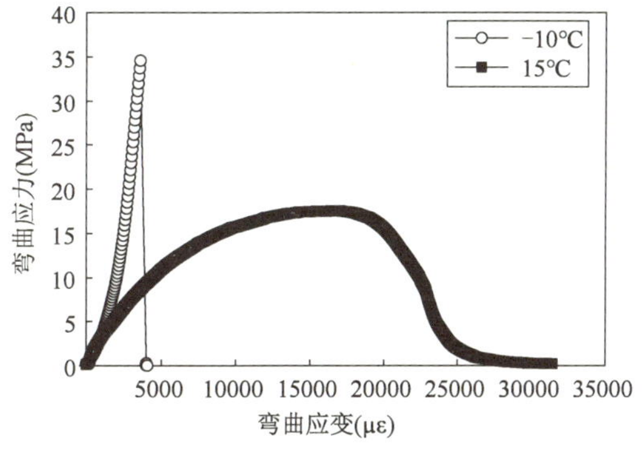

图5-31　密级配树脂混合料小梁三点弯曲试验曲线

密级配树脂混合料小梁三点弯曲试验结果　　表 5-12

试验温度(℃)	弯曲强度(MPa)		最大弯曲应变(με)	
	试验结果	技术要求	试验结果	技术要求
-10	35.7	—	3213	≥3000
15	21.5	—	19205	—

由表 5-12 可见,密级配树脂混合料在常温时弯曲强度达 21.5MPa,最大弯曲应变达 19205με,具有较好的弯曲强度和变形性能;在低温时,弯曲强度高达 35.7MPa,最大弯曲应变为 3213με,满足技术要求。

③水稳定性。

采用冻融劈裂试验来评价密级配树脂混合料的水稳定性能。首先成型马歇尔试件并完成固化,随机将试件分成参照组和试验组两组;将试验组试件放在真空度为 97.3 ~ 98.7kPa 条件下保持 15min,然后打开阀门恢复常压,将试件静置 0.5h;取出试验组试件放入塑料袋并加入 10mL 水,扎紧袋口,将试件放入 -18℃ 温度箱保温 16h;之后取出试件,立刻放入 60℃ 恒温水槽,撤去塑料袋保温 24h;将参照组和试验组试件全部浸入温度为 25℃ 的恒温水槽不少于 2h;采用 50mm/min 的加载速率对参照组和试验组试件进行劈裂试验(图 5-32),最后计算参照组和试验组两种情况下的劈裂强度比。

图 5-32　劈裂试验

密级配树脂混合料冻融劈裂试验结果见表 5-13。从表可见,密级配树脂混合料的冻融劈裂强度比平均值为 92.9%,这表明密级配树脂混合料具有良好的水稳定性。这是由于密级配树脂混合料空隙率小于 3%,密实性较好,水难以浸入混合料中。

密级配树脂混合料冻融劈裂试验结果　　表 5-13

组别	劈裂强度(MPa)	冻融劈裂强度比(%)	技术要求(%)
试验组	5.51	92.9	≥80
参照组	5.93		

2)灌注式树脂混合料设计与性能研究

(1)灌注式树脂混合料简介

根据上述研究,材料配合比、油石比波动和施工压实度不足是导致现场施工质量难以保证的重要原因。因此,针对雨季应急养护时抢修时间紧迫的需要,本书提出了一种无须压实即可施工的新型树脂混合料,以减少实际施工时养护材料性能对压实功的依赖。在水下固化树脂混合料配合比设计中采用灌注式混合料级配,考虑因素如下:

①灌注式混合料施工过程更为简单,不需要拌和、碾压等环节,有利于简化维修工序,加快施工过程,为抢修争取时间。

②PTA 固化反应速度较快,常温 39min 左右黏度即可增长到 3000cP,灌注式施工方法可以充分发挥 PTA 固化速率快的优势。

③利用灌注式树脂混合料内部的连通空隙,让树脂在固化前可以自由流动,增大树脂与周围已有铺装的接触面,填充微小空隙,使它们紧密黏结,从而有效地改善新旧铺装之间界面的黏结性能,防止坑槽维修区域四周的二次开裂。

因此,为了最大限度地缩短施工时间、方便现场施工、充分发挥 PTA 的材料特性,采用灌注式级配设计了树脂混合料。

沥青混合料因矿料级配的不同而构成不同的内部结构,如悬浮-密实结构、骨架-空隙结构和骨架-密实结构。骨架由粗集料构成,尺寸较大的粗集料相互嵌挤,形成石-石接触,共同承受荷载和抵抗变形。在受到外界荷载作用时,骨架起到两个作用:一是抵抗外部荷载应力,二是传递外部荷载应力。由于粗集料性能基本不受温度影响,因此当混合料内部形成骨架结构后,普遍具有较好的抵抗高温变形的能力。

为了达到混合料免压实的目的,本书所设计的灌注式树脂混合料显著提高了集料中的粗集料含量、减少细集料用量,使得混合料具有骨架-空隙结构,其级配属于开级配。在粗集料形成骨架结构后,由于细集料含量少,不能充分填充粗骨料之间的空隙,混合料内部具有较大的连通空隙(空隙率为 18% ~22%),利用 PTA 材料良好的流动性,直接在矿料中灌注 PTA 材料,使之可以充分地填充空隙,从而在不压实的条件下实现较小空隙率,经过养生后即形成灌注式树脂混合料。

灌注式树脂混合料的强度主要来源于粗集料之间的嵌挤作用,以及 PTA 的内聚作用。内摩阻力对灌注式树脂混合料强度的贡献较大,同时由于 PTA 材料为热固性且强度远高于普通沥青,因此灌注式树脂混合料的高温稳定性优异。

(2)配合比设计

①矿料级配。

级配对 PTA 混合料的性能非常重要,直接影响树脂混合料的空隙率、树脂用量和内摩擦

角等参数,同时还对施工成型后的铺装表面特性有较大影响。借鉴排水沥青路面和半柔性路面的设计级配,参考国内东南大学、长安大学、武汉理工大学等高校的研究成果,经过多轮级配组成试算,确定灌注式树脂混合料级配要求见表5-14,级配曲线如图5-33所示。灌注式树脂混合料骨架特征如图5-34所示。

灌注式树脂混合料级配 表5-14

筛孔尺寸(mm)		13.2	9.5	4.75	2.36	1.18	0.6	0.3	0.15	0.075
级配要求(%)	下限	100	95	10	5	5	4	3	3	1
	上限	100	100	30	22	18	15	12	8	6
	中值	100	97.5	20	13.5	11.5	9.5	7.5	5.5	3.5

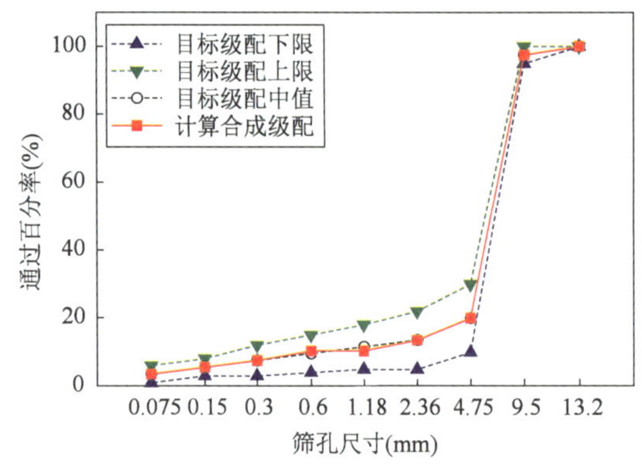

图5-33 灌注式树脂混合料合成级配曲线

图5-34 灌注式树脂混合料骨架特征

②马歇尔试验。

采用马歇尔设计方法确定灌注式混合料最佳树脂用量,但由于灌注式树脂混合料免压实的材料特性,试件成型时无需击实。灌注式树脂混合料马歇尔试件表面较为粗糙,但内部基本被树脂填满,较为密实。在试验过程中PTA固化速率较快,因此无论是现场施工还是在实验室内操作,都需要提前准备好相应的工具与设备,便于保持较快的操作与施工速度。

经过多次试拌,灌注式树脂混合料马歇尔试验结果见表5-15。

灌注式树脂混合料马歇尔试验结果 表5-15

毛体积密度(g/cm^3)	空隙率(%)	稳定度(kN)	流值(0.1mm)
1.984	0.8	40.6	32

由表可知,由于灌注式树脂混合料树脂用量较大,其毛体积密度相对于密级配混合料大幅降低;空隙率仅有0.8%,内部无连通空隙,因此具有较好的防水性能;此外,由于PTA为热固性材料且强度较高,因此灌注式树脂混合料马歇尔稳定度达到40.6kN,接近环氧沥青混合料,同时流值大致相当。可见,灌注式树脂混合料马歇尔强度可以满足钢桥面铺装的技术要求。

(3)路用性能

①高温稳定性能。

灌注式树脂混合料车辙试件如图5-35所示，车辙试验结果见表5-16。由表可见，灌注式PTA混合料具有优良的高温稳定性，动稳定度大于20000次/mm，远高于规范要求的指标6000次/mm。这主要得益于骨料之间的相互嵌挤作用以及PTA高内聚力所共同形成的材料强度，因此灌注式树脂混合料具有较高的抗高温塑性流动能力，且不易发生车辙病害。

图5-35　灌注式树脂混合料车辙试件

灌注式树脂混合料车辙试验结果(单位:次/mm)　　表5-16

试验温度(℃)	动稳定度	技术要求
70	21550	≥6000

②低温抗裂性能。

灌注式树脂混合料小梁低温弯曲试验结果见表5-17，试件如图5-36所示。由图表可见，在-10℃时灌注式树脂混合料的小梁弯曲强度平均值为19.4MPa，明显低于密级配环氧沥青混合料或环氧树脂混合料(约30MPa)；极限弯曲应变高于5000με，变形能力比密级配环氧沥青混合料或环氧树脂混合料有较大的提高，也显著大于规范技术要求。因此，灌注式PTA混合料相对于密级配环氧沥青混合料或环氧树脂混合料，虽然低温弯曲强度低，但变形能力更强，表现出较好的低温抗裂性。从破坏形态来看，试验过程中，弯曲强度最大时裂缝并未贯穿灌注式树脂混合料整个断面，裂缝处于树脂和集料黏结的界面处，由此可以看出，树脂与集料界面是灌注式树脂混合料的关键位置，其更是后续研究可以探究的方向。

灌注式树脂混合料低温弯曲试验结果　　表5-17

试验温度(℃)	弯曲强度(MPa)		最大弯曲应变(με)	
	试验结果	技术要求	试验结果	技术要求
-10	19.4	—	5041	≥3000

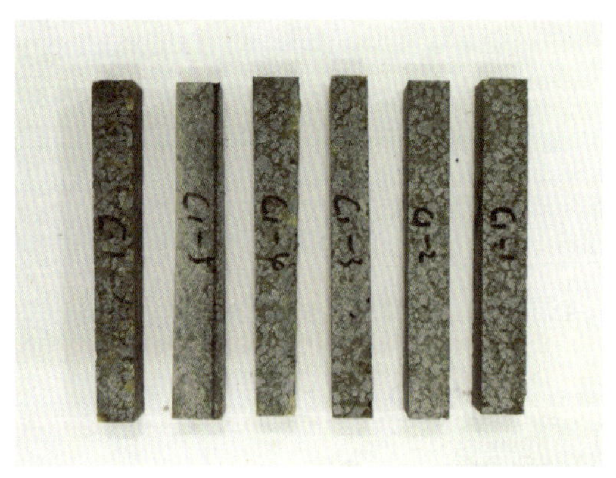

图 5-36　灌注式树脂混合料小梁低温弯曲试件

③水稳定性。

灌注式树脂混合料冻融劈裂试验结果见表 5-18。从表可见,灌注式树脂混合料的冻融劈裂强度比为 83.3%,这表明灌注式 PTA 混合料具有较好的水稳定性。由于灌注式树脂混合料基本没有空隙,密实性较好,因此适合于钢桥面等防水性要求较高的路面铺装。

灌注式树脂混合料冻融劈裂试验结果　　表 5-18

组别	劈裂强度(MPa)	冻融劈裂强度比(%)	技术要求(%)
试验组	3.45	83.3	≥80
参照组	4.14		

3)浇注式树脂混合料设计与路用性能研究

(1)浇注式树脂混合料简介

由于大跨径钢桥正交异性桥面板刚度较小、变形较大,钢桥面铺装容易受到车辆荷载、温度、湿度等因素的影响,且受力和变形复杂,在强度、柔韧性、高温稳定性、低温抗裂性和疲劳耐久性方面上均有较高的要求。主流钢桥面铺装材料和施工技术均具有较明显的缺点,比如浇注式沥青混合料防水性能突出但高温稳定性不足、改性密级配沥青混合料高温稳定性和抗疲劳性能不佳、改性沥青 SMA 抗疲劳性能不足、环氧沥青混合料高温稳定性出色但低温抗裂性不足等。如何使得铺装材料、结构在重交通荷载和恶劣环境气候条件作用下同时具有较高的高温稳定性、低温抗裂性、疲劳耐久性、抗水损性能以及简便的施工工艺,以期能够有效地防止或延缓铺装层车辙、裂缝、脱层病害的出现,这是钢桥面铺装成功的关键。

浇注式沥青混合料是一种优缺点鲜明的钢桥面铺装材料,它的特点是在高温下进行拌和,具有良好的流动性,可以在摊铺后自密实成型,不需碾压就能达到要求的密实度和平整度。除了施工方便外,浇注式沥青还具有防水性、与钢桥面板有良好的黏结性和变形追从性、耐久性好等优点。然而,浇注式沥青混合料矿粉、沥青含量高,高温稳定性不足,容易产生车辙病害；同时，浇注式沥青混合料施工必须将集料和沥青加热到220～260℃，不仅消耗大量能源，而且会排放大量有害气体和烟尘，污染环境，不符合当前国家推荐的绿色发展理念以及“碳达峰”与“碳中和”的发展目标。

为提高钢桥面铺装维修质量，本书提出一种新型免压实常温拌和浇注式树脂混合料（以下简称“浇注式树脂混合料”），它将热固性、高韧性、常温施工的PTA作为结合料，与浇注式级配的矿料拌和，形成一种防水性能好、变形能力强、自密实成型的新型混合料。

浇注式树脂混合料是在浇注式沥青混合料铺装技术基础之上，保留其优良的防水性、抗裂性、变形协调性、耐久性以及施工简便性，同时选用PTA作为结合料，利用其耐高温、高韧性、常温施工的优点，解决了浇注式沥青混合料铺装技术中容易出现车辙病害等技术难题；同时，由于其加大了细集料、矿粉和树脂用量，浇注式树脂混合料低温变形和抗裂性能优异，克服了普通环氧树脂和环氧沥青铺装材料低温脆性大、容易开裂的弊端；另外，为降低钢桥面铺装养护施工难度，采用常温施工和免压实的施工工艺，改变了浇注式沥青混合料施工温度高达220～260℃的高耗能模式，大幅减少能耗和碳排放，绿色环保，简化施工工艺的同时，还降低了经济成本。

（2）配合比设计

浇注式沥青混合料在国内外已有多年的应用经验，国外和国内多座大桥根据实际情况已经形成了典型的级配，见表5-19。本书参考南京栖霞山长江大桥、泰州大桥等多座大跨径钢桥面铺装材料设计经验，提出钢桥面铺装坑槽维修用的浇注式树脂混合料级配要求，见表5-20，级配曲线如图5-37所示。

典型浇注式沥青混凝土级配表　　表5-19

级配类型	通过下列筛孔（方孔筛，mm）的质量百分率（%）								沥青含量（%）
	13.2	9.5	4.75	2.36	0.6	0.3	0.15	0.075	
日本濑户大桥	100～95	—	85～65	62～45	50～35	42～28	34～25	27～20	7.0～10.0
日本明石海峡大桥	98.5	—	74.1	49.7	38.6	33.8	29.1	23.9	8.3
德国0/11S	100	87.5	62	50	37.5	34	29.5	22.5	6.5～8.0
英国玛蹄脂	100	—	57	46	35	—	27	23	8.5
泰州大桥	100	99.2	73.1	58.3	37.3	30.1	26.7	24.3	8.9
南京栖霞山长江大桥	100	—	73.9	50.3	40.9	31.4	26.5	23.2	8.3

浇注式树脂混合料级配　　表5-20

筛孔尺寸（mm）		13.2	9.5	4.75	2.36	0.6	0.3	0.15	0.075
级配要求（%）	下限	100	95	65	45	35	28	25	20
	上限	100	100	85	62	50	42	34	27
	中值	100	97.5	75	53.5	42.5	35	29.5	23.5

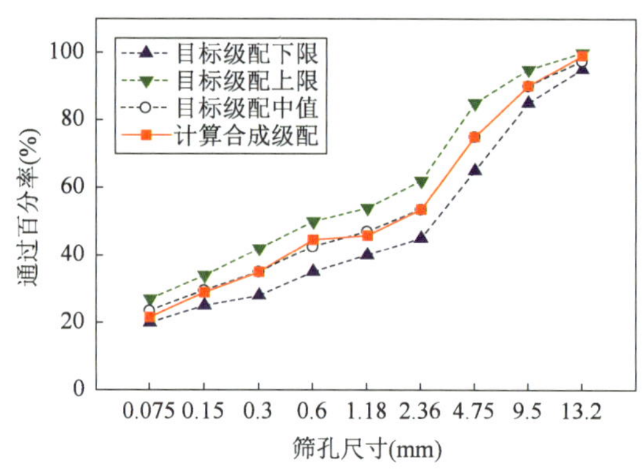

图 5-37　浇注式树脂混合料合成级配曲线

混合料设计是综合平衡其性能的关键技术之一,合理的设计方法与设计参数是取得综合平衡的关键。从可供查阅的资料看,各国浇注式沥青混合料的设计方法不尽相同。德国采用贯入量试验进行浇注式沥青混凝土配合比设计,同时用汉堡车辙试验检验其性能;英国采用球硬度数、45℃车辙试验等试验指标进行配合比设计;日本采用刘埃尔流动度、贯入量、动稳定度与低温极限弯曲应变 4 项指标进行浇注式沥青混合料的配合比设计。

由于浇注式树脂混合料利用 PTA 作为结合料,解决了一直困扰浇注式沥青混合料的高温稳定性问题,混合料设计的主要关注点转为流动性和抗裂性能。根据集料的筛分结果,以及表 5-21 的级配,以 2.36mm 通过率为级配控制点选出细、中、粗 3 种级配,表中详列了 3 种合成级配的通过率。

浇注式树脂混合料合成级配　　表 5-21

筛孔(mm)	通过下列筛孔(方孔筛,mm)的质量百分率(%)						
	9.5	4.75	2.36	0.6	0.3	0.15	0.075
细级配	100.0	82.9	61.2	46.7	40.0	32.7	26.7
中级配	97.5	74.5	54.2	41.3	33.1	30.6	24.8
粗级配	95	65.0	45.1	35.8	28.3	25.9	21.8

施工和易性是反映浇注式树脂混合料施工性能的重要指标,可用刘埃尔流动度试验(Lueer Test)评估。该试验类似于水泥的标准稠度试验,它测量一定质量(999.5g)的锥形重锤在混合料中下降 50mm 深度所需的时间,单位为 s。刘埃尔流动度仪的构造如图 5-38 所示。重锤下降 50mm 所需的时间愈长,表示混合料的流动性愈差。当混合料的流动性太大时,在有一定横坡与纵坡的钢桥面板上摊铺,铺装表面会形成波浪,从而影响摊铺质量。

按照初拟油石比 10.0%,根据初选的 3 组级配进行刘埃尔流动度试验,试验结果见表 5-22。由表可见,粗级配和中级配的刘埃尔流动度均可以满足技术要求,而细级配的流动度低于技术要求,可能会因为流动度过大而流淌。因此,选择中级配进行后续试验研究。

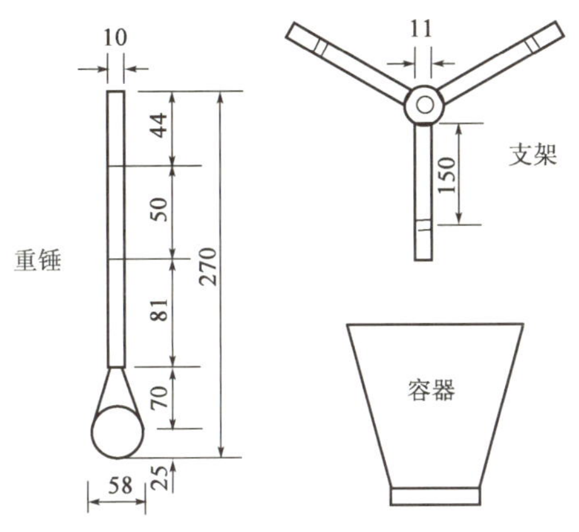

a)刘埃尔流动度仪的构造图(尺寸单位：mm)

b)刘埃尔流动度试验图

图5-38 刘埃尔流动度试验

刘埃尔流动度试验结果 表5-22

技术指标	粗级配	中级配	细级配	技术要求
刘埃尔流动度(s)	19	15	9	10～40

根据上述所确定的中级配,在初选油石比10%基础上,按±0.5%变化,取3个不同油石比,进行刘埃尔流动度试验和小梁低温弯曲试验,以确定最佳油石比。其中,小梁低温弯曲试验温度为-10℃,加载速率为50mm/min,试验结果见表5-23。

刘埃尔流动度和低温弯曲试验结果 表5-23

油石比(%)	空隙率(%)	刘埃尔值(s)	最大弯曲应变(με)
9.5	1.0	17	3478
10.0	0.9	15	3652
10.5	0.7	12	3695

综合刘埃尔流动度值和极限弯曲应变,确定最佳油石比为10.0%。此时混合料能够达到自流动密实的效果。在最佳油石比条件下,浇注式树脂混合料的空隙率为0.9%,刘埃尔值为15s,最大弯曲应变为3652με。

(3)路用性能

当最佳油石比为10.0%时,通过高温车辙试验、抗水损试验对浇注式树脂混合料的性能进行检测。

①高温稳定性能。

浇注式树脂混合料车辙试验结果见表5-24。由表可见,浇注式树脂混合料抗车辙性能满足技术要求。

浇注式树脂混合料车辙试验结果 表5-24

试验温度(℃)	动稳定度(次/mm)	技术要求(次/mm)
70	17200	≥6000

②水稳定性。

采用冻融劈裂试验来评价浇注式树脂混合料的水稳定性。由于浇注式树脂混合料难以成型马歇尔试件,因此首先成型车辙板并完成固化,然后利用取芯机取出厚度50mm的圆柱体试件,再按照规范要求进行冻融过程,最后分为参照组和试验组进行劈裂试验。浇注式树脂混合料冻融劈裂试验结果见表5-25。由表可见,冻融劈裂强度比为93.5%,可见浇注式树脂混合料具有优异的水稳定性。

浇注式树脂混合料冻融劈裂试验结果　　表5-25

组别	劈裂强度(MPa)	冻融劈裂强度比(%)	技术要求(%)
试验组	4.83	93.5	≥80
参照组	5.17		

综上所述,浇注式树脂混合料具有优异的高温稳定性,在70℃时动稳定度达到17200次/mm,可有效地避免钢桥面铺装层在夏季高温时产生车辙病害;由于采用较高的树脂含量,低温变形性能优于密级配树脂混合料,能更好地适应桥面钢板的大变形,提高铺装层与桥面板的整体性;浇注式树脂混合料的空隙率很小,而且内部空隙不连续,有优良的密水性,因此水分不会渗透到钢桥面板上,有效保护了桥梁主体结构不受腐蚀;整个养护施工过程均在常温下进行,无须加热,低碳环保,依靠浇注式树脂混合料的流动性自行密实成型,省去了碾压过程,简化了施工工艺,降低了施工难度,节省了养护施工费用,具有较好的施工和易性。但作为一种新型养护材料,其抗疲劳性能和耐久性能尚需进一步研究。

4)基于断裂力学的树脂混合料抗裂性能研究

前述的研究表明,密级配、灌注式和浇注式树脂混合料均具有优良的强度、高温稳定性、低温变形性与水稳定性。然而,对于环氧类材料来说,裂缝是主要的病害形式,特别是作为正交异性钢桥面板铺装时,在纵向加劲肋与横隔板等应力集中部位往往出现纵向与横向裂缝,并迅速扩展形成网裂等更为严重的病害。

钢桥面铺装作为正交异性桥面钢板的保护层,其断裂特性对桥面系安全起着关键作用。一旦桥面铺装出现裂缝,铺装结构将不再连续。如果未及时采取适当的处治措施,裂缝会进一步发展并恶化,导致坑槽、脱层甚至腐蚀钢板,这些问题将显著降低钢桥面板的使用寿命。因此,如何准确把握铺装材料的断裂机理,对评价铺装结构的稳定性和安全性具有重要意义。

本节基于断裂力学原理,通过单边切口梁弯曲断裂试验,同时利用数字图像相关(DIC)方法,计算密级配、灌注式和浇注式树脂混合料的断裂韧度等断裂参数,以评价其抗裂性能。

(1)断裂力学试验方法

断裂力学在沥青混合料及沥青路面结构裂缝病害的研究中已得到广泛应用,也有部分研究者将其引入钢桥面铺装的疲劳开裂研究中。断裂力学是从材料或构件中存在微裂纹的基点出发,应用弹性力学和塑性力学理论,研究材料中裂缝产生与扩展条件和规律的科学。实际上,钢桥面铺装的开裂也是从内部潜在的微裂纹扩展开始的,这些微裂纹经常来自材料或施工等原因造成的铺装结构内部缺陷。在车辆荷载或温度应力作用下,微裂纹尖端会产生高达数倍的应力集中,诱使微裂缝产生和扩展。要从断裂力学角度对钢桥面铺装结构的开裂行为进行深入研究,首先要对材料的基本断裂参数进行试验测定,以获取铺装材料的断裂性能。

为了测定沥青混合料的断裂参数,国内外学者提出了多种试验方法。断裂力学试验通常采用切口试件,即将试件做成单边的 V 形或 U 形切口,进行弯曲或拉伸试验,主要包括单边切口梁弯曲试验(Single Edge Notch Beam,SENB)、圆形紧凑拉伸试验(Disc-shaped Compact Tension,DCT)和半圆弯曲试验(Semi-Circular Bending,SCB)等。这些测量断裂参数的试验方法各有优缺点,有些方法技术要求简单,但是试验参数难以直接用于力学模型;有些方法则具有很高的技术要求,不易操作和普及。国内外学者大多根据已有条件以及研究需求选择最合适的断裂力学试验方法。

半圆弯曲试验

钢桥面铺装与普通路面在结构形式上有较大区别,钢桥面铺装的支撑结构为正交异性钢板,从而导致钢桥面铺装的受力模式与普通路面的受力模式不同。对于沥青混合料路面,沥青混合料面层的最大拉应力或拉应变均出现在面层底面,则疲劳裂缝从面层的底面向顶面扩展。而对于钢桥面铺装,由于加劲肋的加劲支撑作用,在车辆荷载作用下,铺装主要承受弯曲应力,在车辆荷载、环境变化等因素综合作用下,纵向加劲肋、横隔板、纵隔板顶部的铺装层表面出现负弯矩和应力集中现象,铺装层最大拉应力或拉应变均出现在铺装层表面,因此疲劳裂缝从铺装层表面向底面扩展,裂缝以Ⅰ型(张开型)裂缝为主。

切口小梁三点弯曲试验是研究材料断裂参数常用的试验方法,其受力特点、裂缝产生与扩展的模式与钢桥面铺装相似。国家标准《金属材料 平面应变断裂韧度 K_{IC} 试验方法》(GB/T 4161—2007)把它与紧凑拉伸试验、C 形拉伸试验和圆形紧凑拉伸试验作为测定Ⅰ型裂缝断裂参数的标准试验,故而在测量断裂参数的试验中应用较为广泛。同时,切口小梁三点弯曲试验操作方便,所需试验条件简单。因此,本书选择单边切口小梁三点弯曲试验作为抗裂性能试验方法。

(2)结合数字图像相关法(DIC)的单边切口梁弯曲试验

沥青混合料属于多相复合材料,内部结构呈非均质性,常规的宏观试验很难从根本上对裂纹产生机理及裂缝扩展规律进行探究。最初是使用位移传感器测量试验中宏观裂纹的尺寸,但是这种方法只能测量裂纹开口的位移(CMOD)。后来,科研人员采用了几种基于图像的测量方法来测量裂纹,在此过程中,通过摄像机记录裂纹的开始和传播过程,然后在记录的图像或视频中测量裂纹的尺寸。这些方法的主要问题是测量精度不足以表征微裂纹。近

年来，数字图像相关(DIC)方法用于测量试样的平面位移和应变，这为微裂纹测量提供了很好的解决方案。

数字图像相关法(DIC)指的是将数字图像处理技术与光测力学相结合，在物体表面涂布随机的斑点(或是伪随机的散斑场)，以这些斑点的位置变化提取物体变形信息的方法。它的优点在于无须接触以及使用方便、经济，数据采集、处理均由系统解决，可以实现自动化测量。本书采用 DIC 方法，对密级配、灌注式和浇注式树脂混合料抗裂性能进行试验研究。

DIC 试验系统主要由两部分组成：材料试验系统和 DIC 系统，其中，材料试验系统主要负责对试件进行力学加载，DIC 系统主要负责试验过程中的图像采集和处理。本试验 DIC 系统由 1 个镜面、3 台数码相机、2 台电脑以及系列软件构成。由于在高速摄影的情况下时间差会对位移产生比较大的影响，因此在试件前放置镜子，同时采用 2 台数码相机采集物体三维运动，以减小采集图像时 2 台数码相机存在的时间差。DIC 试验系统如图 5-39 所示。

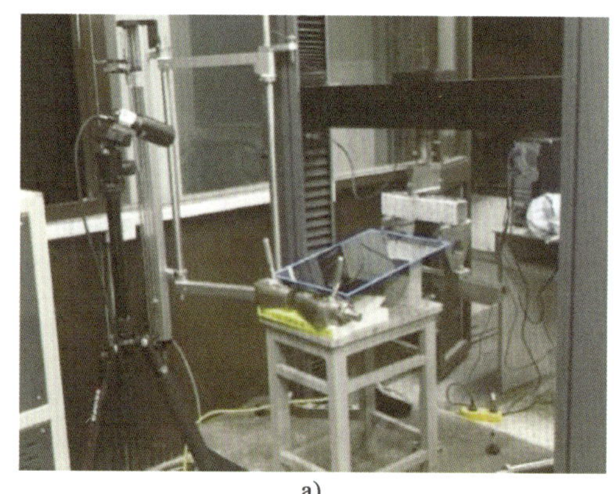

a)

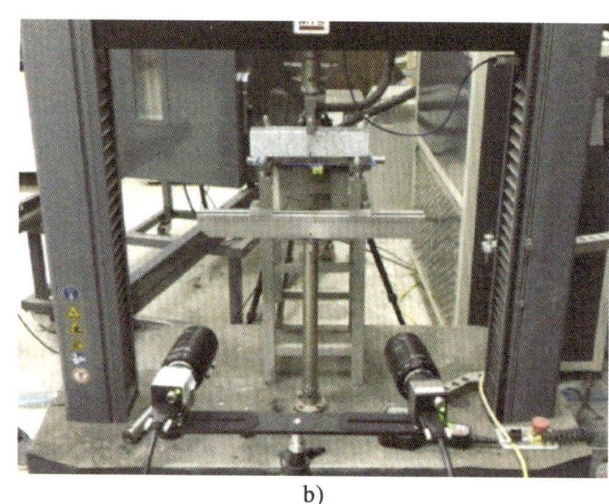

b)

图 5-39　DIC 试验系统

DIC 技术涉及在图像的每个像素位置处测量灰度等级，因此对比度好的图像对于实现高测量精度至关重要，这就需要对试件表面进行处理，以确保成功获取图像并随后进行位移和应变的计算。表面处理后的切口小梁试件如图 5-40 所示。

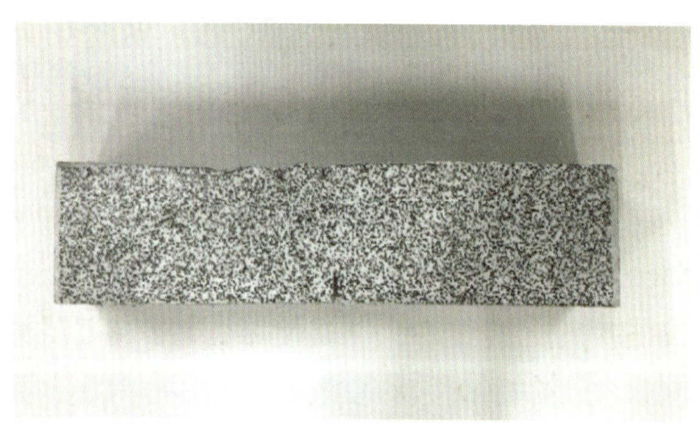

图 5-40　表面处理后的切口小梁试件

在试验温度下将切口小梁保温6h后，利用MTS多功能材料试验机，按1mm/min的速度进行切口小梁三点弯曲试验，同时启动数码相机进行高速摄像，帧频为8帧/s。试验时，MTS多功能材料试验实时自动记录荷载P及试件的跨中位移δ，DIC系统同时记录不同时刻的变形场，试验装置如图5-41所示。

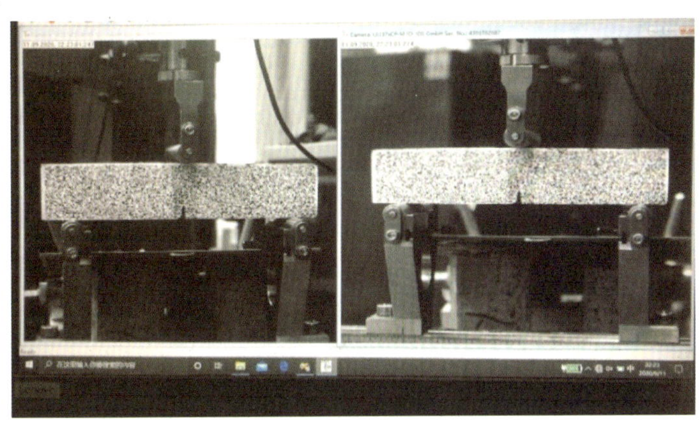

图5-41　试验中DIC系统软件视图

通过对不同时刻试件表面纹理的测量和计算，可以得到试件在弯曲试验过程中的变形信息，并计算应变场。试样的平面内水平方向应变的二维云图如图5-42所示，从图中可以看出平面内最大拉应变出现在裂缝尖端，说明DIC系统可以较好地捕捉裂缝尖端区域的应变场。此外，基于DIC的断裂试验系统可以容易地观察到裂缝扩展情况。

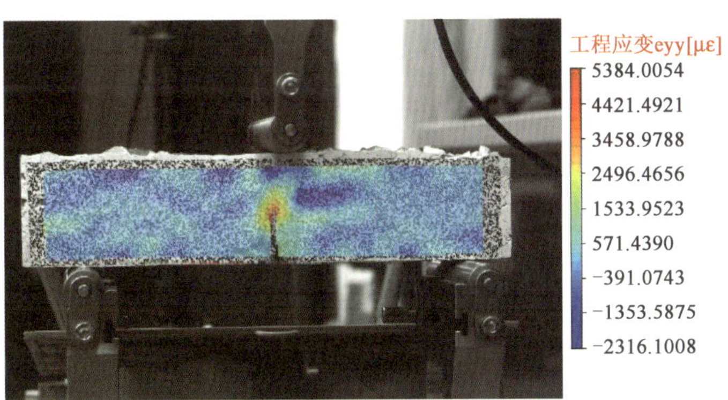

图5-42　单边切口梁弯曲试验的水平应变场

本书采用的单边切口小梁三点弯曲试验模式如图5-43所示。对于Ⅰ型断裂，应力强度应子$K_{\rm I}$由式(5-11)计算：

$$K_{\rm I}=\frac{PS}{BW^{\frac{3}{2}}}f\left(\frac{a}{W}\right) \tag{5-11}$$

式中：P——荷载，N；

B——试件宽度,mm;

W——试件高度,mm;

a——初始裂缝深度,mm;

S——弯曲梁支点之间的距离,mm;

$f\left(\frac{a}{W}\right)$——系数,按照式(5-12)计算:

$$f\left(\frac{a}{W}\right)=2.9\left(\frac{a}{W}\right)^{\frac{1}{2}}-4.6\left(\frac{a}{W}\right)^{\frac{3}{2}}+21.8\left(\frac{a}{W}\right)^{\frac{5}{2}}-37.6\left(\frac{a}{W}\right)^{\frac{7}{2}}+38.7\left(\frac{a}{W}\right)^{\frac{9}{2}} \quad (5\text{-}12)$$

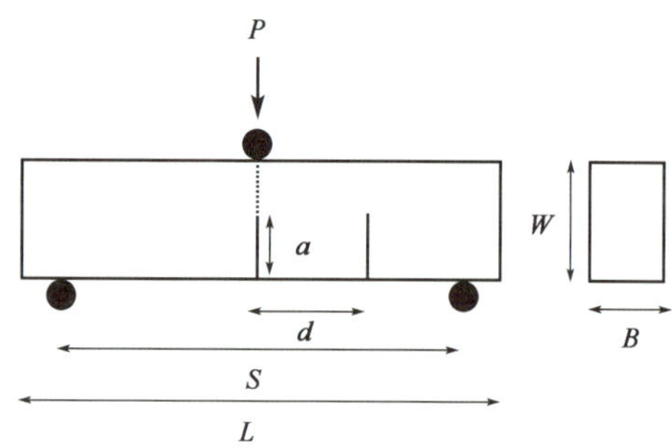

图5-43 单边切口梁弯曲试验示意图

由式(5-12)可知,应力强度因子 K_{I} 与应力、裂缝的长度有关,随着应力逐渐增大,裂缝前端的 K_{I} 将增大。当 K_{I} 增大到足以使裂缝失稳扩展时,称为达到临界状态,此时的 K_{I} 临界值用 K_{IC} 表示。因此,K_{IC} 表征了材料阻止裂缝扩展的能力,是材料抵抗断裂的一个韧性指标,称为断裂韧度。

如果材料为脆性,则裂缝一开始扩展,试件就会断裂,断裂前没有明显的亚临界扩展,这时最大开裂荷载 P_{Q} 就是裂缝失稳扩展的临界荷载。由于路面铺装材料不是纯脆性材料,一般情况下试件断裂前裂缝都有不同程度的缓慢扩展,失稳扩展没有明显的标志,因此最大荷载不是裂缝开始失稳扩展时的临界荷载。相关研究结果表明,可把裂缝尖端扩展量(CTOD)达到裂缝原始长度 a 的 2%(CTOD/a = 2%)时的荷载作为临界荷载。利用 DIC 技术,连续采集断裂试验过程中的图像,计算 CTOD,并通过时间确定 CTOD/a = 2% 时的荷载 P_{Q}。

分别开展密级配、灌注式和浇注式树脂混合料的断裂力学试验,结果见表 5-26。由表可以得知,密级配、灌注式和浇注式树脂混合料在 −10℃ 时断裂韧度分别为 2.65MPa · $\mathrm{m}^{1/2}$、2.19MPa · $\mathrm{m}^{1/2}$ 和 3.41MPa · $\mathrm{m}^{1/2}$。浇注式树脂混合料的断裂韧度最高,这可能是由于较高含量的树脂与矿粉组成的大量树脂胶砂,在低温下具有较好的变形能力,可以增大对裂缝的阻碍作用;而灌注式树脂混合料的断裂韧度最低,这可能是由于这种混合料内部存在较多的"石-石"接触,这些部位结合料含量较低,内聚力较小,因此在荷载作用下相对树脂胶砂对粗集料的包裹更容易分离,从而产生断裂。

断裂试验结果 表 5-26

树脂混合料类型	试验温度(℃)	断裂韧度($MPa \cdot m^{1/2}$)
密级配	-10	2.65
灌注式		2.19
浇注式		3.41

5)树脂混合料与原铺装界面黏结性能研究

作为坑槽修复材料,PTA 混合料除了自身具备良好的力学与路用性能外,更需要与原有铺装有优良的黏结性能,保证在车辆荷载与环境因素作用下不产生二次开裂,进而保障坑槽修补质量。因此,PTA 混合料与原铺装界面的黏结性能也是评价其使用性能的重要指标之一。

常用来检验钢桥面铺装黏结性能的方法有拉拔试验、剪切试验两类,每一类试验都有各自的特点和适用场合。拉拔试验是最早用来评价黏结性能的方法,由于其具有试验原理简单、仪器获取方便、试件制作简便、试验结果处理精确等优点得到广泛的应用。它的目的在于防止由于黏结能力过差导致铺装与桥面板脱离以及施工期间车流对黏结层的破坏。尽管拉拔试验优点明确,但是与剪切试验相比它并不能完全模拟实际使用时铺装层的受力状态。

根据黏结层与加载力方向的关系,剪切试验可分为直剪试验和斜剪试验,根据加载方式则可分为压剪试验和拉剪试验。其中斜剪试验一般采用压剪方式,可以有效地模拟黏结层的受力状态,其优点在于理论完备,且与实际受力状态相符;缺点在于包括加载速度与界面处理方式在内的多种人为因素对试验结果的影响较大,以至于试验重复性较低,可操作性差。同时相对于拉拔试验,其试验过程也较难控制。

结合潮湿环境下 PTA 混合料用于坑槽修补的应用情况,本节采取界面拉拔试验以及复合小梁的弯曲试验来评价 3 种 PTA 混合料与潮湿铺装的黏结能力。其中,前者可以衡量 PTA 作为界面剂的黏结性能,后者可以衡量 PTA 混合料与原环氧沥青铺装之间的黏结性能。为了模拟钢桥面铺装修补的实际情况,在苏通长江公路大桥养护时从现场取回了 5 块完整的原环氧沥青桥面铺装层,其中,2 块用于界面拉拔试验,3 块用于复合梁弯曲试验。

(1)PTA 与潮湿铺装界面拉拔试验

在钢桥面铺装坑槽维修时,通常在坑槽四周侧壁上涂抹一层黏结剂,以增强坑槽维修材料与原铺装的黏结性能,避免二次开裂。PTA 与潮湿铺装界面拉拔试验是为了检测该修复材料能否在潮湿的环境条件下,与原铺装结构形成良好的黏结性能和足够的强度。

试修的成型前,先将从现场取回的原环氧沥青铺装置于水中浸泡 48h,使其处于充分的潮湿状态;然后将 PTA 按照配比混合搅拌均匀后,分别均匀涂抹于浸泡过的原环氧沥青上,按压拉拔头，使之与铺装紧密接触；接着将拉拔头粘贴完毕的试件在常温下养生，直至 PTA 完全固化；最后将养生完毕的试件取出，用拉拔仪进行拉拔试验，记录拉拔强度，拉拔试验及完成后的界面如图 5-44 所示。

a)

b)

图 5-44　室内拉拔仪以及拉拔试验破坏界面

拉拔强度按式(5-13)计算：

$$P = \frac{F}{S} \tag{5-13}$$

式中：P——拉拔强度，MPa；

F——拉拔力，N；

S——拉拔面积，mm^2。

根据式(5-13)计算得出 PTA 与潮湿铺装界面拉拔试验结果见表 5-27。从表可见，PTA 与潮湿铺装具有良好的黏结性能，常温时拉拔强度为 4.3MPa，高温时为 1.6MPa，发现破坏处都处于拉拔头和 PTA 的黏结界面，表明 PTA 与潮湿铺装黏结良好。

PTA 与潮湿铺装界面拉拔试验结果　　表 5-27

技术指标	试验温度(℃)	试验结果(MPa)	破坏形态
拉拔强度	23	4.3	拉拔头与树脂脱开
	60	1.6	拉拔头与树脂脱开

(2)PTA 混合料与潮湿铺装界面弯曲试验

考虑到梅雨季节是钢桥面铺装坑槽病害大量出现的时期，为评估 PTA 混合料在潮湿环境中与周围铺装的黏结性能及检测新旧铺装之间的黏结强度，本文制作了 PTA 混合料与桥面潮湿环氧沥青铺装的复合小梁，并进行了三点弯曲试验。

复合小梁成型之前，将从苏通长江公路大桥现场取回的原环氧沥青铺装切割成尺寸为 300mm × 150mm × 50mm 的试件，放入水中浸泡 48h；然后取出放入车辙试件模具中，按照前述设计好的配合比以及油石比分别成型 PTA 混合料的复合车辙试件；将成型的复合车辙试件在室温环境中进行养生后，用岩石切割机切割成尺寸为250mm×30mm×35mm的小梁试件，如图5-45所示；最后，将切割好的小梁试件在试验温度下保温6h后进行弯曲试验，记录试验数据以及断面形态，如图5-46所示。

图5-45 PTA混合料复合小梁试件

a) b) c)

图5-46 PTA混合料与原铺装复合小梁试件断裂截面

密级配、灌注式和浇注式树脂混合料与原环氧沥青铺装组成的复合小梁三点弯曲试验结果见表5-28和图5-47。由图表可见，在原铺装界面潮湿的条件下，3种PTA混合料复合小梁试件的弯曲强度、最大弯曲应变均较维修材料自身的试验数据有所下降，表明潮湿界面的性能相对维修材料或原铺装环氧沥青混合料存在一定的弱化现象。其中，密级配树脂混合料与原铺装界面降幅最大，弯曲强度和最大弯曲应变在-10℃时分别下降20.3%和18.0%，在15℃时分别下降64.2%和31.7%；灌注式树脂混合料与原铺装界面降幅最小，弯曲强度和最大弯曲应变在-10℃时分别下降10.5%和14.7%，在15℃时分别下降11.5%和21.1%；浇注式树脂混合料与原铺装界面降幅处于二者之间。可见灌注式和浇注式2种树脂混合料复合小梁试件的低温弯曲性能较原结构下降幅度较小，潮湿环境下界面黏结性能优异，能够胜任在雨天潮湿环境下的坑槽修补工作。

PTA 混合料与原铺装复合小梁三点弯曲试验结果　　表 5-28

混合料类型	试验温度(℃)	弯曲强度(MPa)	降幅(%)	最大弯曲应变(με)	降幅(%)
密级配	-10	24.9	20.3	2241	18.0
	15	6.5	64.2	7240	31.7
灌注式	-10	17.4	10.5	4298	14.7
	15	10.0	11.5	11250	21.1
浇注式	-10	20.9	14.4	3023	17.2
	15	9.3	26.0	9556	16.0

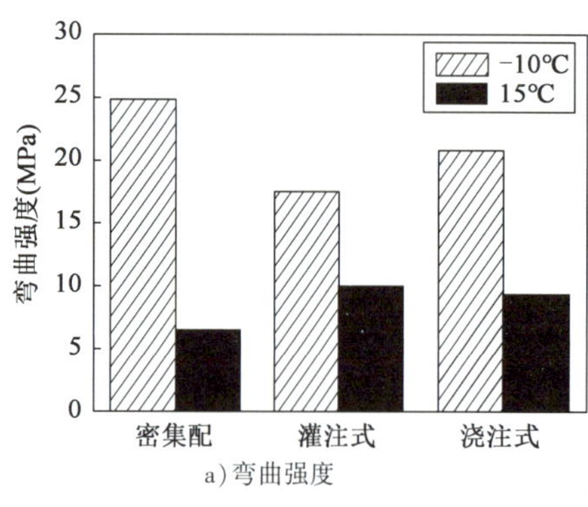

a)弯曲强度

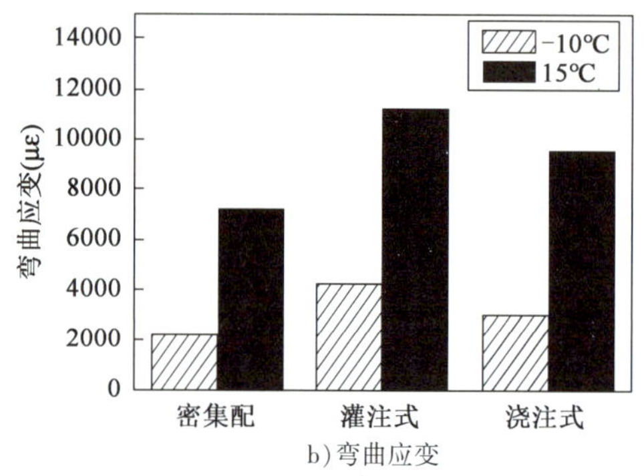

b)弯曲应变

图 5-47　PTA 混合料与原铺装复合小梁三点弯曲试验结果

PTA 混合料与原铺装复合小梁试件弯曲破坏形态见表 5-29。由表可见,密级配和浇注式树脂混合料复合小梁在 -10℃时,复合界面处整齐断裂,破坏面有多处集料断裂,可见密级配和浇注式树脂级配中,水下固化和集料黏结十分紧密,修补性能优异;灌注式树脂混合料在 -10℃时的破坏界面则是沿着集料的边缘开展,发生在树脂和集料黏结的界面处。

PTA 混合料与原铺装复合小梁试件弯曲破坏形态　　表 5-29

混合料类型	试验温度(℃)	复合界面断裂	集料断裂	集料和树脂黏结界面断裂	树脂内部断裂
密级配	-10	√	√	—	—
	15	√	—	—	—
灌注式	-10	√	—	√	—
	15	—	—	√	—
浇注式	-10	√	√	—	—
	15	√	—	—	—

在 15℃时,灌注式树脂混合料与原铺装界面具有最大的弯曲强度和最大弯曲应变,这有利于防止界面的二次开裂。由于结合料相同,因此可推断是由于采用了灌注式级配,PTA 与原铺装的接触面积更大,可以渗入原铺装界面内,通过分子间的非共价作用力将界面上的水分子“挤”出去,使得 PTA 和基体更加牢固地黏结在一起。

5.2.4 钢桥面铺装坑槽养护方案

1)传统坑槽修复技术

在钢桥面铺装的养护维修中,坑槽的维修是最常见且困难的。因为首先坑槽需要占道才能维修,大跨径钢桥往往是交通枢纽,交通量大且不易疏导,还容易造成路网拥堵;其次,传统沥青混合料修补坑槽施工需要适宜的条件,特别是难以运用大型施工设备,且维修的质量不高。

钢桥面铺装坑槽病害的修复一般采用挖除重填的工艺,施工方便快捷,且具有良好的防水性能和路用性能。如仅有铺装上面层破损,可进行单层修复;如破损发展至钢板,则需进行全厚式修复。当进行全厚式修复时,要求对钢板进行人工打磨除锈,并设置防水黏结层。目前常用的坑槽修补方法有热补法和冷补法。

(1)热补法

热补法是使用温拌或热拌环氧沥青混合料进行坑槽修补的方法。在进行坑槽修补前,按照目标配合比设计结果称取矿料,每袋矿料为固定质量。提前启动原材料加热设备,装载并加热坑槽修补所需的各种原材料至少耗时8h,材料质量应满足坑槽修补的需求。采用小型拌和机现场拌和的方式,当原材料和拌和设备保温时间达到要求后,将集料倒入拌和锅,加入环氧沥青拌和均匀,再加入矿粉拌和均匀,出料后在烘箱中保温达到规定的时间。采用人工摊铺的方法将拌好的环氧沥青混合料填入修复区域内,并用振动夯板整平。由于温拌和热拌环氧沥青混合料自然固化的时间长达数天至1个月,为尽快开放交通,需要采用加热设备对坑槽内的环氧沥青混合料进行加速养生,当混合料的强度满足技术要求后方可开放交通。热补法维修坑槽病害工序如图5-48所示,部分施工照片如图5-49所示。

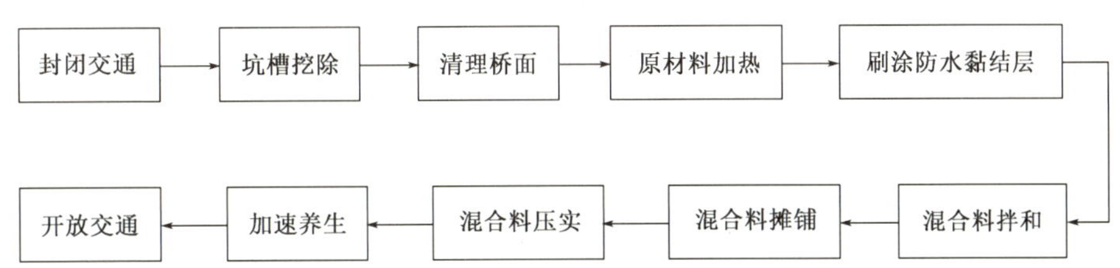

图5-48 热补法维修坑槽病害工序

(2)冷补法

冷补法是采用常温拌和环氧树脂混合料,对坑槽进行维修的方法。根据冷补法维修的使用条件,除了能满足钢桥面铺装的技术要求外,环氧树脂混合料还需要具备良好的施工和易性与常温快速固化特性。在施工温度下,环氧树脂混合料能保持松散状态、不结块、不黏聚成团,可以用铁锹等手持工具方便地进行手工拌和与操作。在环氧树脂混合料填补到坑槽并碾压成型后,为了满足尽快开放交通的要求,应具有较快的自然固化反应速度。与热补

法相比,冷补法省却了原材料加热、混合料拌和加热、加热加速养生等施工环节,实现了施工状态从热铺到冷铺的转变,简化了施工过程。冷补法维修坑槽工序如图 5-50 所示,部分施工照片如图 5-51 所示。

a)坑槽挖除

b)清理桥面

c)刷涂防水黏结层

d)混合料加热、拌和

e)混合料摊铺

f)混合料压实

g)加速养生

图 5-49　热补法维修坑槽病害部分施工照片

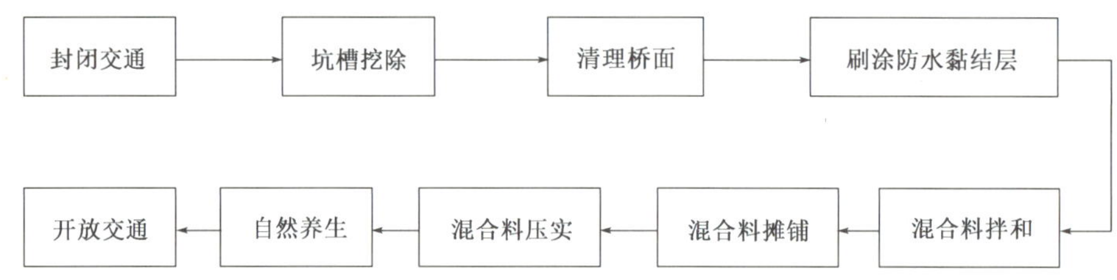

图 5-50　冷补法维修坑槽工序

a)刷涂防水黏结层

b)混合料摊铺

图　5-51

c)混合料压实

d)自然养生

图5-51 冷补法维修坑槽部分施工照片

(3)维修后铺装状况及修复效果评价

①热补法。

经过热补法修复的坑槽使用寿命约1~2年。以苏州方向南端伸缩缝处1处面积约1m^2的坑槽为例,2011年7月28日采用环氧沥青混合料热补的方法对大桥进行了修复,后续跟踪观察情况如图5-52所示。

a)2011年10月17日 b)2012年5月3日 c)2012年7月18日 d)2012年11月23日

图5-52 进口环氧沥青混合料热补效果跟踪观测

通过大量跟踪检查，采用环氧沥青混合料热补的铺装其破坏状况是新旧铺装接缝先开裂，然后在边角出现局部裂缝，随后裂缝逐渐扩展、连通，最终导致坑槽再次破坏。

②冷补法。

进口柔性环氧树脂混合料冷补修复的坑槽使用寿命约为1年。以苏州方向南塔中跨距跨中6～7索处一个面积约为0.4m^{2}的坑槽为例，于2016年9月16日采用进口柔性环氧树脂混合料对大桥进行修补，后续观察的状况如图5-53所示。

a)2016年10月17日　b)2017年3月1日

c)2017年5月3日　d)2017年9月18日

图5-53　进口环氧树脂混合料冷补效果跟踪观测

由图可见，2016年9月采用进口柔性环氧树脂混合料冷补的铺装使用寿命约1年，其破坏状况也是新旧铺装接缝先开裂，然后坑槽中间出现裂缝，裂缝逐渐发展为网裂，最终导致坑槽再次破坏。该处坑槽在2017年9月改用国产高韧环氧树脂混合料进行了挖除重铺，使用寿命约2年，达到了和热补法相同的使用寿命。因此，冷补法也是修复坑槽病害的有效方法之一。

(4)传统坑槽维修方法的不足

苏通长江公路大桥在十余年的钢桥面铺装养护实践中，对多种坑槽养护材料及配套的装备、工艺、技术进行了系统地研究，关于热补法和冷补法特点的比较见表5-30。表5-30从材料与结构性能，施工条件、设备与工艺，使用寿命等方面对热补法和冷补法进行了全面地比较。由表可见,传统冷补法相对热补法具有封闭交通时间短、施工方便等优势,这对于具有大流量交通特点的苏通长江公路大桥尤为重要,因而成为研究与发展的方向。

坑槽热补法和冷补法特点比较　　表5-30

类别	项目	热补法	冷补法	备注
材料与结构性能	材料强度	高	很高	—
	材料柔韧性能	强	一般	—
	新旧铺装接缝黏结性能	弱	弱	—
施工条件、设备与工艺	雨天维修	不行	不行	—
	施工操作便捷性	复杂	便捷	—
	施工难度	大	小	—
	混合料拌合设备	需要	需要	—
	材料加热	需要	不需要	—
	温度控制	需要	不需要	—
	混合料压实设备	需要	需要	需要大型压实设备以保证碾压密实
	加速养生设备	需要	不需要	—
	养生时间	长	短	—
使用寿命(年)		1~2	0.5~2	—
维修造价		高	较高	—

2)新型"灌注式+浇注式"双层铺装修复坑槽技术

(1)维修方案

针对传统坑槽修复技术存在的养护施工中常规密级配树脂混合料难以碾压密实、新旧铺装之间接缝容易产生二次开裂、潮湿环境无法施工等技术难题,本书基于水下固化树脂提出一种新型钢桥面铺装坑槽养护结构方案。该方案为双层铺装结构,下层为1.5~2.0cm厚灌注式树脂混合料铺装,上层为3.0~4.0cm厚浇注式树脂混合料铺装,表面嵌入抗滑碎石,上、下两层铺装均使用PTA作为结合料,铺装修补结构如图5-54所示。

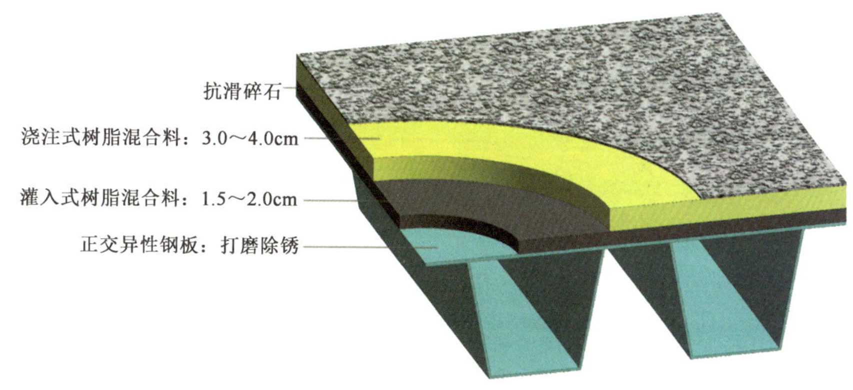

图5-54　"灌注式+浇注式"双层铺装修补结构

这种桥面铺装坑槽病害修补结构充分利用了浇注式树脂混合料兼具优良的高、低温性能和抗疲劳性能，同时其自流成型、无须碾压的特点显著提高了施工和易性，简化了施工工艺，降低了质量控制的难度。下层灌入式树脂混合料利用 PTA 的低黏性，渗入坑槽周围铺装底部脱层区域，防止周围铺装开裂；同时，增强了灌入式树脂混合料与钢板、周围铺装界面的黏结性能，可以有效防止界面二次开裂。灌注式树脂混合料和浇注式树脂混合料空隙率均小于 3%，内部无连通空隙，因此坑槽病害修补结构拥有良好的密实性，防水效果优异。另外，“灌注式 + 浇注式”双层铺装修补结构在施工过程中为现场常温拌和，无需加热，设备相对简单，有效减少了有害气体及废料的产生，具有灵活、便捷、环保节能且质量稳定等特点，适用于现场小面积挖补处理。

（2）修补工艺

在充分发挥两种树脂混合料性能优势的前提下，本节主要提出“灌注式 + 浇注式”双层铺装修补结构的修补工艺与操作规程，其主要工序如图 5-55 所示，部分施工照片如图 5-56 所示。

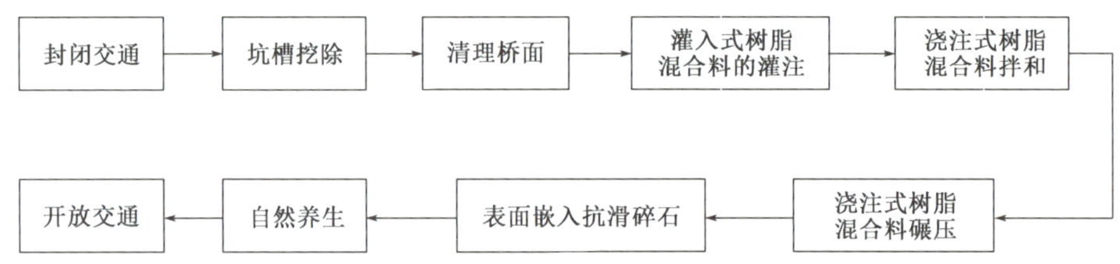

图 5-55 “灌注式 + 浇注式”维修坑槽工序

a)铺设灌入式混合料的碎石

b)灌注树脂

c)混合料压实

d)表面撒布碎石

图 5-56 “灌注式 + 浇注式”维修坑槽部分施工照片

3)雨季坑槽应急养护技术

梅雨季节常出现连续阴雨天气,是钢桥面铺装坑槽集中爆发的高峰期。雨水源源不断地通过坑槽渗入铺装内部,长期难以排出水分,加速了铺装的破坏和桥面钢板的腐蚀,严重影响铺装和桥面正交异性板的耐久性。因此,亟须一种雨季养护技术,对坑槽病害进行应急处治。

(1)维修方案

雨季坑槽应急养护方案是一种基于灌注式树脂混合料的单层铺装结构,采用 PTA 型水下固化树脂作为结合料,铺装结构如图 5-57 所示。

图 5-57 灌注式雨季坑槽应急养护方案

这种雨季坑槽病害修补结构充分利用了灌注式树脂混合料水中固化、无须碾压、施工简便、固化快速的特点,采用的 PTA 树脂可以在灌注式树脂混合料内部自由缓慢流淌,与坑槽周围潮湿铺装紧密结合,增强了灌入式树脂混合料与钢板、周围铺装界面的黏结性能,可以有效防止界面二次开裂。

另外,灌注式树脂混合料在施工过程中为人工操作,无需机械拌和设备和加热措施,工艺简单,有效减少了有害气体及废料的产生,具有灵活、便捷、环保节能且质量稳定等特点,适合于雨季坑槽病害的应急处治。

(2)修补工艺

灌注式雨季坑槽应急养护工艺如图 5-58 所示,部分施工照片如图 5-59 所示。

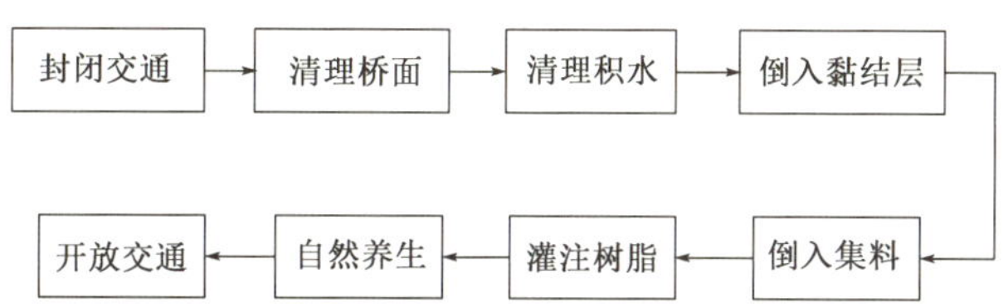

图 5-58 灌注式雨季坑槽应急养护工艺

a)雨季铺装坑槽病害　b)清理积水　c)倒入黏结层

d)倒入集料　e)灌注树脂　f)养生

图5-59　灌注式雨季坑槽应急养护部分施工照片

2020年夏季开始尝试应用灌注式工艺进行雨季铺装坑槽应急养护,6个月后现场调查结果表明,灌注式树脂混合料本身以及与周围铺装接缝仍保持完好,但周围铺装出现了开裂病害。分析其原因,在应急养护前,雨水已渗入坑槽周围铺装结构内部,在车辆荷载的冲击作用下,导致周围铺装开裂。因此,灌注式树脂混合料修复技术可用于雨季坑槽应急养护,但雨季过后还应在天气晴好时进行正式修复。

5.3　鼓包病害养护技术

鼓包病害的发展过程可以分为初期隆起、中期开裂和晚期网裂3个阶段。鼓包初期的症状表现为铺装层以某位置为中心、四周一定范围内铺装隆起,并形成放射状裂缝;中期表现为裂缝数量增加和局部碎裂,并可能在隆起范围的铺装根部出现环状裂缝;晚期则是鼓包区域铺装在车辆荷载作用下出现网裂,最终将发展成为铺装层的局部塌陷和坑槽病害。

对于恶化后的中期和晚期鼓包病害,鼓包范围内的铺装层已经基本丧失承载力。这个阶段会影响其他完好铺装的使用寿命,甚至影响钢板的使用寿命。因此,必须对中期及晚期的鼓包、坑槽进行处理。适宜的处理方法是采用前述坑槽维修技术进行挖除重铺。而对于早期鼓包,由于裂缝宽度较小,灌缝往往效果不佳,可采用压力注浆的方式进行处治。

在压力注浆时,首先应仔细观察鼓包区域大小,在坡脚处确定两处钻孔点,要求鼓包中心在两点之间;然后用电钻钻得双孔,利用吹风机将钻孔过程中产生的粉尖吹干净;采用压力注浆机将环氧树脂从一个孔中注入,直至另一个孔冒浆,表明鼓包内部已基本充满树脂;待环氧树脂固化后即可开放交通。压力注浆法维修鼓包工序如图 5-60 所示,部分施工照片如图 5-61 所示。

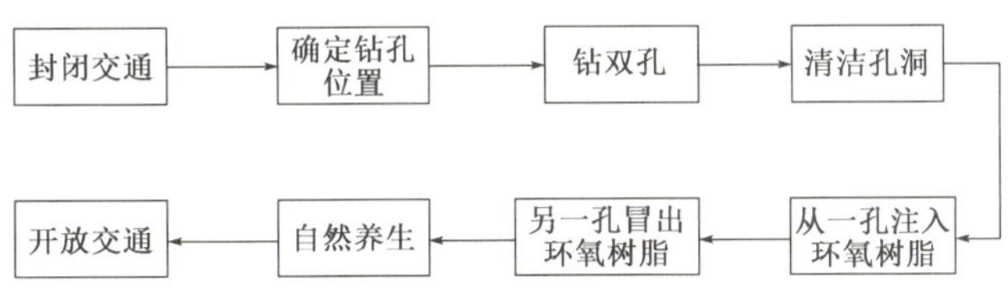

图 5-60　压力注浆法维修鼓包工序

a)确定钻孔位置

b)钻双孔

c)一孔注浆

d)一孔冒浆

图 5-61　压力注浆法维修鼓包部分施工照片

本章参考文献

[1] 何长江,钱振东,王建伟,等.环氧沥青混凝土钢桥面铺装病害处治技术研究[J].交通科技,2007,(5):42-44.

[2] 高博. 钢桥面典型铺装方案及其病害和维修方法[J]. 公路,2012,(7):29-34.

[3] 王超,刘衍锋,晏冬阳,等. 正交异性钢桥面环氧沥青铺装养护方案[J]. 公路,2018,63(3):217-221.

[4] 周建华. 苏通大桥钢桥面铺装使用状况及养护策略研究[J]. 上海公路,2017,(2):7-11.

[5] 张辉,潘友强,于迪尔,等. 基于冷拌改性树脂的钢桥面铺装快速修补材料性能研究[J]. 现代交通技术,2015,12(1):7-8.

[6] 高博. 钢桥面典型铺装方案及其病害和维修方法[J]. 公路,2012,(7):29-34.

第 6 章
钢桥面铺装预防养护技术

为了维护钢桥面铺装的使用质量,为用户提供一个安全、通畅、舒适的行车环境,桥梁管养单位每年都需要投入资金对钢桥面铺装进行养护。钢桥面铺装的养护质量一方面取决于养护资金的投入程度,另一方面取决于养护管理工作的科学性、及时性和规范性。

钢桥面铺装预防养护是指在不增加铺装承载力的前提下,对铺装有计划地采取有费用效益的措施,达到延缓损坏、延长使用寿命、改善铺装路用性能的目的。对于千米级斜拉桥而言,钢桥面铺装养护工作任务更加繁重、工作要求更高。因此,开展预防养护新技术的综合研究,分析各种养护新技术的适用性和经济性,评估其使用效果,建立预防养护决策体系,是桥梁管养单位面临的一项重要课题。

本章总结归纳了国内外常用的路面预防养护技术,包括雾封层、碎石封层、稀浆封层、微表处、薄层加铺、就地热再生等,调研分析了钢桥面铺装常用的预防养护技术,阐述了预防养护决策流程、时机以及预防养护技术基本原理,研究了新型树脂碎石封层材料及其在苏通长江公路大桥钢桥面铺装预防养护中的应用。

6.1 钢桥面铺装的预防养护技术

目前,还没有广泛认可的钢桥面铺装预防养护技术,本节调研了路面常用的预防养护技术,为钢桥面铺装预防养护提供参考。

6.1.1 路面预防养护技术概述

1) 国外研究概述

20 世纪 70 年代末,随着发达国家公路网基本形成,道路养护成为了工作重点。一些发达国家用于路面养护维修工作的费用通常要占到全部道路事业费用的 30% ~ 50% 。为适应路面养护工作的需要,发达国家开始致力于研究全新的路面养护决策、理念、计划和方法。

1980 年 Blum 和 Phang 结合加拿大路面管理系统项目,提出了路面预防养护的概念,这是最早关于路面预防养护的报道。1987 年,美国公路战略研究计划(SHRP)开展了代号为 SPS-3 的养护费用-效益(Maintenance Cost-Effectiveness)柔性路面预防养护技术试验路的研究项目。该项目对碎石封层、稀浆封层、封缝和薄层罩面 4 种预防养护技术以及坑槽修补、裂缝处治方法开展研究,其重要成果确立了预防养护技术在路面养护工作中的重要地位。

20 世纪末期,随着大量预防养护技术的应用,道路管理部门急需系统性、可量化的预防养护决策理论与方法。美国 AASHTO 对预防养护的定义为:预防养护是一种在路面结构良好的情况下采取的对现有道路系统进行有计划的、基于费用和效益的养护策略,预防养护在没有提高道路结构能力的情况下,有助于延迟路面的损坏、维持或改善路面现有的功能。2001 年,美国路面维护基金会(Foundation for Pavement Preservation,FPP)研究认为,预防养护关键是“适当时机采用适当处治技术”,这反映了观念、策略和方向上的巨大转变。2001 年 6 月,美国 AASHTO、联邦公路局(Federal Highway Administration,FHWA)和 FPP 在 Sacramento 举行了预防养护研究规划会议。这次会议确定了包括施工实践、材料选择和混合料设计、处理对策和选择、使用性能评价、培训、政策 6 大方面共 21 个课题项目,以统一美国路面预防养护技术的研究,指导各个地方预防养护技术研究方向和经费申请,以建立系统的预防养护技术标准和规范。2006 年,美国 AASHTO 的调查报告显示,在美国和加拿大两国参与调查的 34 个州和 5 个省中,有 91.3% 的州(省)实施了路面预防养护项目,有 69.6% 的州(省)颁布了路面预防养护技术指南。但这些州(省)在制定预防养护方案时大多依据经验,基本上没有可量化的方法帮助道路管理部门选择预防养护对策。

根据 FHWA 对法国、南非和澳大利亚的调查,这几个国家也都已经开始大范围地使用预防养护措施。与美国情况相似,这些国家也都根据自己的特点建立了预防养护计划,开展对各个方向关键技术的研究。国外大量的使用经验表明,科学合理的预防养护计划的实施,可以给国家和社会带来巨大的效益。

美国道路学界曾对几十万公里的不同等级道路进行追踪,发现这些道路的使用性能和寿命有一个共同的变化特征:一条质量合格的道路,在服役寿命 75% 的时间内路面性能下降 40%,这一阶段称为预防养护阶段。如不能及时养护,在随后 12% 的服役寿命时间内,路面性能将再次下降 40%,从而造成养护成本大幅度增加。由于预防养护具有巨大的经济效益和社会效益,业界越来越重视对这种技术的研究与应用。

据美国 AASHTO 于 1997 年对各州预防养护使用效果的调查表明,预防养护的效果主要有以下几方面:

①预防养护计划可以在不对路面进行大、中修或改建的情况下获得更长的使用寿命,节省投资,减少路面整个生命周期的费用。美国密歇根州认为预防养护的费用效益是大修或改建的 6 倍。密歇根州从 1992 年开始预防养护计划,对辖区内 4260km 的路段实施了预防养护措施,资金投入总额约 8000 万美元。但是如果不采取预防养护措施,估计养护期间所需的大、中修或改建费用将达到 7 亿美元,是预防养护的 8 倍,因此他们认为预防养护措施能够有效地节省公路部门的长期投资成本。美国加利福尼亚州认为预防养护能够提高路面的表面功能,延长路面的使用寿命 5 ~7 年,这 5 ~7 年大修或改建时间的延后,可以把原本计划用于路面大修或改建的资金投资到其他更需要的地方。

②预防养护措施可以在短期内完成施工，降低对交通的干扰，减少居民出行不便和交通延误。

③提高路面的使用性能，给用户提供使用质量更好的道路。

总体来说，世界上很多国家都已经全面启动了预防养护计划和路面保养的研究，其研究的框架思路和内容可以为国内开展钢桥面铺装预防养护技术研究提供参考。

2）国内研究概述

我国道路中沥青路面占据了很大一部分，尤其是高等级道路，90%以上都采用沥青路面。我国把沥青路面的养护工作分为：日常巡查与检查、小修保养、中修工程、大修工程、改建工程和专项养护工程。公路养护主张以预防为主、防治结合，但在具体的操作中基本都是被动式的养护，即等路面出现病害、损坏之后，再采取相应的措施进行维修。由于现有的养护资金有限，被动式的养护方式导致大量的路面得不到及时维修，继而带来路面行驶质量下降迅速，行驶安全得不到保证，公路资产得不到及时维护，车辆的运行费用增加，最终造成国家和人民财产的损失。分析其原因是缺少一个科学、规范、适合于地区气候、工程特点且便于养护人员实际操作的决策系统，使养护措施得不到正确的使用，影响了养护措施效应的发挥，一定程度上影响了路面行驶质量的维持和养护资金的有效利用。

20世纪90年代末开始，预防养护的理念和一些技术措施被逐渐引入我国。当前，预防为主的概念已被我国公路养护工作者广泛接受，多所高校和科研院所对稀浆封层、微表处、超薄罩面等各类预防养护技术开展研究，这些预防养护技术也已在实际路面养护工作中得到一定范围的应用。

在预防养护技术要求和质量标准方面，交通运输部于2019年颁布实施了《公路沥青路面养护技术规范》（JTG 5142—2019），2021年颁布实施了《公路沥青路面预防养护技术规范》（JTG/T 5142-01—2021）。根据《公路沥青路面预防养护技术规范》（JTG/T 5142-01—2021），沥青路面预防养护技术可分为封层、罩面、就地热再生等不同类型，具体包括含砂雾封层、稀浆封层、微表处、碎石封层、纤维封层、复合封层、超薄罩面、薄层罩面等。

在行业发展政策方面，2022年交通运输部印发的《"十四五"公路养护管理发展纲要》中明确要求，完善公路预防养护技术体系，健全标准规范和技术指南，强化预防养护效果跟踪评价。因此，深化预防养护技术的研究，探索保养路面使用性能、延长路面使用寿命已成为目前道路管养工作的重点。

3）常用路面预防养护技术

目前，国内外常用的预防养护技术主要包括雾封层、碎石封层、稀浆封层、微表处、薄层加铺层和就地热再生等。

(1)雾封层

雾封层是将乳化沥青、改性乳化沥青或沥青路面养护剂等流体状的材料,经喷洒机械喷洒在沥青路面上,进而达到封闭路面孔隙、稳定松散集料、修复路面老化的预防性养护目的。雾封层技术主要用来密封面层、防止或减少水分的渗入、阻止路况继续恶化、改善老化变硬的沥青性能。

雾封层适合于路面表面贫油、细颗粒脱落等病害情况,也适用于路面出现轻微的纵向、横向或块状裂缝,以防止雨水与紫外线对沥青路面的损坏。雾封层的防护机理如图6-1所示。

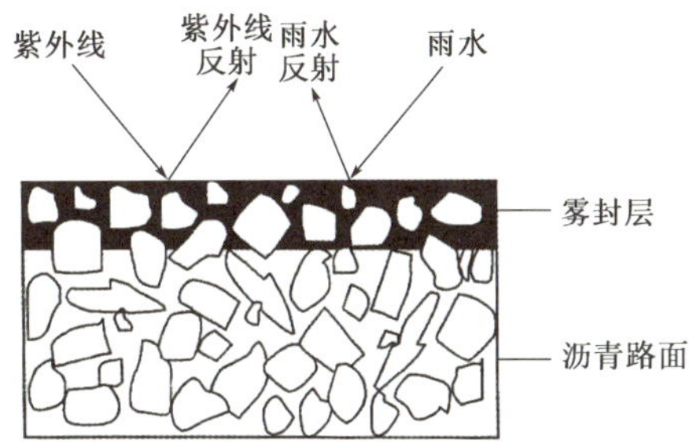

图6-1 雾封层的防护机理

雾封层养护技术对路面结构强度没有贡献,但是能减缓裂缝引起的水损坏,这种方法对于选择适当的养护时机非常重要。如果养护时间偏后,病害发展严重,雾封层的使用效果就会显著降低。由于雾封层会使路面摩擦系数降低,因此这种养护技术不适合路面摩擦系数较低的路段。由于雾封层用乳化沥青中的乳化剂类型为慢凝型乳化剂,所以需要中断交通以满足养生时间的要求。

含砂雾封层由雾封层技术改造升级而来,在沥青路面预防性养护中应用较为广泛。它是由特种沥青材料、细集料、聚合物改性剂等雾封层材料与砂组成的混合料。施工时采用专用的含砂雾封层高压喷洒车,在沥青路面上喷洒形成薄层,可渗入到孔隙中,从而恢复路表沥青黏附力,填补微小裂缝和空隙,防止路表水下渗,同时喷洒的细集料提供了良好的抗滑能力。含砂雾封层作为一种预防性路面养护技术,在公路、城市道路、停车场及机场道面等各种路面中,能够防止路表沥青膜剥落引起的各种病害、延缓路面老化、保持路面抗滑性能,达到显著改善路面外观甚至美化路面的作用。

(2)碎石封层

碎石封层是指在路面上直接洒布沥青,紧跟着撒布一层集料,然后用轮胎压路机进行碾压。碎石封层主要用来防水、修补细小的裂缝(主要是与荷载无关的裂缝)、改善抗滑性能。在美国大量使用碎石封层在低交通量道路和城市道路上,近年来在大交通量道路和高速公路上的应用也展开了研究。碎石封层按照采用的沥青种类可分为乳化沥青、稀释沥青、改性沥青等类型;按照应用工程可分为沥青路面封层、桥面防水封层、与稀浆封层/微表处结合施

工形成的开普封层、沥青路面防反射裂缝应力吸收层 SAMI 等类型；按照施工顺序可分为异步与同步碎石封层；按照铺装层数与材料可分为单层、双层、嵌挤式、开普与纤维封层等类型。

①单层同步碎石封层。

单层同步碎石封层是指在原有路面上仅喷洒一层黏结层及运用一层碎石层的碎石封层技术，如图 6-2 所示。单层碎石封层要求撒布的碎石接近 100% 覆盖率，并使沥青包裹石料粒径 70% 。单层同步碎石封层是最为常用的形式，广泛应用于沥青路面预防性养护、桥面防水封层等工程。

图 6-2　单层同步碎石封层

②双层同步碎石封层。

双层同步碎石封层是指在原有路面上先后运用两次单层碎石封层的碎石封层技术，如图 6-3 所示。通常第二次封层采用较小粒径的碎石，以形成嵌挤结构。双层同步碎石封层施工一般是分阶段完成的，即第一次封层施工后 2 ~ 3 周后，再进行第二次封层。这种方式将使第一层的碎石处于稳定自锁的“马赛克”镶嵌状态，为第二层封层提供一个牢固的基础。双层同步碎石封层适用于交通量大的沥青路面养护，可延长封层使用寿命，尽可能减少日常养护。

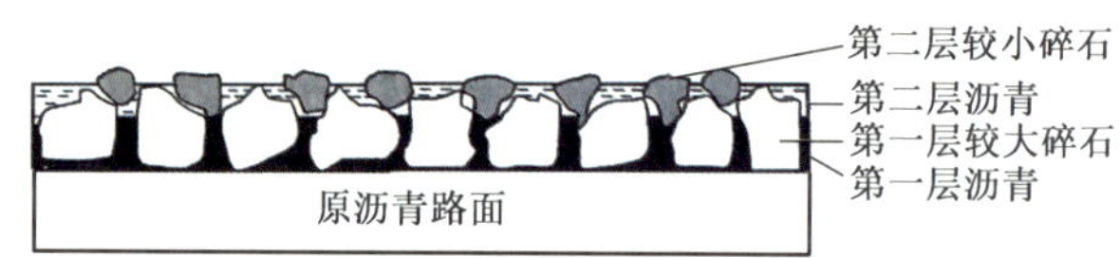

图 6-3　双层同步碎石封层

③嵌挤式碎石封层。

嵌挤式碎石封层是指在喷洒一层厚的沥青后，在其上面撒布一层大粒径碎石，这层碎石要覆盖沥青层面积的 90% 左右。紧随其后，撒布一层较小粒径的碎石，用于镶锁大粒径碎石，从而形成稳定的马赛克结构，如图 6-4 所示。嵌挤式碎石封层所用的沥青量要多于单层碎石封层所用的沥青量，而又比双层碎石封层所用的沥青量少。嵌挤式碎石封层降低了大碎石剥离的风险，同时由于其良好的机械自锁性，早期稳定性好，适用于交通量大且车速快的路段。

图 6-4　嵌挤式碎石封层

④开普封层。

开普封层起源于南非,是在单层同步碎石封层上再进行一层稀浆封层或微表处理,如图6-5所示。开普封层兼具碎石封层抗滑耐磨和稀浆封层密水抗剥落等优点,可显著降低石料脱落的概率并提高稀浆封层的抗剪切强度。但是其造价较高,施工工艺相对复杂,目前仅在国内外一些重交通道路、城市主干道路、高速公路等养护工程应用。

图6-5 开普封层

⑤纤维碎石封层。

纤维碎石封层技术是指纤维封层摊铺设备同时洒布沥青黏结料和玻璃纤维,然后在上面撒布碎石,经碾压后形成新的磨耗层或者应力吸收层的一种新型道路养护技术,如图6-6所示。纤维碎石封层主要用于道路面层或黏结层的施工,由于破碎纤维细丝形成不规则网状结构与沥青结合同时洒布在路面上,显著增加了沥青黏结层的强度,可以有效吸收应力和分散应力,防止裂缝产生,起到防水、防滑、平整、耐磨等作用。

图6-6 纤维碎石封层

纤维碎石封层技术在英国、美国、澳大利亚、法国等国家均已得到普遍应用。20世纪90年代,美国Texas A&M University进行了一项长达16年之久、分布于4个不同国家的性能跟踪试验。跟踪测试结果表明,纤维碎石封层能够明显改善沥青路面的质量:抗拉强度提高30%以上,抗疲劳性能增加30%以上,抗车辙性能增加300%以上。

(3)稀浆封层

稀浆封层技术是将级配良好的集料(优质细集料和矿物填料)和乳化沥青组成的混合料均匀地撒布在整个路面上(图6-7)。这项技术最大的优点是可以有效地封闭路面表层裂缝,提高面层的防水性,并且可以提高表面层的抗滑能力。根据混合料最大公称粒径的不同,稀浆封层混合料分为Ⅰ型、Ⅱ型和Ⅲ型,摊铺厚度为5~10mm。

稀浆封层适用的路面病害类型包括:①路面横向裂缝、纵向裂缝、非结构性的块状裂缝;②路面轻微破损(要求摊铺前清理脱落下来的材料);③沥青路面表面的沥青老化、贫油;④路表摩擦系数降低;⑤路表渗水。

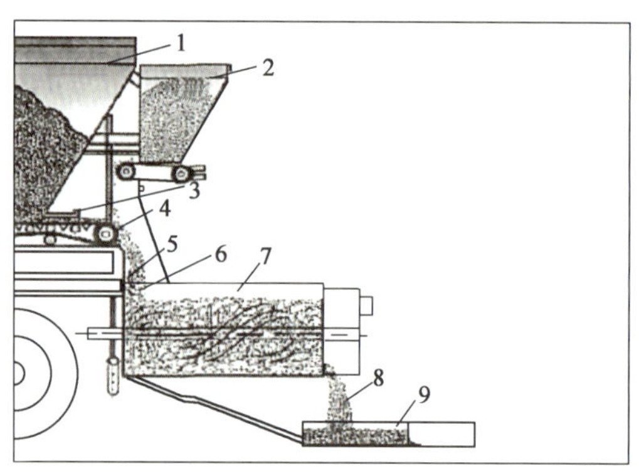

图 6-7　稀浆封层工作原理

1-集料箱;2-填料箱;3-集料出口;4-集料输送带;5-乳化沥青喷头;6-水喷头;7-搅拌器;8-稀浆;9-摊铺箱

稀浆封层技术对路面结构强度没有贡献,当路面出现较大的疲劳裂缝或者严重车辙时,不能采用此项养护技术进行养护。为了使乳化沥青完全破乳,常常需要将公路封闭至少2h。

施工中应注意路表必须保持干净,石料要求选择有棱角、耐用并且级配良好的集料,同时拌和前必须清洗干净。应避免在炎热的气候条件下施工,根据乳化剂的类型要保持足够的开放交通的时间。

(4)微表处

微表处是一种特殊的稀浆封层技术,黏结材料选用改性乳化沥青(图 6-8)。整个混合料由聚合物改性乳化沥青、级配集料、矿物填料、水和添加剂组成。

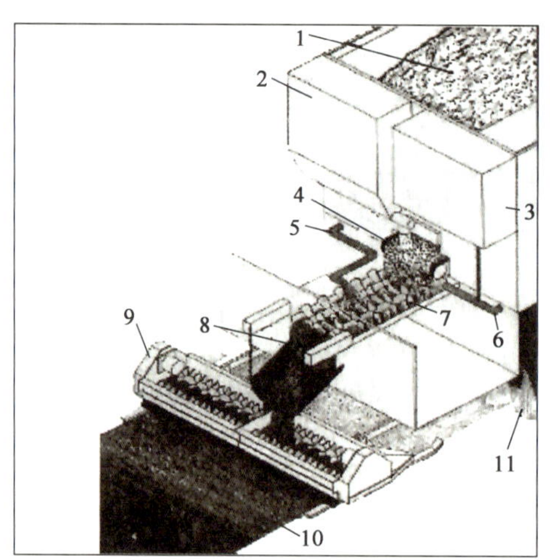

图 6-8　微表处工作原理

1-集料储存箱;2-矿物填料箱;3-添加剂储存箱;4-集料流量计;5-乳化沥青流量计;6-水、添加剂流量计;7-搅拌箱;8-微表处材料;9-摊铺箱;10-色彩由褐到黑;11-洒水口

微表处技术能够解决沥青路面老化、贫油、非结构性破损、裂缝、路表渗水、摩擦力下降等病害。另外,微表处还可以单独进行填补车辙,对车辙较深的路段可以采取两次填补的方

法。微表处的施工适合于所有的气候条件,但在温暖的气候条件下会有更好的使用效果。如果施工温度较低,强度会上升得较慢。

微表处混合料配制以及原材料的质量控制要求严格,任何一个组成部分出现了差异,都将显著影响混合料的性能。微表处使用的集料一般采用质量较好的玄武岩。集料一般可分为3档,即0~3mm、3~5mm和5~8mm。

一般认为微表处对增加结构承载能力很有限。对路面出现的疲劳裂缝等结构性破坏,施工前要求做预先处理,处理完毕后再进行微表处罩面。

(5)薄层加铺层

薄层加铺层可以定义为:采用细粒式、间断级配或开级配沥青混合料,用普通摊铺机与压路机施工,铺成厚度小于30mm并具有良好抗滑功能的沥青罩面层。按照实施的材料不同,可分为普通沥青混凝土薄层罩面(AC系列)、SMA罩面、OGFC罩面等类型。

法国薄层沥青混凝土分为3类:薄层TAC(30~50mm)、很薄VTAC(20~30mm)、超薄UTAC(10~20mm)。南非将铺筑厚度小于30mm的各种级配沥青面层定义为薄层路面,包括传统沥青混合料(连续级配、开级配等)铺筑的厚度小于30mm的沥青面层、SMA混合料铺筑的厚度小于25mm的沥青面层和沥青砂铺筑的厚度小于30mm的沥青面层。美国《HMA Pavement Mix Type Selection Guide》中要求中等与重交通道路的SMA-10混合料铺筑厚度为25~37.5mm,OGFC-10铺筑厚度为19~25mm。可见超薄磨耗层的厚度没有统一的规定,一般为20~30mm。

为适应薄层铺装,要求采用较小粒径的沥青混合料。对于超薄沥青磨耗层,为保证达到压实度要求,通常铺装厚度为沥青混合料最大公称粒径的2~2.5倍。对于密级配沥青混合料,可采用的最大公称粒径为6mm、9.5mm或13mm。对于开级配和间断级配的可采用9.5mm或13mm。但是,采用传统级配如AC型或沥青砂铺筑的超薄沥青磨耗层,由于其抗车辙能力有限、抗滑性能不足,仅适用于低交通量的道路养护。目前,国际上多采用间断级配或开级配沥青混合料,常用的混合料类型如SMA-10、OGFC-10等。美国国家沥青研究中心(NCAT)已开展最大公称粒径为4.75mm的SMA沥青混合料铺筑超薄沥青磨耗层应用。另外,为增加超薄沥青磨耗层的耐久性,采用聚合物改性沥青也是一个发展趋势。

薄层加铺技术施工效率较高、施工速度快、在短时间内即可开放交通。这种方法适用的路面病害类型有:①横向、纵向和块状裂缝(裂缝深度较浅);②路面较严重的破损(摊铺前必须清理脱落下来的材料);③路面摩擦力降低;④路面贫油、泛油;⑤路面渗水。

薄层加铺可以增加一些路面结构的承载能力,并能延缓疲劳裂缝。但对于路面出现严重的结构性病害,如严重的疲劳裂缝和严重的车辙,在施工前必须做好预先处理。

(6)就地热再生

就地热再生也称为现场热再生,主要用于矫正或处理路表病害而不移除原路面材料。到目前为止,国内外应用较普遍的就地热再生技术有3类,即热翻松、重铺处理和重新拌和处理。

热翻松是早期使用的就地热再生技术。其施工过程主要包括对原路面的加热、利用疏松齿对原路面的翻松处理、加入再生剂后拌和、整平及碾压成型。其疏松深度一般在 19 ~ 25mm,最大可达到 50mm。此过程中不需加入新的集料,但是一般会在其后摊铺一层新的磨耗层。其处治过程如图 6-9 所示。

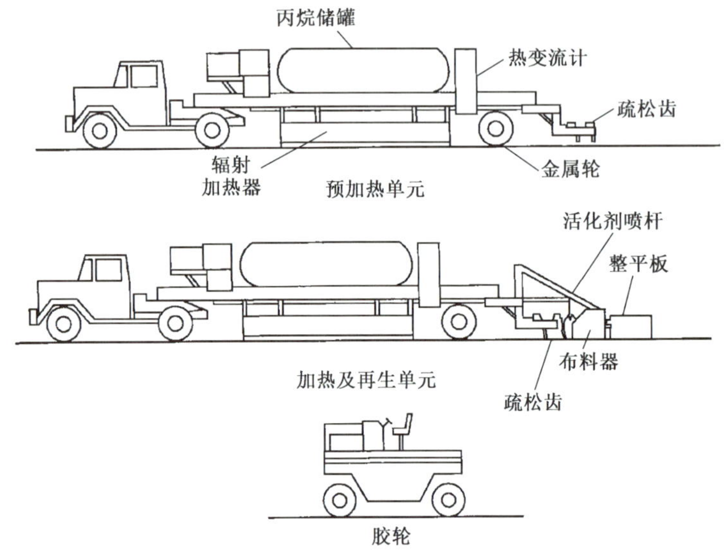

图 6-9　加热疏松处治

重铺处理,首先对现有路面进行加热,疏松或铣刨 19 ~ 25mm 后与再生剂拌和,然后将再生材料作为整平层摊铺于路面,再用新的沥青混合料摊铺一层磨耗层。再生利用的旧料及新的磨耗层材料可利用特殊设备一次完成,也可利用加热疏松设备和传统铺路设备分两次完成。其处治过程如图 6-10 所示。

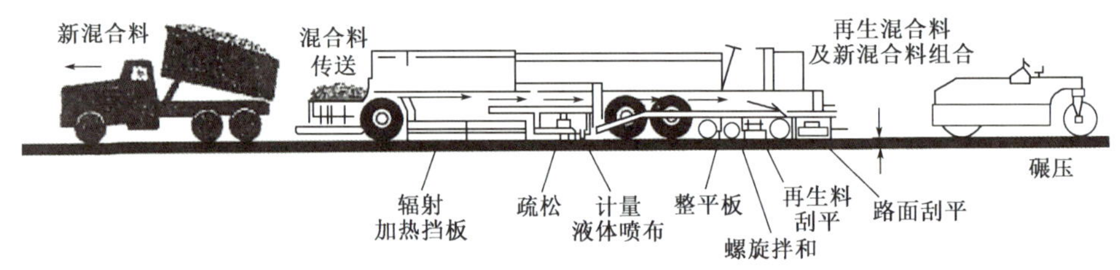

图 6-10　路面重铺处治

重新拌和处理是将原路面材料加热疏松后与一定量新的沥青混合料(可根据需要加或不加再生剂)在车载拌和器中拌和成新的沥青混合料,并摊铺成单一、均质路面层的过程。此过程改变了混合料的级配、调整了胶结料的品质,因此使原路面的性能得到改善。其处治过程如图 6-11 所示。

就地热再生可处治大部分的路面病害,包括车辙、拥包、松散、泛油、表面抗滑性能不足、轻微温度裂缝及轻微疲劳裂缝等,但是前提条件是路面结构性必须良好。

图6-11　重新拌和处治

6.1.2 钢桥面铺装预防养护技术

自预防养护的概念提出以来，国内外对预防养护进行了大量的研究，但是这些研究大多是集中在沥青路面的预防养护方面，对于钢桥面铺装的预防养护研究尚不多见。已有研究学者 Dinitz 等介绍了在美国使用了 20 余年的桥面铺装预防养护方法，即将薄聚硫环氧树脂用于混凝土和钢桥面铺装结构，以恢复防滑性并填封微小裂缝。

国内对钢桥面铺装养护维修技术的研究起步较晚。在预防养护方面，东南大学对钢桥面铺装层的预防养护进行了研究，提出了钢桥面铺装预防养护的决策矩阵，研发了钢桥面铺装预防养护的养护材料、工艺，并提出了相应的修复效果评价方法。马鞍山长江大桥采用了精细抗滑表处技术进行预防养护，其混合料由一定级配的耐磨砂与聚合物改性胶结料、外加剂、水，按照一定比例均匀拌和而成，再通过专业设备撒布于沥青路面形成封层。

1) 预防养护目标

钢桥面铺装预防养护实施后应达到下列效果：

①封闭铺装表面细小裂缝与裂隙，提高铺装的防水性能。

②防止铺装表面松散，延缓铺装的老化程度。

③提供表面磨耗层，提高铺装的耐磨性能。

④保持或提高铺装的抗滑性能。

2) 预防养护技术及其选择

为了达到良好的预防养护效果，需要有针对性地选择预防养护措施。钢桥面铺装预防养护措施的选择主要是借鉴沥青路面养护经验。沥青混凝土路面常用预防养护技术包括封层、罩面、就地热再生等。

封层类技术是沥青路面最为常用的养护手段，它是用连续方式敷设在整个路表的养护层。封层材料可以是沥青或其他封层剂，也可以是沥青与集料组成的混合料。表面封层可复原或延缓表层沥青材料的氧化（老化），重新建立铺装的抗滑阻力，密封表面的微小裂缝，防止水分进入路面结构层内部，防止集料从表面失落、崩解等。目前最常用的封层类技术包括雾封层、碎石封层、纤维封层、稀浆封层、微表处、复合封层等。罩面类技术包括薄层罩面、超薄罩面、封层罩面等，是在原路面上加铺的热拌沥青混合料薄层。就地热再生类技术包括复拌再生、加铺再生等。

大跨径钢桥处于公路网的咽喉部位,保证其畅通十分重要。因此,钢桥面铺装的养护需要满足施工方便快捷、可快速恢复交通、不显著增加铺装层重量、能显著提高铺装使用的耐久性、技术比较成熟等要求。

钢桥面铺装预防养护技术的选择应遵循以下原则:①根据养护目的和病害特征等,选择有针对性的技术。②优先选用经过类似工程实践验证、应用经验丰富且实施效果好的技术。③在多种预防养护技术同时适用且缺少经验无法判断优劣时,应进行技术经济性比选。

在钢桥面铺装的预防养护中,封层类技术加铺厚度小,不会显著增加桥梁恒载。封层类技术种类较多,其中,雾封层可提高路面防水性能、防止路面老化,施工简单且技术成熟,但存在抗滑性能不足,难以适用于钢桥面铺装工程复杂的使用环境;碎石封层在高速行驶的车辆作用下,封层中的集料可能会被车轮带出,造成抗滑性能下降;稀浆封层采用普通乳化沥青,性能较差,难以满足钢桥面铺装的使用要求;微表处技术在原材料质量要求、混合料设计指标、使用范围等各方面的要求都比稀浆封层要苛刻得多,因此它的路用性能、使用寿命等都明显优于普通稀浆封层,并且由于采用的结合料也是乳化沥青,同样难以满足钢桥面铺装重交通的使用要求。

罩面类技术包括薄层罩面、超薄罩面、封层罩面等,这些技术使用的热拌沥青混合料空隙率较大,防水性差,在荷载作用下易出现 Top-Down(自上而下)型裂缝,且厚度大(10 ~ 40mm),增加桥梁恒重,因此一般不建议在钢桥面铺装上使用。因钢桥对热量较敏感,就地热再生类技术不宜在钢桥面铺装上使用。

因此,封层类技术适合作为钢桥面铺装预防养护的措施,但需要采用力学性能更好的结合料,以满足钢桥面铺装较高的技术要求。

3)碎石封层技术

碎石封层技术适用的病害类型有路面横向、纵向裂缝,轻微破损、沥青老化,摩擦力降低,路表贫油、泛油、渗水等,其使用效果主要取决于结合料与施工工艺。

(1)原材料

普通路面碎石封层技术对沥青结合料的选择和使用无特殊要求,使用普通沥青、环氧沥青、乳化沥青、改性沥青均可。其中,基质沥青必须具有足够的黏结性,以保证一定的黏结强度;改性沥青结合料要有较高的黏度和弹性,以保证有足够的低温黏结性和流动性;乳化沥青必须达到足够的黏度,以保证在满足单位面积洒布量的情况下在撒布集料之前不会流淌,从而保证集料在沥青膜中的嵌入深度,减少集料的脱落。所用沥青结合料要具有较宽泛的适用性,以保证与集料的配伍性,保证一定的裹覆面积。美国与加拿大的碎石封层主要采用乳化沥青,国内大部分采用乳化沥青和改性乳化沥青作为碎石封层结合料。

由于钢桥面铺装具有大交通量、重载等级、夏季温度高达70℃等恶劣的使用条件,因此乳化沥青或改性乳化沥青均不能满足使用要求。工程实践表明,高韧环氧树脂具有良好的力学性能,即使在高温下也具有较好的黏附力,更加适用于钢桥面铺装预防养护工程。

碎石封层技术所用集料级配为间断级配,一般采用等粒径集料最理想。集料的选择有以下要求:一是硬度,必须要有足够的硬度来抵抗交通磨损;二是级配,近乎单一粒径,并几乎不含粉料;三是形状,所用集料的形状要尽可能接近立方体,避免针片状结构,以保证集料在沥青中达到合适的嵌入深度。

(2)施工工艺

碎石封层一般用于沥青铺装的局部病害、功能修复或整体性能提升,在局部修复时多采用普通碎石封层施工工艺:在路面上喷洒一层沥青材料,紧接着撒布砂、单粒径或适当级配的集料,并紧跟着进行碾压。其缺点是要有较长的初期养护时间,高速行驶时噪声过大,路面上的松散集料还会被高速行驶的车轮带出而撞击、黏附在车身或挡风玻璃上,集料的损失还会导致抗滑能力的衰减,所以乳化沥青碎石封层技术一般很少用在大交通量和高速行驶的道路上。

同步碎石封层技术对上述缺点进行了改进,即采用同步碎石封层车将碎石及黏结材料(改性沥青或改性乳化沥青)同步铺洒在路面上。该方法的最大优点是同步喷洒黏结材料和碎石,实现喷洒到路面上的高温黏结材料在不降温的条件下即可实现与碎石结合的效果,适用于高等级沥青路面,其施工工艺如下:①将碎石与沥青装入同步碎石封层机,按照事先设计好的配合比设定各种材料用量,在小范围内试撒铺,观察用量并调整到设计值;②同步碎石封层机以均匀的速度缓慢行驶,同步撒布碎石与沥青,注意控制路线及行驶速度;③胶轮压路机紧跟其后碾压,最终形成具有一定强度的稳定结构,施工作业中应保证足够数量的胶轮压路机,以便在沥青温度降低之前能及时完成碾压定位的工序;④碾压完成后即可开放交通,但在初期应限制车速及重载车辆,待碾压完成2h后可完全开放交通,以保护成型效果。

6.2 预防养护决策

科学的养护决策是保证养护有效性和养护经济性的前提,也是养护工程设计的重要依据。钢桥面铺装的预防养护是在钢桥面铺没有发生结构性损坏或者只有轻微缺陷与病害迹象时采取养护措施用以保护铺装层、防止病害进一步扩展、减缓铺装层使用性能恶化速率、延长铺装层使用寿命为目的的养护作业。

6.2.1 预防养护策略的制定

钢桥面铺装与沥青混凝土路面在工作方式、病害机理上存在较大差别，但是其预防养护的理念和目的是相似的。为了保证预防养护措施的使用效果和技术优势，根据预防养护的技术理念，在决策过程中需要遵循技术上满足要求、性能上符合工程特点、经济上效益良好的原则。

①技术上满足要求。预防养护措施在技术上是适用的，它能够满足钢桥面铺装层病害状况、交通量、公路等级等的技术要求，且能充分发挥其应有的预防养护性能。

②性能上符合工程特点。所采用的预防养护措施能反映具体桥梁管养单位对铺装养护质量和效果的要求，以及满足用户对预防养护路段铺装使用性能的特定要求。

③经济上效益良好。对初选出的预防养护措施进行经济性分析，进一步择选出效益良好的预防养护措施。

根据预防养护对策的制定原则，预防养护措施的选择可分步实施：

①根据养护科学决策要求，做好钢桥面铺装预防养护规划。

②根据预防养护的技术要求，判断当前铺面状况是否适合预防养护。

③如果适合，考虑技术因素，根据铺装的主要病害类型及严重程度和交通量等技术因素，通过建立的预防养护对策库初选出所有适用的预防养护措施。

④考虑经济因素，对初选出的预防养护措施进行经济性分析，进一步择选出效益良好的预防养护措施。

⑤综合考虑施工因素、用户因素和环境因素，采用项目级综合评判法择选出最合适的预防养护措施。

钢桥面预防养护决策流程如图 6-12 所示。

6.2.2 预防养护时机

预防养护能改善路面的服务水平，但只是一种早期或轻微损坏的处治办法，不能适用于各种路况条件，所以预防养护首先需要解决的问题是确定什么样的铺装适合做预防养护，即根据钢桥面铺装的现状，确定需要进行预防养护的钢桥面铺装区域范围。确定适宜的预防养护时机是影响预防养护经济性和有效性的关键，是铺装预防养护需要解决的重要问题。预防养护实施的不及时不是真正意义上的预防养护，会导致预防养护效果不佳或使用寿命过短的问题。

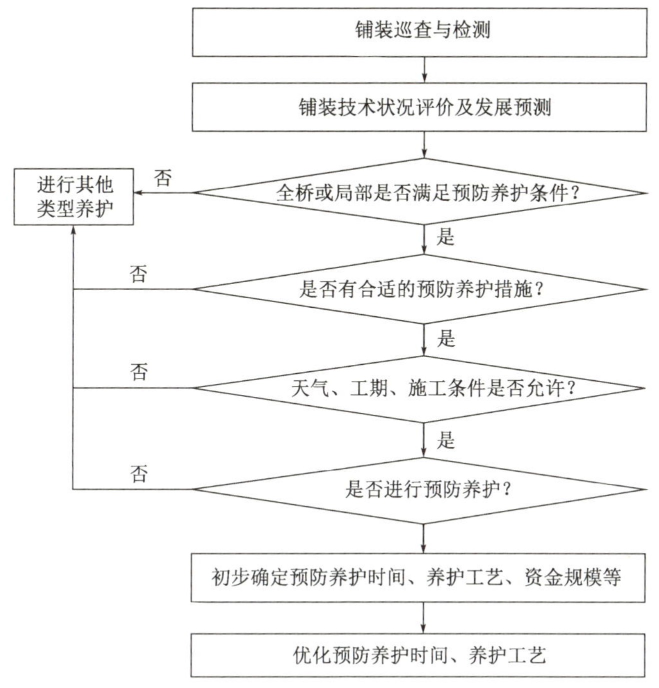

图 6-12 预防养护决策流程

1）沥青路面预防养护标准

各个国家与地区所处地理位置与环境不同，所采用的路面技术指标也不同，对预防养护提出的指标与标准也有所区别。目前，在国内的沥青混凝土路面养护规范中，《公路沥青路面养护技术规范》（JTG 5142—2019）、《公路沥青路面预防养护技术规范》（JTG/T 5142-01—2021）和《公路沥青路面养护设计规范》（JTG 5421—2018）规定采用路面损坏状况指数（PCI）、车辙状况指数（RDI）、行驶质量指数（RQI）、抗滑性能指数（SRI）、路面结构强度指数（PSSI）等对路面的现有技术状况进行评价，并根据评价结果制定预防养护或修复养护方案。路面养护类型划分方法见表 6-1。表中各指标值域应根据道路的建养历史、交通状况、养护水平、路况现状及养护目标等因素综合确定，可参考表 6-2 的取值范围。

路面养护类型划分方法　　表 6-1

值域范围				养护类型
PCI	RQI	RDI	SRI	
≥A1	≥B1	≥C	< D	预防养护
		< C	—	修复养护
	B2 ~ B1	—	—	预防养护
	< B2	—	—	修复养护

续上表

值域范围				养护类型
PCI	RQI	RDI	SRI	
A2 ~ A1	≥B2	—		预防养护
	<B2	—		修复养护
<A2	—			修复养护

养护标准值参考范围 表 6-2

公路等级	值域范围					
	PCI		RQI		RDI	SRI
	A1	A2	B1	B2	C	D
高速公路、一级公路	90	85	90	85	80	75
二级公路、三级公路	85	80	85	80	80	—
四级公路	80	75	—	—	—	—

2)钢桥面铺装预防养护时机

目前,国内外尚没有关于钢桥面铺装的专用养护规范,国内部分高校和科研院所在此方面率先开展了一些研究工作。江苏省地方标准《大跨径桥梁钢桥面环氧沥青混凝土铺装养护技术规程》(DB32/T 3292—2017)采用钢桥面铺装破损指数(SDPCI)、钢桥面铺装裂缝率(PCR)、钢桥面铺装脱空率(PDR)作为评价指标表征钢桥面铺装技术状况。

钢桥面铺装预防养护时机的选取应基于铺装的技术状况、养护资金规模等现实情况,同时还应该考虑到使用年限、交通量大小、施工条件及气候条件等影响因素,在铺装性能加速恶化之前进行预防养护。

预防养护时机可采用路况触发法和时间触发法确定。钢桥面铺装在制定预防养护对策时,首先需剔除不得不进行修复养护的情况。与普通沥青混凝土路面类似,对于整条车道或较长一段车道区域的铺装存在严重车辙病害(车辙深度大于 10mm)、滑移病害(滑移缝宽大于 10mm)、脱层病害(层间存水)以及较大面积的龟裂、疲劳裂缝、坑槽病害时,预防养护效果不明显,应进行修复养护。鉴于钢桥面铺装技术的复杂性和特殊性,即保护钢桥面板免受腐蚀以及病害发展迅速等情况,需要在各类病害发生早期就及时采取预防养护,因此对于钢桥面铺装,应用路况触发法确定预防养护时机更为科学、准确。本书采用更为直观的、基于铺装破损状况的裂缝、坑槽及表面抗滑指标评价其使用性能并进行预防养护决策。

一般来说,适合预防养护的铺装损坏类型和严重程度包括:①轻微的裂缝(缝宽≤3mm);②轻微的车辙(车辙深度≤10mm);③轻微的松散(渗水系数<100ml/min);④抗滑性能不足(摆值<45 或横向力系数<40)。适合预防养护的铺装损坏类型和严重程度标准见表 6-3。

适合预防养护的钢桥面铺装损坏类型和损坏程度标准 表6-3

病害类型		严重程度	评价标准
破损类	线形裂缝	缝细,缝壁不散落或轻微散落	缝宽≤3mm
	不规则裂缝	缝细,缝壁不散落或轻微散落	缝宽≤3mm
	放射状裂缝	缝细,缝壁不散落或轻微散落	缝宽≤3mm 支缝宽≤3mm
	环状裂缝	缝细,缝壁不散落或轻微散落	缝宽≤3mm 裂缝环数≤1
变形类	车辙	变形较浅	车辙深度≤10mm
其他类	磨光	铺装原有构造深度衰退或丧失,路表光滑	—
	麻面	细小嵌缝料散失,出现粗麻表面	—
	松散	细集料散失,路表粗麻,渗水系数增大	—
	泛油	铺装表面呈现沥青膜、发亮、镜面、有轮印	—

6.3 苏通长江公路大桥预防养护实践

2017年和2020年调研发现,苏通长江公路大桥部分段落出现连续性开裂、钢板与铺装脱层等问题,且因历年养护维修,出现连续性修补,影响铺装整体使用性能和美观,为了恢复和提升铺装整体服役水平,采用树脂碎石封层技术进行预防养护。

6.3.1 树脂碎石封层预防养护技术

树脂碎石封层是由一定厚度的树脂黏结集料(通常是单一粒径)组成的树脂碎石表面处置层,主要用于封闭铺装层细微裂缝、提高铺装层的防滑性能。必须指出的是,碎石封层不能增加钢桥面铺装承载能力,不适用于铺装已出现严重的结构性病害,如严重的疲劳裂缝、结构性破损和严重的车辙。

苏通长江公路大桥苏州方向超车道、行车道、重车道及中分带上游幅半边的钢桥面铺装采用树脂碎石封层方案进行养护,铺装结构如图6-13所示。

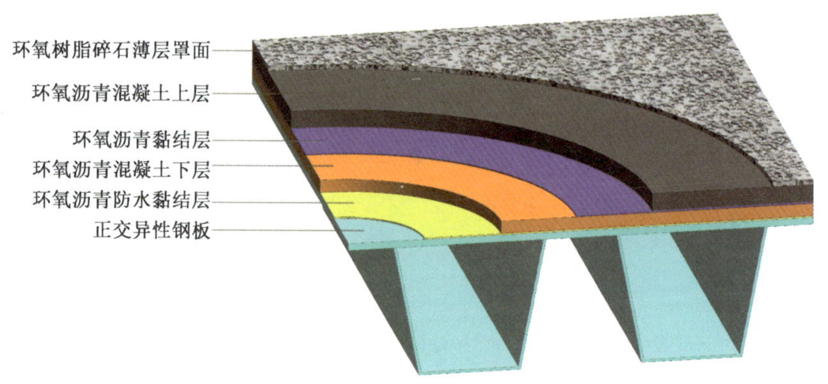

图 6-13　树脂碎石封层结构示意图

6.3.2　预防养护材料

树脂碎石封层所用树脂由渗透型环氧树脂和耐候性环氧树脂组成。渗透型环氧树脂厚度控制在 2～3mm，而耐候性环氧树脂厚度控制在 3～5mm，总厚度不超过 8mm。下层渗透型环氧树脂可以对铺装的空隙、裂纹、裂缝进行封闭修复，恢复铺装强度，提高铺装使用性能；而上层耐候性环氧树脂则起到封层防水、抗老化作用，并提高铺装面层的抗滑性能，从而提高行车的安全性和舒适性。

1）渗透型环氧树脂

渗透型环氧树脂是由环氧树脂及固化剂按照 4∶1 的比例在常温下混合而成，作为树脂碎石封层的底层，其作用为渗透并封闭下层铺装的裂缝，增强铺装整体性。渗透型环氧树脂拉伸试验结果见表 6-4。由表可见，渗透型环氧树脂拉伸试验结果满足设计文件的技术要求。

渗透型环氧树脂拉伸试验结果（23℃条件下）　　表 6-4

技术指标	试验结果	技术要求	试验方法
抗拉强度（MPa）	27.9	≥15.0	《硫化橡胶或热塑性橡胶 拉伸应力应变性能的测定》（GB/T 528—2009）
断裂时的延伸率（%）	39	≥10	

2）耐候型环氧树脂

耐候型环氧树脂是由环氧树脂及固化剂按照 4∶1 的比例在常温下混合而成，作为树脂碎石封层的材料。耐候型环氧树脂拉伸试验结果见表 6-5。由表可见，耐候型环氧树脂拉伸试验结果满足设计文件的技术要求。

耐候型环氧树脂拉伸试验结果(23℃条件下) 表6-5

技术指标	试验结果	技术要求	试验方法
抗拉强度(MPa)	22.5	≥10.0	《硫化橡胶或热塑性橡胶 拉伸应力应变性能的测定》(GB/T 528—2019)
断裂时的延伸率(%)	84.3	≥20	

3)集料

树脂碎石封层采用钢桥面铺装专用玄武岩集料中的3~5mm档,即3号料。该集料石质坚硬、洁净、干燥、无风化、形状近立方体、有棱角。详细性能见前面相关章节,在此不再赘述。

树脂碎石封层应用于大跨径钢桥面铺装预防性养护时,其主要特点体现为:①渗透型环氧树脂具有较高的渗透性和黏结性能,浸润深度达到37mm,可以较好地封闭愈合铺装表面裂缝,并恢复铺装强度;②渗透型环氧树脂与耐候型环氧树脂均具有较短的固化时间,其中渗透型环氧树脂在常温条件下24h固化,耐候型环氧树脂则在常温4h便可以固化,总体施工养生时间只需2d,交通封闭时间短,可以快速开放交通;③耐候型环氧树脂与渗透型环氧树脂均具有一定的强度和变形性能,拉伸强度达到10MPa以上,断裂延伸率达到10%以上,不但具有较高的抗裂性,还保证了其协同钢桥面铺装的变形能力;④渗透型环氧树脂与铺装层有较高的黏结性能,在荷载作用下不易脱层;⑤树脂碎石封层具有较高的疲劳耐久性,可以增强铺装结构的抗疲劳性能。

6.3.3 施工技术与工艺

钢桥面铺装碎石封层技术

(1)施工流程

树脂碎石封层的施工工艺为:首先采用灌缝、注浆、挖除修补等方式将原铺装病害进行维修处理;再采用抛丸机对全车道进行抛丸处理,直至无浮尘、杂物后,铺筑树脂碎石封层,其中渗透型树脂涂布量为0.4~0.6kg/m²,耐候型树脂涂布量为2kg/m²,涂布完成立即按6~8kg/m²用量撒布3~5mm厚的玄武岩碎石,施工流程如图6-14所示。

原铺装病害处理 → 铺装表面抛丸 → 清理灰尘、杂物 → 渗透性树脂刮涂 → 耐候性树脂涂布 → 撒布碎石 → 养生 → 清扫多余碎石 → 开放交通

图6-14 树脂碎石封层施工流程

(2)原铺装抛丸

为保证抛丸效果,首先需要对铺装进行清洁处理,将灰尘、杂物、油污等清扫干净。

利用自走式大型抛丸机抛丸打磨,使表面粗糙化,抛丸机每小时抛丸面积1500~1600m²。抛丸机抛丸作业完成后,将散落钢丸回收,利用鼓风机进行全面的清扫处理。抛丸后铺装

表面摩擦系数应大于60BPN。

(3)涂布环氧树脂

在进行环氧树脂涂布前,采用胶带将涂布区和非涂布区分开,避免污染相邻幅铺装;同时防止环氧树脂沿纵桥或横桥向流淌,也确保树脂碎石封层外观平直美观。

渗透型和耐候型环氧树脂均为双组分,将按量分装的环氧树脂和固化剂搬运至专用小型货车上,运至现场备用。按照两组分的混合比例,每隔60m摆放12桶A组分和3桶B组分,摆放在铺装一侧,方便取用,如图6-15所示。

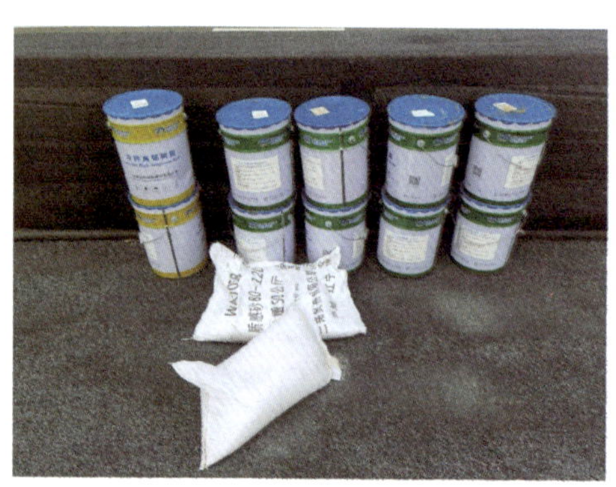

图6-15　双组分耐候环氧树脂与碎石

渗透型和耐候型环氧树脂制备时,先准确计量并混合A、B组分,再采用手持电动搅拌器充分搅拌2~3min,以使其混合均匀,环氧树脂随拌随用。当操作人员搅拌树脂时,有专人在旁边计时,防止搅拌不均匀影响黏结效果。

采用人工刮涂的方式涂布环氧树脂,3人用小刮板刮涂,1人用滚筒刷负责边角区域配合,如图6-16所示。渗透性环氧树脂涂布量为0.4~0.6kg/m²,耐候型环氧树脂涂布量为2.0kg/m²,采用网格法严格控制环氧树脂用量。设专人根据涂布面积,事先计算出每一份环氧树脂涂布的长度,并随时检查涂布是否均匀,不符合要求的地方及时予以纠正。

图6-16　刮涂渗透性树脂

(4)撒布碎石

环氧树脂涂布完成一定面积后,立即同步用机械或人工方式撒布碎石。碎石为钢桥面铺装专用3号玄武岩碎石,粒径3~5mm,撒布量为6~8kg/m^2,如图6-17所示。派专人观察撒布量,发现漏撒处应及时补撒并整平。最后,采用小型压路机将碎石压实,使树脂充分包裹碎石。

图6-17　撒布碎石

(5)养生

完成碎石撒布后,保持树脂碎石封层表面清洁无污染,禁止非施工人员和车辆进入。待树脂碎石封层养生固化后,对过量碎石进行回收,采用清扫机和鼓风机对工作面集料进行清除,清扫表面多余的集料后开放交通。

6.3.4 实施效果评价

预防养护工程实施后,通过现场拉拔试验、抗滑性能测试与跟踪观测,对实施效果进行评价。

(1)拉拔强度

南通方向超车道树脂碎石封层铺装拉拔结果为6.22MPa,说明耐候型环氧树脂材料对原铺装表面具有较好的黏结强度。由于白天桥面温度高,因此树脂碎石封层固化时间大大缩短,可迅速达到开放交通的条件。

(2)抗滑性能

采用摆式摩擦仪测得树脂碎石封层的抗滑性能为85BPN,构造深度在2mm以上,表明树脂碎石封层的抗滑性能良好。

(3)总体评价

苏通长江公路大桥采用树脂碎石封层进行预防养护后,桥面裂缝发展趋势得到控制,未

出现石料飞散、树脂起皮、老化等问题,使用状况总体良好,对提升养护经济效益效果显著。

本章参考文献

[1] 傅栋梁. 钢桥面铺装预防性养护对策分析与裂缝填封材料开发[D]. 南京:东南大学,2009.

[2] 尚飞,蔡传勇,彭祝涛,等. 钢桥面铺装精细抗滑表处预养护技术应用[J]. 公路交通技术,2023,39(4):100-104.

[3] 梅建峰,马韩灵. Resin-Surfacing 复合型树脂碎石在润扬长江公路大桥钢桥面的运用[J]. 黑龙江交通科技,2016,39(7):107-108.

[4] 王睿. 钢桥面铺装层预防性养护技术研究[D]. 南京:东南大学,2015.

[5] 王晶宇. 预防性养护技术在钢桥面铺装层中的应用[J]. 交通世界,2023,(16):182-184.

[6] 叶李水,畅卫杰,闻洁静,等. 高韧性树脂薄层罩面在跨海大桥钢桥面环氧沥青铺装预防性养护中的应用研究[J]. 上海公路,2020,(1):9-14.

[7] 苟举琼,王民,陈诚,等. 钢桥面沥青铺装预防性封水养护技术[J]. 中国建筑防水,2020,(8):47-49,54.

[8] 吕浩,朱瑶之,陈李峰. 环氧沥青钢桥面铺装预防性养护技术研究[J]. 公路与汽运,2018,(5):136-138.

[9] 王韬. SCS 超固封层在马鞍山长江大桥钢桥面预防性养护应用性能研究[J]. 世界家苑,2021,(11):112-113.

第 7 章

钢桥面铺装修复养护技术

钢桥面铺装修复养护适用于钢桥面铺装层使用功能与结构发生破坏时,如较大面积疲劳开裂、脱层、坑槽或车辙。本章将结合苏通长江公路大桥修复养护实践,介绍修复养护的铺装方案、修复材料、施工技术与质量控制。

7.1 钢桥面铺装修复养护方案

我国从20世纪90年代开始建造大跨径钢桥,钢桥面铺装工程实践至今已近30年。由于早期钢桥面铺装技术不成熟,加之高温多雨的使用环境及重载交通快速增长等因素的影响,许多大桥铺装已进行了一轮甚至多轮修复养护。常用的修复方案包括"下层浇注+上层SMA""双层环氧"和UHPC组合桥面改造等。国内部分钢桥面铺装修复养护方案见表7-1。

国内部分钢桥面铺装修复养护方案　　表7-1

桥名	修复养护年份(年)	桥梁结构类型	铺装方案
重庆鹅公岩大桥	2013	悬索桥	下层浇注+上层SMA
珠江黄埔大桥	2015	悬索桥	下层改性环氧碎石+上层SMA
厦门海沧大桥	2017	悬索桥	下层改性环氧碎石+双层SMA
湛江海湾大桥	2017	斜拉桥	双层环氧
杭州湾跨海大桥	2018	斜拉桥	双层环氧
军山大桥	2021	斜拉桥	UHPC组合桥面
鱼嘴两江大桥	2022	悬索桥	下层环氧+上层SMA

与苏通长江公路大桥交通荷载状况类似的江阴长江公路大桥曾对多种修复养护材料与结构进行系统研究,维修材料包括改进型浇注式沥青混凝土、重交通钢桥面聚合物改性沥青浇注式混凝土、高强沥青混凝土、温拌型环氧沥青混凝土、热拌型环氧沥青混凝土和反应性树脂混凝土等。铺装维修结构包括单层浇注式铺装、双层浇注式铺装、"双层环氧"、双层高强沥青SMA、"下层浇注+上层环氧"、下层浇注+上层反应性树脂混凝土、下层纤维增强复合材料(FRP)+上层反应性树脂混凝土等。经过大量的工程实践,江阴长江公路大桥修复养护结构方案中仅"下层浇注+上层环氧"和"双层环氧"铺装结构在重载大交通量作用下使用年限超过了5年,服役性能表现良好。

从目前国内钢桥面铺装修复养护方案的选择思路来看,主要有两个特点:一是尽量沿用原铺装方案,这样新旧铺装结构有较好的相容性,大桥管养单位、施工单位对铺装结构与材料特点的理解也更深刻；二是积极吸收国内外钢桥面铺装的最新研究成果，对原铺装结构和材料进行改造和优化。

钢桥面铺装修复养护方案的选择需遵循的基本原则包括：①对环境与交通荷载的适应性；②铺装材料和技术先进性；③铺装结构耐久性；④交通组织可行性；⑤施工技术成熟性；⑥养护成本经济性。

基于以上原则，在确定修复养护方案时，除考虑钢板防腐、钢板与铺装层间黏结、铺装防水性能、高温稳定性、低温抗裂性、水稳定性、抗疲劳性能等技术性能外，还需要考虑施工环境要求、特殊施工设备、拌和站点设置、工期等施工组织与工艺要求，以及养护费用等经济成本。

7.2 苏通长江公路大桥修复养护实践

7.2.1 高抗滑全厚式热拌环氧沥青混凝土铺装修复养护方案

1）高抗滑全厚式热拌环氧沥青混凝土铺装方案

苏通长江公路大桥自2008年通车以来，钢桥面铺装经受了16年重载交通以及高温、多雨环境的考验。根据铺装病害网格化评估结果，苏通长江公路大桥钢桥面铺装破损主要集中在重车道和行车道的上坡段和跨中位置，超车道使用状况较好。因此，建设期“双层环氧”的铺装方案已经在苏通长江公路大桥上获得了成功。

然而，由于修复养护需要占道施工，对过江交通影响巨大，亟须在保证使用性能的前提下，对“双层环氧”铺装结构与材料方案进行优化，以缩短养护工期，减少交通障碍。为了探索适合于苏通长江公路大桥不中断交通情况下的钢桥面铺装修复养护方案，苏通大桥有限责任公司先后于2015年、2016年、2017年和2019年组织实施了局部段落的修复养护方案研究与工程实践，得到如下结论：

①铺装层材料方面。与苏通长江公路大桥建设期采用的温拌环氧沥青相比，热拌环氧沥青具有施工容留时间长（热拌环氧沥青容留时间 >2h，温拌环氧沥青只有1h）、养生周期短（养生时间约4～7d，而温拌环氧沥青需要7～30d）等优势，而性能两者相差无几，采用热拌环氧沥青可以有效缩短养生的时间，从而减少对交通的阻碍。

②防水黏结层材料方面。建设期采用的是环氧沥青黏结层，具有良好的层间黏结性能，但施工时容易因黏轮而破坏防水层的完整性。近年来，新型的二阶环氧树脂防水黏结材料已在多座大跨径钢桥中获得成功应用。二阶环氧树脂防水黏结层材料存在一阶反应和二阶反应。一阶反应生成未完全固化的弹性防水黏结层，使防水黏结层表干且具备一定的强度，可以容许施工车辆通行。二阶反应是指未完全固化的防水黏结层在热拌环氧沥青混凝土摊铺过程中的高温（≥100℃）作用下，先熔化之后继续完成固化反应；同时，在摊铺碾压作用下，大颗粒骨料嵌入熔化的防水黏结层中，使上层铺装结构与钢桥面板之间形成整体。相比环氧沥青黏结层，二阶环氧树脂防水黏结材料理念更加先进，不但具有良好的层间黏结性能，而且可以在施工时避免被运料车破坏，保持其完整性。

③铺装结构方面。建设期采用的是"双层环氧"铺装方案，两层环氧沥青铺装层间采用环氧沥青黏结料进行黏结，主要目的是保证每层环氧沥青混凝土的压实度，防止出现空隙率过大而导致铺装结构抗疲劳性能下降等问题。近年来，随着压实设备的改进和压实工艺的优化，单层5.5cm环氧沥青混凝土压实已没有问题，多次试验段的取芯结果也证明了这点；同时，全厚式铺装结构一次性摊铺碾压成型，可解决钢板焊接处铺装厚度不足的问题。

④抗滑功能方面。由于环氧沥青混凝土采用的是悬浮密实级配，其表面较为光滑，在雨天抗滑性能下降，对交通安全带来一定影响。通过在表面增加一层树脂碎石封层，不仅可以大幅提高构造深度、提升抗滑性能，还可以修复可能存在的施工缺陷，提高铺装结构的抗疲劳性能。

经过不懈的探索与实践，目前苏通长江公路大桥已经形成了高抗滑全厚式热拌环氧沥青混凝土铺装修复养护方案，如图7-1所示。

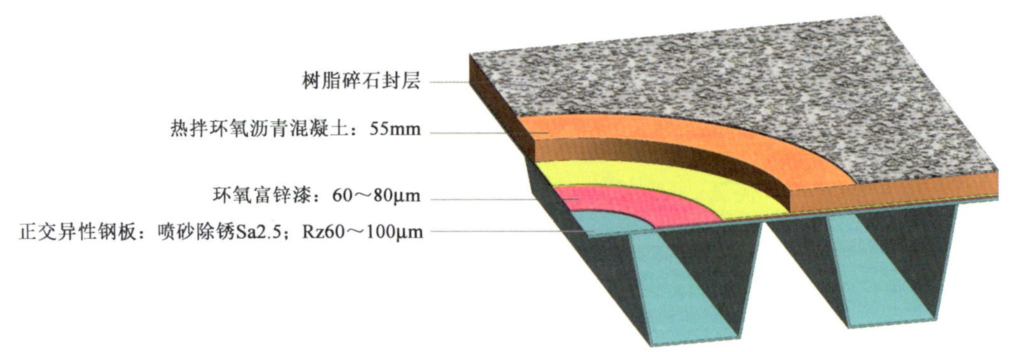

图7-1 "全厚式热拌环氧沥青混凝土+罩面"修复养护方案

2）重难点分析

在苏通长江公路大桥大流量重载交通的条件下，要想高质量地完成修复养护工程，必须有效把握以下重难点。

①合理把握钢桥面铺装的使用条件,尤其是对超载情况的充分估计。

②选择并制定合理的铺装指标体系与技术标准。

③选择合适的铺装材料与试验方法,并进行合理的理论分析与铺装结构设计。

④提高铺装层和钢板及铺装层之间的黏结性能及黏结层的剪切疲劳性能。

⑤铺装体系的防水、排水与防腐功能。

⑥设计合理的施工方案并完善质量控制体系。

⑦确保铺装设计被正确实施。

⑧合理的工期安排与交通组织。

⑨快速有效地清理原铺装。

⑩利用修复养护时期封闭交通的机会,对正交异性钢板进行加固。

7.2.2 修复养护材料

自南京八卦洲长江大桥建成通车以来,环氧沥青材料在国内逐渐得到推广应用,近年来形成了多种环氧沥青材料并存的局面。2000—2013 年,美国的温拌环氧沥青在新建的大跨径钢桥面铺装工程中得到大面积应用,但由于容留时间不长和施工条件苛刻,在养护工程中鲜有应用。自 2004 年江阴长江公路大桥钢桥面铺装维修工程开始,日本的热拌环氧沥青材料凭借较长的容留时间、较宽松的施工条件和良好的使用性能,在钢桥面铺装新建和养护工程中得到推广应用。与此同时,国内的科研机构和生产厂商通过学习、消化、吸收国外环氧沥青材料的特点,自主研发出了国产温拌环氧沥青和热拌环氧沥青。热拌与温拌环氧沥青材料性能与施工要求对比见表 7-2。

热拌与温拌环氧沥青材料性能与施工要求　　表 7-2

指标	温拌环氧沥青混凝土	热拌环氧沥青混凝土
材料综合性能	优	优
专用施工设备	需要	不需要
施工温度(℃)	110 ~ 121	170 ~ 185
容留时间(min)	45 ~ 94	>120
施工质量控制难度	高	较高
养生周期(天)	30 ~ 45	4 ~ 10

由表 7-2 可见,相对于温拌环氧沥青混凝土,热拌环氧沥青混凝土所需配套专用施工设备较少、施工容留时间较长、施工质量控制相对难度较低、养生周期较短,更加适合于苏通长江公路大桥钢桥面铺装修复养护工程。

2021 年苏通长江公路大桥钢桥面铺装修复养护方案论证时,曾对进口和国产热拌环氧

沥青材料进行全面的对比试验。原材料、混合料各项试验结果表明,进口和国产热拌环氧沥青材料各项性能均满足《公路钢桥面铺装设计与施工技术规范》(JTG/T 3364-02—2019)的相关技术要求,经技术经济性比较,最终选择国产环氧沥青进行钢桥面铺装修复养护。

1)环氧沥青结合料

环氧沥青由环氧树脂 A、B 组分按照材料说明书推荐比例进行混合,混合均匀后的环氧树脂结合料与预热至 170℃的改性沥青按照 50∶50 的比例混合均匀而成。环氧沥青用改性沥青技术指标应符合表 7-3 中的要求,环氧树脂技术指标应符合表 7-4 中的要求,环氧沥青质量指标应符合《公路钢桥面铺装设计与施工技术规范》(JTG/T 3364-02—2019)规定的要求,其技术指标应符合表 7-5 中的要求。

环氧沥青用改性沥青技术要求　　表 7-3

技术指标		技术要求	试验方法
针入度(25℃,100g,5s)(0.1mm)		40～70	T 0604
延度(5℃)(cm)		≥25	T 0605
软化点(环球法)(℃)		≥70	T 0606
135℃运动黏度(Pa·s)		≤3	T 0619
弹性恢复(%)		≥80	T 0662
离析,软化点差(℃)		≤2.5	T 0661
RTFOT 试验后	质量损失(%)	±0.5	T 0610
	针入度比(25℃)(%)	≥65	T 0604
	延度(5℃)(cm)	≥15	T 0605
溶解度(%)		≥99	T 0607
闪点(℃)		≥245	T 0611
PG 分级		PG76-22	T 0627 T 0628 T 0629

环氧树脂胶结料技术要求(23℃条件下)　　表 7-4

技术指标	技术要求	试验方法
拉伸强度(MPa)	≥3.0	国家标准 GB/T 528—2009
断裂伸长率(23℃)(%)	≥100	

环氧沥青结合料技术要求　　表 7-5

技术指标	技术要求	试验方法
拉伸强度(23℃)(MPa)	≥2.0	国家标准 GB/T 528—2009
断裂伸长率(23℃)(%)	≥100	
吸水率(7d,25℃)(%)	≤0.3	《塑料　吸水性的测定》(GB/T 1034—2008)

2)二阶环氧树脂黏结料

二阶环氧树脂黏结料是由环氧树脂及固化剂按照一定的比例在常温下混合而成,作为钢桥面环氧沥青混凝土铺装的防水黏结层和黏结层材料。环氧树脂是一种二阶固化反应材料,在施工后进行初步反应达到表干状态,当上层热拌环氧沥青混合料施工后,在高温热冲击下,该材料完成第二次反应并完全固化。环氧树脂黏结料拉伸试验结果见表7-6。由表可见,二阶环氧树脂黏结料拉伸试验结果满足设计文件的技术要求。

环氧树脂黏结料拉伸试验结果(23℃条件下)　　表7-6

技术指标	试验结果	技术要求	试验方法
抗拉强度(MPa)	3.7	≥3.0	国家标准 GB/T 528—2009
断裂时的延伸率(%)	309	≥100	

3)环氧沥青混合料

(1)设计流程

目前,国内外环氧沥青混合料配合比设计主要采用马歇尔试验方法,通过试验确定混合料体积参数,进而验证混合料的路用性能。苏通长江公路大桥钢桥面铺装修复养护工程的环氧沥青混合料设计流程如图7-2所示。

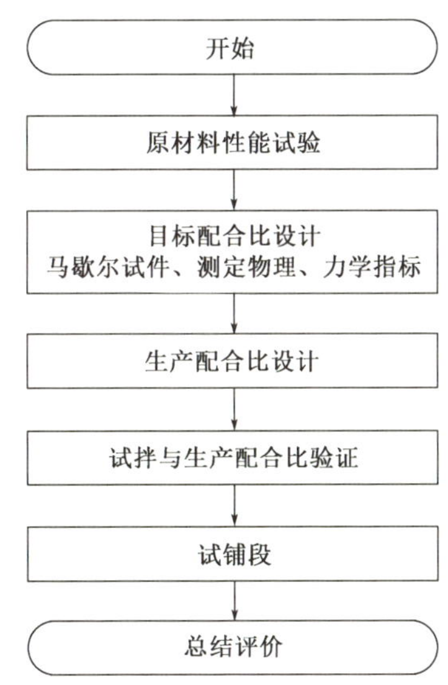

图7-2　环氧沥青混凝土配合比设计流程图

(2)级配设计

钢桥面铺装一项重要指标是抗疲劳性能,其疲劳破坏主要产生于纵向加劲肋顶部,由于车辆荷载造成负弯矩的反复作用使铺装层表面出现疲劳开裂。矿料级配对环氧沥青混合料的路用性能和疲劳寿命有较大的影响。采用较粗级配时,铺装层表面宏观粗糙度较大,表面凹凸不平，诱发疲劳裂缝的可能性也将增大；采用较细的级配可以延长铺装层的疲劳寿命，但也将减小桥面宏观粗糙度，从而削弱潮湿状态下路面的抗滑能力。

由于苏通长江公路大桥属于典型的重载大交通，日均交通量接近10万辆，同时重车比例为40%，这就需要采用较细的级配以获取较好的抗疲劳性能；但桥区年降雨量较大，特别梅雨季节连续降水时间长，这又要求采用较粗的级配以获取较好的抗滑性能。上述两方面的性能要求（抗疲劳和抗滑）在选择级配时存在矛盾，因此必须综合考虑使矿料级配最优化。

环氧沥青混合料设计采用了苏通长江公路大桥通车时初次铺装的级配EA-10。EA-10属悬浮密实型级配，采用该级配所设计的环氧沥青混合料经过14年大交通流量的考验，使用品质和使用寿命已经得到验证，并且同样采用该级配的南京八卦洲长江大桥、南京大胜关长江大桥等钢桥面铺装使用情况均较好。

根据矿料筛分结果和确定的级配范围，通过理论分析和相关试验研究，确定本次环氧沥青混合料的级配如表7-7和图7-3所示。

EA-10环氧沥青混合料级配设计结果 表7-7

矿料及配比		通过下列筛孔（方孔筛，mm）的质量百分率（%）								
		13.2	9.5	4.75	2.36	1.18	0.6	0.3	0.15	0.075
1号	4.0%	2.5	0.0	—	—	—	—	—	—	—
2号	21.0%	22.5	22.5	0.2	—	—	—	—	—	—
3号	19.0%	21.5	21.5	21.5	7.2	0.6	—	—	—	—
4号	22.0%	17.5	17.5	17.5	17.4	7.3	0.1	—	—	—
5号	27.0%	27.0	27.0	27.0	27.0	27.0	26.9	18.3	9.3	2.7
6号	7.0%	9.0	9.0	9.0	9.0	9.0	9.0	9.0	8.3	6.7
合成级配		100	96.5	75.4	61.4	46.4	39.0	27.3	17.6	9.4
级配要求	下限	100	95	65	50	39	28	21	14	7
	上限	100	100	85	70	55	40	32	23	14
	中值	100	97.5	75	60	47	34	26.5	18.5	10.5

从图7-3可得，试验得到的环氧沥青混合料的合成级配曲线位于级配上限和下限之间，接近级配中值。但比较关键的0.075mm筛孔，可知通过率偏低。

（3）目标配合比试验与验证

在确定了环氧沥青混合料所用矿料级配后，目标配合比设计的关键就是确定适合此级配的最佳沥青用量。目标配合比设计采用马歇尔试验法，环氧沥青混合料性能试验结果见表7-8。由表可见，未固化和固化马歇尔试件性能均满足设计要求。

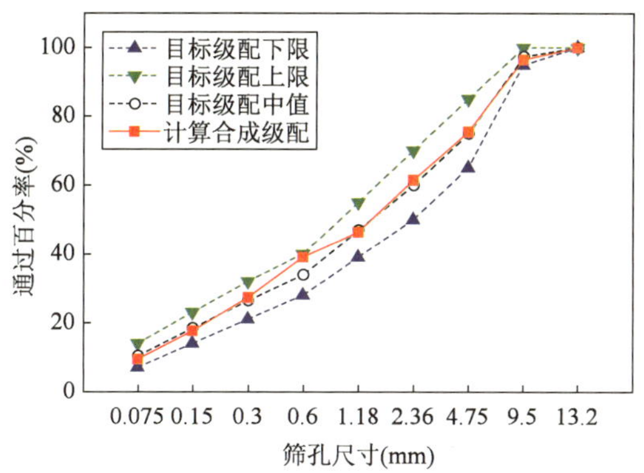

图7-3 EA-10环氧沥青混合料级配设计图

环氧沥青混合料马歇尔试验结果　表7-8

技术指标	试件状况	技术要求	试验结果
稳定度(kN)	未固化	≥5.0	17.26
流值(0.1mm)		15~50	45.0
空隙率(%)		≤3.0	1.8
毛体积密度(g/cm^3)		—	2.591
稳定度(kN)	固化	≥40.4	75.48
流值(0.1mm)		20~50	34.8
空隙率(%)		≤3.0	1.9
毛体积密度(g/cm^3)		—	2.589

①残留稳定度试验。

环氧沥青混合料残留稳定度试验结果见表7-9。由表可见，固化条件下的残留稳定度平均值为89.7%，表明环氧沥青混合料具有良好的抗水剥落侵蚀的能力。

残留稳定度试验结果　表7-9

试验条件	稳定度(kN)	冻融劈裂强度比(%)	技术要求(%)
60℃,0.5h	77.94	89.7	≥85
60℃,48h	69.89		

②冻融劈裂试验。

环氧沥青混合料冻融劈裂试验结果见表7-10。由表可见，两组试件的冻融劈裂强度比为85.6%，表明环氧沥青混合料具有良好的抗水损害性能。

环氧沥青混合料冻融劈裂试验结果　表7-10

组别	劈裂强度(MPa)	冻融劈裂强度比(%)	技术要求(%)
试验组	4.75	85.6	≥80
参照组	5.54		

③低温弯曲试验。

在 -10℃时环氧沥青混合料小梁低温弯曲试验结果见表 7-11。由表可见,环氧沥青混合料小梁低温弯曲性能满足设计技术要求。

环氧沥青混合料低温弯曲试验结果　　表 7-11

试验温度(℃)	弯曲强度(MPa)		最大弯曲应变(με)	
	试验结果	技术要求	试验结果	技术要求
-10	40.57	—	3880	≥3000

7.2.3 施工技术与质量控制

我国钢桥面铺装早期病害严重,除气候环境、交通荷载和设计原因外,施工技术和质量控制水平存在着显著不足,也是造成早期病害的重要原因之一。施工技术和质量控制中可能影响铺装质量的因素包括:①原材料:由于生产工艺水平的参差不齐,导致原材料规格、质量等不能符合规范设计要求;②施工:包括施工天气状况掌握、施工设备完好程度,以及沥青混合料的生产、运输、现场摊铺和碾压全过程中的质量控制等。如何在不中断交通的条件下,确保钢桥面铺装质量与设计的一致性,杜绝或减少因施工缺陷造成的铺装病害,是钢桥面铺装修复养护所必须解决的重要问题。

钢桥面环氧沥青铺装修复养护

1)施工准备

钢桥面铺装施工是一项规模大、强度高、要求严格的系统工程,施工准备工作对于施工质量非常关键,是影响铺装工程质量的基础和前提条件。如果施工准备不足,在施工过程中将很难得到弥补。在施工准备工作中,应重点做好沥青、树脂、集料等原材料的备料和质量控制,以及施工设备的检查等。

(1)沥青拌和楼

拌和楼是环氧沥青混合料的生产设备,其工作状况、计量精度、温控精度直接影响环氧沥青混合料的质量,对于钢桥面铺装养护质量有较大影响。

根据施工需求,选择交通便利的拌和厂,以方便各种材料进场及运料车的出入。同时,拌和厂与主桥施工段落的距离应在合理范围内,以满足运料车从拌和厂至施工现场的时间小于环氧沥青混合料容留时间的要求。

拌和厂厂地应硬化,场内布局应方便合理。各种材料的厂内运输不得出现交叉。厂地内的环境保护及安全措施应到位,排水设施齐全。

(2)工地试验室

必须在拌和厂配备有足够试验设备的实验室及相应的试验人员,能及时对喷洒(或滚涂)的黏结料及所生产的环氧沥青混合料进行检验。对工地试验室无法完成的其他试验检测项目,可委托具备相应资质、条件和能力的第三方专业机构进行试验检测。

实验室必须具有的设备包括:马歇尔击实仪、马歇尔稳定度试验仪(>10t)、沥青混合料搅拌机、自动沥青抽提仪、烘箱、电子天平、红外测温仪、电子拉伸试验机等,设备均应处于正常状态,且关键试验设备应经权威部门标定或认定。对于施工的关键设备应保证有充足的备件。

(3)原材料质量控制

原材料质量控制对工程质量非常重要,如果原材料质量不理想,在后续施工过程中纠正难度非常大,将会给工程质量控制留下很大隐患和不确定因素。各种原材料运至现场后,必须取样进行质量检验,经检验合格后方可使用,不得以供应商提供的检测报告或商检报告代替现场检测结果。

集料生产用的原石不得含有土块、杂物、风化物及锈斑,应选择经过充分论证及试验验证合格的料场块石;集料加工应采用反击式或锥式破碎方式;在加工过程中应除尘并按环保要求进行操作。集料成品应用洁净的编织袋分装后分级、分类转入仓库保存,并做好防雨、防潮等措施。矿粉应采用石灰岩进行加工,拌和厂内应特别注意防雨和防潮。

环氧树脂结合料和黏结料应按规定分别堆放,并做好防雨、防潮等防范措施。改性沥青(或基质沥青)应在施工前进场并注入场内储油罐,严禁不同品牌沥青混罐,以免造成沥青性能不满足设计要求。

(4)生产配合比设计

环氧沥青混合料配合比设计在铺装施工前,要先进行目标配合比和生产配合比设计,经试拌、试铺和室内对混合料性能的检验均符合设计要求后,方可正式施工。生产配合比设计是根据不同热料仓的集料筛分结果来确定各热料仓的用量比例,以使得混合料级配尽量接近目标配合比设计的结果。按目标配合比确定的冷料比例上料、烘干、筛分,然后对各号热料仓取样筛分,冷料仓的照片如图7-4所示,热料仓筛分结果见表7-12。

a)1号冷料仓

b)2号冷料仓

c)3号冷料仓

图 7-4

d)4号冷料仓

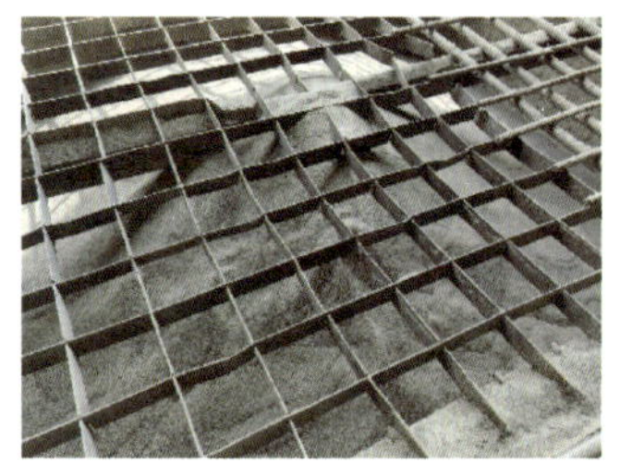

e)5号冷料仓

图7-4 冷料仓

热料仓筛分结果 表7-12

热料仓	通过下列筛孔(方孔筛,mm)的质量百分率(%)								
	13.2	9.5	4.75	2.36	1.18	0.6	0.3	0.15	0.075
11~16mm	100	6.0	0.2	0.2	0.2	0.2	0.2	0.2	0.2
6~11mm	100	97.0	1.0	0.0	0.0	0.0	0.0	0.0	0.0
3~6mm	100	99.9	71.9	5.5	1.5	0.4	0.2	0.0	0.0
0~3mm	100	100	100	95.2	72.7	54.9	34.8	15.4	2.5
6号	100	100	100	100	100	100	99.5	96.0	83.0

根据热料仓矿料筛分结果和确定的级配范围,确定本次热料仓的矿料比例见表7-13。生产配合比计算结果见表7-14,级配曲线如图7-5所示。

热料仓比例明细 表7-13

级配类型	矿料比例(%)					油石比(%)
	11~16mm	6~11mm	3~6mm	0~3mm	6号	
生产级配	4.0	19.0	16.0	52.0	9.0	6.5

矿料生产配合比设计结果 表7-14

矿料及配合比		通过下列筛孔(方孔筛,mm)的质量百分率(%)								
		13.2	9.5	4.75	2.36	1.18	0.6	0.3	0.15	0.075
合成级配		100	95.5	71.1	57.8	43.8	36.2	25.7	15.9	8.3
级配要求	下限	100	95	65	50	39	28	21	14	7
	上限	100	100	85	70	55	40	32	23	14
	中值	100	97.5	75	60	47	34	26.5	18.5	10.5

由表7-14和图7-5可以看出,该合成级配的控制筛孔4.75mm、2.36mm和0.075mm的通过量与规范要求级配中值的偏差分别为3.9%、2.2%、2.2%,级配略粗,但仍在设计范围内。按此比例进行试拌,并进行马歇尔试验,以验证生产配合比,供试铺使用。

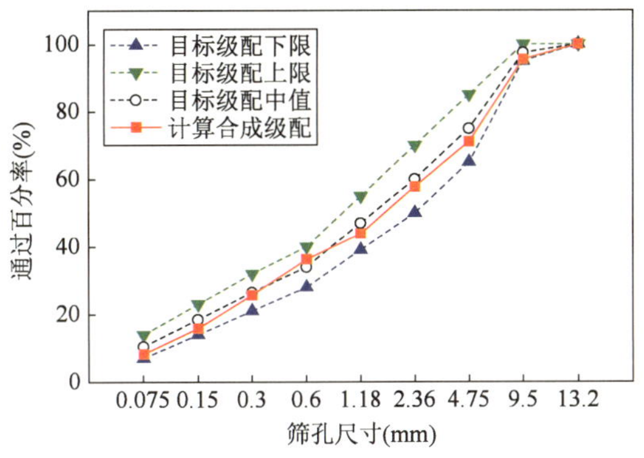

图7-5 环氧沥青混合料生产配合比级配

(5)试拌与生产配合比验证

生产配合比设计完成后,需利用拌和楼进行环氧沥青混合料试拌并验证混合料的物理力学性能。为对级配进行优化,试拌采用了两种级配(表7-15)。

热料仓比例明细 表7-15

级配类型	矿料比例(%)					油石比(%)
	11~16mm	6~11mm	3~6mm	0~3mm	6号	
试拌级配1	4	19	16	52	9	6.5
试拌级配2	4	17	16	54	9	6.5

试拌的环氧沥青混合料取样后进行抽提试验并成型马歇尔试件。抽提试验结果见表7-16。同时,进行固化试件的马歇尔试验,试验结果见表7-17。由表可见,两种试拌级配的环氧沥青混合料马歇尔稳定度和流值均满足设计要求。

试拌环氧沥青混合料抽提试验结果 表7-16

筛网尺寸	通过下列筛孔(方孔筛,mm)的质量百分率(%)									油石比(%)
	13.2	9.5	4.75	2.36	1.18	0.6	0.3	0.15	0.075	
设计要求	100	95~100	65~85	50~70	39~55	28~40	21~32	14~23	7~14	6.5±0.2
试拌级配1	100	95.5	71.0	56.5	44.6	35.7	25.9	16.6	8.4	6.4/6.2
偏差	0	-2.0	-4.0	-3.5	-2.4	1.7	-0.6	-1.9	-2.1	—
试拌级配2	100	97.7	71.9	60.0	46.6	36.1	25.1	15.2	8.6	6.3/6.4
偏差	0	0.2	-3.1	0.0	-0.4	2.1	-1.4	-3.3	-1.9	—

试拌环氧沥青混合料马歇尔稳定度试验结果(固化)　　表 7-17

级配	稳定度(kN)	流值(0.1mm)
试拌级配 1	64.04	29.5
试拌级配 2	66.39	34.3
技术要求	≥40.4	15～50

(6)铺筑工艺试验段

试验段是抓好整体施工质量的关键环节,通过试验段可以检验施工设备、管理、工艺以及铺装材料与结构质量,为后续正式施工建立一个质量参照体系。

在工艺试验段铺筑施工前,应完成环氧沥青混合料目标配比设计及性能检验并满足设计要求。工艺试验段施工前,还应制定工艺试验段铺装及钢桥面铺装工程施工组织设计方案。施工组织设计方案应包括现场配合比设计结果、拌和楼计量检测结果、施工实施过程各相关设备配置、人员安排、施工顺序、工序网络图及施工质量控制措施、材料及资金计划、工程进度计划、交通组织、安全措施、应急预案等内容。

生产配合比设计完成并经监理工程师审批合格后,施工单位按照《公路沥青路面施工技术规范》(JTG F40—2004)和监理工程师的指示,在业主指定的位置进行工艺试验段的铺筑。工艺试验段建议设置在与主桥情况相近的引桥或其他合适段落,试验段长度不少于 50m。

工艺试验段采用与钢桥面相同的铺装结构、施工工序与工艺铺筑环氧沥青混凝土结构层,以获取施工参数,并对铺装层的施工质量进行检验。通过试验段获取松铺系数、摊铺速度、碾压速度、碾压温度、压实度、空隙率、厚度等数据。

通过试验段的铺筑,检验和完善施工组织设计、检验和调试施工机械与设备、确定施工中需要的各种参数,通过预埋钢板构件对试铺段铺装质量进行检验,通过试铺让全体人员明确各自的职责、熟练掌握分内的业务等。

(7)现场施工机械的准备和检验

在正式施工之前,必须精心检验所有机械设备,如图 7-6 所示,确保其处于良好使用的待命状态。运料车、摊铺机、压路机都不准许有漏油、漏水现象,应保证相关设备有足够的燃油及润滑油,以免影响施工的连续性。运料车要特别检验其车厢的顶起状况,该检验工作必须在每次装运混合料前进行 1 次。

各种量具(尤其是拌和机、对接设备的计量系统)使用前都要重新校验,确保计量准确。拌和楼控制室内的自动打印装置,应能打印日期、时刻、盘数、每盘混合料的质量及温度、拌和时间等。

(8)施工风险预测与防范

①养护总工期紧:通过充足的设备、人员配备,以及合理的施工组织,尽量缩短钢板铣刨挖除清理阶段的施工时间,充分利用工序间隔时间安排其他工序,力保在计划工期内完成所有项目。

图 7-6　主要施工机械与设备

②部分项目交叉施工影响：通常情况下，钢板 TOFD 检测及钢板补强与主桥钢桥面铺装存在交叉施工，通过合理规划施工段落，减少交叉施工界面，避免窝工。

③全桥同步项目多，场内安全管理难度大，设置场内交通管制：养护期间，施工单位多，施工车辆如何保障有效通行同时不影响施工区作业，需要在铺装摊铺期间进行车辆通行控制，设置专人对主桥区域两侧端头进行进出场管理，同时场内划定车辆通行线路及设备摆放区域，确保整个主桥施工区域车辆安全顺利通行而不影响现场施工。

④铺装修复养护技术要求高：苏通大桥铺装修复养护，一方面可借鉴同类型项目较少，技术要求高；另一方面，苏通大桥作为重要的交通枢纽，交通量大，尤其是货车占比较高，因此对桥面铺装质量要求高，导致施工难度大，需要优化施工组织设计、增加人员和机械设备的投入。

⑤环氧沥青混凝土摊铺难度大：相比于沥青路面养护项目，环氧沥青混凝土施工难度大，前后场施工时间长、不确定因素多。拌和楼生产—混合料运输—混合料摊铺—混合料碾压这 4 个工序环节须有序衔接，任一环节出现问题，都将会影响整个施工进度。需要提升拌和生产、运输保障、摊铺碾压设备及人员的可靠性。

⑥新旧铺装接缝处理：新旧铺装接缝处为铺装薄弱点，容易产生病害，而苏通长江公路大桥作为千米级斜拉桥，对施工缝处理要求高，所以保证接缝处不开裂尤为重要。保证碾压密实、接缝处涂刷黏结剂，必要时施工结束灌缝处理、罩面。

⑦残留防水黏结层清理难度大：钢桥面板防水黏结层防水性能好，与钢板黏结强度大，但难以清除，利用挖机配合人工铲除效率较低，建议用高压水清洗机能有效清除钢板表面残留的防水黏结层，可显著提高施工效率，同时可推广程度高。

⑧防止环氧富锌漆和环氧树脂防水黏结层的污染：苏通长江公路大桥桥面横风大、对向

车辆通行过程中带来的抛洒物等污染较重,容易对环氧富锌漆和黏结层的界面造成污染,影响工程质量,建议施工区域周围设置防护网。

⑨加强环氧沥青混合料“死料”环节控制:环氧沥青混凝土铺装施工阶段,一旦混合料内部存在“死料”,如事前不及时控制,事后不及时清除,其结果将由早期的裂缝雏形发展为后期的坑槽病害,因此需要专职人员负责死料检查与处治。

⑩天气对环氧施工影响大:环氧沥青施工受天气影响大,应与当地气象部门密切联系,施工前一周确定天气情况,及时调整施工计划以避开降雨天气;施工过程中安排专人随时监控天气变化,天气情况不符合要求时立即停工。

⑪人员的不确定性:由于养护施工常在夏季,现场天气炎热、作业时间长、作业强度大,施工人员易疲劳、中暑,应综合考虑增加人员配置,设立两套施工班组,采取轮班作业制度,每2h轮班1次,轮班前做好各岗位交接工作。

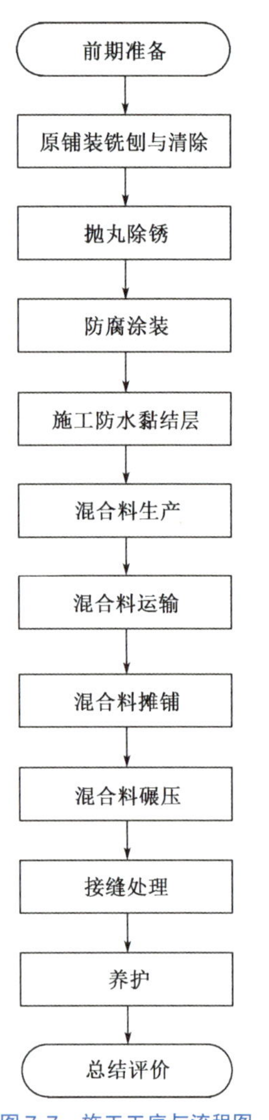

图7-7 施工工序与流程图

2)关键工序施工工艺

(1)施工工序与流程

钢桥面铺装修复养护中的施工工序与流程如图7-7所示。

(2)原铺装铣刨与清除

由于原桥面铺装层的日常维修,可能导致现有铺装层厚度不均,为控制铣刨的合理厚度,以防铣刨伤及钢桥面板,施工前应打孔测量铺装厚度并绘制横断面图,以此确定断面特征点的铣刨厚度,以原有铺装层剩余厚度为(10±5)mm作为控制。

铣刨过程中,随时检查残存铺装厚度,实时调整铣刨深度,避免出现残留铺装过厚或伤及钢板的情况出现,铺装铣刨及注意事项如图7-8~图7-13所示。

(3)残余铺装清除

原铺装铣刨后,应采用加热方式清除残留铺装,加热温度应以钢板表面温度不超过90℃作为控制标准;行走速度与环境气候条件(气温、风速)密切相关,同时也与加热功率有直接关系,正式施工前应进行试加热,以寻求加热功率与行走速度之间的关系,指导正式施工。

加热完成后再用挖掘机配合装载机沿钢板表面进行清除,清除过程应避免伤及钢板;局部可由人工清除。铣刨及清理过程中应安排专门的运输车辆回收废料,并及时将其运送至指定回收地点。

图 7-8　确定铺装铣刨范围

图 7-9　铺装铣刨

图 7-10　铣刨过浅—仅铣刨上层

图 7-11　铣刨过深—伤及钢板

图 7-12　铣刨厚度不均

图 7-13　较理想的铣刨厚度

清理完成后，用手持式切缝机或自动切缝机沿标线中心线进行切割，角度宜控制在 45°～60°，以便接缝处易于压实。

原铺装层铣刨完成后，清除铣刨范围少量松散废料，可先用清扫机清扫钢板表面，再用

森林灭火器或清扫车清除施工范围内的浮粒。局部黏附于钢板表面的黏结料，可采用喷灯加热，人工铲除至满足喷砂除锈工序的要求。

各道工序如图 7-14 ~ 图 7-23 所示。

图 7-14　加热机加热残留铺装

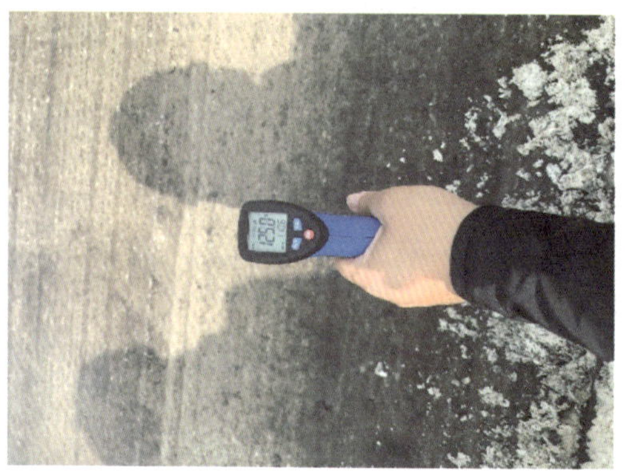

图 7-15　控制加热温度

图 7-16　挖掘机挖除

图 7-17　装载机铲除

图 7-18　高压水清洗机清除残留的黏结料

图 7-19　清扫机清扫

图 7-20　清扫车清扫

图 7-21　手持切割机切缝

图 7-22　专用切缝机切缝

图 7-23　人工清理接缝

(4)钢板抛丸除锈

①准备工作。

A. 人员培训。

现场管理人员和施工工人均应参加包括施工工艺、设备操作、质量检验方法、安全制度、统计和记录等内容的岗前培训。所有人员培训后,经考试合格方能上岗。

B. 设备调试。

设备在未进入现场前必须全部调试合格,确保上桥即可使用,机械配件应准备充足。

C. 钢丸及钢砂配置。

喷砂除锈采用金属混合磨料(70% 钢丸和 30% 钢砂),磨料必须清洁(不含油、杂物)、干燥,其性能符合 GB/T 6478—2015、GB/T 18838.3—2008 的要求,粒度和形状满足抛丸处理后对表面粗糙度的要求。

D. 涂装材料检验与储存。

应对进场的环氧富锌漆进行质量检验,当满足设计要求后方可入库存放,同时应做好防水、防潮及防火等措施。

E. 钢板表面清洁要求。

检查钢桥面板的外观，钢板损伤位置须先进行修复。如钢板表面存在油污、盐分及其他杂物，应用清洁剂或溶剂清洗桥面板表面，并使用森林灭火器吹尽钢板表面灰尘，直至无浮尘、杂物为止。

F. 试验段。

喷砂除锈施工之前，应选择约 $20m^2$ 左右的面积进行工艺试验，工艺试验项目及要求见表7-18。

喷砂除锈工艺试验表　　表7-18

项目	工艺名称	检验指标	技术要求
表面清理	除油、除杂物	清洁度	无可见油污及杂质
抛丸	抛丸除锈及表面粗糙化	除锈等级	Sa 2.5 级
		表面粗糙度	Rz 60～80μm
机械打磨	机械除锈和表面粗化	除锈等级	St 3.0 级

注：压缩空气必须清洁、干燥，不含油和水。

②天气条件。

在抛丸除锈施工时，要求钢桥面板表面温度超过空气露点温度3℃或以上，有雾、下雨或空气相对湿度高于85%（含85%）时，严禁施工。

钢板喷砂除锈施工前30min及施工过程中每2h记录数据，数据包含天气、气温、环境湿度、钢板表面温度、露点温度。

③施工工艺。

钢桥面板应采用真空无尘打砂的除锈方法，利用自行式喷砂设备、喷砂机以及打边机组合进行钢桥面板喷砂除锈作业，要求喷砂除锈后钢板表面的清洁度达到Sa 2.5 级，粗糙度达到60～100μm。钢桥面板喷砂除锈后4h内进行环氧富锌漆施工，以防喷砂后的钢桥出现返锈现象，否则将重新进行喷砂除锈。

采用多台抛丸机并行直线连续抛丸的方式，每次行走距离不超过50m，往返多次，直至将维修区域钢桥面抛丸完毕；每幅抛丸处应互相搭接5～10mm。当采用大型抛丸机进行喷砂除锈时，行走距离可适当延长，但应满足整个抛丸区域务必在4h内完成，以免出现锈蚀。

经抛丸处理后的钢板表面不应有焊渣、焊疤、灰尘、油污、水和毛刺等，其清洁度应达到Sa 2.5 级，粗糙度应为Rz 60～80μm。

对无法用回收式真空抛丸机抛丸的边角处及桥面的凹坑等部位，应用手提式真空抛丸机进行补充抛丸，以使该部位的清洁度与粗糙度满足设计要求。对于不适于抛丸的少数部位可使用机械打磨,除锈等级为 St 3.0 级。

对于已经抛丸结束,未做防腐涂装或未涂布黏结料的钢表面,必须采用适当的保护措施,尽快报验进入下一道工序。

抛丸除锈各工序如图 7-24 ~ 图 7-29 所示。

图 7-24 抛丸用钢砂

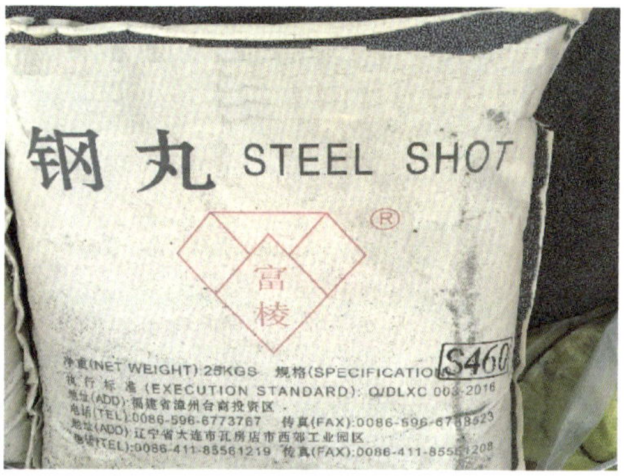

图 7-25 抛丸用钢丸

图 7-26 小型抛丸机抛丸作业

图 7-27 大型抛丸机抛丸作业

图 7-28 局部人工打磨

图 7-29 喷砂除锈后钢板表面

(5)环氧富锌漆施工

①环氧富锌漆。

环氧富锌漆的设计干膜厚度为 60 ~ 80μm。环氧富锌漆的性能应符合表 7-19 的技术要求。

环氧富锌漆的技术要求　　表 7-19

技术指标		技术要求
漆膜颜色和外观		锌灰色、漆膜平整
不挥发物(%)		≥80
黏度(ISO　6 号杯)(s)		≥6
干燥时间	表干(min)	≤30
	实干(h)	≤2
完全固化(h)		≤168
硬度(H)		≥4
附着力(拉开法)(MPa)		≥7
耐盐水性(3%　NaCl)(h)		≥240,无泡无锈
耐盐雾性(h)		1000(80 +5)μm,板面无泡无锈、划痕处 120h 无红锈
贮存期(m)		≥6
施工性能		喷涂、刷涂无不良影响,每道干膜厚度不小于 40μm
适用期(23℃)(h)		≥8

注:耐盐雾性与贮存期为供应商保证项目,不作为用户必检项目。

②调配油漆。

油漆调配与使用应严格按油漆说明书要求进行,施工中油漆应尽量现配现用。

③涂装。

喷涂作业宜使用高压无气喷涂法,边角处预涂和少量补涂时可采用刷涂法。涂层应均匀,无漏喷、干喷,无龟裂、流坠、针眼和气泡等缺陷。

施工时应连续自测湿膜厚度,以获得要求的干膜厚度。

因摩擦等原因造成的涂层损坏,根据损坏面积的大小及损坏的程度按修补涂装流程的要求进行修复和检验,经修复的涂层其各项性能应与母体涂层相近。涂层之间的重涂间隔应参照使用说明及现场气温确定,重涂间隔应符合规定的要求。

④养护。

油漆表干前,禁止接触;漆膜实干前应采取适当的措施防止漆膜受损,并且应避免淋雨或者直接浸水以及接触其他腐蚀介质。

涂装完毕,应及时组织防水黏结层施工,以减少漆膜的老化与氧化。

涂装作业及检查如图 7-30 和图 7-31 所示。

图 7-30　涂装作业

图 7-31　涂装附着力检测

(6)桥面板的检测修复处理

苏通长江公路大桥养护维修需对钢桥面板使用相控阵/TOFD 等技术进行探伤检测,检查钢桥面板表面以及 U 肋内侧有无疲劳损伤。钢桥面板探伤检测及修复需制定专项方案,具体按照设计施工方的建议实施。

钢板探伤检测及修复应在环氧富锌漆养生之前进行检测及加固,焊缝余高应≤3mm,否则应进行打磨,修复结束后应对修复范围进行打磨并重新喷涂环氧富锌漆。

(7)防水黏结层施工

①桥面环境要求。

应仔细检查防腐涂装有无缺陷及损伤,如有问题应按设计文件要求进行处理,桥面板保持干燥、清洁。当气温或钢板表面温度低于 10℃、风速大于 10m/s、有雾、露水、下雨或相对湿度大于 90% 时,不得施工。施工前要确认施工期间不会出现雨、雾天气。

确定涂布(或洒布)方向时应考虑风向的影响,并采用严格的措施防止黏结料对其他非作业区的污染。

涂布(或洒布)黏结料前应保持作业区的干燥,为此,应做到:不得将水源带进作业区或在作业区内喝水;不带擦汗毛巾不得进入作业区,严格控制人体汗水滴入作业区;作业区内禁止吐痰和吸烟。

涂布(或洒布)防水黏结层时,应提前 1h 用高压热空气(70 ~ 80℃)烘干钢桥面板,确保桥面上的喷洒区及其临近区域没有水迹;并请专业人员检查桥面水分,一旦发现有水分,应立即采取有效措施(擦净、烘干等)加以处理。

②施工前准备。

A. 清洁已抛丸过(或已做防腐涂装)的桥面。

首先将存在于桥面的尘埃、杂物等清除干净,然后仔细清洁涂布(或洒布)作业面,确保作业面干净、无污染。

B. 污染防护。

为防止非施工区域遭受黏结料的污染，在涂布(或洒布)作业前应采取有效措施对这些部位加以防护。在涂布(或洒布)作业时，应采取有效的防风遮挡措施，如设置临时可移动防护篷等。黏结层的污染防护措施应综合考虑环氧沥青混合料的卸料工艺、桥面防风措施等因素。

C. 黏结料准备。

在涂布(或洒布)作业前应检查环氧树脂 A 与固化剂 B 是否按比例配料，标识是否清晰。

③施工流程。

环氧树脂黏结层施工应按图 7-32 施工流程进行。

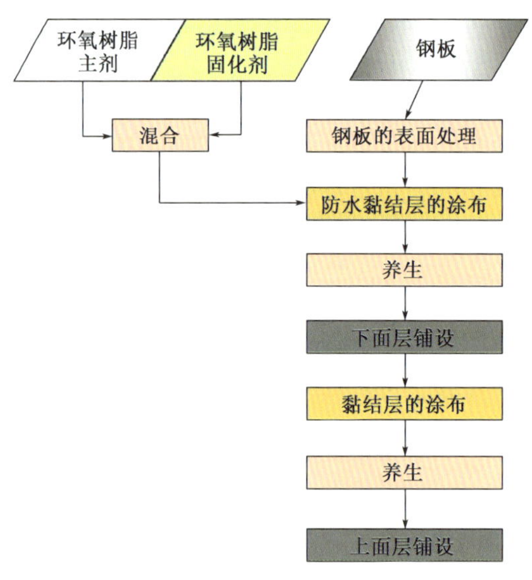

图 7-32　环氧树脂黏结层施工流程图

④环氧树脂黏结料的涂布(或洒布)。

防水黏结层的涂布(或洒布)量为(0.50 ± 0.01) kg/m^2，黏结层的涂布(或洒布)量为(0.50 ±0.01) kg/m^2。

凡与铺装层接触的部位都属于涂布(或洒布)区。当天的涂布(或洒布)区要与计划铺装的施工区相对应。

防水黏结层及黏结层的施工一般情况下采用人工均匀涂布，当采用机械洒布时应验证其可靠性及可操作性。涂布(或洒布)的黏结层应均匀、连续，用量准确。超量、漏涂(或漏洒)的地方应予以纠正，并及时对涂布(或洒布)超量的地方用木铲进行处理。

当气温较高时，涂布(或洒布)边缘的环氧树脂黏结料将有可能沿桥面坡度流淌，流淌出的黏结料应作为超量处理。

黏结料涂布(或洒布)后应按表7-20的养护时间完成环氧沥青混合料的摊铺碾压作业,如因故不能按时摊铺碾压,在混合料摊铺前应按0.30~0.40kg/m²用量重新涂布(或洒布)黏结料。

黏层油的养生天数参考表　　表7-20

温度条件(℃)	养生天数(天)	黏结有效期限(天)(含养生天数)
≥50	0.5	1
40~50	0.5	1.5
30~40	1	2
20~30	1	3
10~20	2	6

环氧树脂黏结层施工各工序如图7-33~图7-39所示。

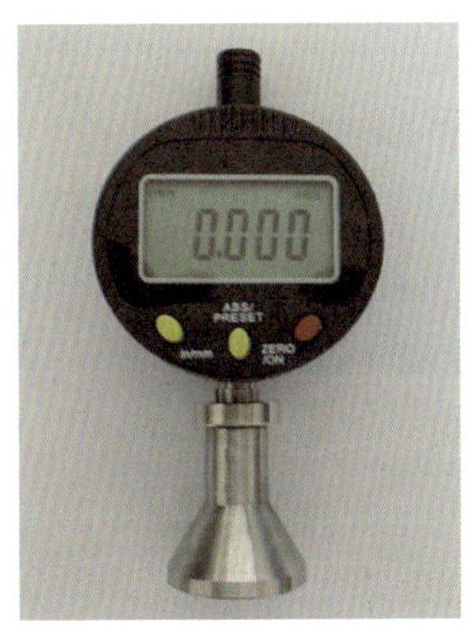

图7-33　钢板粗糙度检查

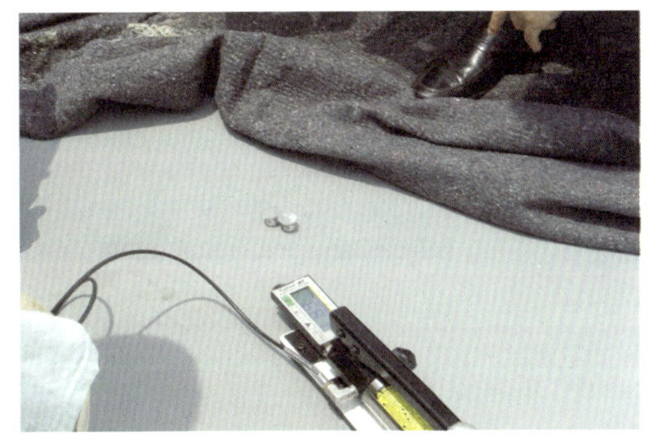

图7-34　防腐涂装附着力检查

图7-35　黏结料配制并搅拌均匀

图7-36　人工滚涂黏结料

图 7-37　黏结层检查

图 7-38　接缝刷涂黏结料

图 7-39　黏结层养生

(8)环氧沥青混合料施工

①一般规定。

当气温或钢板表面温度低于10℃时、风速大于10m/s、有雾、下雨或相对湿度大于90%时,不得施工。

在正式施工之前,必须精心地检查所有机械,确保其处于正常的使用状态。运料车、摊铺机、压路机均不得有漏油、漏水现象。施工过程中摊铺机、压路机等不得停机加油。

拌和楼控制室内的自动打印装置,应能打印日期、时刻、盘数、每盘混合料的重量及温度、拌和时间等信息。各种量具(尤其是拌和机电子秤、温度计等)使用前都要重新校验,确保计量准确。

运料车轮胎胎面花纹要清晰。自卸汽车在每次上料之前,都要做一次顶起空车厢的检验。收工后汽车的车厢应顶起,防止存水。车厢装料前应清扫干净,车厢内凡与混合料接触的部位,宜涂一层尽可能薄的隔离剂(植物油),并且不得有隔离剂积聚在车厢底部。严禁运料车在工作过程中开启空调。

应采用合适的工艺或措施防止钢桥面板的污染,钢桥面防污染措施的制定应综合考虑防风、黏结层洒布、施工温度及施工质量控制等因素。

②施工准备。

开始摊铺前3h应检查作业面的黏结层表面有无缺陷或污染，是否均匀、干燥，如有缺陷应及时处理。

开始拌和前1h应完成对环氧沥青结合料混合计量机的标定，确保组分A与组分B以及改性沥青以正确的比例混合。

③环氧沥青混合料生产。

A.生产流程。

环氧沥青混合料生产流程图如图7-40所示。

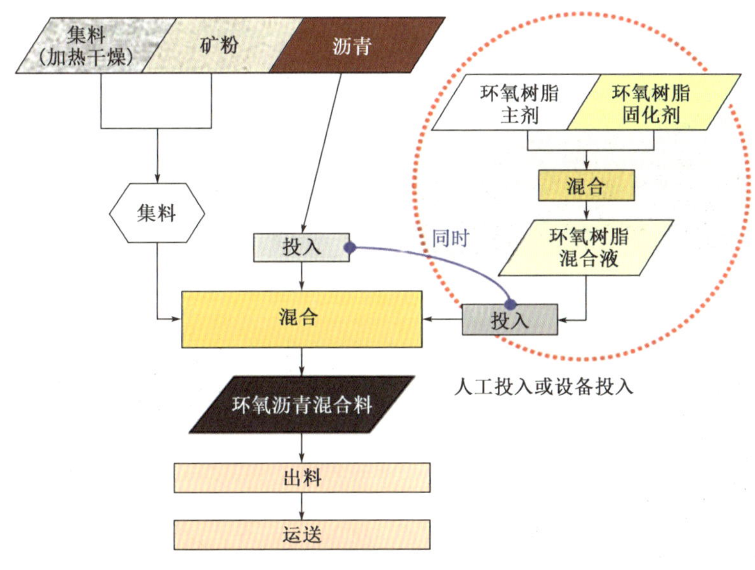

图7-40 环氧沥青混合料生产流程图

B.贮油罐内材料的预热。

在拌制环氧沥青混合料之前，要预先将组分A及组分B加热脱筒，分别倒入各自的厂内贮油罐中。贮油罐内的加热温度为：组分A加热至(60±2)℃；组分B加热至(60±2)℃；改性沥青加热至(160±2)℃，应始终保持这一温度。

C.控制热料仓的矿料加热温度。

热料仓的矿料温度应稳定在190～200℃范围内(根据试拌确定)。当矿料的出料温度稳定在规定范围内后，方可进行混合料拌和。

D.混合料的拌制。

混合料的拌和时间应经过试拌确定，环氧沥青混合料每锅的拌和时间宜控制在45～50s，其中干拌时间不得少于5s。

抨和的环氧沥青混合料应均匀一致，所有矿料颗粒均应全部裹覆沥青结合料，无花白料、死料(即已固化的环氧沥青混合料)、无结团成块或粗细集料离析现象，混合料温度在170～

185℃范围内并基本保持稳定,不符合要求时不得使用,并应及时查明原因进行调整。

为便于检查与质量控制,应在拌和机出料口加一临时料斗,每一盘料均应先卸入临时料斗由专人检查。当混合料拌和质量与出料温度均满足要求时,即可卸入运料车。不满足要求的料应坚决予以废弃,并由临时热料斗卸入装运废料的另一辆运料车中,运至预先选定的废料堆场。运至废料堆场的废料宜请专人打碎,其碎块的大小以保证日后能用装载机装运为度。

环氧沥青混合料生产及质量检查分别如图 7-41 ~ 图 7-46 所示。

图 7-41　混合料拌和

图 7-42　混合料测温

图 7-43　混合料结团

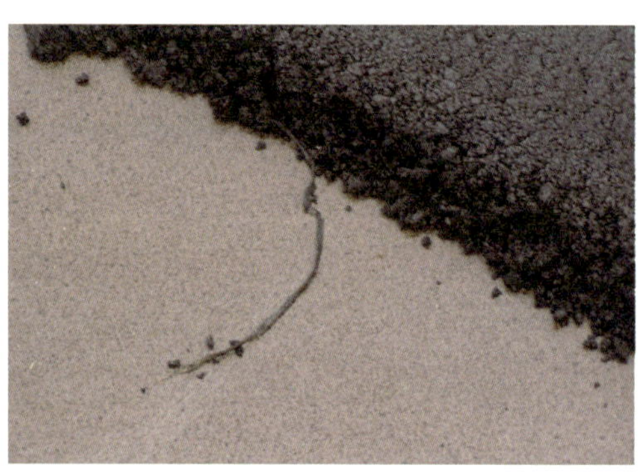

图 7-44　混合料内杂物

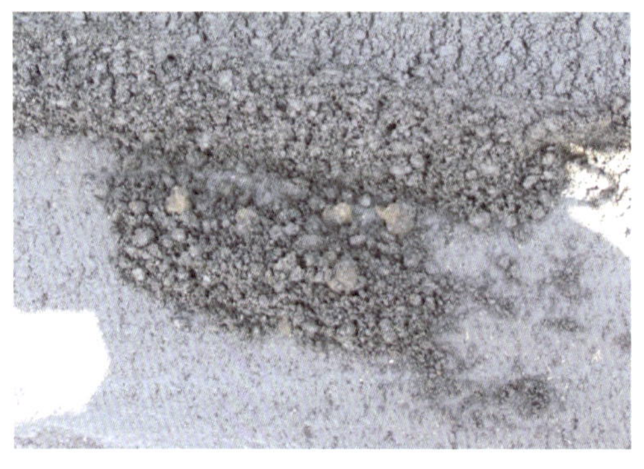

图 7-45　混合料未拌和均匀

图 7-46　混合料装车并检查

④环氧沥青混合料运输。

将满足规定温度要求的混合料由临时热料斗中卸入运料车内，一般情况下，一辆车装10盘料左右。装料的过程中应采取分堆堆放等方式防止混合料的离析。

装满后从车厢侧壁插入3支温度计，温度计距料车底板的高度在30～80cm之间。应将每盘料的温度记录在送料单上，送料单上还应填写第一盘料及最后一盘料的装料时刻，见表7-21。

环氧沥青混合料送料单　　表7-21

料车编号________　　车牌号：________　　日期：________

一盘料装车时刻 t_1：____时____分　　每盘料重：____t　　共____盘

最后一盘料装车时刻 t_1'：____时____分　　每车料总重：____t

每盘混合料的出料温度＊(℃)

拌次	1	2	3	4	5	6	7	8	平均

＊红外温度计测量

记录：________　　复核：________　　监理：________

混合料运至现场后的车内混合料温度＊(℃)

1	2	3	平均

卸料时刻：________　　卸完时刻：________

记录：________　　复核：________　　监理：________

为便于调度与管理，每辆运料车均应编号，且编号必须醒目，不得小于A4纸大小，并将编号贴于驾驶室前玻璃和后挡板上。

环氧沥青混合料运输要求如图7-47～图7-52所示。

图7-47　料车清理、涂隔离剂

图7-48　料车检查

图 7-49　料车覆盖

图 7-50　插入温度计

图 7-51　填写送料单

图 7-52　报告混合料温度

⑤环氧沥青混合料摊铺。

A. 摊铺宽度。

应根据铣刨后的宽度进行摊铺作业。尽量减少设置不必要的横向施工缝。当二、三车道均需摊铺时,可采用两台摊铺机梯队作业的方式实施。

B. 接缝设置。

原则上不设置横向施工缝,不得已时应避开横隔板及跨中位置,接缝采用 45° ~60°斜切缝。

C. 摊铺速度。

摊铺机必须缓慢、均匀、连续不间断地摊铺,摊铺速度宜控制在 2 ~3m/min 范围内。摊铺速度应根据供料能力及混合料的容留时间确定,以匀速摊铺为原则,并尽可能减少摊铺过程中的拉料与鱼尾纹等现象的产生,非特殊情况不得随意变换摊铺速度或中途停顿。

D. 调平系统。

自动调平装置采用非接触式平衡梁,摊铺基准可取原铺装表面,当纵向高程变化较大时应以挂线为基准。

E. 混合料摊铺。

采用履带式沥青摊铺机,按预定的速度均匀、连续不间断地摊铺。对于摊铺机无法摊铺的部位应随摊铺机用人工摊铺。摊铺的混合料表面应无明显的离析、波浪、裂缝、拖痕、鱼尾纹等现象。出现此类问题时,应分析原因,及时予以消除。

摊铺过程中应派专人均匀翻动螺旋布料器与熨平板之间的混合料,并及时清除所出现的"死料"。

环氧沥青混合料的松铺系数应根据试铺段确定。摊铺过程中应随时检查摊铺层厚度及路拱、横坡,根据使用的混合料总量与面积校验平均厚度。

环氧沥青混合料摊铺如图7-53～图7-60所示。

图7-53 摊铺机检查与清理

图7-54 黏层油检查与清理

图7-55 撒料防止黏轮

图7-56 松铺厚度测试

图7-57 人工翻料防止产生"死料"

图7-58 接缝人工修整

图7-59　局部人工修整

图7-60　及时清扫工作面

⑥环氧沥青混合料压实。

A. 准备工作。

压路机碾压过程中采用植物油作为隔离剂，刷涂量不宜过多，使胶轮和钢轮表面均匀附着一层油膜，以不黏轮为准，禁止使用柴油、机油、清水等作为压路机隔离剂。压路机使用性能良好，不得出现漏油现象。压路机上可设置便架，安排工人专门负责压路机涂油。

B. 压路机组合及碾压遍数。

环氧沥青混凝土压实应遵循“紧跟、慢压、高频、低幅”的原则。碾压过程按初压、复压、终压3个阶段进行。初压紧跟摊铺机后碾压，并保持较短的初压区长度，以尽快使表面压实，减少热量散失；复压采用轮胎压实形式，紧跟在初压后，碾压段的总长度控制在50m以内。碾压现场应设专岗对碾压温度、碾压工艺进行管理和检查，做到不漏压、不超压。初压、复压、终压段落应设置明显的标识牌。

压路机组合及碾压遍数见表7-22。具体碾压遍数与压路机组合应通过试铺段确定，在正桥施工时可根据现场碾压情况进行适当调整。

压路机组合及碾压遍数　　表7-22

铺装层位	初压	复压**	终压**
全厚式铺装层	轮胎压路机4遍*	双钢轮压路机4遍	轮胎压路机4遍
铺装上层	双钢轮压路机4遍	轮胎压路机4遍	双钢轮压路机4遍

注：*碾压一遍的定义：碾压范围内，摊铺层表面的任一点都通过了一次压路机（不含叠轮）。

**复压、终压，各至少4遍，但不限于4遍。只要条件允许，压路机可不停地反复多压几遍。

使用轮胎压路机时，必须检查各轮胎的磨耗及压力是否相等，防止因轮胎软硬不一影响面层的横向平整度。在合理的温度条件下，采用钢轮压路机进行收光，以铺装表面不产生轮印为准。

钢桥面铺装在修复施工中，不应采用钢轮振动碾压方式进行压实。

C. 压路机碾压路线。

碾压时压路机按阶梯形路线进行作业。压路机驱动轮面向摊铺机，由低到高，依次连续均匀碾压，相邻碾压带重叠1/3轮宽。碾压过程中压路机前后停机或反向时，应速度缓慢，不准急刹、调头或中途停靠，从而减少因停机造成路面凸凹不平的现象；由于桥面横坡的存在，为防止混合料滑移，压路机应先从低处开始碾压；尤其施工接缝处应多注意碾压，确保接缝处平整密实。

D. 碾压速度。

初压时的第一碾，压路机只有追近摊铺机时才可后退。第一碾的控制速度，以不产生横向裂纹和推移为原则。复压的碾压速度不宜太快，不得超过8km/h；但也不得太慢，必须保证碾压长度控制在20～50m之间。压路机的起动、停止过程必须减速缓慢的进行。

E. 碾压温度。

派专人负责检测碾压温度并填写碾压（初压/复压/终压）温度记录表，保证初压开始时混合料表面温度不低于150℃，复压开始时混合料表面温度不低于110℃，终压开始时混合料表面温度不低于90℃。当温度不满足要求时，应查明原因，采取有效措施，并杜绝再次发生。

F. 注意事项。

所有进入碾压现场的人员都必须穿平底鞋，碾压后的铺装表面不得停放任何车辆、机械，并防止矿料、杂物、油料等落在新铺的铺装表面。终压后如发现表面仍有横向微纹，应立即用轮胎压路机碾压，然后再用钢轮压路机碾平。

在碾压完成的面层上，应防止碎石、矿物、油料和杂物等散落在环氧沥青面层上。

若压路机黏起了混合料，由专人使用铲刀或刷子清除掉。摊铺、碾压过程中如产生鼓包，应立刻用锐物将其戳破并重新压实。

环氧沥青混合料的碾压如图7-61～图7-64所示。

图7-61 初压紧跟摊铺机

图7-62 钢轮碾压

图 7-63 胶轮碾压

图 7-64 接缝处小钢轮碾压

⑦养生及其他。

A. 消泡。

环氧沥青混凝土铺装碾压完毕，在 1～3d 内要派专职人员 24h 不间断地检查铺装是否有鼓包发生。当发现鼓包时，应立即用直径 3mm 的钢针由包顶插入放气（插 2～3 个孔），放气后用手持夯锤将鼓包击平，并用环氧胶填满插孔。

若 3d 后发现鼓包，放气后须用兽用注射器或其他类似器具将现配环氧胶注入鼓包内，击平后让多余的黏结剂由插孔冒出并刮走，随即用重物压住，直至环氧胶完全固化后再移走重物。

B. 养生。

环氧沥青混合料是随着树脂的固化反应而强度增长。在固化反应不足的初期，为了防止重载车对铺装的破坏，需要封闭交通来对铺装进行养生，原则上环氧沥青混合料养生后的强度应满足设计要求。但根据相关研究，环氧沥青混合料稳定度在 17kN 以上或动稳定度超过了 3000 次/mm 时，即可开放交通，允许小型车辆通行。必要时，也可采用加热养生的方式，铺装内部温度宜控制在 60～90℃之间。

根据养生时间及养生温度对环氧沥青混合料马歇尔稳定度的影响，建议的开放交通所需养生天数见表 7-23。

环氧沥青混合料养生时间表 表 7-23

气温（℃）	10	20	30	40
养生时间（d）	7	5～6	3～4	2

环氧沥青混合料铺装养生及检查如图 7-65～图 7-68 所示。

（9）树脂碎石封层施工

新铺装应在马歇尔稳定度达到 20kN 后方可进行抛丸施工，建议采用小型抛丸机进行抛丸，同时严禁其他车辆进入未达到设计养生强度的新铺装区域。

图7-65 鼓包处理

图7-66 检查“死料”

图7-67 自然养生

图7-68 加热养生

喷砂后采用清扫车清理界面残留物后使用大功率吹风机对抛丸界面浮尘进行清理；检查铺装表面，要求表面无浮尘、松散体等杂物，采用摆式摩擦仪检查部分暴露的坚硬的石料，要求摩擦系数≥60BPN。

采用人工刮涂的方式涂布耐候性树脂，按单位面积法控制涂布量1～1.2kg/m^2，建议按中值1.1kg/m^{2}控制。混合后的材料在10min内完成施工，紧跟环氧树脂刮涂工艺后撒布碎石，碎石为粒径3～5mm的玄武岩，用量为6～8kg/m^2，随后采用小型压路机碾压1～2遍。

树脂碎石封层固化完毕后（约1～2d），并清扫路表松动碎石，检查验收完成后即可开放交通。

3）施工质量控制

钢桥面铺装施工过程是一个多批次生产组合成一个单件产品的工业化生产过程，过程控制、动态控制对于钢桥面铺装的质量起到非常重要的作用。为控制环氧沥青混合料施工质量的稳定性和均匀性，必须建立施工质量控制体系，明确施工过程中各环节的质量控制标准以及施工质量检评标准。

(1)钢桥面铺装施工质量控制体系

钢桥面环氧沥青混合料铺装养护工程具有较强的专业性和特殊性,与普通沥青路面相比,其材料组成、生产设备、施工时间与温度控制、碾压工艺均有不同之处,具有工序内容多、技术要求高的特点。全面、有效的工程质量管理具有较高的难度,特别是在运营期不中断通车的条件下,如何有效地控制施工质量,是钢桥面铺装修复养护工程能否取得成功的关键。

基于多年的环氧沥青混合料铺装研究成果和工程实践经验,结合苏通长江公路大桥养护工程施工实施和交通组织特点,在苏通长江公路大桥修复养护工程中以"工序质量控制卡"为抓手建立钢桥面铺装质量控制体系,简明扼要地将钢桥面环氧沥青混合料铺装养护工程分解为铣刨挖除、钢板抛丸处理、环氧富锌漆涂布、防水黏结层施工、热拌环氧沥青混合料生产与试验、热拌环氧混合料摊铺与碾压、树脂碎石封层施工7个环节,并分别建立了工序质量控制卡,如图7-69所示。

编号：01

工序质量控制卡

作业名称：铣刨挖除

作业班组：铣刨挖除　　　　工作负责人：

计划工作时间：____年____月____日____时—____年____月____日____时

序号	工序内容	工艺标准及要求	备注
1	铣刨准备	铣刨机更换全新的刀头、刀座，备足600个以上刀头	
2	铣刨放样	起讫点由施工单位、监理、业主代表共同确认，铣刨前打灰线保证线型顺直	
3	铣刨深度	铣刨深度按3.5cm控制，速度5m/min，具体现场铣刨深度打孔测量微调	
4	铣刨用水量控制	铣刨用水量尽量调小，保证铣刨面无明显水迹	
5	铣刨刀头检查	检查观察铣刨面平整度，若铣刨面纹理粗或有刻痕，及时更换磨损较大的铣刨刀头	
6	铺装面加热	加热车分3个段面进行施工，加热时先试加热，再凿开铺装测量钢板表面温度，加热车加热温度要保证钢板表面温度不高于90°	
7	挖除前切边	挖除前采用切割机沿铣刨线切割4cm深，防止挖机挖出施工范围外	
8	挖除	分3个段面进行挖除，每台挖机配1人	
9	清理	用装载机配合人工进行，局部采用人工手持火焰枪对局部进行短暂加热，然后使用铲刀对残留物进行铲除	
10	清理后切边	切割前在铺装纵向施工缝打线，要求线型顺直，切割深度3.5cm，切割角度为45°。对于边缘破损位置，对破损位置采取"凹"形切割处治	
作业人员确认签字：			
检修评价：			
检查人：			

图7-69　工序质量控制卡

在修复养护工程实施之前，通过专业技术培训，将工序质量控制卡分发给各工序环节的技术管理人员，帮助他们明确施工工序内容的具体要求，依工序质量控制卡检查材料、设备、人员、施工标准和技术参数，从而有效地控制工程质量。

(2)施工质量控制要点

①原材料检测。

A. 施工前的原材料检测。

施工前必须检测各种材料的来源和质量，检测结果必须符合设计文件的相关要求，不符合规范要求的原材料不得进场。各种原材料的检测项目、检测频率及试验方法见表7-24。

施工前原材料质量检测的项目和频率　　表7-24

材料	检测项目	检测频度	试验方法
环氧富锌漆	表干时间	每批	JC/T975
	完全固化时间	每批	JC/T975
	与钢板黏结强度	每批	GB/T5210
粗集料	外观(石料品种等)	每批	T 0310
	针片状颗粒含量	每批	T 0312
	粒径组成(筛分)	每批	T 0302
细集料	粒径组成(筛分)	每批	T 0327
	砂当量	每批	T 0334
矿粉	粒径组成(筛分)	每批	T 0351
	外观	每批	—
环氧沥青组分A	黏度	每批	GB/T 12007.4
	环氧当量	每批	GB/T 4612
	颜色	每批	GB/T 12007.1
	含水量	每批	ASTM D 1744
	闪点	每批	ASTM D 92
	比重	每批	GB/T 12007.5
	外观	每批	目视
环氧沥青组分B	酸值	每批	T 0626
	闪点	每批	T 0611
	含水量	每批	T 0612
	黏度	每批	T 0625
	比重	每批	T 0603
	颜色	每批	目视
环氧树脂黏结料	抗拉强度	每批	GB/T 528
	断裂时的延伸率	每批	GB/T 528

续上表

材料	检测项目	检测频度	试验方法
环氧沥青结合料	抗拉强度	每批	GB/T 528
	断裂时的延伸率	每批	GB/T 528
	黏度增加至 1000cP 的时间	每批	T 0625
SBS 改性沥青	针入度	每批	T 0604
	软化点	每批	T 0606
	延度	每批	T 0605

注:各种材料都必须在施工前以"每批"为单位进行检查,"每批"指各种材料以统一料源、同一次购入并运至生产现场的相同规格材料;沥青材料"每批"指同一来源、同一次购入且储入同一沥青罐的同一牌号的沥青。

施工单位应将具有代表性的各种材料样品送监理工程师,或委托监理工程师认可的具有相应资质的检测单位按规定进行标准试验和混合料配合比设计的复验,试验结果提交监理工程师审批,未经批准的材料不得使用,未经批准的混合料配合比不能用于施工。混合料配合比设计用的原材料取样应在拌合场或石料场的料堆中取得,应分别在料堆的顶部、中部及底部取得大致相同的若干份组成试样,并采用分料器或四分法进行缩分。

B. 施工过程中材料的检查。

施工单位在施工过程中应随时对原材料质量进行自检。在沥青混合料生产过程中,必须按《公路沥青路面施工技术规范》(JTG F40—2004)中表 11.4.3 的检查项目和频度对原材料进行抽样试验,其质量应符合设计文件规定的相关技术要求。

②施工过程中的质量控制标准。

施工过程中工程质量检查的内容、频度、质量标准应符合表 7-25 ~ 表 7-27 的规定。当检查结果达不到要求时,应追加检测数量,查找原因,并做出处理。

施工过程中防腐涂装工程质量控制标准　　表 7-25

检查项目	技术要求	检查频度
除锈等级	Sa 2.5 级,Rz 60 ~ 100(μm)	6 点/2000m^2
环氧富锌漆厚度(μm)	60 ~ 80	6 点/2000m^2
附着力(MPa)	≥7.0	6 点/2000m^2
涂层外观	无缺陷	随时

施工过程中防水黏结层及黏结层工程质量控制标准　　表 7-26

检查项目	技术要求	检查频度
组分 A 与组分 B 混合比例(A:B)(%)	±3	当天施工之前
环氧树脂洒布量(L/m^2)	0.5 ±0.05	每 2000m^2 一次
拉伸强度(MPa)	≥3.0	当天施工之前
断裂延伸率	≥100.0	当天施工之前

施工过程中环氧沥青铺装层工程质量控制标准　　表 7-27

检查项目		技术要求	检查频度
矿料级配(%)（方孔筛）	4.75mm	±3	每 200t 一次
	2.36mm	±3	每 200t 一次
	0.075mm	±2	每 200t 一次
油石比(%)		±0.2	每 200t 一次
组分 A、组分 B 与沥青混合比例(%)		±3	当天施工之前
混合料出料温度(℃)		170 ~ 185	每盘料
混合料拌合质量		无花白料、无结团成块或离析现象	每盘料
初压温度(℃)		≤150	随时
终压温度(℃)		≤90	随时
铺装层外观		平整、密实，无泛油、无松散、无鼓包，无明显离析和鱼尾纹	随时
渗水系数		无渗水	每 200m 一处
铺装层厚度(mm)		±3	每车道每 100m 一处

③施工质量检评标准。

施工质量检评标准分别见表 7-28 ~ 表 7-30。

防腐涂装施工质量检评标准　　表 7-28

项目		检查频度	质量要求或允许偏差	检查方法
除锈等级	清洁度	6 点/2000m²	Sa 2.5 级；St 3.0 级(人工)	标准图谱
	粗糙度(μm)		Rz 60 ~ 100	粗糙度仪
涂层外观		随时	无缺陷	目视
干膜厚度(μm)		6 点/2000m²	60 ~ 80	厚度仪
与钢板的附着力(MPa)		6 点/2000m²	≥7.0	拉开法

防水黏结层及黏结层施工质量检评标准　　表 7-29

项目		检查频度	质量要求或允许偏差	检查方法
组分 A 与组分 B 混合比例(%)		当天施工前	±3	称量法
黏结料	抗拉强度(MPa)	每工作日一次	≥3.0(23℃)	拉伸试验
	断裂延伸率(%)		≥100(23℃)	
洒布量(L/m²)		每 2000m² 一次	±0.05	接着法
外观		随时	均匀一致、无气泡、无异物	目视
与钢板涂装的拉拔强度(MPa)		仅限于试铺段	≥3.0(23℃) ≥2.0(60℃)	拉开法

环氧沥青混凝土铺装层施工质量检评标准　表 7-30

项目	检查频度	质量要求或允许偏差	检查方法
组分 A 与组分 B 加热温度(℃)	随时	±3	表量法
组分 A 与组分 B 混合比例(%)	当天施工前	±3	称量法
出料温度(℃)	每锅	170～185	红外温度计
矿料级配	每 200t 一次	4.75mm：±3%	抽提试验
		2.36mm：±3%	
		0.075mm：±2%	
油石比(%)		±0.2	
混合料拌和质量	每锅	无花白料、 无结团成块或离析现象	目视
马歇尔稳定度	每 200t 一组试件	≥45kN(完全固化)	马歇尔试验
流值		2～5mm	
空隙率		≤3%	
前场料车内混合料 平均温度(℃)	每车	170～185	金属杆温度计
压实温度(℃)	随时	初压终了:150 终压终了:90	红外温度计
外观	随时	表面平整密实,无轮迹、无裂纹、 无推挤、无油丁、无油包、 无离析或无花料	目测
接缝	随时	紧密、平整、顺直	目测、4m 直尺
压实度	每层、每 100m 一处	≥试验室标准密度的 98%	密度仪
厚度(mm)	全桥	总厚度：±3 上、下层厚度：±3 ±10%	实测
横坡	每 100m 测 6 处	±0.3%	水准仪
摩擦系数(BPN)	每 2000m^{2}一点	≥45	摆式仪
渗水系数	每车道每 500m 一处	无渗水	渗水仪
平整度	全桥每车道	IRI≤2.0m/km σ≤1.2mm	平整度仪： 全线每车道按 100m 计算
复合梁拉拔试验(MPa)	仅限于试铺段	≥3.0(23℃) ≥2.0(60℃)	拉开法
复合梁疲劳试验	仅限于试铺段	≥设计年限内累计轴次	重复加载法

7.2.4 实施效果评价

2021 年 8—9 月,对大桥南通方向行车道、重车道进行了双层环氧 EA10 整车道修复养护。2022 年 8—9 月,对大桥苏州方向行车道、重车道进行了全厚式 EA10 整车道修复养护(表 7-31)。

苏通长江公路大桥钢桥面铺装修复养护工程主要工程量　　表 7-31

年份	处治方案	车道	面积(m^2)
2021 年	双层 5.5cmEA10 铺装	南通方向:行车道、重车道	14091.3
2022 年	全厚式 5.5cmEA10 + 树脂碎石封层	苏州方向:行车道、重车道	14091.3

1) 平整度检测

施工前后各车道每 10m 段的国际平整度指数 IRI 检测结果如图 7-70 ~ 图 7-72 所示,由于桥头是大桥与引桥的衔接的伸缩缝位置,初始位置处 IRI 极值较大。施工前全桥段车道 IRI 均值为1.23m/km、极值为 6.51m/km,施工后全桥段车道 IRI 均值为 1.1m/km、极值为 2.19m/km。

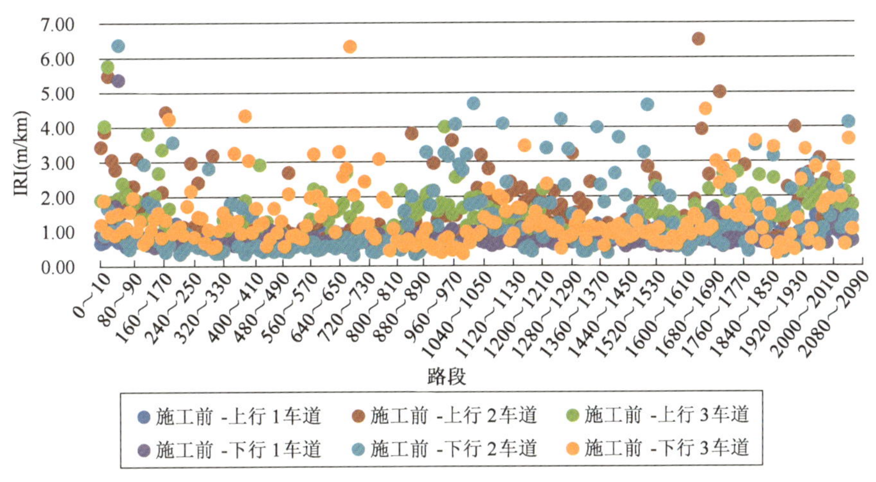

图 7-70　施工前各车道国际平整度指数(IRI)

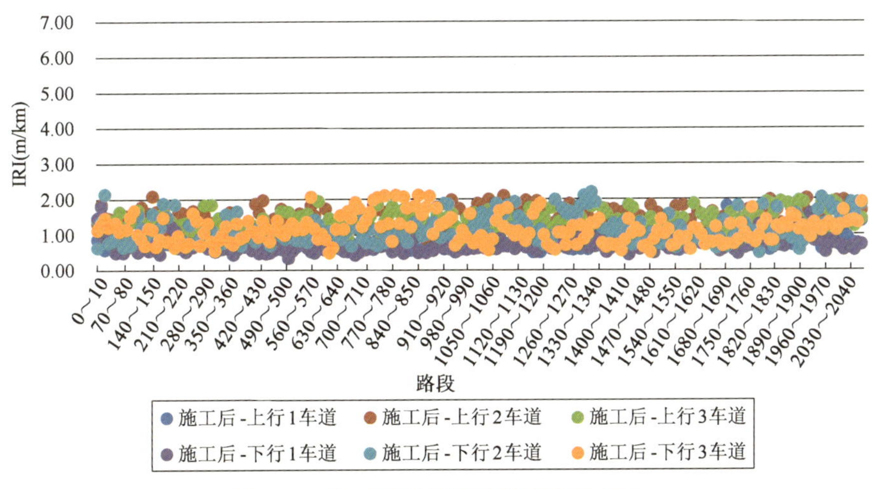

图 7-71　施工后各车道国际平整度指数(IRI)

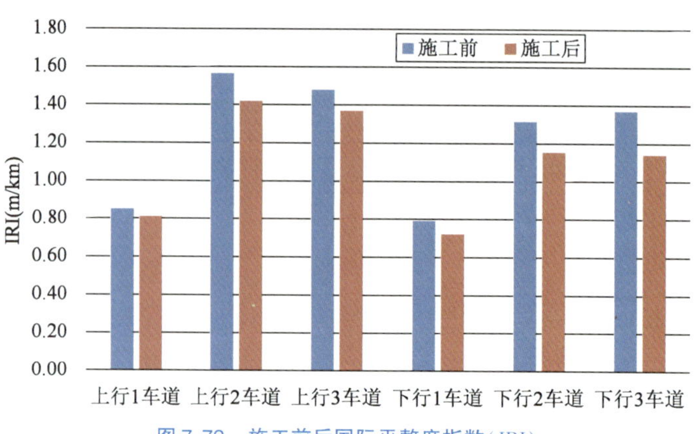

图 7-72　施工前后国际平整度指数(IRI)

2)抗滑性能检测

(1)横向力系数

对苏州方向大修养护后的各车道进行了横向力系数测定(图 7-73),横向力系数基本均在 70 以上,且 SFC 分布波动稳定,均满足规范技术指标要求 SFC≥54,说明其整体抗滑性能指标优秀。

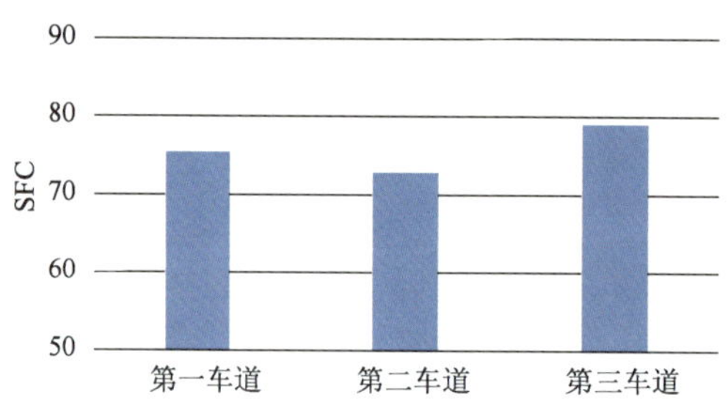

图 7-73　苏州方向横向力系数

(2)摆值

采用摆式摩擦仪对苏州方向各车道进行检测,数据结果显示(图 7-74),罩面施工后各车道 BPN 值均大于 45,BPN 值均值为 81,说明其抗滑性能良好。

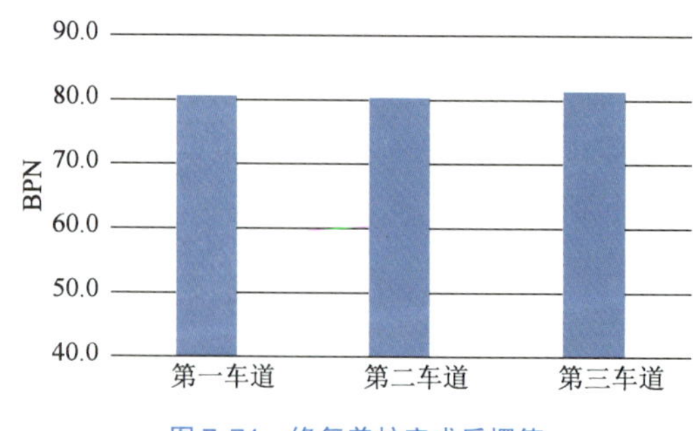

图 7-74　修复养护完成后摆值

本章参考文献

[1] 赵锋军,李宇峙.西陵长江大桥沥青铺装大修工程关键技术[J].公路交通科技,2012,29(5):52-61,82.

[2] 徐日辉,曾国东,黄红朗.平胜大桥大宽度环氧沥青铺装整幅维修方案研究[J].中外公路,2020,40(6):62-66.

[3] 徐伟,张肖宁,涂常卫.虎门大桥钢桥面铺装维修方案研究与工程实施[J].公路,2010,(5):67-71.

[4] 曹蔚.日本环氧沥青混凝土在荆岳长江大桥钢桥面铺装养护中的应用[J].青海交通科技,2019,(3):74-77.

[5] 王勇,刘战平,银力,等.磐石大桥钢桥面铺装修复方案设计与施工[J].筑路机械与施工机械化,2009,26(8):62-64.

第 8 章

总结与展望

8.1 总结

苏通长江公路大桥为世界首座跨径超千米的斜拉桥,历经16年的风雨考验,目前日均交通量约10万辆,是国内交通最为繁忙、维养任务最重的重大交通基础设施之一。苏通长江公路大桥具有千米级主跨、大交通量、极重荷载等级、保通保畅压力大等特点,是国内大跨径钢桥面铺装建设与养护工程的典型代表。

为保障大桥结构安全和服役安全,减轻养护维修对交通的阻塞,由江苏苏通大桥有限责任公司牵头,联合国内高校和科研机构自2008年苏通长江公路大桥通车之时起即启动了钢桥面铺装长期性能跟踪监测以及耐久、高效、绿色、低碳维养技术的科研攻关,在钢桥面铺装结构行为理论、新材料、新技术、新装备等方面取得了一系列成果,在快速修复、雨季养护、预防养护、修复养护等长期存在的技术难题方面做了一定的探索,初步构建了比较系统和完善的维养技术体系,主要完成了以下工作:

(1)苏通长江公路大桥建设期,在当时尚无钢桥面铺装设计规范的情况下,基于钢桥面铺装疲劳损伤机理的研究,提出了铺装结构抗疲劳设计方法;利用复合梁模型,研究了温度、频率和荷载水平等因素对钢桥面铺装动态力学行为的影响;开展了钢桥面铺装结构力学分析,提出了铺装疲劳耐久性对正交异性钢桥面板刚度的要求;并对苏通长江公路大桥钢桥面铺装进行了抗疲劳设计。通车16年的使用效果证明,基于抗疲劳理论的钢桥面铺装设计方法是行之有效的。

(2)苏通长江公路大桥运营期建立了钢桥面系多维服役状态感知系统,可在线监测通车状况下交通量、车型分布、车道分布、轴载谱、超限情况等车辆荷载特征,高、低温环境条件下钢桥面铺装的温度状况,以及动态车辆荷载作用下正交异性钢板的力学响应状况。该系统为钢桥面铺装技术状况评价提供了基础技术资料,有力地支撑了钢桥面铺装不同阶段的养护决策。

(3)全面总结裂缝、脱层、鼓包、坑槽等钢桥面铺装常见病害的特征和形成机理,结合十余年的现场跟踪观测,提出了双层环氧钢桥面铺装的主要病害类型、特点与发展规律,定量研究了环氧沥青铺装4种裂缝的形态特征,为病害处治技术的研究奠定了基础。

(4)提出钢桥面铺装技术状况评价的指标体系,结合钢桥面铺装养护工程实践,采用裂缝率、破损状况指数、层间黏结状况指数、车辙深度、抗滑性能指数、平整度指数等指标对苏通长江公路大桥钢桥面铺装技术状况进行了全面评价,为钢桥面铺装养护策略的制定和实施提供了数据基础。

(5)针对雨季坑槽养护的技术难题,自主开发了可在潮湿环境中使用的水下固化树脂新材料,并设计了灌注式和浇注式两种新型树脂混合料,研究了适用于雨季坑槽应急养护的灌注式树脂混合料养护技术以及日常养护的“灌注式+浇注式”双层铺装维修技术。这些技术具有固化快、全天候施工以及绿色、低碳、环保的特点,取得了较好的养护效果。

(6)积极采用主动养护的理念,提出了预防养护时机选择与决策方法。当钢桥面铺装出现局部轻微裂缝、抗滑性能下降等情况时,采用树脂碎石封层技术对钢桥面铺装进行了预防养护,收到了良好的效果。

(7)在钢桥面铺装接近服役寿命末期时,提出了“高抗滑全厚式热拌环氧沥青混凝土铺装”修复养护方案,以“工序质量控制卡”为抓手系统建立了钢桥面环氧沥青混凝土铺装质量控制体系,提出了路面加热机辅助清理铺装层、高压清洗机清理残留黏结层等新工艺,2022年曾创造了国内首个单日摊铺超两千吨环氧沥青混凝土的纪录,为今后大跨径钢桥面铺装养护项目做出了工程示范。

8.2　展　　望

目前,苏通长江公路大桥钢桥面铺装已经历一轮寿命周期,开始迈向新一轮服役过程,新阶段养护工作也即将展开。钢桥面铺装养护维修仍然是一项艰巨的工作,面临着新的挑战,苏通长江公路大桥将在以下方面展开探索和科研攻关。

(1)新型快速无损检测技术。目前的无损检测手段还比较匮乏,检测效率也有待提高,后续将进一步探索三维探地雷达、激光点云扫描测量技术和无人机倾斜摄影技术,结合外部环境实时监测数据与手持式图像采集设备,进行多源数据融合处理分析,实现桥梁实景自动化建模与病害智能化识别。

(2)钢桥面铺装数智管养新模式。为解决传统桥面铺装管养方式中养护数据分散、病害难以准确可视化呈现的问题,后续将探索钢桥面铺装数智管养新模式,通过桥面铺装病害信息三维可视化采集与管理,定量分析病害数据、智能评估铺装状况、自动输出检测结果,建立全生命周期内的信息化管理机制和养护智能决策系统,完成钢桥面铺装养护从经验处治方式到科学和智慧化管养方式的转型。

(3)低碳养护新材料与新技术。继续深入改进养护材料的性能,着重提高抗疲劳性能与使用寿命;结合养护材料的性能特点,开发配套智能施工设备,实现现场快速施工;进一步缩

短施工后的养生时间,以减少对交通的阻碍。

(4)继续深入优化坑槽修复技术。探索"预制块"法等坑槽养护新工艺,优化雨季坑槽应急养护技术,研究小型快速养护设备,以提高养护效率和质量。

(5)进一步研究钢桥面铺装技术状况评价体系。积极开展预防养护技术的材料创新、设备创新、工艺创新,不断提高其技术性能、施工效率及经济性。